技能型紧缺人才
职业教育汽车类专业项目导向、任务驱动改革创新示范
一体化教材

汽车底盘构造与维修

主　编　朱　阳
主　审　吴　飞

国防工业出版社
·北京·

内容简介

本书紧紧围绕当前汽车维修保养工作岗位的实际需求，系统介绍了汽车底盘各系统的构造原理及其维修基本技能，主要包括底盘总体认知、离合器、手动变速器、自动变速器基础知识、自动变速器拆装、无级变速器、DSG变速器、万向传动装置、制动液检查与更换、盘式制动器、鼓式制动器、驻车制动器、ABS轮速传感器、轮胎拆装、车轮动平衡检查、悬架系统、动力转向液更换和动力转向系统知识与检修。

本书精选大量生动的图片，配以言简意赅的文字说明，改变了传统教材偏重理论讲述的风格，更注重图书内容的实用性和教与学的便捷性。全书以项目化引领学习内容，在提高学生专业技能的同时，培养了学生分析和解决问题的能力。

本书适合职业院校汽车检测与维修、汽车运用工程等相关专业教学使用，也可作为相关行业培训或自学用书。

图书在版编目(CIP)数据

汽车底盘构造与维修/朱阳主编. —北京:国防工业出版社,2016.12

职业教育汽车类专业项目导向、任务驱动改革创新示范一体化教材

ISBN 978-7-118-11037-1

Ⅰ.①汽… Ⅱ.①朱… Ⅲ.①汽车—底盘—结构—高等职业教育—教材②汽车—底盘—车辆修理—高等职业教育—教材 Ⅳ.①U472.41

中国版本图书馆CIP数据核字(2016)第266965号

※

国防工业出版社出版发行

(北京市海淀区紫竹院南路23号 邮政编码100048)

天利华印刷装订有限公司印刷

新华书店经售

*

开本 787×1092 1/16 **印张** 18½ **字数** 458千字

2016年12月第1版第1次印刷 **印数** 1—3000册 **定价** 38.50元

国防书店：(010)88540777　　发行邮购：(010)88540776

发行传真：(010)88540755　　发行业务：(010)88540717

前　言

随着我国职业技术教育的快速发展,职业教育教学理念的进步,为适应汽车维修行业技能型紧缺人才培养的需求,满足职业院校以就业为导向的办学目标,依据理论与实习一体化教学的特点。我们组织多位专业教师,编写了本书。

本书从专业基础知识入手,将专业知识项目化,辅以相应的技能训练。全书以汽车底盘传动系统、行驶系统、转向系统、制动系统为基础,开发出底盘总体认知、车轮动平衡检查、动力转向系统等18个项目。按照先通用基础、再专业知识的技能训练方法,先介绍结构原理,再学习检修与调整方法的顺序规划专业项目,培养学习者分析和解决实际问题的能力。

本书由江苏省交通技师学院朱阳主编。江苏省交通技师学院崔声伶编写项目1~项目3,江苏省交通技师学院毕胜强编写项目4、项目5,朱阳编写项目6、项目7,汤彬编写项目9~项目11,张文娜编写项目14、项目16,邹明森编写项目17、项目18,浙江农林大学杨秀芳编写项目8,南京技师学院张金梅编写项目12、项目13。全书由主编朱阳统稿。

本书在编写过程中,得到了镇江宝德汽车销售服务有限公司、镇江奥达汽车销售服务有限公司、镇江天安达汽车贸易有限公司等单位的大力支持,以及江苏省交通技师学院王瑜、陈李军、刘爱志、傅海明、戴玉京等同志的协助,在此一并表示感谢!

由于编者水平和经验有限,书中难免存在不当之处,敬请读者提出修改意见和建议,以便再版时进行修订。

编　者

目　录

项目1　底盘总体认知

学习目标

1. 正确描述汽车底盘的基本组成及各总成的作用；
2. 正确描述汽车底盘的布置形式及应用；
3. 准确识别汽车底盘各总成及安装位置；
4. 正确判断给定车型底盘的布置形式，并能描述其特点。

知识要点

1. 汽车底盘的基本组成及各总成的作用；
2. 汽车底盘的布置形式及应用；
3. 汽车底盘各总成及安装位置。

任务1　汽车底盘基础知识

底盘作为汽车的一个重要组成部分，是汽车的基础。汽车底盘由传动系、行驶系、转向系和制动系四大系统组成，其功用就是接受发动机的动力，使汽车产生运动，并保证其正常行驶。汽车底盘的工作性能直接影响汽车行驶的动力性、经济性、平顺性、操纵稳定性以及安全可靠性。

1. 汽车底盘的大致构造

汽车底盘各部件分布图如图1.1所示。

图1.1　汽车底盘各部件分布图

（1）驾驶室内仪表和操纵装置。

（2）仪表板上的汽车速度表（里程表）、发动机速度表、机油压力表、燃油消耗表、故障指示灯和各种指示灯或警告灯等；了解转向盘、安全气囊的位置、变速操纵装置、离合器踏板（自动变速器无此踏板）、加速踏板、制动踏板、驻车制动装置和点火开关的位置及使用方法。

（3）汽车刹车灯、倒车灯等指示装置。

（4）转向系、前制动和前钢板弹簧。

（5）转向传动机构、前后制动器的类型、前悬架装置、变速器、传动轴、差速器、主减速器等。

（6）后悬架装置、后轮制动器、传动轴与主减速器、备胎的位置与轮胎的种类。

2. 汽车底盘的总体布置

1）FR——发动机前置后驱动

发动机前置后轮驱动传动系示意图如图 1.2 所示。

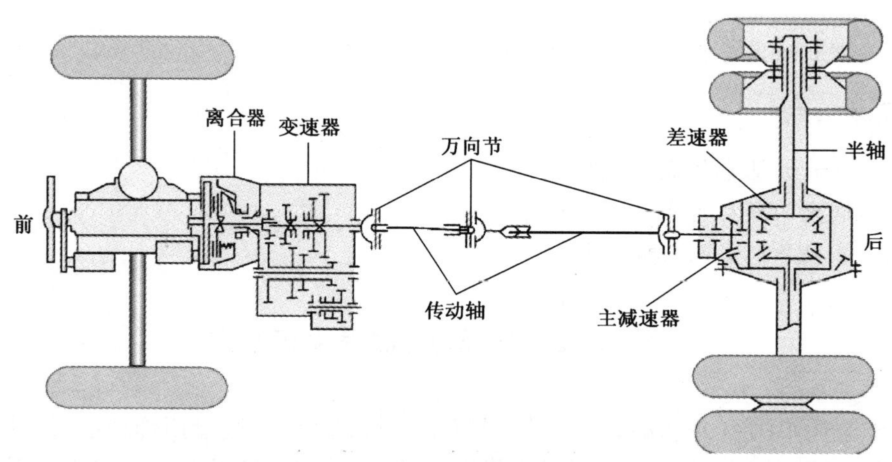

图 1.2 发动机前置后轮驱动传动系示意图

（1）应用范围：大、中型载货汽车，部分轿车、客车。

（2）优点：①获得比较合理的轴荷分布；②在满载情况下可以获得更好的动力性，并保证制动性；③方便布置；④便于使用和维护。

（3）缺点：①需要较长的传动轴，增加整车质量；②使用多个万向节，降低了传动系统的效率；③影响地板的布置。

2）FF——发动机前置前驱动

发动机前置前轮驱动传动系示意图如图 1.3 所示。

（1）应用范围：大部分轿车。

（2）优点：①无传动轴穿过地板，增加乘坐空间；②相对于 FR 布置，可以获得比较好的隔振效果；③传动系统效率较高；④提高车辆的操纵稳定性；⑤结构紧凑。

（3）缺点：①在车辆满载时，质心后移较多，影响动力性；②发动机舱布置部件过多，影响散热和维修；③前轮既是转向轮又是驱动轮，结构和运动关系复杂。

3）RR——发动机后置后驱动

发动机后置后驱动传动系示意图如图 1.4 所示。

（1）应用范围：大、中型客车。

（2）优点：①容易做到前后轴荷的分配合理；②空间利用高；③降低车厢内的噪声。

（3）缺点：①稳定性差；②操纵距离长，操纵机构复杂；③无迎风，不容易散热，发动机的冷

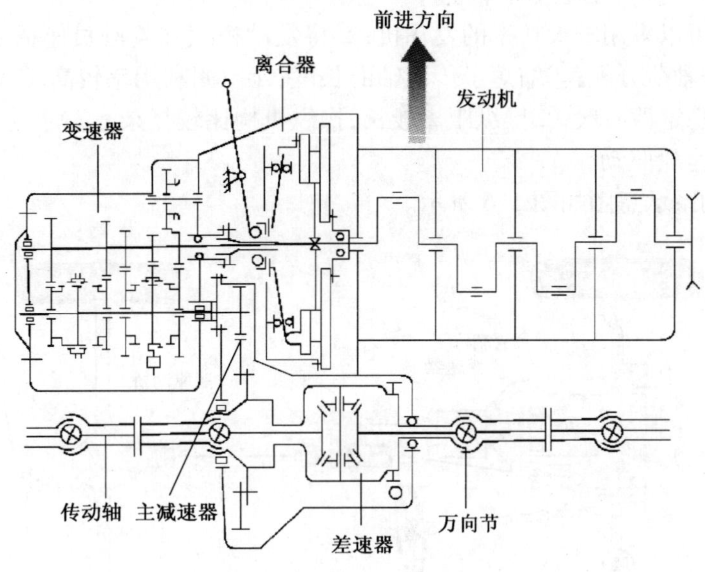

图 1.3　发动机前置前轮驱动传动系示意图

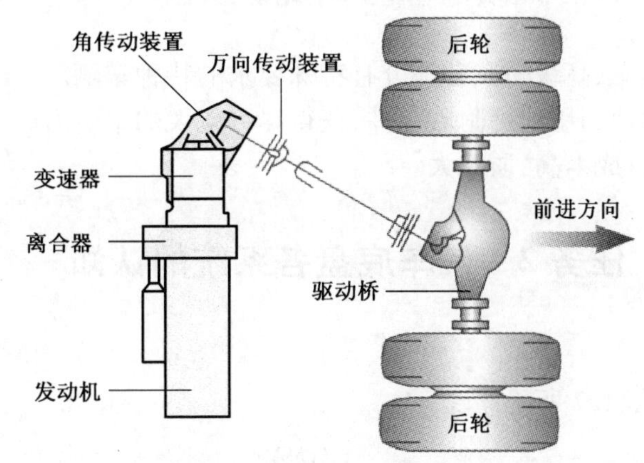

图 1.4　发动机后置后驱动传动系示意图

却条件差。

4）MR——发动机中置后驱动

发动机中置后驱动传动系示意图如图 1.5 所示。

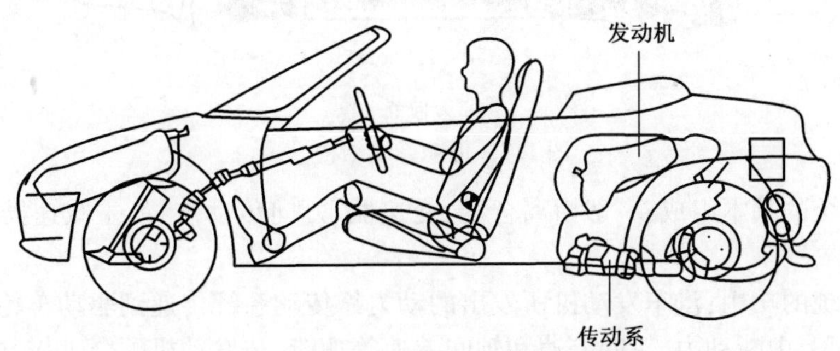

图 1.5　发动机中置后驱动传动系示意图

（1）应用范围：跑车、方程式赛车等。

（2）优点：①可以采用较大功率的发动机；②将发动机放在驾驶员座椅之后和后轴之前，有利于获得最佳的轴荷分配；③缩短了传动轴的长度；④空间利用率较高；⑤散热效果较好。

（3）缺点：①稳定性一般；②操纵距离较长，操纵机构比较复杂。

5）AWD——全轮驱动

全轮驱动传动系示意图如图 1.6 所示。

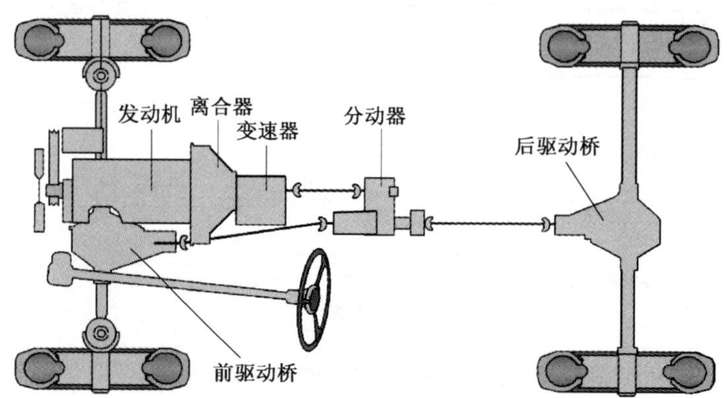

图 1.6　全轮驱动传动系示意图

（1）应用范围：越野车、高级轿车和部分有特殊要求的特种车辆。

（2）优点：最大限度地利用地面附着条件，获得尽可能大的牵引力。

（3）缺点：结构复杂，成本高，质量大。

任务 2　汽车底盘各系统的认知

1. 传动系统

传动系统的结构如图 1.7 所示。

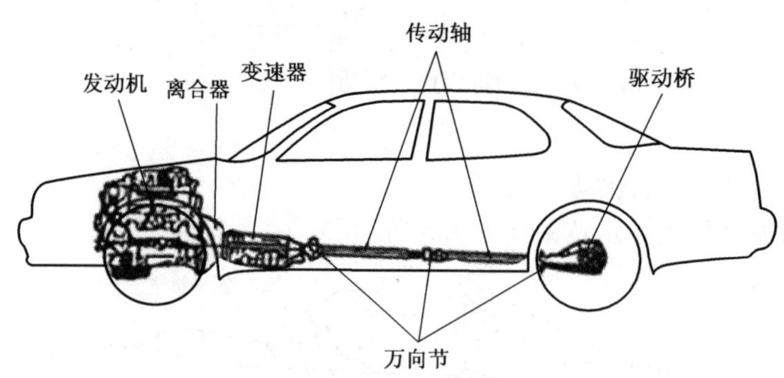

图 1.7　传动系统结构

（1）传动系统的基本组成：一般由离合器、变速器、万向传动装置、主减速器、差速器和半轴等组成。

（2）传动系统的功用：汽车发动机所发出的动力靠传动系统传递到驱动车轮，传动系统具有减速、变速、倒车、中断动力、轮间差速和轴间差速等功能，与发动机配合工作，能保证汽车在各种工况条件下的正常行驶,并具有良好的动力性和经济性。

(3) 传动系统的类型:按结构和传动介质的不同,汽车传动系统可分为机械式、静液式、液力机械式和电力式等。机械式和液力机械式运用最为广泛,本书主要介绍这两种传动系统。

2. 行驶系统

行驶系统的组成及受力分析如图 1.8 所示。

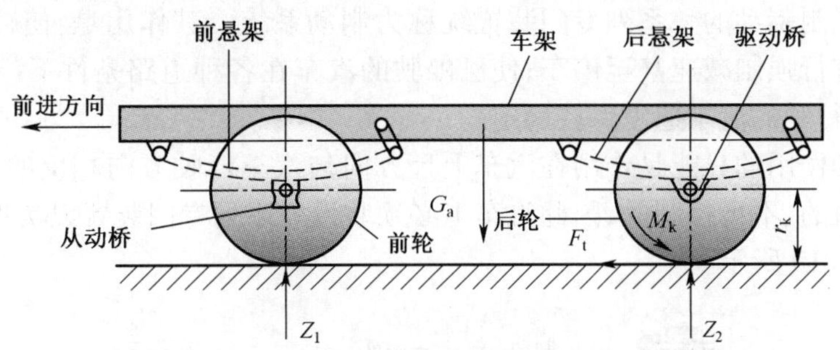

图 1.8　行驶系统的组成及受力分析

(1) 行驶系统的基本组成:一般由汽车的车架、车桥、车轮和悬架等组成。

(2) 行驶系统的功用:接受传动系统的动力,通过驱动轮与路面的作用产生牵引力,使汽车正常行驶;承受汽车的总质量和地面的反力;缓和不平路面对车身造成的冲击,衰减汽车行驶中的振动,保持行驶的平顺性;与转向系配合,保证汽车操纵稳定性。

3. 转向系统

转向系统是汽车上用来改变或恢复其行驶方向的专设机构,其结构如图 1.9 所示。

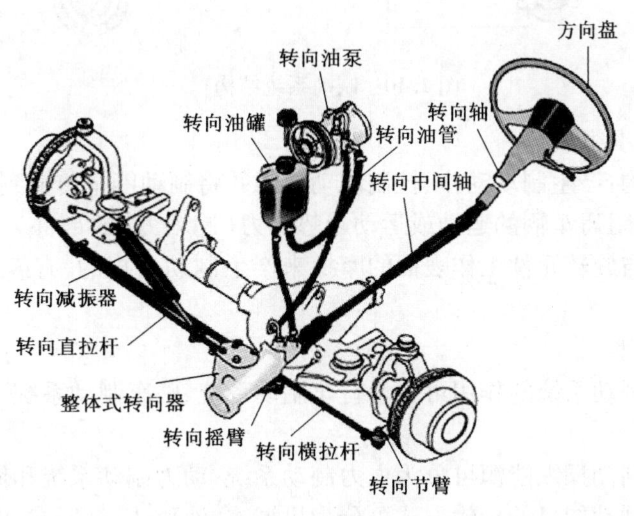

图 1.9　转向系统结构

1) 转向系统的基本组成

(1) 转向操纵机构:主要由转向盘、转向轴、转向管柱等组成。

(2) 转向器:是将转向盘的转动变为转向摇臂的摆动或齿条轴的直线往复运动,并对转向操纵力进行放大的机构。转向器一般固定在汽车车架或车身上,转向操纵力通过转向器后一般还会改变传动方向。

(3) 转向传动机构:是将转向器输出的力和运动传给车轮(转向节),并使左右车轮按一定关系进行偏转的机构。

2）转向系统的类型

按转向能源的不同，转向系统可分为机械转向系统和动力转向系统两大类。

4. 制动系统

汽车上用以使外界（主要是路面）在汽车某些部分（主要是车轮）施加一定的力，从而对其进行一定程度的强制制动的一系列专门装置统称为制动系统。其作用是：使行驶中的汽车按照驾驶员的要求进行强制减速甚至停车；使已停驶的汽车在各种道路条件下（包括在坡道上）稳定驻车；使下坡行驶的汽车速度保持稳定。

对汽车起制动作用的只能是作用在汽车上且方向与汽车行驶方向相反的外力，而这些外力的大小都是随机的、不可控制的，因此汽车上必须装设一系列专门装置以实现上述功能。制动系统结构如图1.10所示。

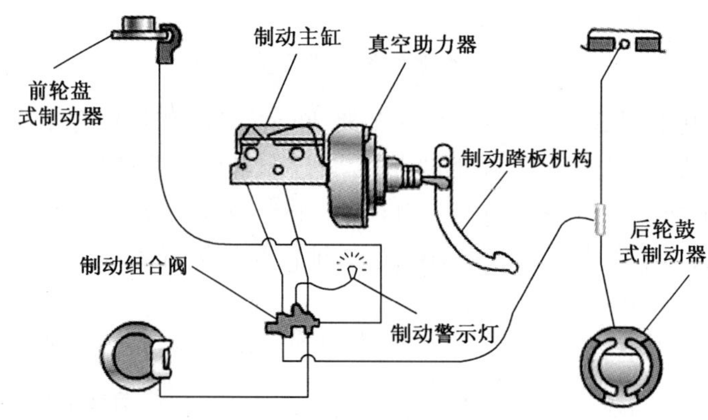

图1.10　制动系统结构

1）制动系统的基本组成

（1）制动操纵机构：产生制动动作、控制制动效果并将制动能量传输到制动器各个部件。

（2）制动器：产生阻碍车辆的运动或运动趋势的力（制动力）的部件。汽车上常用的制动器都是利用固定元件与旋转元件工作表面的摩擦来产生制动力矩的，有鼓式制动器和盘式制动器两种结构。

2）制动系统的类型

（1）制动系统按制动系统的作用可分为行车制动系统、驻车制动系统、应急制动系统及辅助制动系统等。

（2）制动系统按制动操纵能源可分为人力制动系统、动力制动系统和伺服制动系统等。

（3）制动系统按制动能量的传输方式可分为机械式、液压式、气压式、电磁式等。

项目2 离 合 器

学习目标

1. 掌握离合器的作用和工作原理；
2. 能够进行离合器的拆装；
3. 学会检查调整离合器踏板的行程；
4. 学会排除离合器液压操纵机构油路中的空气。

知识要点

1. 离合器的作用和工作原理；
2. 离合器的工作过程；
3. 离合器踏板自由行程的定义。

任务1 离合器的认知

离合器位于发动机和变速器之间，是汽车传动系中直接与发动机相联系的总成件。通常离合器与发动机曲轴飞轮组安装在一起，是发动机与汽车传动系之间切断和传递动力的部件。在汽车从起步到正常行驶直至停车的整个过程中，驾驶员可根据需要操纵离合器，使发动机与传动系暂时分离或逐渐接合，以切断或传递发动机向传动系输出的动力。

1. 离合器的功用

(1) 使发动机与传动系平顺地接合，保证汽车起步平稳。

(2) 暂时切断发动机的动力传动，保证传动系换挡时工作平顺。

(3) 限制所传递的转矩，防止传动系过载。

2. 离合器基本要求

(1) 做到分离彻底，接合时柔和，并具有良好的散热能力，以防止离合器温度过高。

(2) 除保证能传递发动机发出的最大转矩外，应该还有一定的传递转矩余力。

(3) 从动部分的转动惯量尽量小一些。这样，在分离离合器换挡时可减轻齿轮间的冲击。

(4) 压盘压力和摩擦片的摩擦系数变化小，工作稳定，噪声小。

(5) 操纵省力，以减轻驾驶员的疲劳，维修保养方便。

3. 摩擦式离合器的工作原理

1) 基本组成

摩擦式离合器由主动部分、从动部分、压紧机构和操纵机构四部分组成，如图2.1所示。

离合器的主动部分包括飞轮、离合器盖和压盘。飞轮用螺栓和曲轴固定在一起，离合器盖通过螺钉固定在飞轮后端面上，压盘边缘的凸台伸入离合器盖上相应的窗口，并可沿窗口轴向移动，这样，只要曲轴旋转，发动机发出的动力便可经飞轮、离合器盖传至压盘，使它们一起

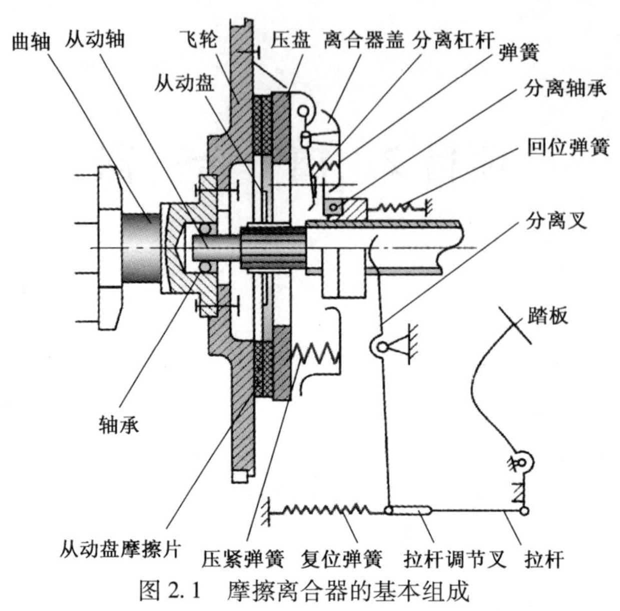

图 2.1　摩擦离合器的基本组成

旋转。

2）摩擦式离合器的工作原理

（1）离合器处于接合状态时，踏板处于最高位置，分离套筒在复位弹簧作用下与分离拨叉内端接触，此时分离杠杆内端与分离轴承之间存在间隙，压盘在压紧弹簧作用下压紧从动盘，发动机的转矩即经飞轮及压盘两个摩擦面的摩擦作用传给从动盘，再由从动盘输入变速器。

（2）需要离合器分离时，只要踏下离合器踏板，待消除间隙后，分离杠杆外端即可拉动压盘克服压紧弹簧的压力而向后移动（图中向右移动）从而解除作用于从动盘的压紧力，摩擦作用消失，离合器主、从动部分分离，中断动力传递。

（3）当需要恢复动力传递时，缓慢抬起离合器踏板，在压紧弹簧压力作用下，压盘向前移动并逐渐压紧从动盘，使接触面之间的压力逐渐增加，相应的摩擦力矩也逐渐增加。当飞轮、压盘和从动盘接合还不紧密，产生的摩擦力矩比较小时，主、从动部分可以不同步旋转，即离合器处于打滑状态。随飞轮、压盘和从动盘压紧程度的逐步加大，离合器主、从动部分转速也渐趋相等，直至离合器完全接合而停止打滑时，接合过程即告结束。

4. 膜片弹簧离合器

1）基本组成

膜片弹簧离合器主要由从动盘、膜片弹簧、压盘组、离合器盖等零部件组成，如图 2.2 所示。

2）工作原理

当离合器盖未固定到飞轮 10 上时，膜片弹簧 5 不受力而处于自由状态，如图 2.3(a)所示。此时离合器盖 1 与飞轮 10 之间有一距离 t。当离合器盖用螺栓固定到飞轮上时，由于离合器盖靠近飞轮，消除距离 t 后，离合器盖通过支承环 9，压膜片弹簧 5 使其产生弹性变形（膜片弹簧锥顶角增大），此时膜片弹簧的外圆周对压盘 2 产生压紧力而使离合器处于接合状态，如图 2.3(b)所示，当踩下离合器踏板时，分离轴承 7 被推向前移，是膜片弹簧压在支承环 6 上，并以此为支点产生反向锥形变形，膜片弹簧 5 的外圆周向后翘起，通过分离钩 4 拉动压盘 2 后移使离合器分离，如图 2.3(c)所示。

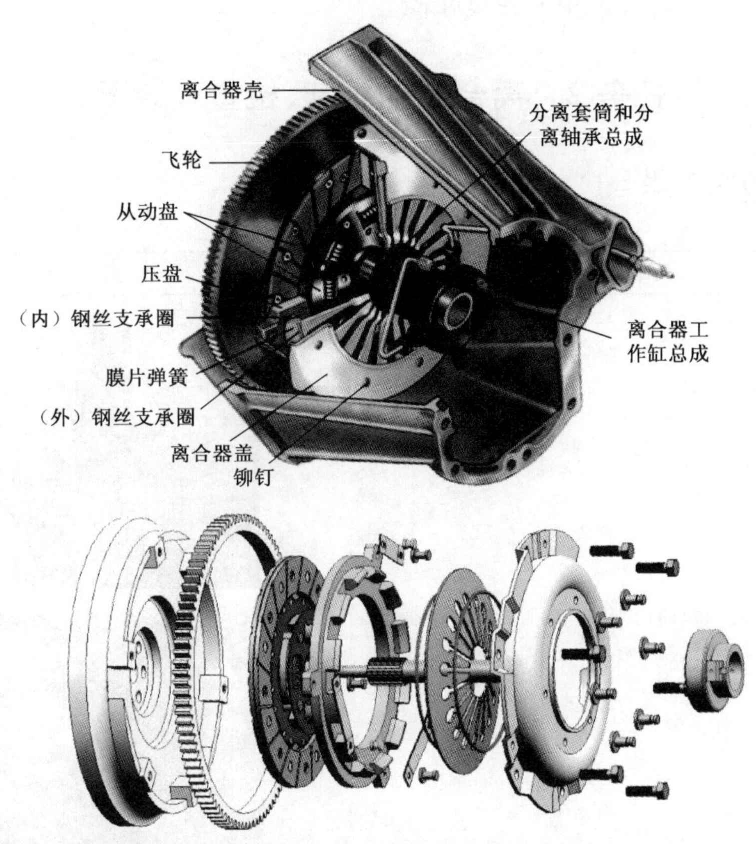

图 2.2　膜片离合器的构造

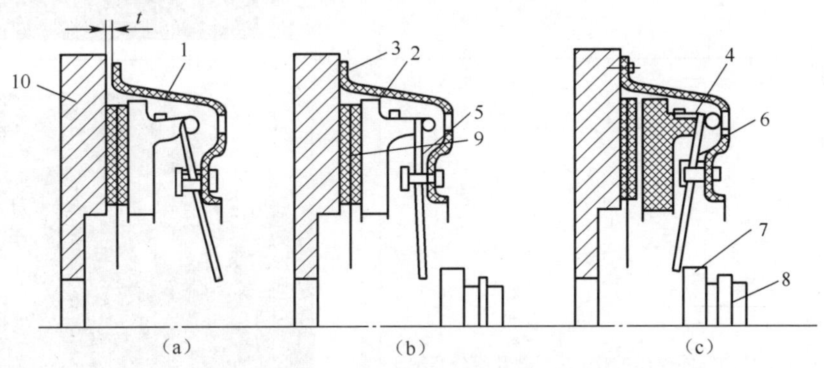

图 2.3　膜片弹簧离合器工作原理示意图

(a)安装前位置;(b)接合位置;(c)分离位置。

1—离合器盖;2—压盘;3—螺钉;4—分离钩;5—膜片弹簧;

6、9—支承环;7—分离轴承;8—分离套筒;10—飞轮。

由于膜片弹簧的轴向尺寸较小而径向尺寸很大,这就有利于在提高离合器转矩容量的情况下减小离合器的轴向尺寸。膜片弹簧离合器不需专门的分离杠杆,使结构简化,零件数目减少,质量减轻,维修保养方便。由于膜片弹簧与压盘以整个圆周接触,使压力分布均匀,摩擦片的接触良好,磨损均匀。膜片弹簧的安装位置对离合器轴的中心线来说是对称的,因此它的压力不受离心力的影响,这一点对高速车辆十分重要。同时,膜片弹簧离合器具有自动调节压紧力的特点,在正常磨损情况下,其工作很可靠。

任务2　离合器的拆卸、检查和装配

1. 离合器的拆卸(表 2.1)

表 2.1　离合器的拆卸

序号	拆卸具体内容及注意事项	图　示
1	用专用工具或自制工具将飞轮固定,取下离合器盖紧固螺栓,操作过程应两人配合,动作不宜过快	 
2	将专用工具的紧固螺母拧松,拆下离合器分离轴承和离合器盖,注意勿被离合器盖锐边和分离杠杆的复位弹簧划伤	 

（续）

序号	拆卸具体内容及注意事项	图　示
3	拆下压盘压紧弹簧	 
4	拆下压盘总成，将分离杠杆从压盘总成上拆下，用很小的力就可以取下，不可生拉硬扯	 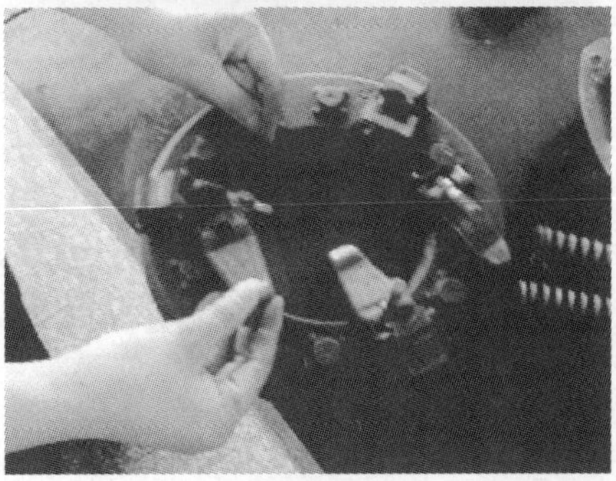

(续)

序号	拆卸具体内容及注意事项	图　示
5	将离合器摩擦盘拆下,注意避开摩擦片上的细小金属丝	

2. 离合器的检查(表 2.2)

表 2.2　离合器的检查

序号	检查具体内容及注意事项	图　示
1	离合器从动盘的检查,检查从动盘的径向圆跳动,在距从动盘外边缘 2.5mm 处测量,最大径向圆跳动量不得超过 0.4mm,否则校正或更换	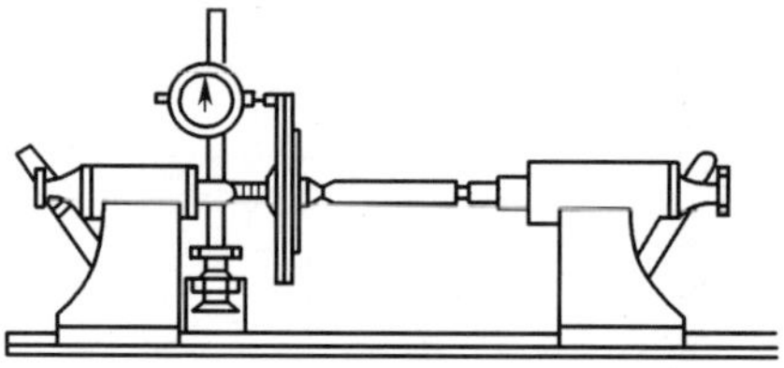 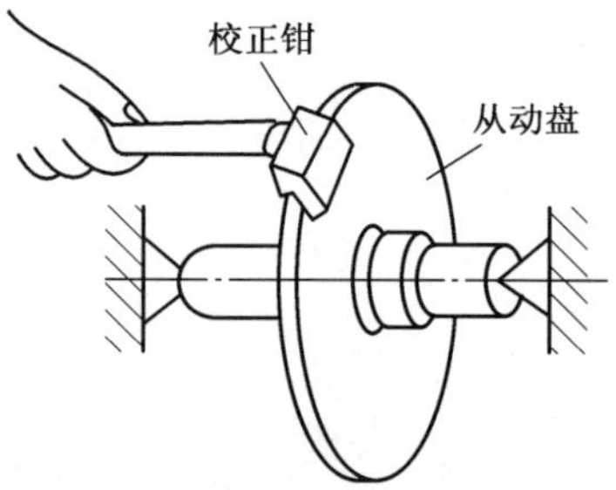
2	检查从动盘的磨损量,铆钉埋入深度不应小于 0.20mm,否则更换	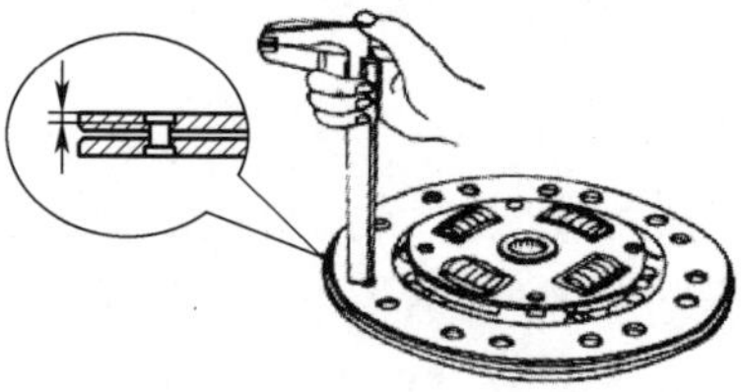
3	离合器压盘壳体的检修,离合器压盘壳不应有裂纹,检查压盘的平面度,最大不应超过 0.2mm,否则更换	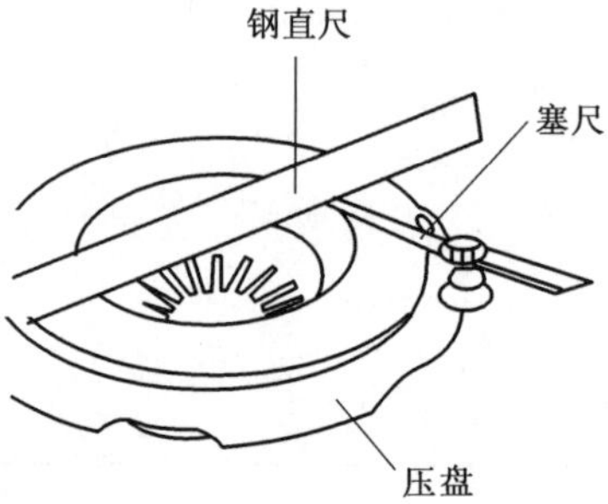

（续）

序号	检查具体内容及注意事项	图示
4	检查膜片弹簧的磨损情况，用游标卡尺检查膜片弹簧内端磨损，深度和宽度分别不得大于0.6mm和5.0mm，否则更换	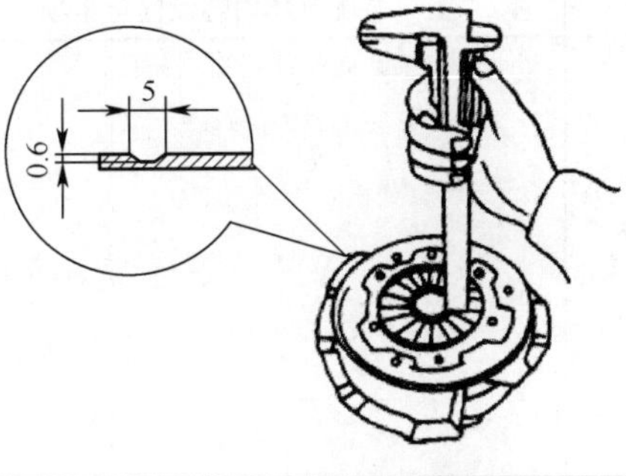
5	检查膜片弹簧的变形情况，检查膜片弹簧的弯曲变形，观察弹簧内端应在同一平面，平面度不能超过0.5mm，否则更换	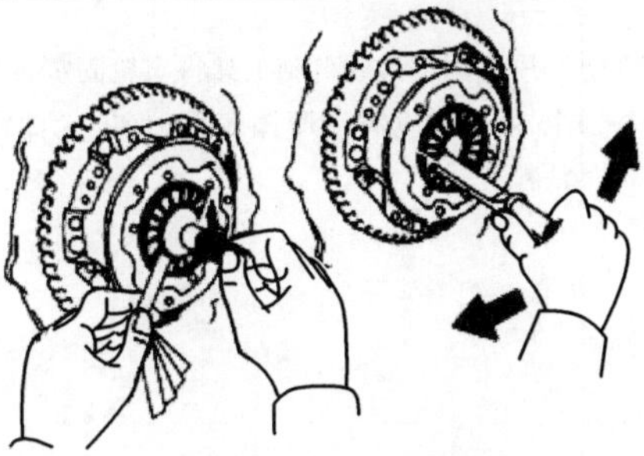
6	飞轮端面跳动检查，用百分表检查飞轮的端面圆跳动，飞轮的最大摆差量不超过0.2mm，否则应修理或更换飞轮	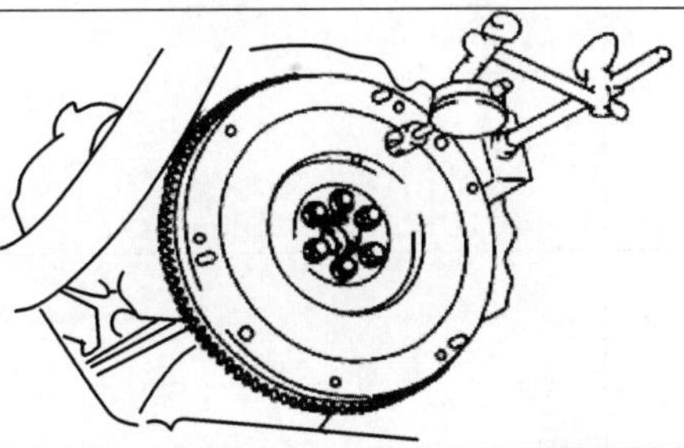
7	飞轮轴承的检查，用手指转动飞轮上的轴承，如有卡滞，应予以更换	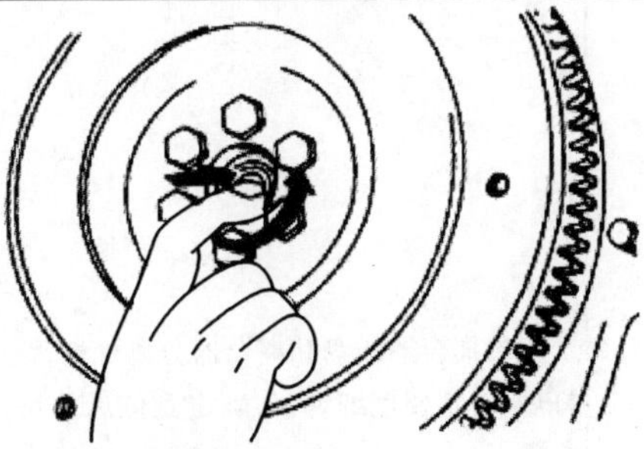
8	分离轴承的检查，用手往返转动分离轴承，并且来回推动轴承，如有明显的卡滞或间隙，应更换分离轴承	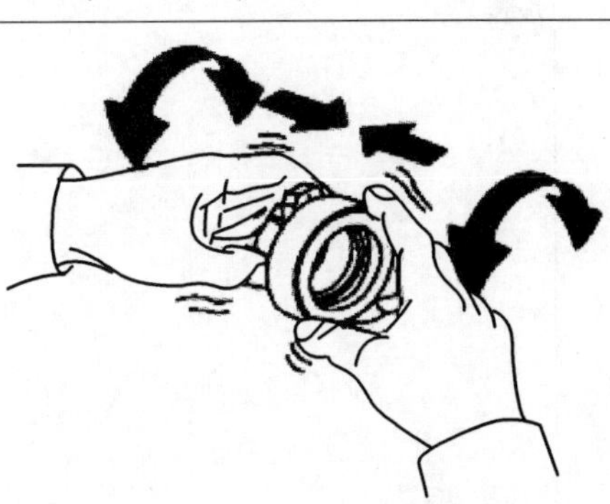

3. 离合器的装配(表2.3)

表2.3　离合器的装配

序号	装配具体内容及注意事项	图　示
1	用专用工具或自制工具将飞轮固定,将摩擦盘装上,装配时应清洁摩擦表面,保证无油污,无灰尘沙粒	 
2	安装离合器压盘和离合器分离杠杆,装上分离杠杆后,一定要仔细观察,确定到位后才可进行下一步骤	 

（续）

序号	装配具体内容及注意事项	图　示
3	安装压盘压紧弹簧,安装前应检查弹簧的高度是否一致	 
4	对正装配标记,将离合器盖装上,并用专用压紧工具压紧,此步骤应缓慢进行	 

（续）

序号	装配具体内容及注意事项	图　示
5	安装离合器盖总成，分两次对角交叉旋紧固定螺栓，使用扭力扳手以 25N · m 的力矩对角旋紧，拧紧离合器盖紧固螺母	
6	离合器盖紧固螺母紧固好后拆下专用工具，调整分离杠杆内端到一个平面上，安装分离轴承前一定要将分离杠杆的内端调整到同一个平面上，否则将导致离合器分离轴承无法将离合器分离开	 
7	安装离合器分离轴承，将专用工具拆下，离合器的装配一定要用专用工具进行安装，专用工具对压盘、摩擦盘和离合器盖起到对中作用，同时也起到压紧压盘、压紧弹簧的作用；否则离合器盖将无法安装	 

项目 3　手动变速器

学习目标

1. 掌握手动变速器的功用；
2. 手动变速器的结构和工作原理；
3. 能分析手动变速器的各挡传动路线，阐述其工作原理。

知识要点

1. 手动变速器的结构和工作原理；
2. 手动变速器的动力传动路线；
3. 手动变速器的拆卸、检查和装配方法。

任务 1　手动变速器的认知

汽车发动机转矩与转速变化范围比较小，但汽车的行驶条件十分复杂，行驶速度和行驶阻力的变化范围很大。为了解决这一矛盾，在汽车传动系中设置了手动变速器(MT)。

1. 变速器的功用

1）实现变速变矩

汽车上所应用的发动机具有转矩变化范围小、转速高的特点，这与汽车实际的行驶状况是不相适应的。如果没有变速器而直接将发动机与驱动桥连接在一起，首先由于发动机的转矩小，不能克服汽车的行驶阻力，使汽车根本无法起步；其次假使汽车行驶起来，也会由于车速太高而不实用，甚至无法驾控。所以必须改造发动机的转矩、转速特性，使发动机的转矩增大、转速下降以适应汽车实际行驶的要求。变速器中是通过不同的挡位来实现这一功用的。

2）实现倒车

发动机的旋转方向从前往后看为顺时针方向，且是不能改变，为了实现汽车的倒向行驶，变速器中设置了倒挡。

3）实现中断动力传动

在发动机起动和怠速运转、变速器换挡、汽车滑行和暂时停车等情况下，都需要中断发动机的动力传动，因此变速器中设有空挡。

2. 普通齿轮传动的基本原理

普通齿轮变速器利用不同齿数的齿轮啮合传动来实现转矩和转速的改变。齿轮传动的基本原理如图 3.1 所示。

一对齿数不同的齿轮啮合传动时可以实现变速，而且两齿轮的转速比与其齿数成反比。设主动齿轮转速为 n_1，齿数为 z_1，从动齿轮转速为 n_2，齿数为 z_2。主动齿轮(即输入轴)转速与从动齿轮(即输出轴)转速的比值称为传动比，用字母 i_{12} 表示。即由 1 传到 2 的传动比：

$$i_{12} = \frac{n_1}{n_2} = \frac{z_2}{z_1}$$

如图 3.1(a)所示,当小齿轮为主动齿轮,带动大齿轮转动时,输出转速降低,即 $n_2 < n_1$,称为减速传动,此时传动比 $i > 1$;如图 3.1(b)所示,当大齿轮为主动齿轮,驱动小齿轮时,输出转速升高,即 $n_2 > n_1$,称为增速传动,此时传动比 $i < 1$。这就是齿轮传动的变速原理。手动变速器就是根据这一原理利用若干大小不同的齿轮副传动而实现变速的。

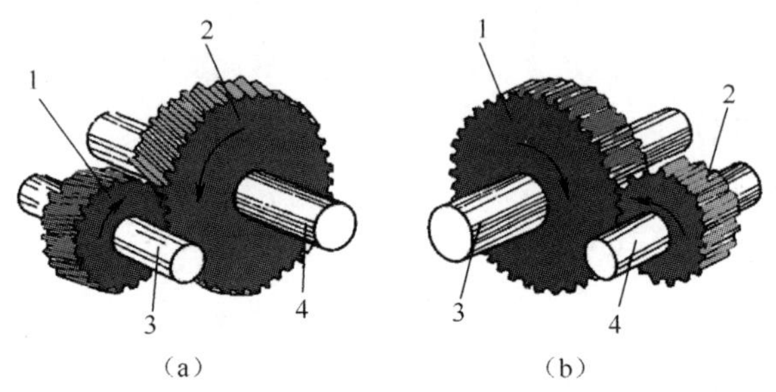

图 3.1 齿轮传动的基本原理

(a)减速传动;(b)增速传动。

1—主动齿轮;2—从动齿轮;3—输入轴;4—输出轴。

3. 手动变速器的变速传动机构

变速传动机构是变速器的主体,主要由一系列相互啮合的齿轮副及其支承轴以及作为基础件的壳体组成。其主要作用是改变转矩的大小和方向;操纵机构的作用是实现换挡。按工作轴的数量(不包括倒挡轴)可分为二轴式变速器和三轴式变速器。

1)二轴式变速器的变速传动机构

如图 3.2、图 3.3 所示分别为轿车二轴式五挡变速器传动机构的结构图和示意图。

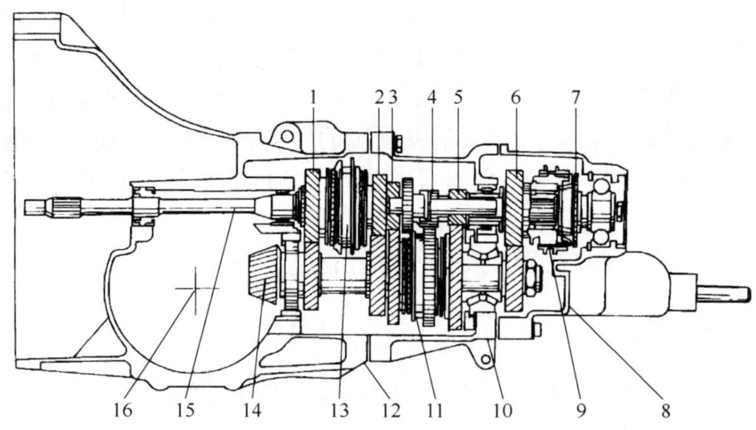

图 3.2 二轴式五挡变速器传动机构的结构图

1—四挡齿轮;2—三挡齿轮;3—二挡齿轮;4—倒挡齿轮;5—一挡齿轮;6—五挡齿轮;7—五挡运行齿环;8—换挡机构壳体;9—五挡同步器;10—齿轮箱体;11—一、二挡同步器;12—变速器壳体;13—三、四挡同步器;14—输出轴;15—输入轴;16—差速器。

详细动力传递途径,见表 3.1。

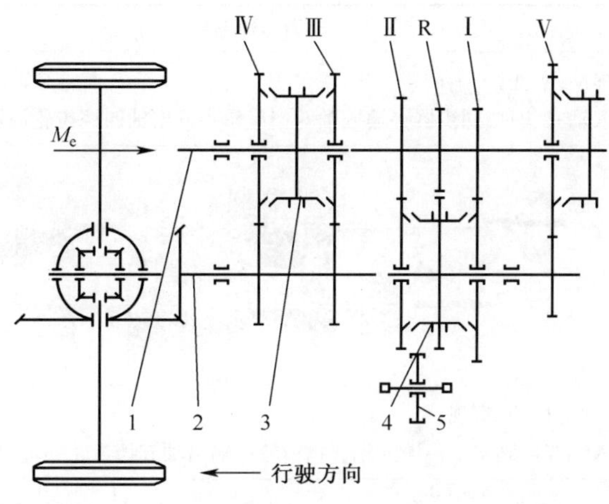

图 3.3　二轴式五挡变速器传动机构的示意图

1—输入轴;2—输出轴;3—三、四挡同步器;4——、二挡同步器;5—倒挡中间齿轮。

Ⅰ——挡齿轮;Ⅱ—二挡齿轮;Ⅲ—三挡齿轮;Ⅳ—四挡齿轮;Ⅴ—五挡齿轮;R—倒挡齿轮。

表 3.1　五挡变速器动力传递路线

挡位	动力传递路线
一	变速器操纵杆向左、向前移动,实现: 动力→输入轴→输入轴一挡齿轮→输出轴一挡齿轮→输出轴上一、二挡同步器→输出轴→动力输出
二	变速器操纵杆向左、向后移动,实现: 动力→输入轴→输入轴二挡齿轮→输出轴二挡齿轮→输出轴上一、二挡同步器→输出轴→动力输出
三	变速器操纵杆向前移动,实现: 动力→输入轴→输出轴三、四挡同步器→输入轴三挡齿轮→输出轴三挡齿轮→输出轴→动力输出

（续）

挡位	动力传递路线
四	变速器操纵杆向后移动，实现： 动力→输入轴→输入轴三、四挡同步器→输入轴四挡齿轮→输出轴四挡齿轮→输出轴→动力输出
五	变速器操纵杆向右、向前移动，实现： 动力→输入轴→输入轴五挡同步器→输入轴五挡齿轮→输出轴五挡齿轮→输出轴→动力输出
倒	变速器操纵杆向右、向后移动，实现： 动力→输入轴→输入轴倒挡齿轮→倒挡轴上倒挡齿轮→输出轴倒挡齿轮→输出轴→动力反向输出 A A向 ViewA

2）三轴式变速器的变速传动机构

如图 3.4、图 3.5 所示分别为轿车三轴式五挡变速器传动机构的结构图和示意图。

该变速器为五挡变速器，各挡传动情况如下：

（1）空挡：二轴上的各接合套、传动齿轮均处于中间空转的位置，动力不传给第二轴。

（2）一挡：前移一、倒挡直齿滑动齿轮 12 与中间轴一挡齿轮 19 啮合。动力经一轴齿轮 2、中间轴常啮合齿轮 24、中间轴齿轮 18、二轴一、倒挡齿轮 12，传到第二轴 14 使其顺时针旋转（与第一轴同向）。

（3）二挡：

退出一挡啮合后，接合套 9 后移与第二轴二挡齿轮 11 的接合齿圈 10 啮合。动力经齿轮 2、23 至中间轴 15、二挡主动齿轮 20、从动齿轮 11、接合齿圈 10 至接合套 9 再到花键毂 25，传到二轴使其顺时针旋转。

（4）三挡：前移接合套 9 与二轴三挡齿轮 7 的接合齿圈 8 啮合。动力经齿轮 2、23，中间轴 15，三挡主、从动齿轮 21、7，接合齿圈 8，接合套 9，花键毂 25，传到二轴使其顺时针旋转。

（5）四挡：后移接合套 4 与二轴四挡齿轮 6 的接合齿圈 5 啮合。动力经齿轮 2、23，中间轴 15，四挡主、从动齿轮 22、6，接合齿圈 5，接合套 4，花键毂 26，传到二轴使其顺时针旋转。

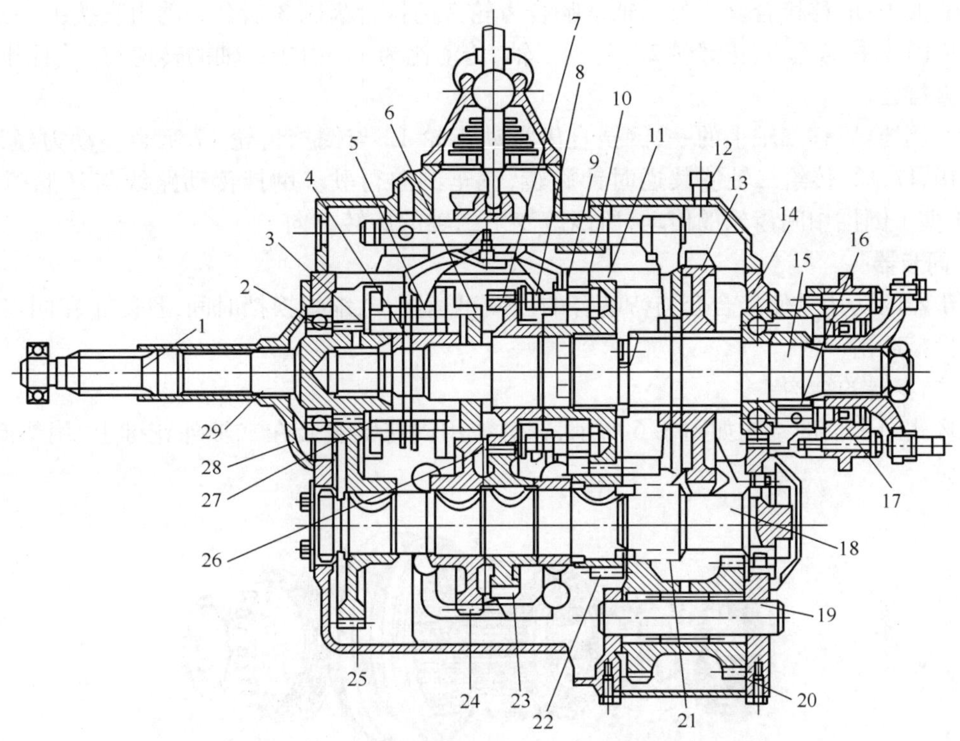

图 3.4　三轴式五挡变速器传动机构的结构图

1—第一轴；2—第一轴常啮合传动齿轮；3—第一轴齿轮接合齿圈；4—结合套；5—四挡齿轮接合齿圈；6—第二轴四挡齿轮；7—第二轴三挡齿轮；8—三挡齿轮接合齿圈；9—接合套；10—二挡齿轮接合齿圈；11—第二轴二挡齿轮；12—通气塞；13—第二轴一、二挡滑动齿轮；14—变速器壳体；15—第二轴；16—车速里程表传动齿轮；17—中央制动器底座；18—中间轴；19—倒挡轴；20—倒挡中间齿轮；21—中间轴一、倒挡齿轮；22—中间轴二挡齿轮；23—中间轴三挡齿轮；24—中间轴四挡齿轮；25—中间轴常啮合传动齿轮；26、27—花键毂；28—第一轴轴承盖；29—轴承。

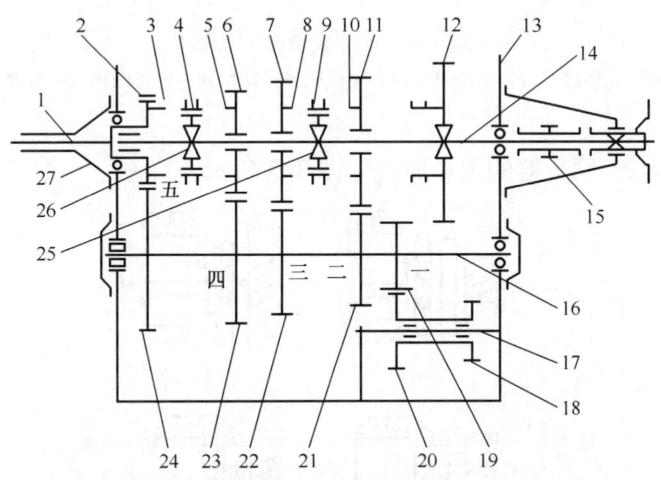

图 3.5　三轴式五挡变速器传动机构的示意图

1—第一轴；2—第一轴常啮合传动齿轮；3—第一轴常啮合齿轮接合齿圈；4、9—接合套；5—四挡齿轮接合齿圈；6—第二轴四挡齿轮；7—第二轴三挡齿轮；8—三挡齿轮接合齿圈；10—二挡齿轮接合齿圈；11—第二轴二挡齿轮；12—第二轴一、倒挡直齿滑动齿轮；13—变速器壳体；14—第二轴；15—回油螺纹；16—中间轴；17—倒挡轴；18、20—倒挡中间齿轮；19—中间轴一、倒挡齿轮；21—中间轴二挡齿轮；22—中间轴三挡齿轮；23—中间轴四挡齿轮；24—中间轴常啮合齿轮；25、26—花键毂；27—第一轴轴承盖。

(6) 五挡:前移接合套 4 与一轴常啮合齿轮 2 的接合齿圈 3 啮合。动力直接由一轴、齿轮 2、接合齿圈 3、接合套 4、花键毂 26,传到二轴,传动比为 1。由于二轴的转速与一轴相同,故此挡称为直接挡。

(7) 倒挡:后移二轴上的一、倒挡直齿滑动齿轮 12 与倒挡齿轮 17 啮合。动力经齿轮 2、23、18、19、17、12,传给二轴使其逆时针旋转,汽车倒向行驶。倒挡传动路线与其他挡位相比较,由于多了倒挡中间齿轮的传动,所以改变了二轴的旋转方向。

4. 同步器

同步器的功用是使接合套与待啮合的齿圈迅速同步,缩短换挡时间,且防止在同步前啮合而产生换挡冲击。

1) 同步器的结构

锁环式同步器的结构如图 3.6 所示,花键毂用内花键套装在二轴外花键上,用垫圈、卡环轴向定位。

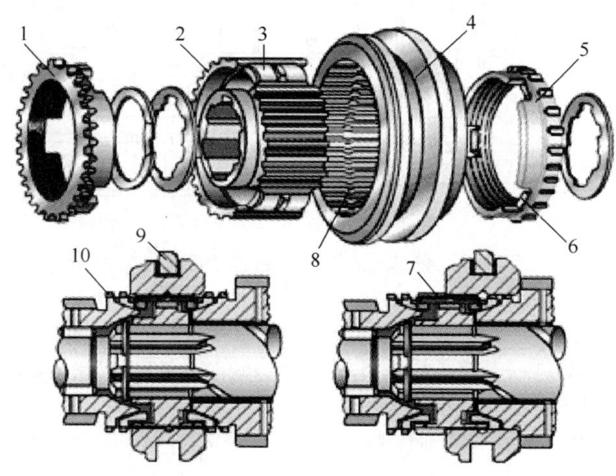

图 3.6 锁环式惯性同步器

1、5—锁环;2—花键毂;3、7—定位滑块;4—接合套;6—缺口;8—定位凹槽;9—拨叉;10—齿圈。

2) 工作原理

以二挡换三挡为例,同步器的工作原理如图 3.7 所示。

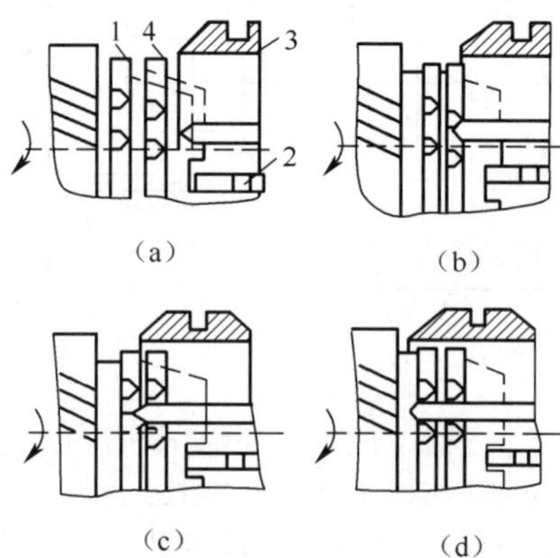

图 3.7 锁环式惯性同步器工作原理

1—待啮合齿轮的接合齿圈;2—滑块;3—接合套;4—锁环(同步环)。

(1) 空挡位置:接合套 8 刚从二挡退入空挡时(图 3.16(a)),三挡齿轮、接合套、锁环以及与其有关联的运动件因惯性作用而沿原方向继续旋转(图示箭头方向)。

(2) 挂挡:欲换入三挡时,驾驶员通过变速杆使拨叉推动接合套连同滑块一起向左移动(图 3.16(b)),滑块又推动锁环移向齿轮,使锥面接触。

(3) 锁止:驾驶员的轴向推力使接合套的齿端倒角面与锁环的齿端倒角面之间产生正压力形成一个企图拨动锁环相对于接合套反转的力矩,称为拨环力矩。这样在锁环上同时作用着方向相反的摩擦力矩和拨环力矩,同步器的结构参数可以保证在同步前(存在摩擦力矩) 拨环力矩始终小于摩擦力矩,所以在同步之前无论驾驶员施加多大的操纵力,都不会挂上挡,即产生锁止作用(图 3.16(c))。

(4) 同步啮合:随着驾驶员施加于接合套上的推力加大,摩擦力矩不断增加,使齿轮的转速迅速降低。当齿轮、接合套和锁环达到同步时,作用在锁环上的摩擦力矩消失。此时在拨环力矩的作用下,锁环、齿轮以及与之相连的各零件都对于接合套反转一角度,滑块处于锁环缺口的中央(图 3.16(c)),键齿不再抵触,锁环的锁止作用消除。接合套压下弹簧圈继续左移(滑块脱离接合套的内环槽而不能左移),与锁环的花键齿圈进入啮合。进而再与齿轮进入啮合(图 3.16(d)),换入三挡。

5. 手动变速器的操纵及锁止机构

1) 操纵机构

手动变速器操纵机构的功用是保证驾驶员能准确、可靠地将变速器挂入所需要的挡位,并可随时退至空挡。手动变速器操纵机构如图 3.8 所示。

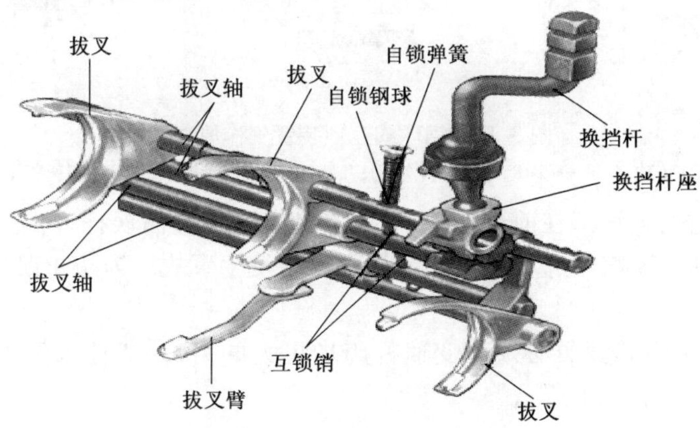

图 3.8 手动变速器操纵机构

不同变速器其挡数和操纵机构的结构与布置可能不同,从而相应于各挡位的变速杆上端手柄位置排列,即挡位排列也不相同。因此,通常在汽车驾驶室仪表板上(或变速器操纵手柄上)标有该车编读器挡位排列图。

2) 锁止机构

为了保证变速器在任何情况下都能准确、安全、可靠地工作,在变速器操纵机构中设置了自锁装置、互锁装置和倒挡锁装置。

(1) 自锁装置:用来防止自动脱档并保证轮齿以全齿宽啮合的装置,如图 3.9 所示。

(2) 互锁装置:由于一个拨叉轴可以控制两个挡位,因此多挡变速器中拨叉轴较多,如果操纵时同时使两根拨叉轴移动,就可能会出现同时挂上两个挡的情况。这时变速器必然产生机械干涉,轻则使变速器无法工作,重则将损坏变速器零件。操纵机构中的互锁装置就是保证

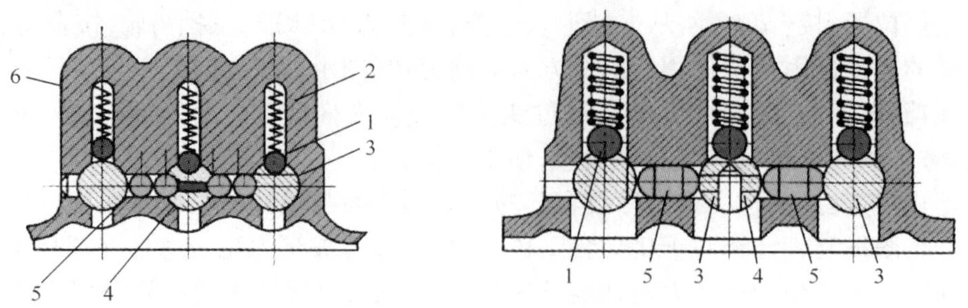

图 3.9　自锁和互锁装置

1—定位钢球;2—定位弹簧;3—拨叉轴;4—互锁顶销;5—互锁钢球;6—变速器盖。

在换挡时只能移动一根拨叉轴并同时自动地锁住其余拨叉轴,这样就消除了同时挂上两个挡位的可能性。

互锁装置的结构形式较多,但在汽车上用得最广泛的是钢球(或柱销)式互锁装置(图 3.10)。它与自锁机构装在一起,结构紧凑,工作可靠。

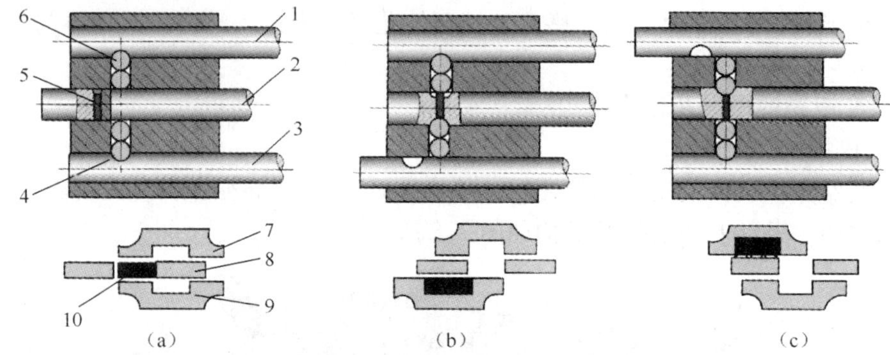

图 3.10　钢球式互锁装置工作原理图

1、2、3—拨叉轴;4、6—互锁钢球;5—互锁销;7、8、9—拨叉(或拨块);10—变速杆下端球头。

(3) 倒挡锁装置:当汽车在前进行驶中,换挡时由于疏忽而误挂入倒挡,将会使轮齿间产生极大的冲击。此时,若汽车起步时误挂倒挡则容易发生事故。为防止误挂倒挡,操纵机构中应设有倒挡锁。

倒挡锁的作用是使驾驶员必须对变速杆施加更大的力,才能挂入倒挡,起到警示注意作用,以防误挂倒挡,如图 3.11 所示。

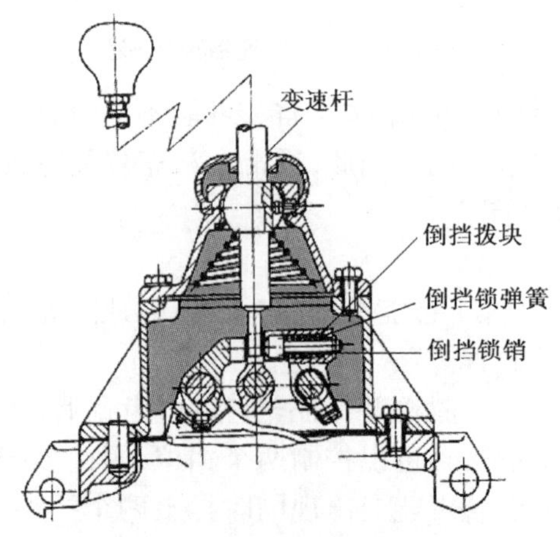

图 3.11　锁销式倒挡锁装置

任务2　手动变速器的拆卸、检查和装配

1. 手动变速器的拆卸(表3.2)

表3.2　手动变速器的拆卸

序号	拆卸具体内容及注意事项	图　示
1	拆卸变速器上盖,将拨叉和拨叉轴取下。注意,拆下上盖后将上盖螺栓套入上盖,以防止螺栓换位	
2	拆下变速器前轴承盖、延伸壳,拆下前轴承盖和延伸壳后,分别将螺栓套入其螺孔中,且前轴承盖和延伸壳应立起摆放在工作台上,以防其从工作台上滚落	 
3	取出变速器输出轴,取出三/四挡同步器和输出轴三挡齿轮	

（续）

序号	拆卸具体内容及注意事项	图示
4	取出倒挡轴、倒挡惰转齿轮，取倒挡轴时，轻轻敲击变速器壳体内侧的一端的倒挡轴，再用鲤鱼钳从另一端将倒挡轴钳住，将其拽出	
5	取出中间轴，取中间轴时，轻轻敲击中间没有半圆键的一端，再用鲤鱼钳从另一端将中间轴拽出	
6	取出变速器输入轴，取变速器输入轴时应注意将输入轴常啮合齿轮有缺口的部分对准中间轴常啮合齿轮，否则输入轴无法取出	
7	取出中间齿轮轴，取出中间齿轮轴时注意同时将其两端的青铜垫圈取出来	

2. 手动变速器的检查(表 3.3)

表 3.3 手动变速器的检查

序号	检查具体内容及注意事项	图 解
1	变速器齿轮啮合侧隙的检查,输出轴与输入轴按标准中心距安装后,固定住一个轴上的齿轮 1,转动另一个轴上的齿轮 2,用百分表 3 测量转动齿轮的摆动量,即为两齿轮的啮合侧隙,标准值为 0.05~0.15mm,使用极限为 0.25mm,超过极限应更换齿轮	 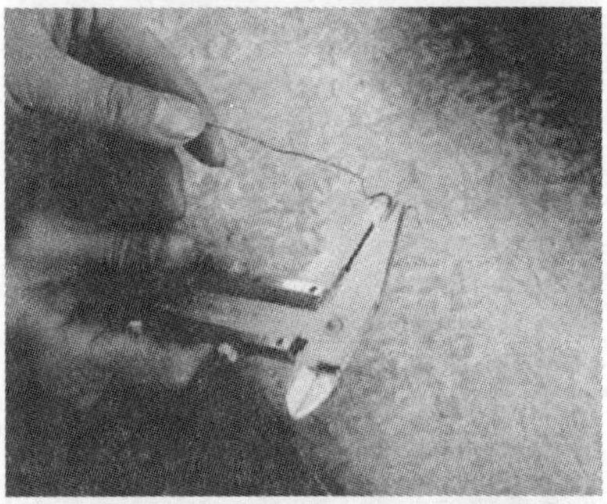
2	滚针轴承的检查,在输出轴一挡齿轮、输出轴二挡齿轮、输入轴三挡齿轮、输入轴四挡齿轮等齿轮 1 与轴 2 之间均装有滚针轴承 5。为检查滚针轴承 5 的磨损,可将轴 2 用台钳 3 夹住,一面上下摆动齿轮 1,一面用百分表 4 测量齿轮 1 的摆动量,即齿轮 1 与滚针轴承 5 和轴 2 的径向间隙,其标准值为 0.015~0.066mm,使用极限为 0.08mm,超过极限应更换滚针轴承 5	 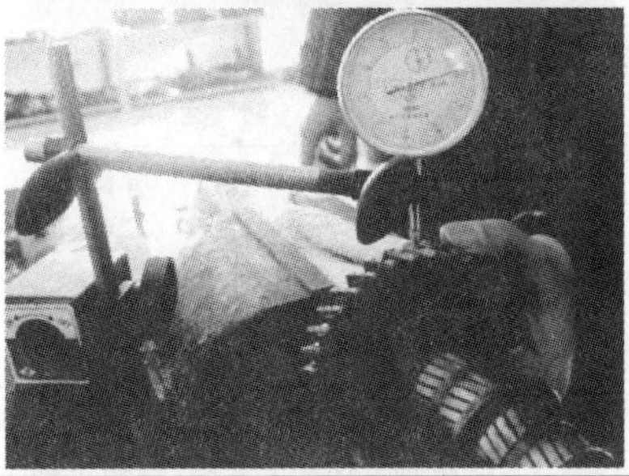
3	圆锥滚子轴承 1 分别装在主减速器与离合器壳体之间、主减速器与变速器壳体之间及输出轴与离合器壳体之间,应检查圆锥滚子轴承外圈 2 滚道和圆锥滚子轴承内圈 3 的烧蚀、磨损和损伤情况,若两者有一个需要更换,必须成对更换,以保证圆锥滚子轴承 1 应能灵活转动	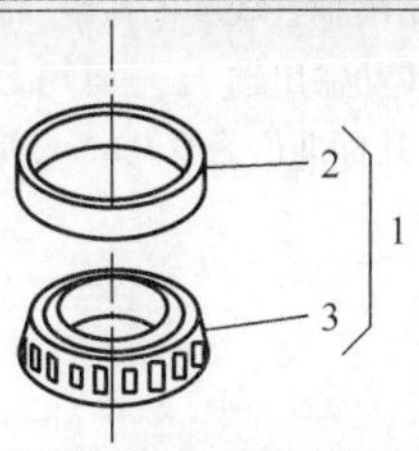 2 1 3 1. 圆锥滚子轴承;2. 圆锥滚子轴承外圈; 3. 圆锥滚子轴承内圈。

（续）

序号	检查具体内容及注意事项	图　解
4	球轴承的检查，球轴承安装在输入轴与变速器壳体之间，需检查球轴承的烧损和磨损。测量球轴承的轴向间隙，其标准值为 0.05mm，使用极限为 0.1mm。球轴承的径向间隙标准值为 0.003~0.018mm，使用极限为 0.04mm	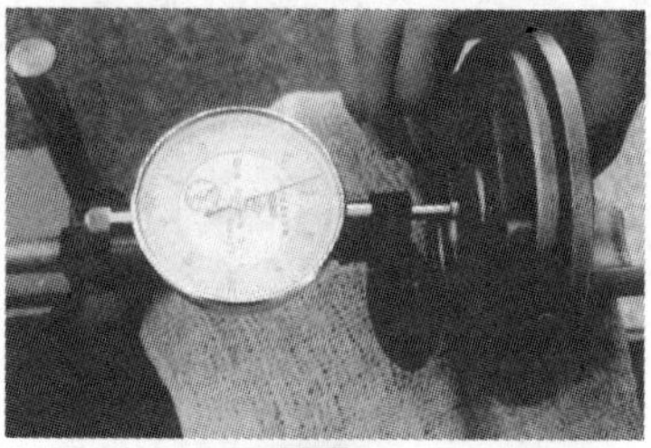 
5	油封的检查，需检查油封主刃口 3 与副刃口的损坏、老化与磨损和油封弹簧 1 的损坏与变形情况，有问题要及时更换油封，以确保密封	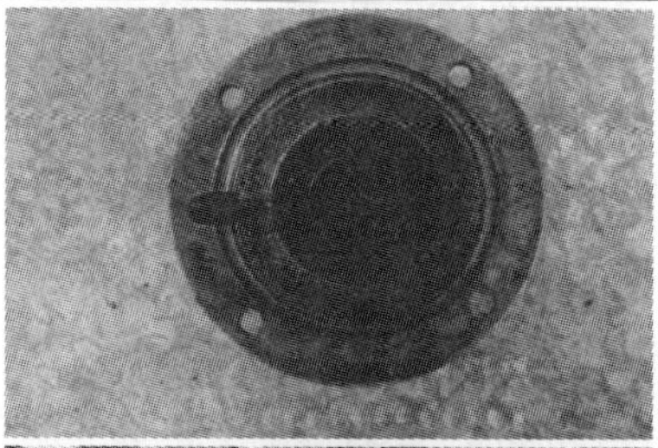 
6	输出轴直线度的检查，将输出轴 1 放在 V 形铁 3 上，一面转动输出轴 1，一面用百分表 2 测量输出轴 1 的直线度，其标准值为 0.02mm，使用极限为 0.05mm	 

（续）

序号	检查具体内容及注意事项	图　解
7	输入轴直线度的检查，将输入轴 1 放在 V 形铁 3 上，一面转动输入轴 1，一面用百分表 2 测量输入轴 1 的直线度，其标准值为 0.02mm，使用极限为 0.05mm	 
8	同步器同步环的检查，应检查同步环 1 的变形、裂纹和磨损情况。输入轴四挡同步环与输入轴四挡齿轮端面间隙标准值为 1.1～1.7mm，使用极限为 0.5mm。超过极限应更换同步环 1	 
9	同步器滑块的检查，需检查同步器滑块 1 的磨损、变形和损坏。检查磨损的方法是将滑块 1 放在与之相配的同步器毂 2 的槽内，用塞尺 3 测量滑块 1 与同步器毂 2 槽侧面的间隙。使用极限为 0.25mm，超过极限应更换滑块	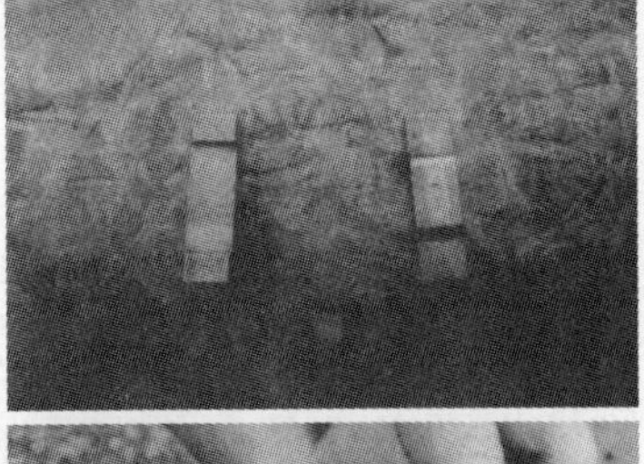 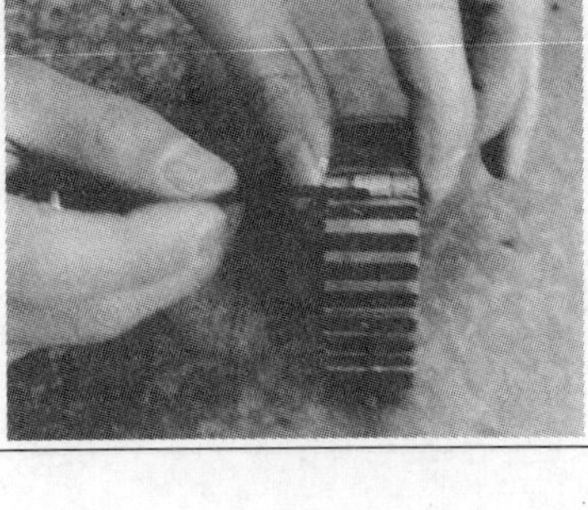

（续）

序号	检查具体内容及注意事项	图 解
10	同步器花键毂的检查，需检查同步器花键毂 1 内花键与相配轴 2 的侧隙	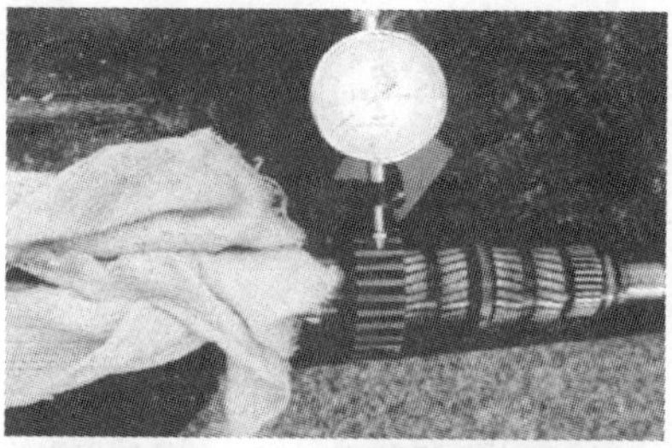 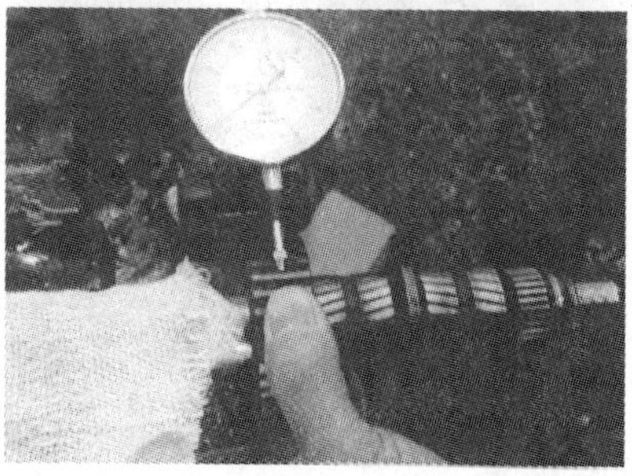
11	同步器接合套的检查，需检查同步器接合套 1 的内齿部分的磨损及裂缝： ① 锁销磨损松旷，更换总成； ② 锁环端面已与锥盘接触，有磨损，同步啮合过程失效，允许车削修复（最大车削量累计 1mm）； ③ 锥环斜面 0. 40mm 深的沟槽已磨损至 0. 10mm，更换总成； ④ 更换新同步器总成后，原锥盘端面与锥盘不得接触（间隙为 3mm）	
12	换挡拨叉的检查，需检查换挡拨叉 1 与相配的同步器接合套 2 的侧面间隙。方法是用塞尺 3 测量二者的间隙，标准值为 0. 45~0. 65mm，使用极限为 1mm，超过极限应更换换挡拨叉 1	 

(续)

序号	检查具体内容及注意事项	图解
13	选挡换挡轴与衬套配合间隙的检查,应分别检查选挡换挡轴1与衬套2及球套筒3的配合间隙,若发现因磨损间隙过大时,则应更换衬套2和球套筒3	1. 选挡换挡轴;2. 衬套;3. 球套筒;4. 变速器壳体。
14	拨叉轴定位凹槽处的磨损检查,检查拨叉轴定位凹槽处的磨损。若磨损严重,会影响定位,应更换拨叉轴	

3. 手动变速器的装配(表3.4)

表3.4 手动变速器的装配

序号	装配具体内容及注意事项	图示
1	同步器的装配,按顺序安装同步器弹簧圈、结合套,安放同步器滑块,装上三、四挡同步器锁环: ① 装同步器接合套时,结合套上的三个开口要对准花键毂上的三个开口; ② 安装滑块时,有凹槽的一面朝向花键毂,凸起的一面朝结合套; ③ 安装同步环之前,将同步环压在各自齿轮的锥面上,检查间隙应符合规定值	
2	输出轴的装配,装上二挡齿轮及同步器,装上倒挡、一挡齿轮及同步器,装上滚珠轴承和轴承盖	
3	装上中间齿轮轴两端的青铜垫圈,将中间齿轮轴放入变速器壳体中。注意安装青铜垫圈时,有青铜的一面朝向变速器中间齿轮轴	

（续）

序号	装配具体内容及注意事项	图　示
4	从变速器前端装入输入轴，装上前油封盖，安装前油封盖时，应将油封盖上的回油槽对准变速器壳体上的回油孔	 
5	将变速器的中间轴转入，变速器的中间轴有键槽的一方对准变速箱上的半圆键槽，装入半圆键后，用铜棒将中间轴敲入变速器壳体	 
6	装上倒挡轴及倒挡惰转齿轮，变速器的倒挡轴有键槽的一方对准变速箱上的半圆键槽，装入半圆键后，用铜棒将倒挡轴敲入变速器壳体	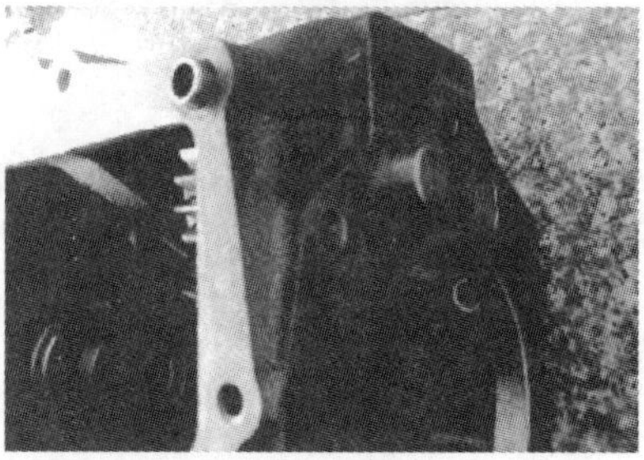

（续）

序号	装配具体内容及注意事项	图　示
7	装配变速器输出轴，并将变速器延伸壳装好，装变速器输出轴的时候注意要先将同步器和三挡齿轮装入，将变速器输出轴上的定位销和变速器壳体上的定位槽对准，从变速器后方将输出轴装入	 
8	装上变速器上盖。安装变速器上盖之前，将变速器齿轮调整到空挡位置，同时还应将各拨叉调至空挡位置。安装变速器上盖时，应将上盖的一边贴在变速器壳体上，从另外一边观察，确定拨叉都放入相应的位置后，合上变速器上盖。安装变速器上盖的螺栓时应注意先将两颗长的定位螺栓装入。安装前应检查所有齿轮和轴承的损坏情况，如需更换，必须成对进行。在更换第一挡齿轮的滚针轴承的内环或输出轴的后轴承时，需计算出轴的调整垫片	 

项目4　自动变速器的基础知识

学习目标

1. 了解自动变速器的类型和特点；
2. 掌握自动变速器的基本组成和工作原理；
3. 掌握液力变矩器的组成、作用和工作原理；
4. 掌握换挡执行元件的组成和工作原理；
5. 理解电子控制系统的工作原理；
6. 掌握辛普森式和拉威娜式行星齿轮机构的组成特点和工作原理；
7. 正确使用解码仪，读取自动变速器系统数据流；
8. 正确进行发动机和自动变速器的基础检验。

知识要点

1. 自动变速器的基本组成和工作原理；
2. 液力变矩器的组成、作用和工作原理；
3. 换挡执行元件的组成和工作原理；
4. 电子控制系统的工作原理；
5. 发动机和自动变速器的基础检验。

任务1　自动变速器的认知

1. 概述

1）自动变速器的分类

自动变速器(AT)是指能根据手动控制阀的位置、发动机的工况及汽车运行速度自动选挡和换挡的变速装置。

(1) 自动变速器按结构、控制方式的不同，可以分为液力式自动变速器、无级自动变速器和机械式自动变速器。

(2) 自动变速器按车辆驱动方式的不同，可以分为自动变速器和自动变速驱动桥，如图4.1所示。

(3) 按自动变速器前进挡的挡位数分可以分为四挡、五挡、六挡、七挡和九挡变速器。

2）自动变速器的挡位

自动档汽车的自动变速器的挡位分为P、R、N、D，部分汽车还配置有3、2（或S）、L挡位，见表4.1。

图 4.1 自动变速器

表 4.1 自动变速器各挡位表

自动变速器的挡位标识	挡位名称	使用路面
P	停车挡	又叫锁止挡,模拟手动变速器的挂挡停车,车辆不至滑溜
R	倒挡	与手动变速器相同,实现倒车
N	空挡	设置空挡的目的是为了行驶中的车辆发动机熄火后的重新起动提供方便,驾驶员只要把换挡手柄移至空挡 N,就可以起动发动机,而不必停车移至 P 挡才能起动
D	前进挡	使用频率最高,在较好的路面和一般的路面上行驶,根据发动机的负荷和车速在相邻前进挡之间自动变换挡位
3	前进挡	使用频率不高,在较好的路面行驶,根据发动机的负荷和车速在一至三挡之间自动变换挡位
2 或 S	滑行挡	在弯道较多的下坡山路使用,只能在一、二挡转换,依靠发动机的制动控制车速
L	低速挡	冰雪路面、松软路面、根本无路的条件下使用,不能升挡

2. 自动变速器的基本组成与工作原理

1）基本组成

自动变速器主要由液力变矩器、齿轮变速器、换挡执行元件、液压控制系统、电子控制系统等组成,如图 4.2 所示。

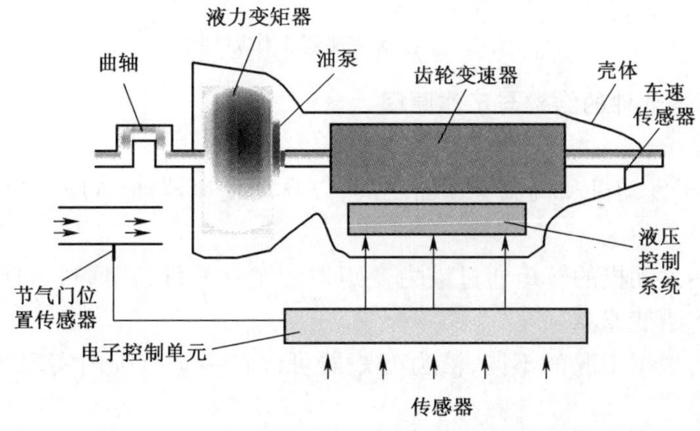

图 4.2 自动变速器组成示意图

（1）液力变矩器：安装在发动机与变速器之间，将发动机转矩传给变速器输入轴。液力变矩器相当于普通汽车上的离合器，但它是一个通过自动变速器油（ATF）传递动力的装置。

（2）齿轮变速器：可形成不同的传动比，组合成电控自动变速器不同的挡位。目前绝大多数电控自动变速器采用行星齿轮机构进行变速，有的车型（如本田车系）采用普通齿轮机构进行变速。

（3）换挡执行元件：主要包括离合器、制动器和单向离合器，由液压控制系统控制其工作。

（4）液压控制系统：是由油泵、各种控制阀及与之相连通的液压换挡执行元件（如离合器、制动器油缸等）组成的液压控制回路。汽车行驶中根据驾驶人的要求和行驶条件的需要，控制离合器和制动器工作状况的改变来实现机械变速器的自动换挡。

（5）电子控制系统：主要包括各类传感器及开关、电子控制单元（ECU）、执行器等。电子控制系统中的传感器及各种控制开关将发动机工况、车速等信号传递给 ECU，经 ECU 处理后发出控制指令给执行器，执行器和液压系统按一定规律控制换挡执行机构工作，实现自动变速器自动换挡。

2）工作原理

电控自动变速器是通过各种传感器，将发动机的转速、节气门开度、车速、发动机水温、自动变速器 ATF 油温等参数信号输入 ECU，ECU 根据这些信号，按照设定的换挡规律，向换挡电磁阀、油压电磁阀等发出动作控制信号，换挡电磁阀和油压电磁阀再将 ECU 的动作控制信号转变为液压控制信号，阀板中的各控制阀根据这些液压控制信号，控制换挡执行元件的动作，从而实现自动换挡过程，如图 4.3 所示。

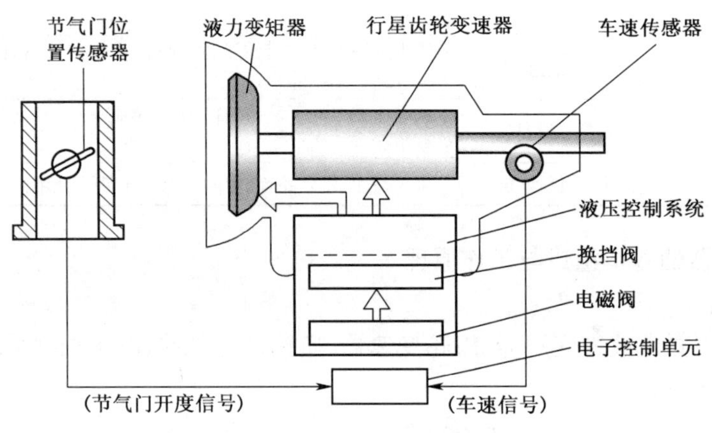

图 4.3　自动变速器工作原理

3. 自动变速器各部件的结构与工作原理

1）液力变矩器

液力变矩器位于发动机和机械变速器之间，以自动变速器油（ATF）为工作介质，主要完成以下功用：

（1）传递转矩：发动机的转矩通过液力变矩器的主动元件，再通过 ATF 传给液力变矩器的从动元件，最后传给变速器。

（2）无级变速：根据工况的不同，液力变矩器可以在一定范围内实现转速和转矩的无级变化。

（3）自动离合：液力变矩器由于采用 ATF 传递动力，当踩下制动踏板时，发动机也不会熄火，此时相当于离合器分离；当抬起制动踏板时，汽车可以起步，此时相当于离合器接合。

(4) 驱动油泵：ATF 在工作的时候需要油泵提供一定的压力，而油泵一般是由液力变矩器壳体驱动的。

如图 4.4 所示，液力变矩器通常由泵轮、涡轮和导轮三个元件组成，称为三元件液力变矩器。有的也采用两个导轮，称为四元件液力变矩器。

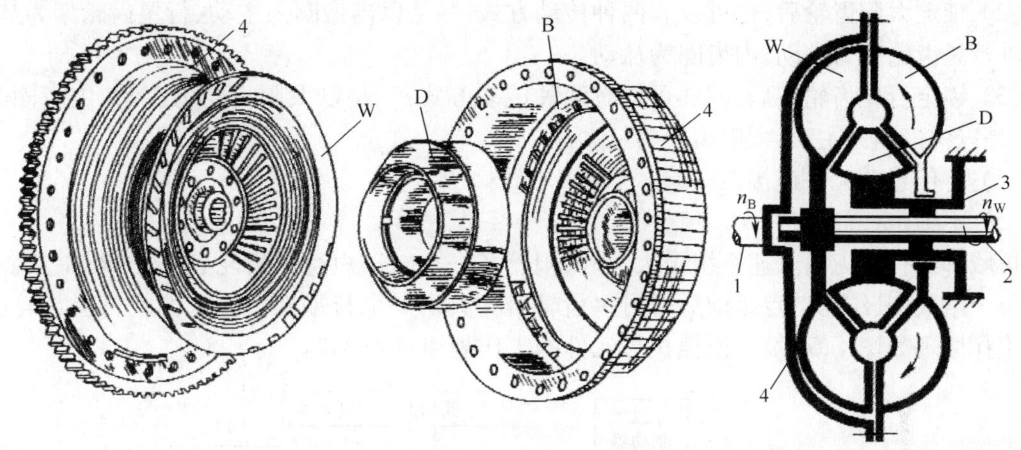

图 4.4　液力变矩器的组成

B—泵轮；W—涡轮；D—导轮；1—输入轴；2—输出轴；3—导轮轴；4—变矩器壳。

液力变矩器工作时，壳体内充满 ATF，发动机带动壳体旋转，壳体带动泵轮旋转，泵轮的叶片将 ATF 带动起来，并冲击到涡轮的叶片；如果作用在涡轮叶片上冲击力大于作用在涡轮上阻力，涡轮将开始转动，并使机械变速器的输入轴一起转动，如图 4.5 所示。

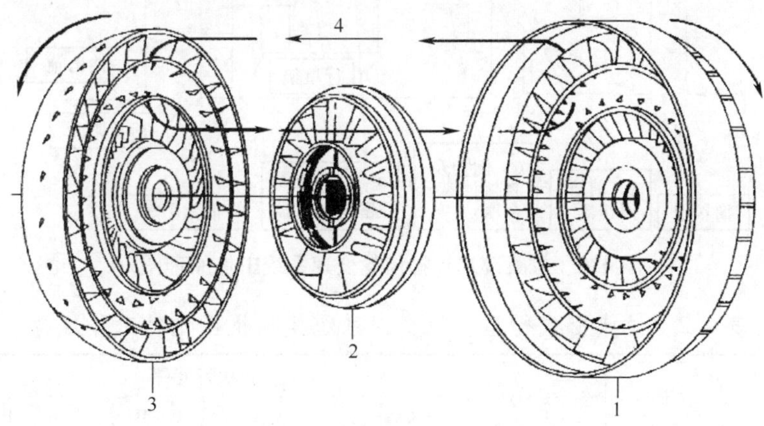

图 4.5　液力变矩器工作原理

2）齿轮变速器

行星齿轮机构是由一个太阳轮、一个齿圈、一个行星架和支承在行星架上的几个行星齿轮组成的，称为一个行星排。

行星齿轮分类如下：

(1) 按齿轮的啮合方式不同，可分为内啮合和外啮合两种。

(2) 按齿轮的排数不同，可分为单排和多排两种。

(3) 按太阳轮和齿圈之间的行星齿轮组数的不同，可分为单行星齿轮式和双行星齿轮式两种。

根据行星齿轮的传动方式与挡位的关系，行星齿轮机构按不同的组合形式可有 8 种传动方式：

（1）锁定内齿圈可以有两种传动方式：一是以太阳齿轮为主动、行星齿轮架为从动；二是以行星齿轮架为主动、太阳齿轮为从动。

（2）锁定太阳齿轮后，也可以有两种传动方式：一是以内齿圈为主动、行星齿轮架为从动；二是以行星齿轮架为主动、内齿圈为从动。

（3）锁定行星齿轮架后，同样可以有两种传动方式：一是以太阳齿轮为主动、内齿圈为从动；二是以内齿圈为主动、太阳齿轮为从动。

（4）将任意两元件连接在一起。

（5）不锁定任何元件。

拉威挪式行星齿轮变速系统由大、小太阳轮各一个，长、短行星齿轮各三个，行星架一个，齿圈一个组成，其结构特点是前后排行星齿轮机构共用一个行星架。拉威挪式行星齿轮变速系统工作原理如图 4.6 所示，换挡执行元件的工作规律见表 4.2。

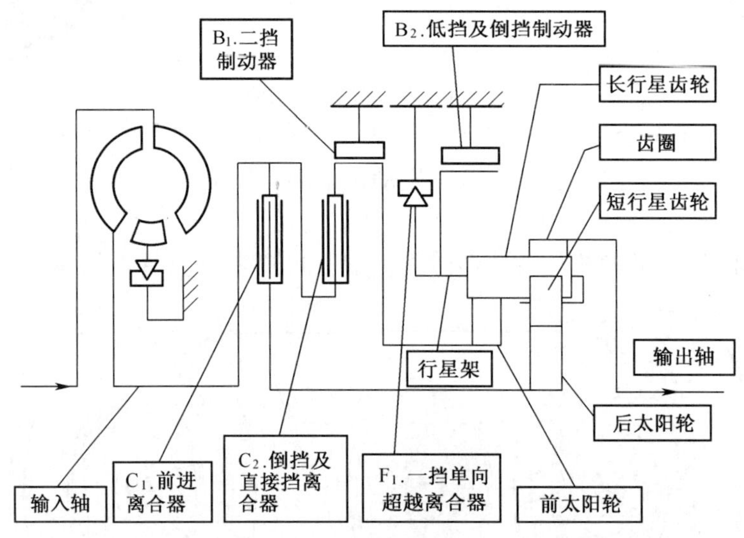

图 4.6　拉威挪式行星齿轮变速系统工作原理图

表 4.2　拉威挪式行星齿轮变速系统换挡执行元件工作规律

操纵手柄位置	挡位	换挡执行元件					
		C_1	C_2	C_3	B_1	B_2	F
D	一挡	○					○
	二挡	○				○	
	三挡	○		○			
	四挡			○		○	
R	倒挡		○		○		
L	一挡	○			○		
注：○表示接合、制动或锁止							

拉威挪式行星齿轮变速系统各档动力传递路线：

（1）一挡（C_1、F）工作动力传递路线：

液力变矩器→输入轴→离合器 C_1→小太阳轮→短行星齿轮→长行星齿轮→齿圈→动力输出。

（2）二挡（C_1、B_2 工作）动力传动路线：

液力变矩器→输入轴→离合器 C_1→小太阳轮→短行星齿轮→长行星齿轮→齿圈→动力输出。

（3）三挡（C_1、C_3 工作）动力传动路线：

液力变矩器→输入轴→{离合器 C_1→小太阳轮→短行星齿轮；离合器 C_3→行星架}→长行星齿轮→齿圈→动力输出。

（4）四挡（C_3、B_2 工作）动力传动路线：

液力变矩器→输入轴→离合器 C_3→行星架→长行星齿轮→齿圈→动力输出。

（5）倒挡（C_2、B_1 工作）动力传动路线：

液力变矩器→输入轴→离合器 C_2→大太阳轮→长行星齿轮→齿圈→动力输出。

辛普森式行星齿轮变速系统的结构特点是前、后两排行星齿轮共用一个太阳轮，前排行星架和输出齿圈通过输出轴连在一起。辛普森式行星齿轮变速系统的工作原理如图 4.7 所示，换挡执行元件的工作规律见表 4.3。

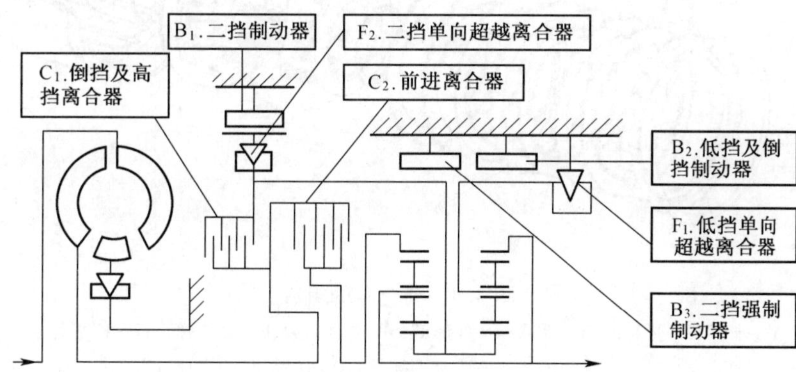

图 4.7　辛普森式行星齿轮变速系统工作原理图

表 4.3　辛普森式行星齿轮变速系统换挡执行元件工作规律

操纵手柄位置	挡位	换挡执行元件						
		C_1	C_2	B_1	B_2	B_3	F_1	F_2
D	一挡		○				○	
	二挡		○	○				○
	三挡	○	○					
R	倒挡	○			○			
S、L 或 2、1	一挡		○		○			
	二挡		○			○		
注：○表示接合、制动或锁止								

3）换挡执行元件

（1）离合器的功用是连接轴和行星齿轮机构中的元件或是连接行星齿轮机构中的不同元件。

离合器主要由离合器鼓、活塞、主动摩擦片、从动钢片、复位弹簧等组成，如图 4.8 所示。离合器鼓是一个液压缸，鼓内有内花键齿圈，内圆轴颈上有进油孔与控制油路相通。活塞为环状，内外圆上有密封圈，安装在离合器鼓内。从动钢片和主动摩擦片交错排列，二者统称为离合器片，均使用钢料制成，但摩擦片的两面烧结有铜基粉末冶金的摩擦材料。为保证离合器接合柔和及散热，离合器片浸在油液中工作，因而称为湿式离合器。钢片带有外花键齿，与离合器鼓的内花键齿圈连接，并可轴向移动，摩擦片则以内花键齿与花键毂的外花键槽配合，也可作轴向移动。花键毂和离合器鼓分别以一定的方式与变速器输入轴或行星齿轮机构的元件相连接。碟形弹簧的作用是使离合器接合柔和，防止换挡冲击。可以通过调整卡环或压盘的厚度调整离合器的间隙。

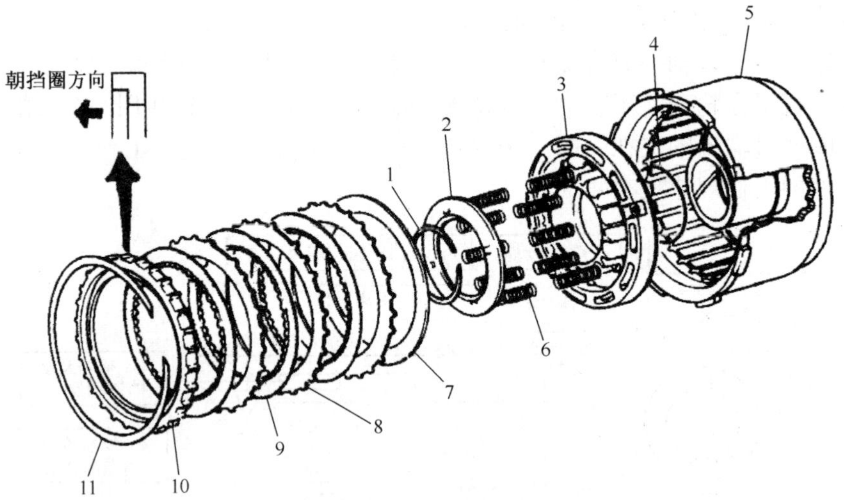

图 4.8　离合器的组成

1—卡环；2—弹簧座；3—活塞；4—O 形圈；5—离合器鼓；6—复位弹簧；7—碟形弹簧；8—从动钢片；9—主动摩擦片；10—压盘；11—卡环。

离合器的工作原理如图 4.9 所示，当一定压力的 ATF 通过控制油道进入活塞左面的液压缸时，液压作用力便克服弹簧力使活塞右移，将所有离合器片压紧，即离合器接合，与离合器主、从动部分相连的元件也被连接在一起，以相同的速度旋转。

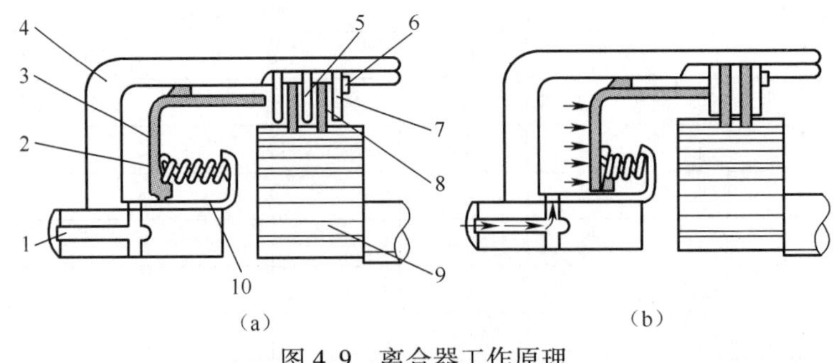

图 4.9　离合器工作原理

(a)分离状态；(b)接合状态。

1—控制油道；2—复位弹簧；3—活塞；4—离合器鼓；5—主动片；6—卡环；7—压盘；8—从动片；9—花键毂；10—弹簧座。

当控制阀将作用在离合器液压缸的油压撤除后，离合器活塞在复位弹簧的作用下回到原位，并将缸内的变速器油从进油孔排出，使离合器分离，离合器主从动部分以不同转速旋转。

为了快速泄油，保证离合器彻底分离，一般在液压缸中都有一个单向球阀。当 ATF 油被撤除时，球体在离心力的作用下离开阀座，开启辅助泄油通道，使 ATF 油迅速撤离。

(2) 制动器的功用是固定行星齿轮机构中的元件，防止其转动。制动器有片式和带式两种形式。片式制动器与离合器的结构和原理相同，不同之处是离合器是起连接作用而传递动力，而片式制动器是通过连接而起制动作用。下面介绍带式制动器。

带式制动器由制动带和控制油缸组成，带式制动器的零件分解图如图 4.10 所示。制动带是内表面带有镀层的开口式环形钢带。制动带的一端支承在与变速器壳体固定连接的支座上，另一端与控制油缸的活塞杆相连。

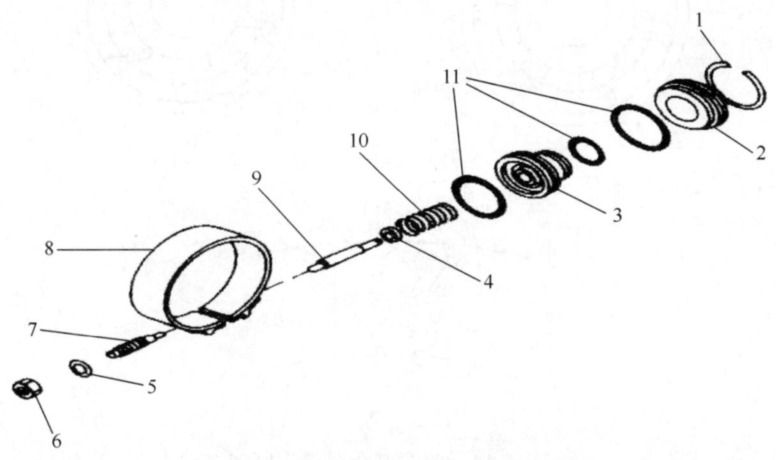

图 4.10　带式制动器的零件分解图

1—卡环；2—定位架；3—活塞；4—止推垫圈；5—垫圈；6—锁紧螺母；7—调整螺钉；8—制动带；9—活塞杆；10—复位弹簧；11—O 形圈。

制动器的工作原理如图 4.11 所示，制动带开口处的一端通过支柱支承于固定在变速器壳体的调整螺钉上，另一端支承于油缸活塞杆端部，活塞在复位弹簧和左腔油压作用下位于右极限位置，此时，制动带和制动鼓之间存在一定间隙。

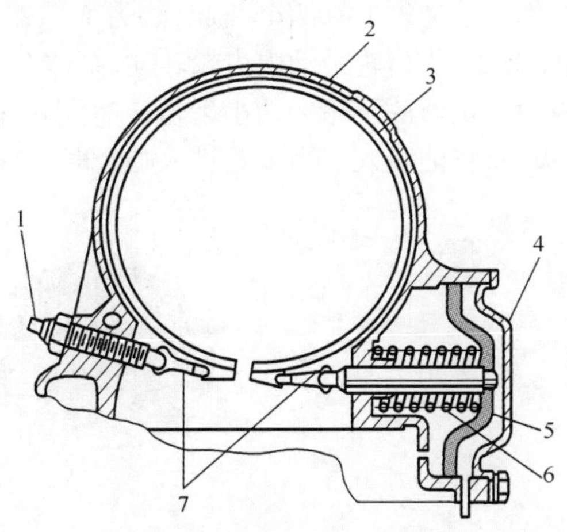

图 4.11　制动器的工作原理

1—调整螺钉(固定支承端)；2—制动带；3—制动鼓；4—油缸盖；5—活塞；6—复位弹簧；7—支柱。

制动时,压力油进入活塞右腔,克服左腔油压和复位弹簧的作用力推动活塞左移,制动带以固定支座为支点收紧。在制动力矩的作用下,制动鼓停止旋转,行星齿轮机构某元件被锁止。随着油压撤除,活塞逐渐复位,制动解除。

(3) 单向离合器通常由外座圈、内座圈、保持架、楔块等组成。单向离合器的工作原理如图 4.12 所示。当内座圈固定时,外座圈顺时针方向转动楔块不锁止,外座圈可自由转动;当外座圈逆时针转动时,楔块锁止,外座圈不能转动。保持架的作用是使楔块总是朝着锁止外座圈的方向略微倾斜,以加强楔块的锁止功能。

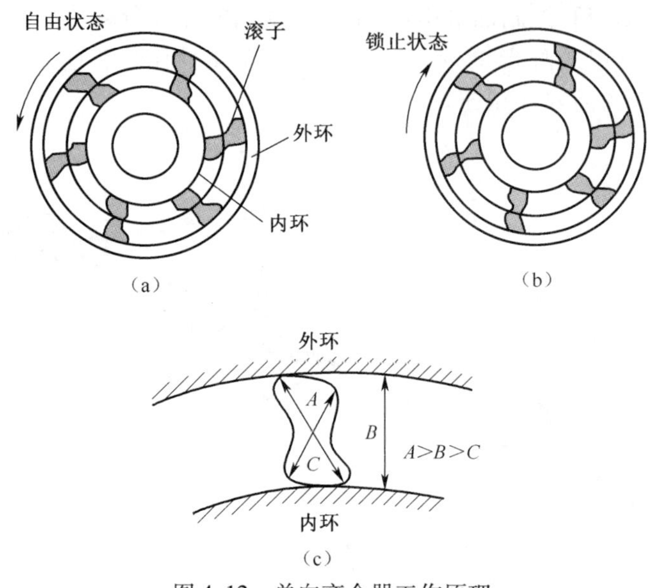

图 4.12 单向离合器工作原理

4) 液压控制系统

液压控制系统一般由 ATF 油泵、控制元件、执行元件(伺服系统)、管路、油底壳等组成。

(1) ATF 油泵的作用:使自动变速器油产生一定的压力和流量,并作为动力供给液力变矩器液力操纵系统所需要的压力油,驱动液压执行元件工作;使行星齿轮等运动元件得到润滑。

齿轮泵由泵盖、泵壳、小齿轮和内齿轮等组成,如图 4.13 所示。泵盖上的花键用于固定液力变矩器单向离合器的内座圈。小齿轮上有两个凸起,液力变矩器泵轮的两个凹槽插到小齿轮的两个凸起上,带动小齿轮转动,小齿轮带动内齿轮转动,泵体上有一个月牙形隔板,将工作腔分成吸油腔和压油腔。液力变矩器的泵轮带动小齿轮转动,小动齿轮又带动内齿轮转动,齿轮脱离啮合,容积变大产生吸力,将油吸入。当齿轮进入啮合时,容积变小,将油泵出。

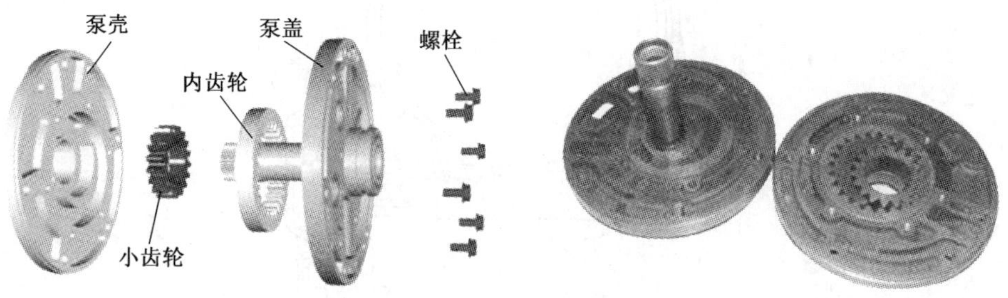

图 4.13 油泵的组成

（2）控制元件的作用是控制和调节液压系统中油液的压力、流量和流动方向的控制元件，主要是各种液压控制阀。

① 力控制阀

常见的压力控制阀有球阀、活塞阀和滑阀式压力调节阀，如图 4.14 所示。它们利用液压力和弹簧力平衡来实现压力控制：当液压力小于弹簧压力时，阀体关闭，系统液流通过工作油道；当液压力高于弹簧压力时，阀体被打开，液流通过阀体泄压。通过此种方式达到保持系统压力的目的。

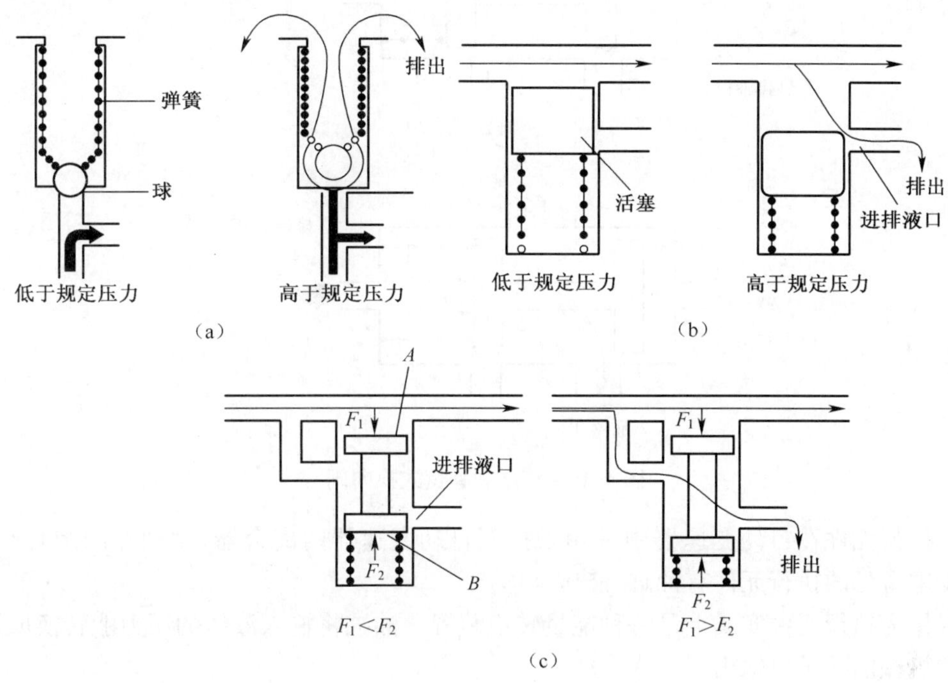

图 4.14　常见压力控制阀

(a)球阀；(b)活塞阀；(c)滑阀式压力调节阀。

② 方向控制阀

方向控制阀是用来控制液压系统中液流方向和流经通道的。其作用是控制液流方向和流经通道，改变执行机构的运动方向和工作顺序。常见的方向控制阀有单向阀和换向阀。

单向阀的结构如图 4.15 所示，当从图示方向进油时，单向阀芯在油压的作用下克服弹簧阻力而向右移动，此时阀体打开，液压油能顺利通过；而从反方向进油时，油压力和弹簧力的方向相同，从而单向阀牢牢卡在阀体内将出油口堵住，液压油不能顺利通过。在自动变速器中单向阀常用于控制换挡执行元件的充油速度，如果离合器或制动器的充油速度过快，会形成较大的换挡冲击，在油路中增加单向阀可以有效地降低换挡冲击。

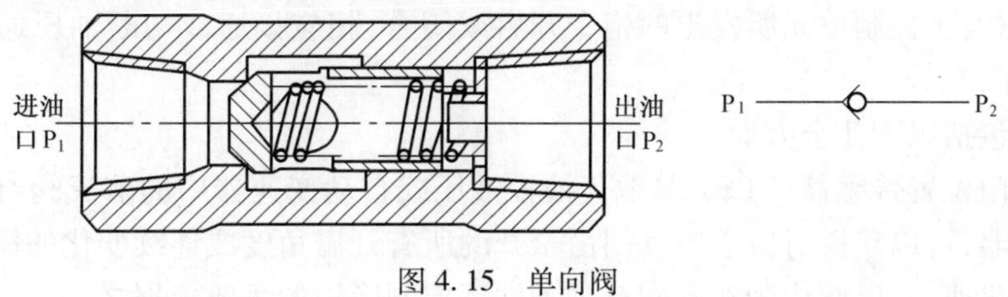

图 4.15　单向阀

图 4.16 所示的为液压和弹簧式换向阀，这种换向阀是利用液压和弹簧弹力相互作用使阀芯移动来完成油路转换的，常用作自动操作的机构。滑阀的一端或被弹簧推动或同时受弹簧和油压作用，而另一端则受到油压作用，在需要对工作液流实现管路转换时，可通过升高或减小油压使阀芯做水平移动来实现，自动变速器的换挡阀和锁止换向阀均属于此类。

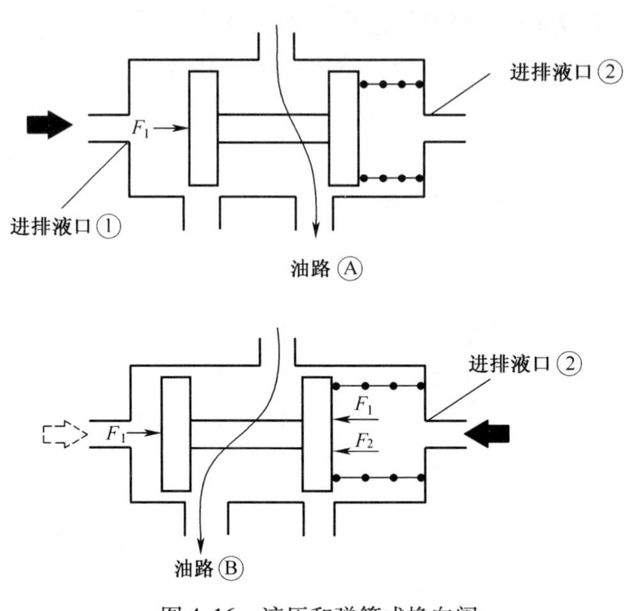

图 4.16　液压和弹簧式换向阀

(3) 执行元件在自动变速器中常用来控制自动变速器内离合器、制动器的结合与分离。液压系统中常见的执行元件有油缸、液压马达。

油缸作为执行元件实质上是一种能量转换装置。油缸将输入液体的压力能转换成活塞直线移动的机械能并予以输出。

(4) 自动变速器供油系统中除了油泵及各种流量控制阀外，还包括许多辅助装置。辅助装置主要有油箱、滤清器和冷却系统。油箱主要起盛放和收集 ATF 油的作用，有的油箱里还有磁铁，起到吸附 ATF 中铁屑的作用；滤清器分为粗滤器、精滤器和阀前专用滤清器，用以滤去油液中的各种微小颗粒，提高油液的清洁度，避免颗粒杂物进入控制系统；冷却系统的作用是将系统中的 ATF 油冷却，防止系统的油温过高而使系统损坏。

5) 电子控制系统

自动变速器的电子控制系统由输入装置、控制装置和执行装置组成，如图 4.17 所示。输入装置包括各种开关、传感器，主要的作用是感知车辆速度、节气门开度和其他情况，并将这些信号送至 ECU 判读；控制装置就是自动变速器的 ECU，主要作用是接受传感器的信号，决定换挡时机及液力变矩器锁定时间，并控制液压控制组件电磁阀的动作；执行装置主要是各种电磁阀，电磁阀根据电子控制单元所发出的指令开启或闭合，相应接通或切断油压通道，从而控制换挡和锁止时间。

输入装置包括以下几个方面。

(1) 节气门位置传感器(TPS) 是取代液控液压式自动变速器中的节流阀，计算机通过节气门位置传感器，可以获得对应于节气门由全开的所有开启角度成连续变化的模拟信号，及节气门开度的变化速率，以此作为在不同行驶条件下控制换挡的主要依据之一。

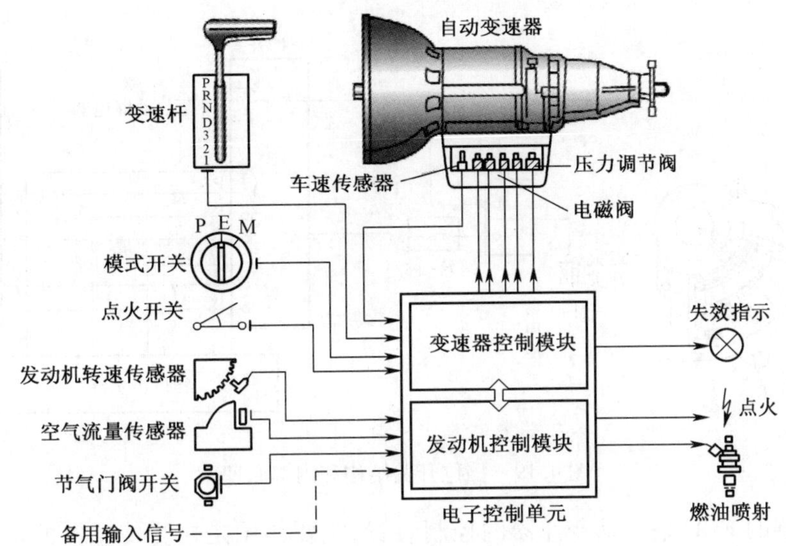

图 4.17　电子控制自动变速器组成部件

（2）车速传感器是用来取代液控液压式自动变速器中的速控阀。车速传感器配合节气门位置传感器（TPS）可以精密地使 ECU 操作，来决定换挡时机。车速传感器与节气门位置传感器的信号是电子控制自动变速器最主要的输入信号。车速传感器的工作原理如图 4.18 所示，车速越高，输出轴转速就越高，感应电压的脉冲频率也就越高。计算机则按照单位时间内感应出的电压脉冲频率数计算出输出轴的转速，然后换算成转速。

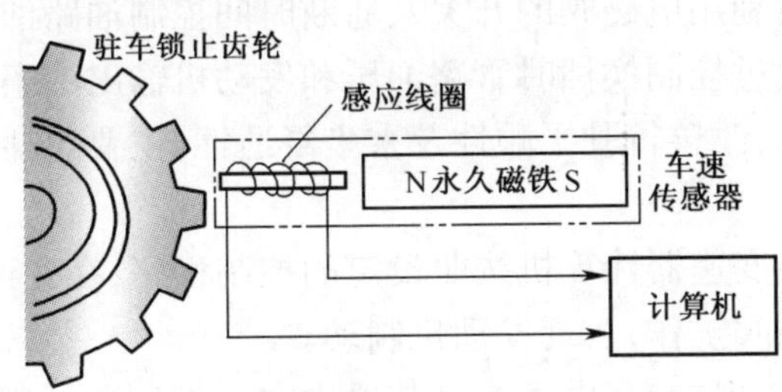

图 4.18　车速传感器工作原理示意图

（3）ATF 油温度传感器检测 ATF 油温度，以作为计算机进行换挡控制、油压控制、锁止离合器控制的依据。合理控制换挡时刻，避免油温过高。

（4）输入轴、输出轴转速传感器检测输入轴和输出轴转速，根据输入轴与输出轴转速控制变速器油压、执行失效保护等。输入轴和输出轴转速传感器主要用来监控变速器的机械传动机构的工作状态。根据信号修正变速器的工作压力，并且在信号超出范围时计算机会执行失效保护模式；变速器计算机根据来自发动机计算机的发动机转速信号，计算出发动机的输入转矩，并结合变速器的输入轴转速信号，计算出转矩的传动比。

（5）挡位开关的结构和内部原理如图 4.19 所示，其作用是制起动继电器线圈电路、将变速器挡位信息传送给计算机并且防止非空挡（P 或 N）起动发动机。

（6）制动灯开关的作用是检测制动信号，开关接通时解除锁定信号。当踩下制动踏板时开关接通，开关通知自动变速器计算机制动已经使用，即解除锁止信号，松开变矩器锁止离合器，同时停车灯亮。这种功能还可防止当后轮制动鼓被抱死时，发动机突然熄火。

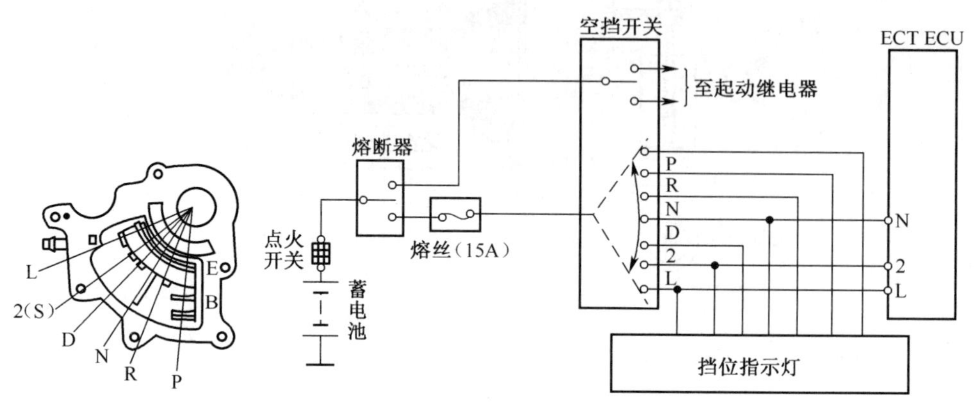

图 4.19　挡位开关结构和内部原理

自动变速器的 ECU 是自动变速器的控制装置，主要作用是接受传感器的信号，对以下几种情况进行控制。

（1）换挡时机控制：自动变速器 ECU 根据车速、节气门开度及其他参数来计算出最佳的挡位，控制变速器换挡时机。

（2）变速器锁止控制：当自动变速器的 ECU 在检测到冷却液温度为 65℃ 以上、变速器油温为 20℃ 以上、无制动信号、车速为 55km/h 以上（不同车型车速设定不同）、气门开启和挡位信号为 D 位时，控制锁止离合器锁止。

（3）主油路油压控制：利用电磁阀的开关及通断时间控制油路油压和调节压力大小。

（4）换挡品质控制：通过控制换挡时管路油压和发动机输出功率来降低换挡振动，使变速器工作柔和，提高部件寿命，改善行驶平顺性及乘坐舒适性，主要包括换挡油压控制、减小转矩控制、N～D 换挡控制等。

（5）发动机制动控制：变速器计算机按照设定的控制程序，在变速杆位置、车速、节气门开度等满足条件时，控制电磁阀工作，实现发动机制动。

（6）故障自诊断和失效保护：在电子控制装置中电子控制单元能不停地监测所有传感器和部分执行器的工作，一旦发现某个传感器或执行器有故障，工作不正常，它立即采取保护措施。例如：在汽车行驶时，仪表盘上的自动变速器故障警告灯亮起；将检测到的故障内容以故障代码的形式储存在 ECU 的存储器中；ECU 按设定的失效保护程序控制自动变速器的工作，以保证汽车的基本行驶能力。

执行装置（电磁阀）的作用是接受来自 ECU 的控制信号并完成挡位切换、油压调节和变速器的锁止和切离等。按电磁阀的作用分类可分为油压调节电磁阀、脉冲型电磁阀、换挡电磁阀等。

（1）油压调节电磁阀如图 4.20 所示，其工作原理是：当线圈不通电时，阀芯被油压推开，球阀在油压作用下关闭泄油孔，打开进油孔，使主油路压力油进入控制油。当线圈通电时，电磁力使阀芯下移，推动球阀关闭进油孔，打开泄油孔，控制油道内的压力油由泄油孔泄空。

脉冲型电磁阀如图 4.21 所示，其工作原理是：当电磁线圈通电时，阀芯向右移动，来自自动变速器进油口的液压油通过阀芯，从自动变速器的出油口流出，当脉冲频率越高时，通过电磁线圈的平均电流就增大，这时电磁阀的占空比增大，电磁阀芯的开度就增大，此时管路中的

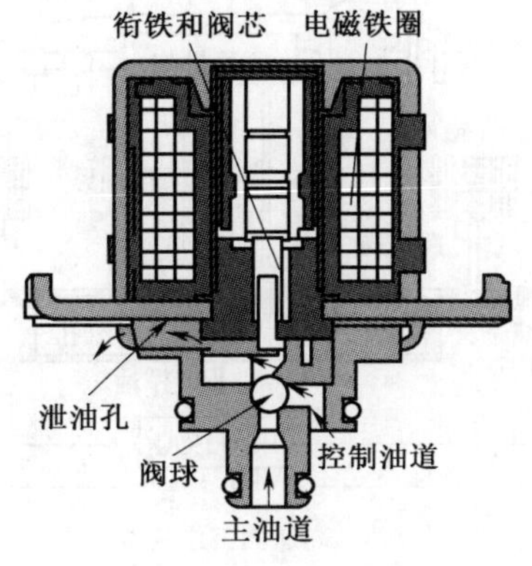

图 4.20　油压调节电磁阀

压力差就越小；反之，则压力增高。

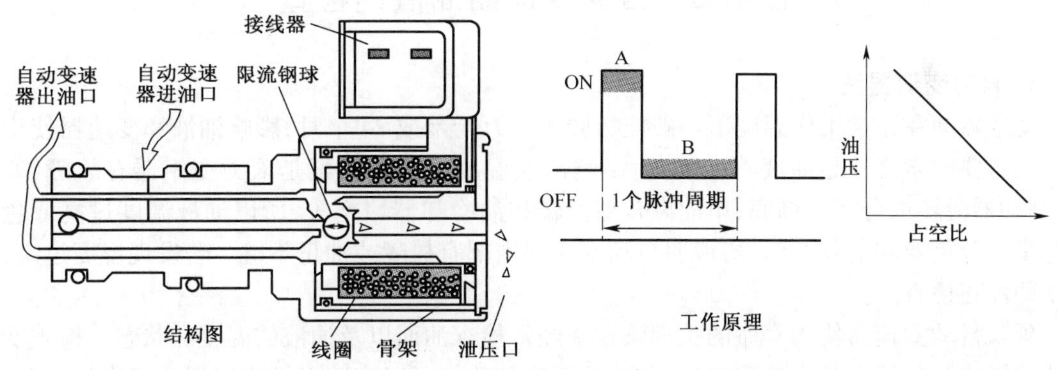

图 4.21　脉冲型电磁阀

换挡电磁阀如图 4.22 所示，当图中 A 阀断电关闭、B 阀通电打开时，换挡阀受到左侧工作油压的作用往右侧移动，工作油压通过换挡阀进入低速挡油路；当图中 A 阀通电打开，B 阀断电关闭时，换挡阀受到右侧工作油压的作用克服弹簧力向左移动，工作油压通过电磁阀进入到高速挡油路。故只要控制电磁 A 和电磁阀 B 的通断电，就能控制工作油压进入高、低速挡油路，从而实现自动变速器的高、低速挡工作。

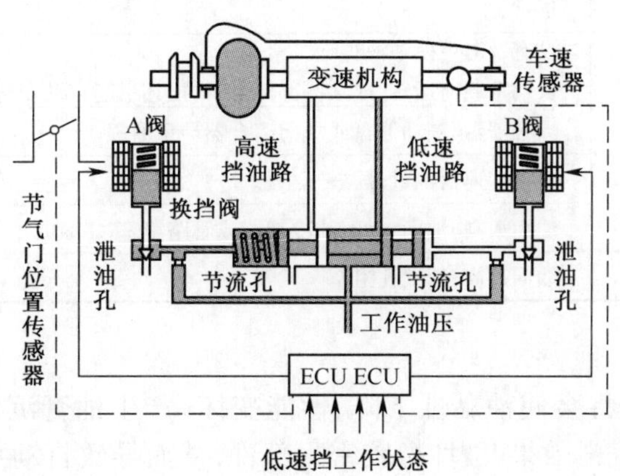

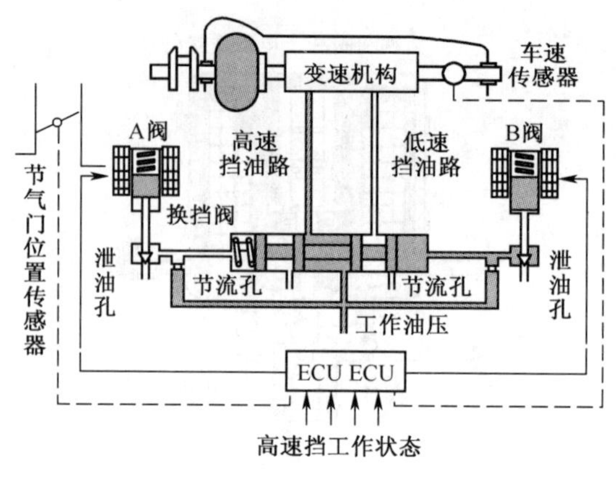

图 4.22　换挡电磁阀

任务 2　自动变速器油液的检查

1. 自动变速器油

变速器油在正常工作温度下一般能行驶约 4 万千米或 24 个月，影响油液和变速器使用寿命的最重要因素之一是油液的温度，而影响油液温度的主要因素是液力变矩器有故障、离合器、制动器滑转或分离不彻底，单向离合器滑转和油冷却器堵塞等，所以油液温度过高或急剧上升是十分重要和危险的信号，说明自动变速器内部有故障或油量不够。若发现温度过高，应当立即停止检查。

延长自动变速器使用寿命的关键就在于经常检查油面以及油液的温度和状态。检查变速器油的气味和状态也是十分重要的，油液的气味和状态可以表明自动变速器的工作状态。

检查油液时，从油尺上嗅一嗅油液的气味，在手指上点少许油液，用手指互相摩擦看是否有渣粒，或将油尺上的液压油滴在干净的白纸上，检查液压油的颜色及气味。正常液压油的颜色一般为粉红色且无气味，如液压油呈棕色或有焦味，说明已变质（变质原因详见表 4.4 的分析），应立即换油。

表 4.4　油液分析

油液状态	原　因
液清洁，带红色	正常
油液变为极度深暗红色或褐色	没有及时更换油液； 长期重载荷运转，或某些部件打滑，损坏引起自动变速器过热
油液中有金属屑	离合器盘、制动器盘或单向离合器严重磨损
油尺上黏附胶质油膏	自动变速器油过热
油液有焦味	油面太高，油面太低；油冷却器或管路堵塞
油液从加油管溢出	油面过高；通气孔阻塞

2. 自动变速器油温

变速器油温度过高，将会使油黏性下降，性能变坏（产生油膏沉淀和积炭），堵塞细小量孔，卡滞控制阀门，降低润滑效果，破坏橡胶密封部件，从而导致自动变速器损坏。图 4.23 所示为油温与允许行驶里程之间关系图，由图可见油温过高将直接影响行驶里程，所以密切注意油温对于维护变速器和及时发现故障都具有十分重要的意义。

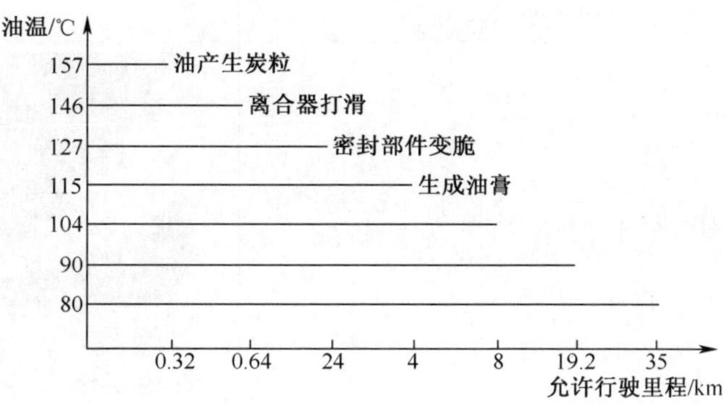

图 4.23　油温与允许行驶里程的关系图

3. 自动变速器油面的检查

绝大多数自动变速器油面检查应在正常工作温度下进行,变速器油温应保持在 60~80℃。车辆停放在平坦地面上,各挡位工作一遍后置于 P 挡,以怠速运转检查自动变速器液面是否正常,如不正常,应调整其油面高度,特殊车型的检查方法参照修理手册执行,如图 4.24 所示。

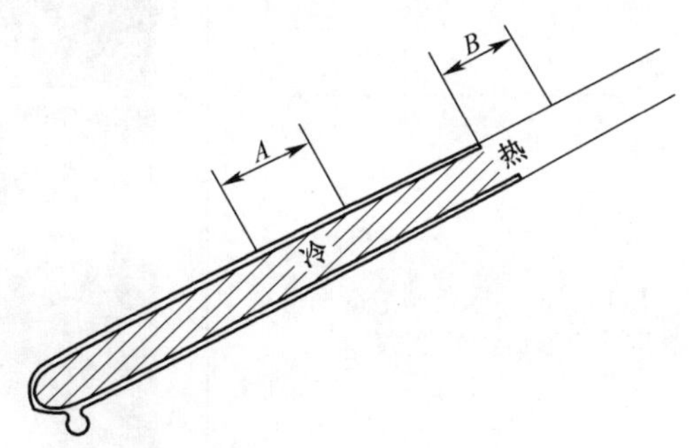

图 4.24　自动变速器油面检查

A—冷态时油面高度范围;*B*—热态时油面高度范围。

4. 自动变速器油液检查过程(表 4.5)

表 4.5　自动变速器油液检查过程

序号	检查具体内容及注意事项	图　示
1	将汽车停放在水平宽阔地面上,前后车轮用车轮挡块塞住	

（续）

序号	检查具体内容及注意事项	图　示
2	打开引擎盖，安装翼子板布和前栅格布	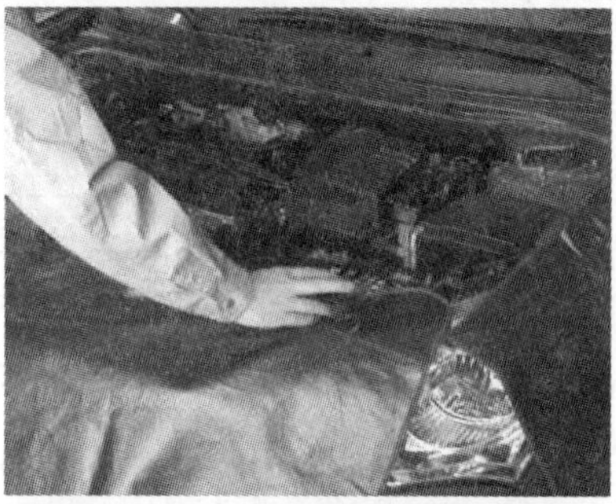
3	检查冷却液液位是否正常，正常液位应在膨胀水箱上的上下刻度线之间，如果不够则需要添加到正常液位	
4	检查制动液液位是否正常，正常液位应在制动液储液罐上的上下刻度线之间，若不够则需要添加到正常液位	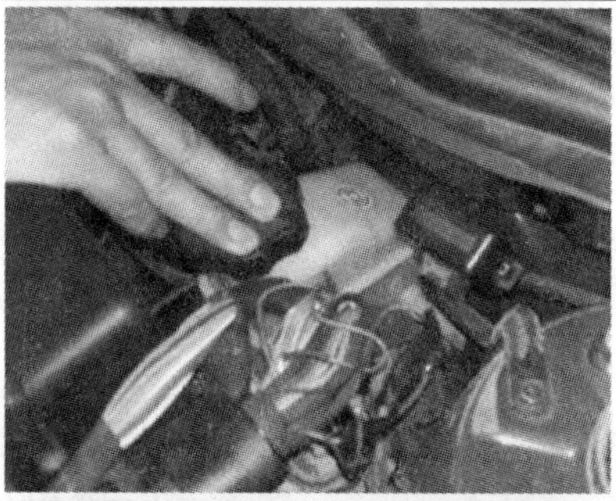
5	检查机油液位是否正常，正常液位应在机油标尺上冷态时的上下刻度线之间，若不够则需要添加到正常液位。检查机油液位时，要将机油标尺抽出，同时小心用干净的抹布擦干净，然后在将机油标尺插进油底壳后，再次拔出后检查机油液位和机油品质	
6	检查自动变速器液位在冷态下是否正常，正常液位应在自动变速器油标尺上冷态的上下刻度线之间，若不够则需要添加到正常液位。检查自动变速器液位时，要将自动变速器油标尺抽出，同时小心用干净的抹布擦干净，然后在将自动变速器油标尺插进油底壳后，再次拔出后检查自动变速器油液位和品质	

（续）

序号	检查具体内容及注意事项	图　示
7	检查蓄电池电压，蓄电池电压应为12V，检查蓄电池电压前万用表要校零	
8	连接解码仪，进入自动变速器系统，读取油温数据，起动发动机，将变速器挂入各挡位3s以上，使自动变速器油温上升到50～80℃	
9	检查自动变速器液位在热态下是否正常，正常液位应在自动变速器油标尺上热态的上下刻度线之间，若不够则需要添加到正常液位	

任务3　换挡杆与空挡起动开关的检查

1. 自动变速器换挡手柄

自动变速器的换挡方式有按钮式和拉杆式两种，驾驶员通过操纵按钮或拉杆进行挡位选择，使车辆前进、停止或倒退。按钮一般布置在仪表板上，拉杆（即换挡手柄）可布置在转向柱或驾驶室地板上。驾驶员在选择挡位时，通过按钮或换挡手柄，使连杆机构或钢索与液压系统控制元件的手控阀连接，为液压系统和电子液压控制系统提供操纵信号。

自动变速器换挡手柄位置如图4.25所示，换挡手柄一般设有P停车挡、N空挡、D前进挡、R倒挡、S和L前进低挡和OD超速挡开关，有的自动变速器换挡手柄设有P、R、N、OD、3、2、1挡。其中OD挡为超速挡，3、2、1挡为低速挡，自动变速器换挡手柄的位置与自动变速器本身所处的挡位是不同的。换挡手柄只能改变自动变速器阀体总成中手动阀的位置，而自动变速器本身的挡位则由换挡执行机构的动作决定，换挡执行机构又由ECU根据车速、节气门开度等信号控制进行工作。

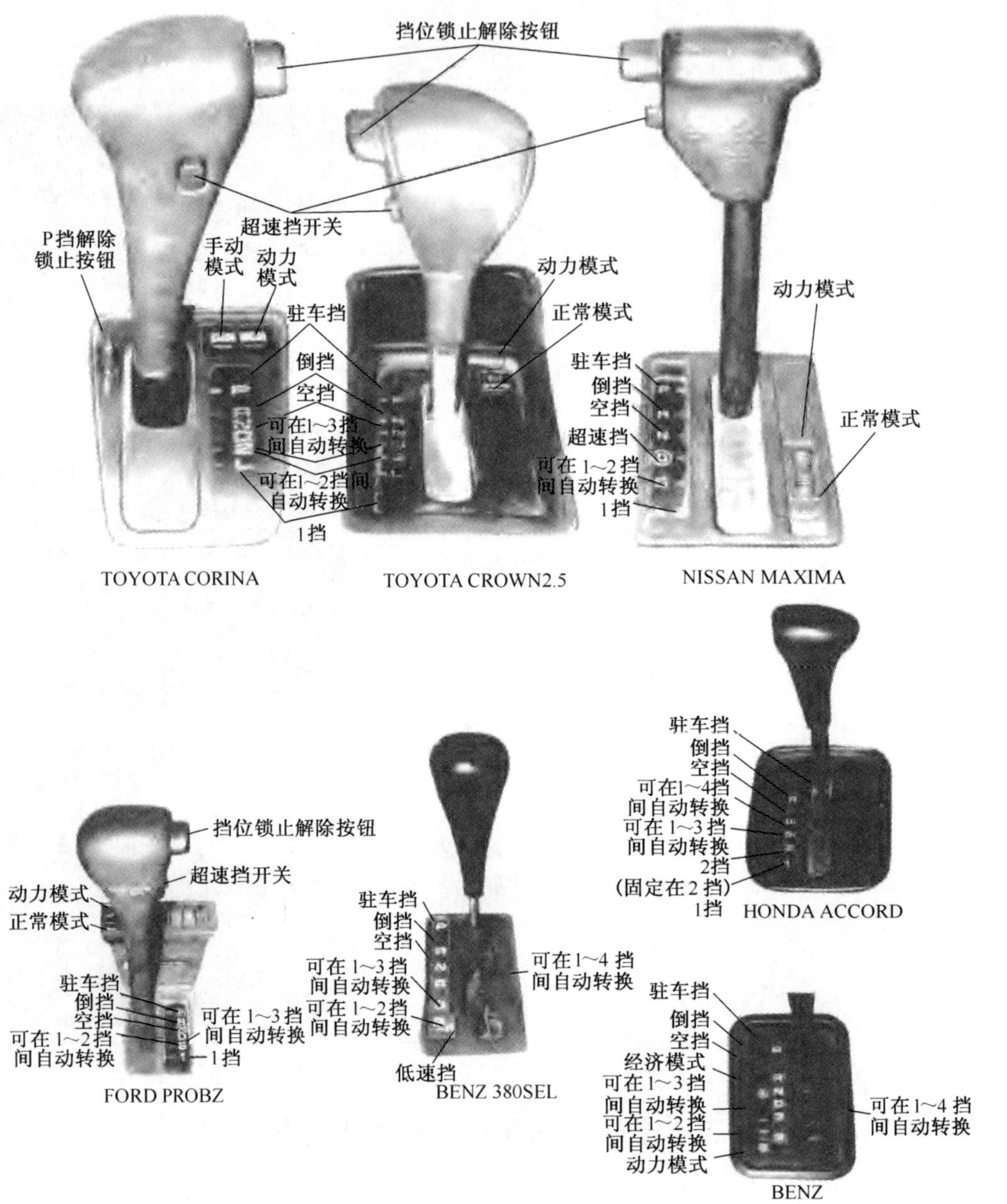

图 4.25　自动变速器手柄位置图

换挡手柄在不同位置的功能如下：

1）P 停车挡

自动变速器停车挡位于换挡手柄的前方，当换挡手柄处在 P 挡位置时，自动变速器的停车锁定机构将变速器的输出轴锁住，使驱动轮不能转动，可防止车辆移动，这时换挡执行机构使变速器处在空挡状态。当换挡手柄置人其他挡位时，停车镇定机构被解除锁定。

2）R 倒挡

自动变速器换挡手炳在 R 挡位置时，自动变速器处在倒挡，这时液压系统倒挡油路被接通，驱动轮反转，实现倒挡行驶。

3）N 空挡

换挡手柄处于 N 挡位置时，换挡执行机构的动作和停车挡相同，自动变速器行星齿轮系统空转,处于空挡状态。这时,发动机的动力经输入轴传入自动变速器,只能使各齿轮空转,输出轴没有动力输出。

发动机只有在换挡手柄处于 P 挡或 N 挡位置时,汽车才能起动。为保证安全,此功能依靠空挡起动开关来实现。

4) D 前进挡

当换挡手柄处于 D 挡位置时,液压系统根据节气门位置信号和车速信号等自动接通相应的前进挡油路,行星齿轮系统在换挡执行机构的控制下得到相应的传动比。车辆在行驶过程中,随着阻力的变化,在前进挡中自动升降挡,实现自动变速。换挡手柄在该挡位置时,可以实现 4 个不同传动比的挡位,即一、二、三挡和超速挡。其中,一挡传动比最大;二档次之;三挡为直接挡,传动比为 1;超速挡传动比小于 1。

5) S 和 L 前进低挡

有些自动变速器换挡位置设有 S 和 L 挡位。换挡手柄在 S 挡位置时,自动变速器只在一至三挡之间自动变换;当换挡手柄在 L 挡位置时,自动变速器只能在一挡或只能在一、二挡之间变换。

有些车型,自动变速器标有 OD、3、2、1 挡位,其中 OD 为超速挡。当换挡手柄在 OD 挡位置时,自动变速器可在一至四挡之间自动变换;当换挡手柄在三挡位置时,自动变速器可在一至三挡之间自动变换;当换挡手柄在二挡位置时,自动变速器可在一、二挡之间自动变换;换挡手柄在 1 挡位置时,自动变速器只能在一挡。

2 挡和 1 挡又叫闭锁挡,其他一些不同型号的自动变速器标有 3、2、1 挡或 S、L 挡。

2. PN 挡起动开关的检验

PN 挡起动开关的主要作用是自动变速器操纵杆只有放在 P 挡或 N 挡时发动机才可起动,以防止在行驶挡上起动造成危险。另外有些电控自动变速器,PN 挡起动开关还担负着变速器电脑的挡位识别信号功能。

(1) 起动车辆,检查是否操纵杆只能在 PN 挡位上起动,如果异常,检查调整或更换,如图 4.26 所示。

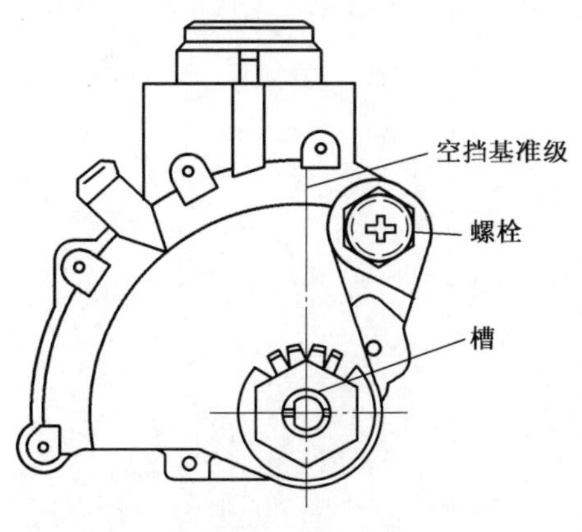

图 4.26　挡位开关

(2) 电控自动变速器如果变速器工作异常,挂挡冲击明显或有故障码显示 PN 档开关故障,需进一步进行检查修理。拆下自动变速器挡位开关线束插头,将自动变速器操纵手柄从 P、N、D、3、2 挂一遍,同时用万用表检测其线束插孔内各孔之间导通情况。各种车系其插头内部排列组合各不相同,但基本原理相同。图 4. 27 以悦动为例说明其开关检测标准,如测量结果与标准值不符则应更换。

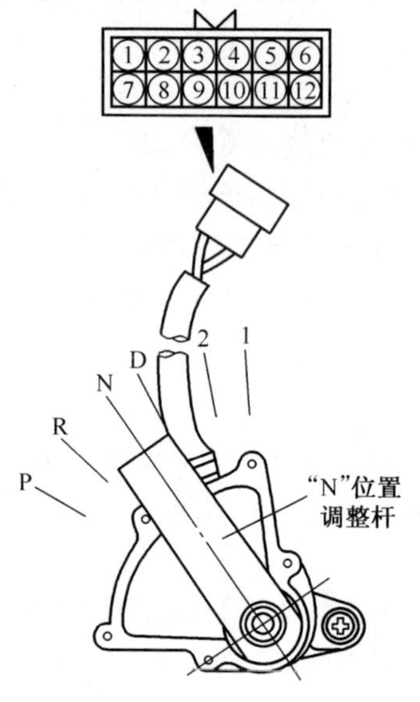

端子	导线颜色	P	R	N	D	2	L
1	RW					○	
2	RB						○
3	RG				○		
4	RY			○			
5	RL		○				
6	R	○					
7	BW	○		○			
9	L	○ ○	○	○ ○	○	○	○
12	BY	○		○			

备注:○—○ 表示端子之间导通

图 4. 27　挡位开关的检测

项目 5　自动变速器的拆卸、检查与装配

学习目标

1. 掌握辛普森式自动变速器的拆卸、检查与装配方法；
2. 掌握拉威娜式自动变速器的拆卸、检查与装配方法。

知识要点

1. 辛普森式自动变速器的拆卸、检查与装配方法；
2. 拉威娜式自动变速器的拆卸、检查与装配方法。

任务 1　辛普森式自动变速器的拆卸、检查与装配

1. 辛普森式自动变速器(丰田 A340E 型) 的拆卸(表 5.1)

表 5.1　辛普森式自动变速器(丰田 A340E 型) 的拆卸

序号	拆卸具体内容及注意事项	图　示
1	按对角顺序松开紧固螺栓,拆下液力变矩器保护壳	
2	从输出轴上拆下车速传感器,拆除输出轴凸缘和自动变速器后端壳	

（续）

序号	拆卸具体内容及注意事项	图　　示
3	将自动变速器斜置后，拆下油底壳，松开进油滤网与阀板之间的固定螺栓，从阀板上拆下进油滤网。注意：不能将油底壳翻转到上方，否则油底壳中的脏污物将落入阀板中	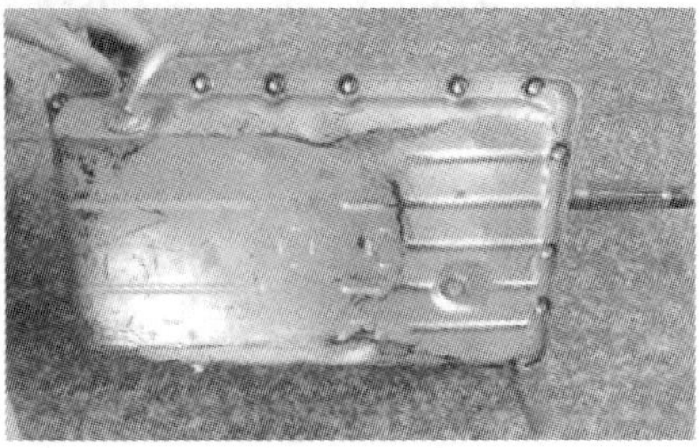
4	拔下连接在阀板上的所有线束插头，拆下线束夹，拆除与节气门阀连接的节气门拉索	
5	松开阀板与自动变速器壳体之间的固定螺栓，取下阀板总成。阀板上的螺栓除一部分是固定在自动变速器壳体上之外，还有许多是上下阀板之间的固定螺栓。在拆卸阀板总成时，应认准阀板与自动变速器壳体之间的固定螺栓	
6	用手指按住减振器活塞，从蓄压缓冲器活塞周围相应的油孔中吹入压缩空气，将蓄压缓冲器活塞吹出	

（续）

序号	拆卸具体内容及注意事项	图　　示
7	按对角顺序拆卸油泵周围的固定螺栓，用专用 M_8 螺栓拧入油泵上带螺纹的螺栓孔上，将油泵总成顶出	
8	从自动变速器前方取出超速行星架和超速离合器组件及超速齿圈	
9	用一字起小心拆下超速制动器卡环，取出超速制动器钢片和摩擦片	
10	拆下超速制动器鼓的卡环，松开壳体上的固定螺栓，拧入专用螺栓后拉出超速制动器鼓	

（续）

序号	拆卸具体内容及注意事项	图　示
11	从外壳上拆下二挡强制制动带液压缸缸盖卡环，用手指按住液压缸缸盖，从液压缸进油孔中吹入压缩空气，将液压缸缸盖和活塞吹出	
12	将变速箱竖起，从上方拉出 C_1、C_2 组件，再拉出前排齿圈后按顺序摆好	
13	拆出二挡强制制动带销轴卡环后将二挡强制制动带销轴取下，取出制动带	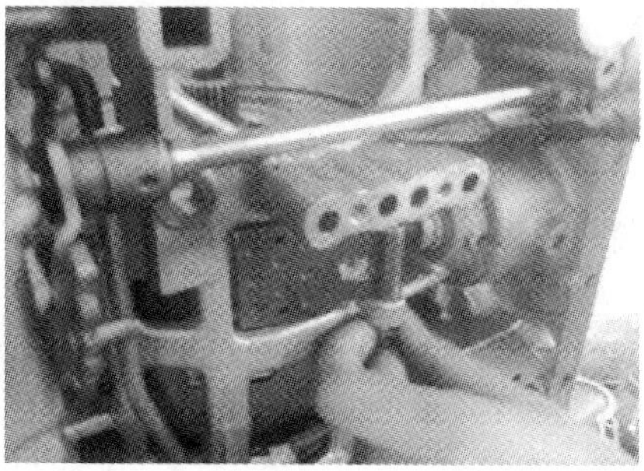
14	用木块垫住输出轴，拆下前行星架上的卡环，取下输出轴后再取出前排行星架	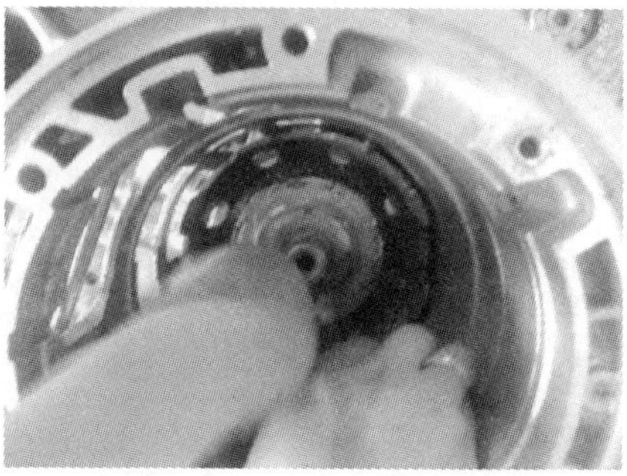

（续）

序号	拆卸具体内容及注意事项	图　示
15	取出前后太阳轮组件和低挡单向超越离合器 F_1	
16	用一字起小心拆下卡环，取出二挡制动器的所有摩擦片、钢片及活塞衬套	
17	拆下卡环，取出二挡制动器活塞，取出后行星架、前进超越单向离合器 F_2	
18	拆下强制一挡制动器摩擦片后取出后排齿圈	

2. 辛普森式自动变速器(丰田 A340E 型)的检查与装配(表 5.2)

表 5.2　辛普森式自动变速器(丰田 A340E 型)的检查与装配

序号	检修与装配具体内容及注意事项	图　示
1	使用游标卡尺,测量不动叶轮轴轴内径,标准内径为 21.500~21.526mm,许用最大内径为 21.526mm;假如内径大于最大值,则更换不动叶轮轴	 
2	将输入轴总成安装到不动叶轮轴,并检查输入轴总成是否旋转顺畅	
3	使用梅花套筒扳手,拆下 13 颗螺栓,拆下不动叶轮轴	
4	使用厚薄规,测量被动齿轮齿牙和主动齿轮齿牙的齿尖间隙,标准齿尖间隙为 0.07~0.15mm,许用的最大齿尖间隙为 0.15mm	
5	将被动齿轮推向本体的一侧,使用厚薄规,测量间隙,标准本体间隙为 0.10~0.15mm,许用最大本体间隙为 0.15mm	

（续）

序号	检查与装配具体内容及注意事项	图　示
6	使用钢制的直尺和厚薄规，测量两齿轮的端面间隙，标准端面间隙为 0.02~0.05mm，许用最大端面间隙为 0.05mm	
7	使用卡规，测量油泵本体轴内径。标准内径为 38.113~38.138mm，许用最大内径为 38.138mm；假如内径大于最大值，则更换油泵本体	
8	检查摩擦片、平板和法兰的滑动面是否有严重磨损、烧损和变形等，将摩擦片叠放在一起，从侧面看是否透光，如有，则需更换	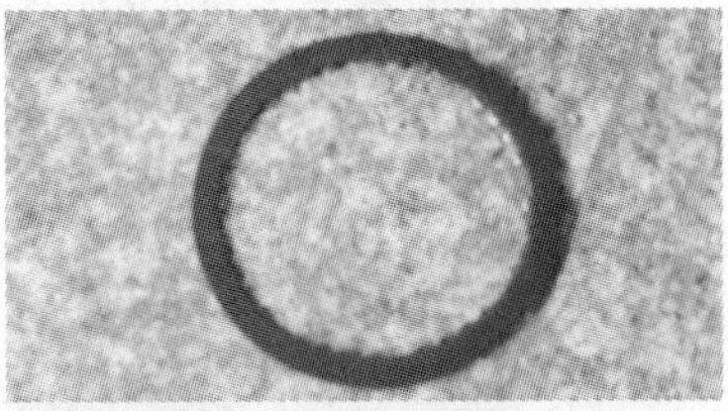 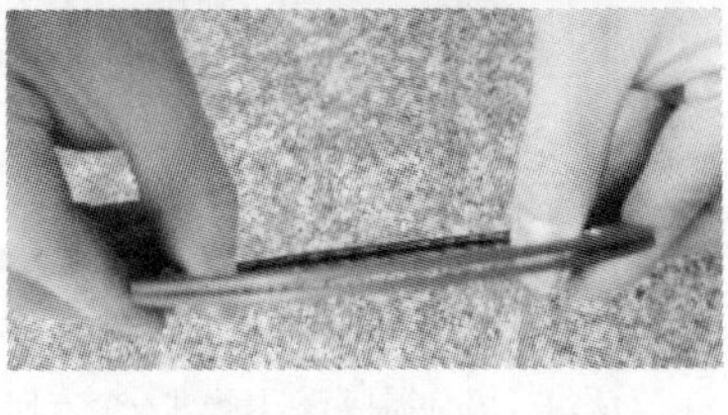
9	检查钢片的滑动面是否有严重磨损、烧损和变形等，将钢片叠放在一起，从侧面看是否透光，如有，则需更换	 

（续）

序号	检查与装配具体内容及注意事项	图示
10	使用游标卡尺，测量弹簧和弹簧座组合在一起的自由长度，标准自由长度为21.69mm，否则需跟换新件	
11	使用游标卡尺，测量弹簧和弹簧座组合在一起时的自由长度，标准自由长度为14.65mm，否则应更换新件	
12	按照先逆时针再顺时针的方法转动单向离合器（F_0，F_1，F_2），离合器应该只能朝一个方向转动，否则更换新件	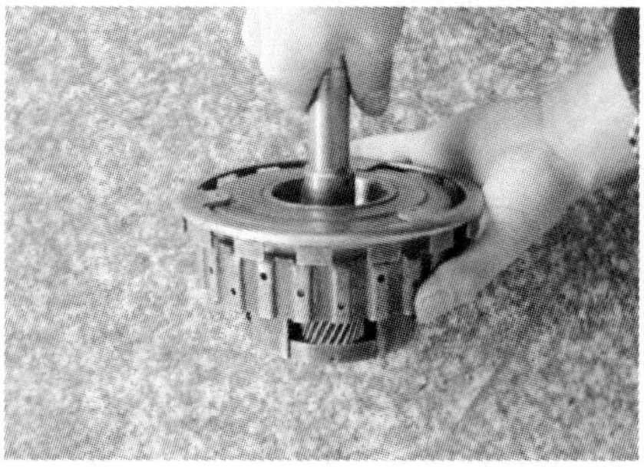
13	装入后排齿圈后，将后排行星架放平后转入后排齿圈中。逆时针方向旋转F_2，将F_2装入后排行星架中	

（续）

序号	检查与装配具体内容及注意事项	图　示
14	将强制一挡制动摩擦片和钢片分别对准行星架和壳体上的卡槽后，将其装入。两片厚钢片应分别安装在最上和最下的位置	
15	将二挡制动器活塞上的进油孔和变速器壳体上的油孔对齐后，将其装入。然后用 F_1 和前后太阳轮组件边顺时针方向旋转边向下压，将其装到位	
16	安装二挡制动器活塞的卡环后，装上单向离合器 F_1。注意：应使单向离合器内圈逆时针可以运动而顺时针方向制动，否则调换单向离合器安装方向	
17	按一个钢片、一个摩擦片的顺序安装钢片、摩擦片后卡上卡环，两片厚钢片应分别安装在最上和最下的位置	

（续）

序号	检查与装配具体内容及注意事项	图　示
18	顺时针方向旋转，装入低档单向超越离合器 F_1 和前后太阳轮组件	
19	顺时针方向旋转装入前排齿圈后装上输出轴，并用木块垫好，卡上输出轴卡环	
20	放入制动带，装上二挡强制制动带销轴，卡上二挡强制制动带销轴卡环	
21	将前进离合器 C_1、C_2 套好后，抓住中间轴，用边转边压的方法将其装入	

(续)

序号	检查与装配具体内容及注意事项	图　示
22	对准超速制动器上和壳体上的油孔后装入超速制动器鼓，卡上超速制动器鼓的卡环，用两颗固定螺栓将其固定到变速器壳体上	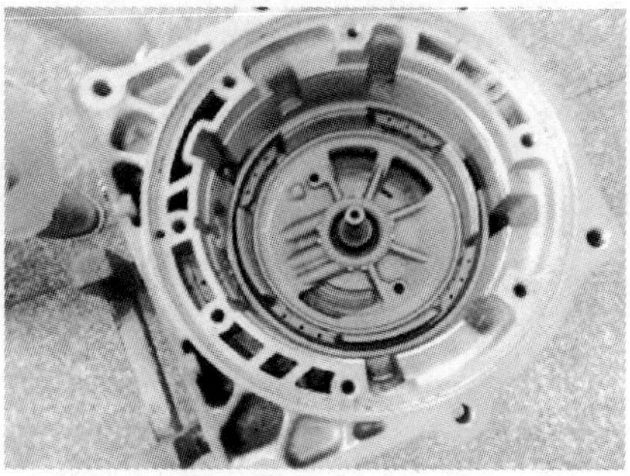
23	将一片厚的两面都是平的钢片放在最下，然后按摩擦片、钢片的顺序安装，最后将有一面不平的钢片装在最上面后卡上卡环。装入超速挡齿圈	
24	将超速行星架和超速离合器装到位后，从自动变速器前方用边转边压的方式装入超速行星架和直接离合器组件	
25	放入油泵总成，用铜棒轻轻敲入变速器壳体。装上油泵周围的固定螺栓，按对角顺序将螺栓拧紧	

（续）

序号	检查与装配具体内容及注意事项	图　示
26	先将变速箱放平，放入蓄压缓冲器弹簧，再将蓄压缓冲器活塞放入，并用铜棒轻轻敲击	
27	装入二挡强制制动器活塞，用手指按住液压缸缸盖，再用铜棒轻轻敲入，在外壳上装上二挡强制制动带液压缸缸盖卡环	
28	将阀板与壳体上的油孔对齐后，装上阀板总成、节气门阀连接的节气门拉索、阀板上的所有线束插头	
29	对准滤清器和阀板上的油孔后，装上滤清器后将油底壳装上，最后按对角的方法将油底壳拧紧	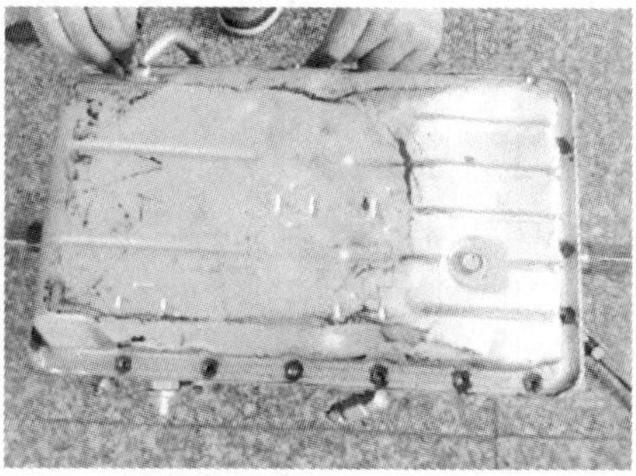

(续)

序号	检查与装配具体内容及注意事项	图　示
30	装上输出轴凸缘和自动变速器后端壳,在输出轴上装上车速传感器感应转子	
31	装上自动变速器前端的变矩器壳,按对角顺序拧紧紧固螺栓	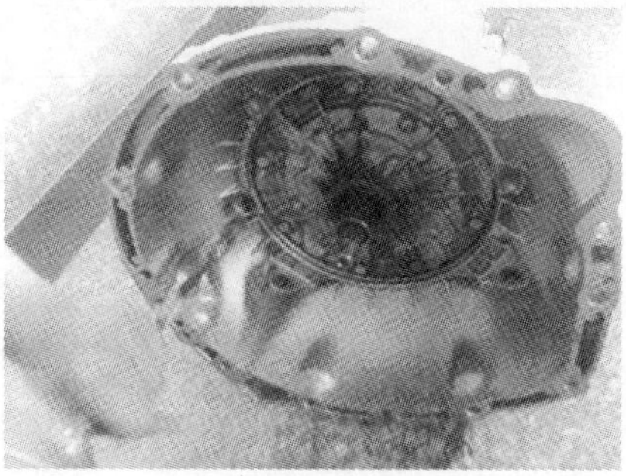

任务2　拉威娜式自动变速器的拆解、检查和装配

1. 拉威娜式自动变速器(大众01M型)的拆解(表5.3)

表5.3　拉威娜式自动变速器(大众01M型)的拆解

序号	拆卸具体内容及注意事项	图　示
1	用扭力扳手松开ATF冷却器螺栓后,用棘轮扳手拆下,将ATF冷却器拆下并整齐的摆放在零件台上	
2	用一字起小心地将ATF加注管撬起后,用手拔出ATF加注管	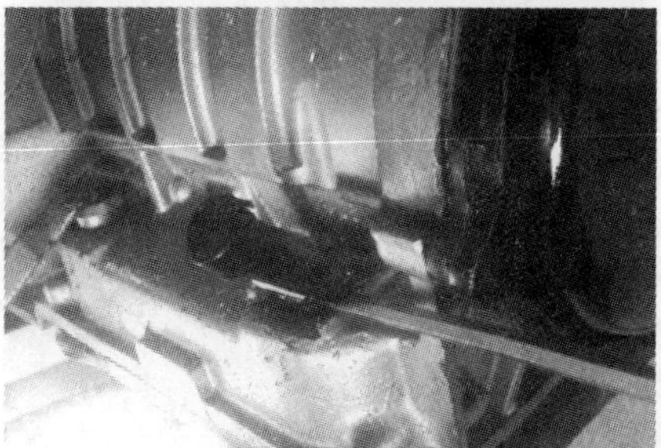

（续）

序号	拆卸具体内容及注意事项	图　　示
3	用棘轮扳手拆下变速器传感器后，将变速器传感器拔出，并拆下变速器传感器线束	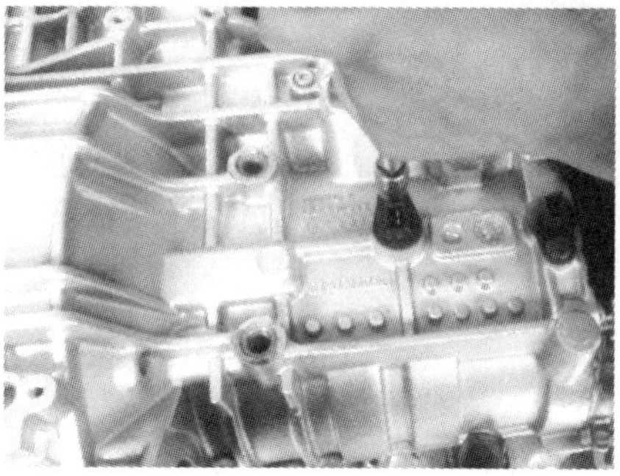
4	用棘轮扳手拆下车速传感器后，将车速传感器拔出，并拆下车速传感器线束	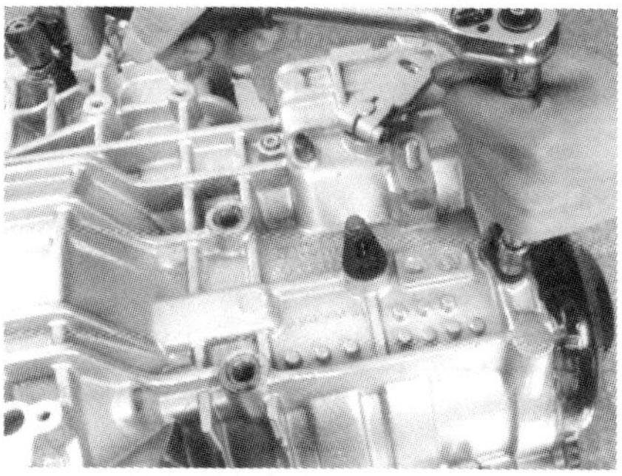
5	用棘轮扳手按对角顺序拆下变速器盖螺栓后取下变速器盖	
6	按对角顺序拆卸油底壳螺栓。注意：在拆下油底壳之前不能将变速器完全反转过来，否则油底壳中的脏物将掉入阀板中	

（续）

序号	拆卸具体内容及注意事项	图　示
7	将变速箱翻转到阀板朝上，用手直接取下 ATF 滤清器	
8	用手小心地依次拔下电磁阀线束插头，然后将电磁阀线束拆下，注意拆卸过程中千万不要损伤电磁阀线束	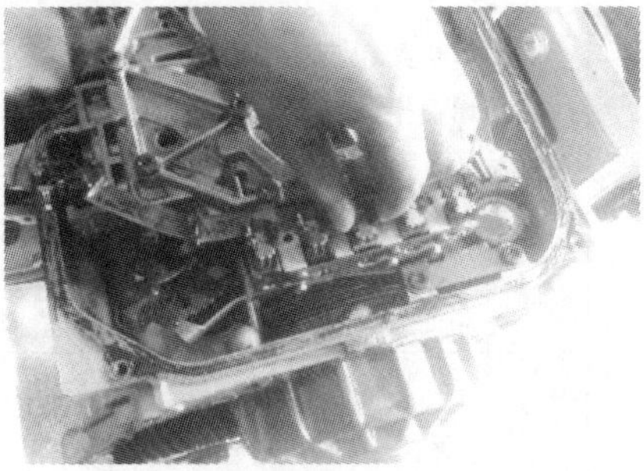
9	按对角方法拆下阀板箱总成上的 14 颗固定螺栓，将阀板箱取下	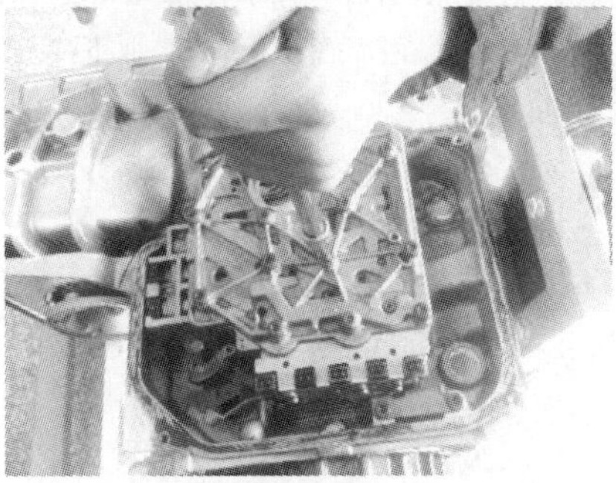
10	按对角方法拆下 ATF 油泵螺栓，用两个 M_8 的螺栓拧入油泵上的螺栓孔中，将 ATF 油泵从壳体中顶出。注意：拧入两颗 M_8 螺栓时一定要平	

（续）

序号	拆卸具体内容及注意事项	图　示
11	将 ATF 油泵下的垫圈取出	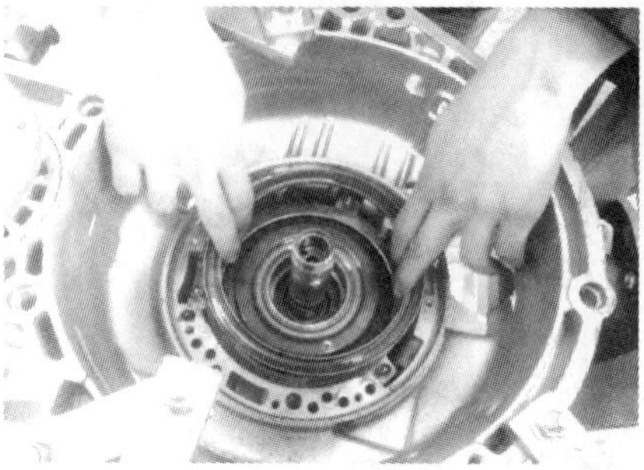
12	将调整垫圈和第一个厚的外片拆下，小心地取下弹簧和弹簧帽，注意不要弄掉	
13	将 B_2、离合器和隔离管总成取出后，依次将 B_2 内片和外片、隔离管、K_2、K_1、K_3 取下，注意按顺序摆放好	
14	将变速箱挂入 P 挡，用一字起从太阳轮孔中插入到变速器壳体上，拧下小输入轴固定螺栓和调整垫片	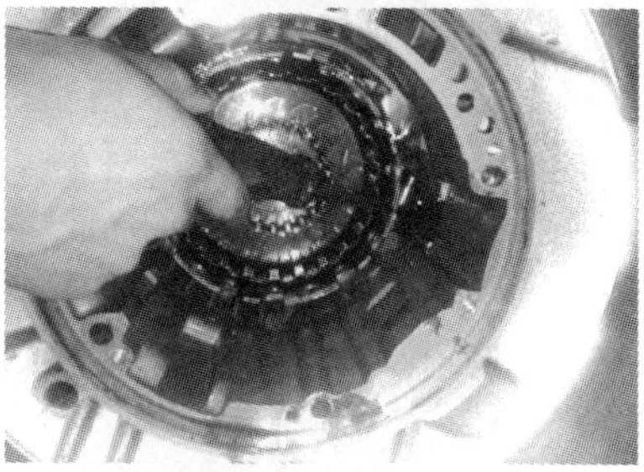 

（续）

序号	拆卸具体内容及注意事项	图　示
15	依次从变速箱中拔出小输入轴、大输入轴和大太阳轮，注意检查它们的轴承是否有变形、缺损、断裂和过度磨损，如有需要则更换新件	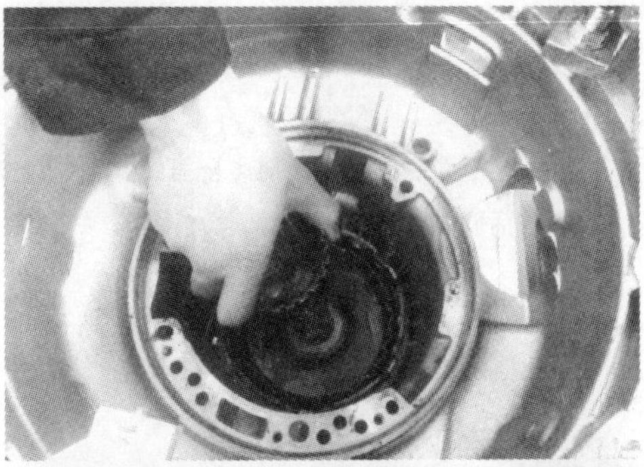 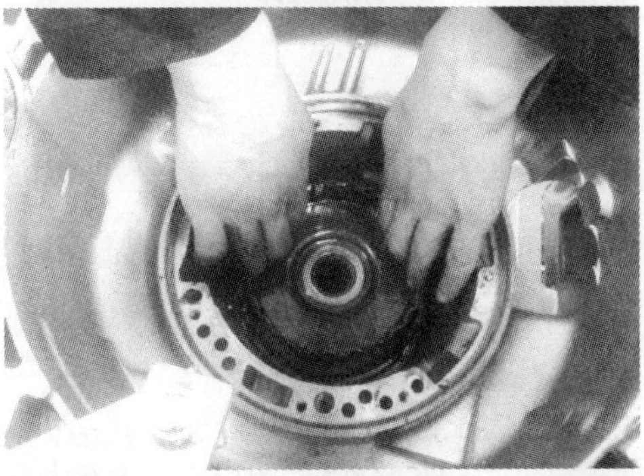 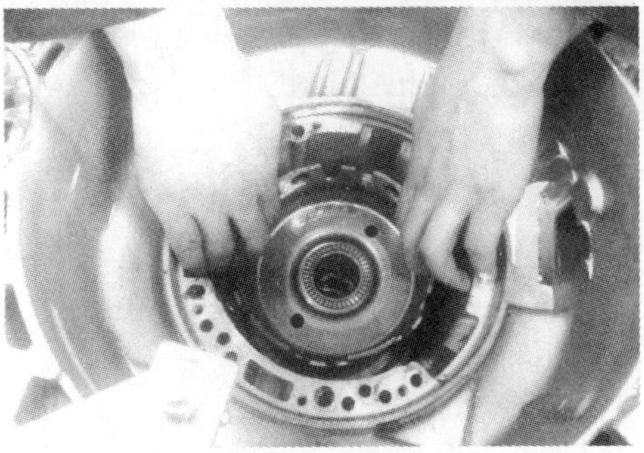
16	依次拆下隔离管弹性挡圈和单向离合器弹性挡圈，注意拆弹性挡圈的时候，应用一字起从挡圈的开口处轻轻撬起后，用手将挡圈拉出，切不可用力过猛，以防弹性挡圈断裂	

（续）

序号	拆卸具体内容及注意事项	图　示
17	用鲤鱼钳夹住带单向离合器的 B_2 活塞上的楔块，将活塞从壳体中拉出	
18	先取下蝶形弹簧，再将行星架从壳体中拉出，注意要检查行星架和行星齿轮有无损坏，检查大小太阳轮之间的轴承有无变形、缺损、断裂和过度磨损，如有需要则更换新件	 
19	取下行星架后，将内片和外片从壳体中取出	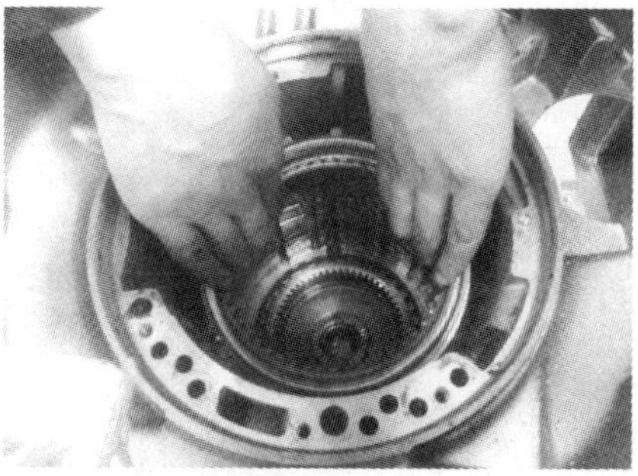

2. 拉威娜式自动变速器(大众 01M)的检查与装配(表 5.4)

表 5.4 拉威娜式自动变速器(大众 01M)的检查与装配

序号	检修与装配具体内容及注意事项	图　示
1	测量活塞边到法兰的距离 I,B_1 内片和外片的高度 X,利用公式,$K=26.9+I/2-X$,计算出 B_1 的间隙,查维修手册,找出合适的调整垫片	 
2	将行星架上的 O 形圈更换后,将行星架装入到输出齿轮中,注意更换的 O 形圈要抹 ATF 油后再装入到行星架中,行星架要转入到输出齿轮中	
3	先装入合适厚度的调整垫片,再依次按外片、内片的顺序将内片和外片全部装入,然后将蝶形弹簧装入。注意外片的齿槽要和壳体上的对准,内片上的齿槽要和行星架上的对准,外片和内片才能顺利装入,蝶形弹簧凸起的一面应朝上	 

（续）

序号	检修与装配具体内容及注意事项	图　示
4	将带单向离合器的 B_1 活塞上的油孔和壳体上的油孔对准，活塞上的楔块和壳体上的定位槽对准后，将其装入变速器壳体中	
5	依次将 B_1 活塞弹性挡圈和隔离管弹性挡圈装入壳体中，弹性挡圈的开口应刚好在活塞楔块的两边，弹性挡圈应完全装入壳体的卡槽中	
6	依次将大太阳轮、大输入轴和小输入轴装入，注意：如果它们任何一个都不能用手压入，则只能用边转边压的方法装入，切不可敲击	
7	装入小输入轴紧固螺栓后，用 30 N·m 的力矩拧紧。注意：此时不要装调整垫片	

（续）

序号	检修与装配具体内容及注意事项	图　示
8	用百分表顶到小输入轴紧固螺栓上后用力往上推小输入轴，测量行星架间隙。根据测量值从维修手册上查出所需调整垫片的厚度。注意：装百分表时，百分表上至少要有 1mm 的预压量	
9	装上调整垫片后用 30N·m 的力矩拧紧小输入轴紧固螺栓，用百分表复查行星架间隙，标准值为 0.23~0.37mm，如不符合规定，必须重新调整	
10	拆下离合器 K_1 上的调整垫圈后，将 K_3 和 K_1 装入。此时一定要将 K_3 和 K_1 完全装入。装入 K_3 和 K_1 时不能敲击	 

（续）

序号	检修与装配具体内容及注意事项	图　　示
11	测量壳体到 K_1 法兰的距离 a,壳体到油泵法兰端面的距离 b	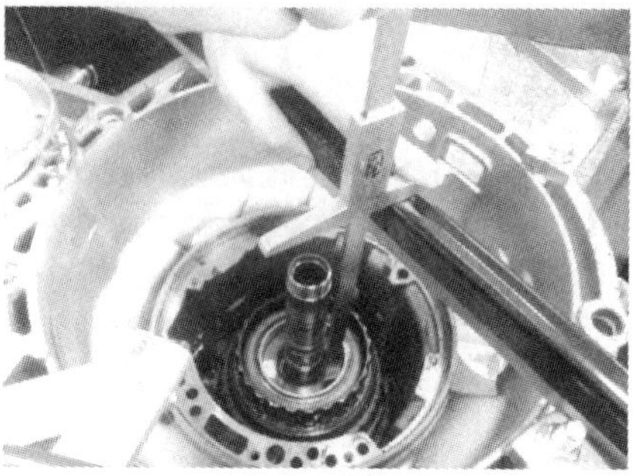 
12	测量导轮支座到油泵法兰的距离 x,利用公式 $k=a-b-x$ 得出 K_1 与 K_2 之间的间隙,根据维修手册选择合适的调整垫片	
13	将隔离管上的槽对准带单向离合器的 B_1 活塞的楔块后装入,再将离合器 K_2 装入,注意离合器 K_2 应边转边往里装,切不可敲击,否则将损坏 K_2	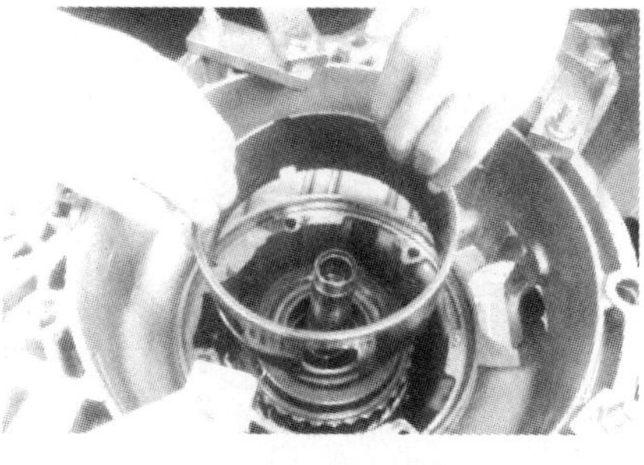

（续）

序号	检修与装配具体内容及注意事项	图　示
14	安装 B_2 内片和外片，最后一片外片不需要装	
15	测量壳体到内片的距离 a，壳体到油泵法兰端面的距离 b，利用公式 $k = a - b - 2.65$ 得出 B_2 的间隙，根据此值从维修手册上查出调整垫圈厚度	
16	在安装最后一个外片前，将弹簧和弹簧帽装入，注意应将弹簧装到位	
17	查阅维修手册选出合适的调整垫圈，安装调整垫圈，注意应在安装好最后一片外片后装入	

（续）

序号	检修与装配具体内容及注意事项	图　示
18	安装垫圈时注意，光滑面应朝向最后一片外片	
19	用两个 M_8 螺栓拎起油泵，将油泵装入，注意油泵上的 O 形圈必须更换，必须将油泵上的 7 个螺孔和壳体上的完全对准	
20	将 ATF 油泵螺栓装入，按对角的顺序以 8N · m+90°的力矩拧紧油泵螺栓	
21	按标准扭矩紧固油泵后，用百分表复检 K_1 和 K_2 之间的间隙，标准值为 0.5～1.2mm，如不符合标注应重新调整	

（续）

序号	检修与装配具体内容及注意事项	图　示
22	阀板箱总成的紧固螺栓必须按对角的顺序拧入，并以 5N·m 的力矩分 2~3 次拧紧	
23	将电磁阀线束装入，各个电磁阀插头插紧，不能有松动	
24	安装 ATF 滤清器时不要把阀板箱总成上的密封垫弄坏	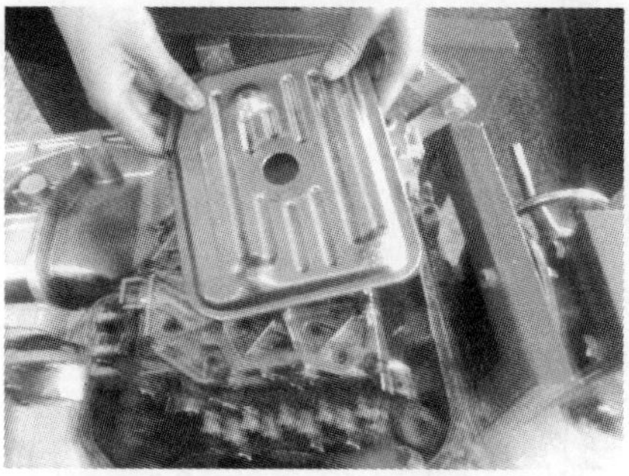
25	安装油底壳的时候应从侧面安装，油底壳螺栓应按对角顺序以 12N·m 的力矩拧紧	

（续）

序号	检修与装配具体内容及注意事项	图　示
26	安装变速器端盖时应注意端盖安装方向，端盖螺栓应按对角的顺序以 10N·m 的力矩拧紧	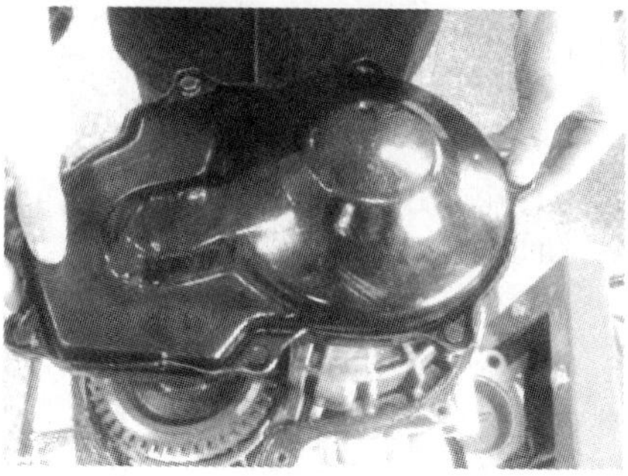
27	依次安装车速传感器和变速箱传感器，并以 10N·m的力矩拧紧	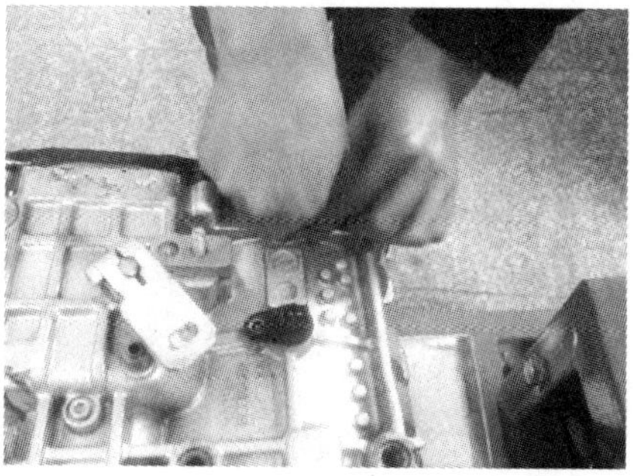
28	更换 ATF 加注管上的 O 形圈后将 ATF 加注管装入	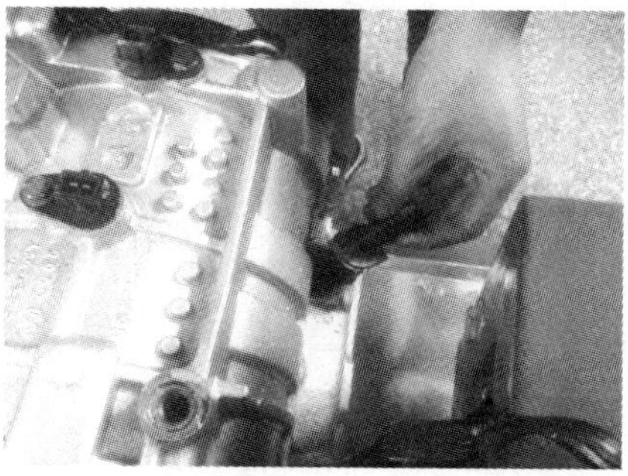
29	安装 ATF 冷却器时应注意：冷却器尖的一端背向变矩器安装，冷却器螺栓的拧紧力矩为 35N·m	

项目 6　无级变速器

1. 了解无级变速器发展历程;
2. 掌握 MT、AT、CVT 的异同;
3. 掌握无级变速器的类型与特点;
4. 掌握无级变速器的组成结构;
5. 理解无级变速器的工作原理;
6. 掌握无级变速器的拆卸、检查与装配方法;
7. 理解无级变速器常见故障。

知识要点

1. 无级变速器的组成结构;
2. 无级变速器的工作原理;
3. 无级变速器的拆卸、检查与装配方法。

任务 1　概　　述

1. 无级变通器的发展与应用

汽车无级变速器技术(Continuously Variable Transmission,CVT)的发展已有一百多年的历史,德国奔驰公司是在汽车上采用 CVT 技术的鼻祖,早在 1886 年就将 V 形橡胶带式 CVT 安装在该公司生产的汽油机汽车上。1958 年,荷兰的 DAF 公司将双 V 形橡胶带式 CVT 装备于 Daffodil 轿车上。由于当时橡胶带式 CVT 存在一系列的缺陷:功率有限(转矩局限于 135N · m 以下),离合器工作不稳定,液压泵、传动带和夹紧机构的能量损失较大,因而没有被汽车行业普遍接受。

随着对提高传动带性能和 CVT 传递功率极限研究的深入,采用把液力变矩器集成到 CVT 系统中、主从动轮的夹紧力实现电子控制、在 CVT 中采用节能泵和传动带用金属带代替传统的橡胶带等技术,克服了 CVT 系统原有的技术缺陷,使 CVT 传递转矩容量更大、性能更优良。

进入 20 世纪 90 年代,汽车界对 CVT 技术的研究开发日益重视,特别是在微型车中,CVT 被认为是关键技术。随着全球科技的迅猛发展,新的电子技术与自动控制技术不断被应用到 CVT 中。日产公司、日本三菱公司、日本富士重工、美国福特公司、德国 ZF 公司和德国大众等相继开发出 CVT 无级自动变速器。另外,博世公司已经将独立部件、执行器、传感器和变速器换挡 ECU 组成一个单独的模块,变速器制造商只需增加一个集成控制单元,大大加快了 CVT 的发展和应用的进程。

目前我国CVT已经进入实用阶段,一汽大众生产的奥迪A6轿车已选装CVT自动变速器,其代号为01J,它采用带/链传动,是奥迪公司首家推出能够应用于功率和转矩分别达到147kW和300N·m的V6 2.8L发动机系统的CVT变速器,并且正在制定一个在行驶性能、燃油经济件、动力性及舒适性等方面的新标准。

2. MT、AT、CVT的异同

MT、AT、CVT的共同特点是:换高挡和换低挡的最主要的参考信号都是发动机负荷信号和车速信号的组合。

从结构上看,MT由众多齿轮和轴以及多个换挡同步器组成,而AT则是由复杂的行星排和众多的换挡执行元件以及特别复杂的液压控制系统组成的。但CVT结构比传统变速器简单,体积更小,它既没有手动变速器的众多齿轮,也没有自动变速器复杂的行星齿轮组,它只需两组变速滑轮,就能实现无数个前进挡位的无级变速。

从控制上看,最大的区别是速比的变换。手动变速器的速比变化靠驾驶员来实现,而且各挡速比是固定不变的;液力自动变速器不是无级变速器,是有级变速器的自动控制,自动变速器虽然能自动选择合适的速比点,但各挡速比是固定不变的,只能在相邻两挡之间实现短暂的无级调节;而CVT的速比变化是连续性的,允许从大速比到最小速比之间做无级调节。也就是说,CVT的前进挡位是由无数个速比点组成的,速比范围极宽。

3. 汽车无级变速器的类型

无级变速器主要有以下3种类型:

(1) 机械式:有多种形式,目前常见的是锥块金属V形带式传动,使用在轿车上。

(2) 液压传动式Hydro Static Transmission,HST:应用于工程车辆和农业机械中。

(3) 电力式:用于电动汽车(Electric Vehicle,EV)。

在轿车无级变速器起步装置中,有3种形式:

(1) 电磁离合器式:质量、尺寸大,热负荷能力低,一般仅用于微型车辆上。

(2) 电子控制湿式摩擦片式:结构尺寸小,响应快,能量损失小,应用在中排量轿车上。

(3) 液力变矩器式:起步转矩大,坡道起步性能好,驾驶容易,而且能减轻因发动机转矩不均匀所引起的振动和冲击。

4. 无级变速器的优点

(1) 经济性好。CVT可以在相当宽传动比的范围内实现无级变速,从而获得传动系与发动机工况的最佳匹配,提高整车的燃油经济性。

(2) 动力性优。汽车的后备功率决定了汽车的爬坡能力和加速能力,汽车的后备功率越大,汽车的动力性越好。由于CVT的无级变速特性,能够获得后备功率最大的传动比,所以CVT的动力性能明显优于MT和AT。

(3) 排放低。CVT的速比工作范围宽,能够使发动机以最佳工况工作,从而改善了燃烧过程,降低了废气的排放量。ZF公司将自己生产的CVT装车进行测试,其废气排放量比安装4—AT的汽车减少了大约10%。

(4) 成本低。CVT系统结构简单,零部件数目(约300个)比AT(约500个)少,一旦汽车制造商开始大规模生产,CVT的成本将会比AT小。由于采用该系统可以节约燃油,随着大规模生产以及系统、材料的革新,CVT零部件(如传动带或传动链、主动轮、从动轮和液压泵)的生产成本将降低20%~30%。

任务2　无级变速器的组成与工作原理

1. 无级变速器的组成与工作原理

1）无级变速器的组成

目前,无级变速器 CVT 是一种采用主动与从动带轮以及钢带的电控自动变速器,它具有无级前进挡变速和二级倒挡变速功能,浆量总成与发动机直到布置。

CVT 一般由变速箱、电子控制系统、液压控制系统和换挡控制机构组成。下面以广州本田飞度 1.3L 轿车所选配的无级变速器 CVT 为例,介绍 CVT 的结构与工作原理。广州本田飞度 1.3L 轿车无级变速器的挡位选择见表 6.1。

表 6.1　无级变速器挡位选择

位置	说　明
P	驻车挡:驻车止动爪与从动带轮轴上的驻车齿轮啮合;起步离合器和前进离合器均为分离状态
R	倒挡:倒挡制动器工作
N	空挡:起步离合器和前进离合器均为分离状态
D	前进挡:变速器自动进行调整,使发动机保持最佳转速,以便在所有条件下行驶
S	快速加速:变速器选择较宽范围的传动比,已取得更佳的加速效果
L	发动机制动和爬坡动力性能:变速器变换至最低传动比范围

2）无级变速器的工作原理

图 6.1 所示为无级变速器的工作原理图。在无级变速器中,主动传动轮组和从动传动轮组都由可动盘和固定盘组成,与油缸靠近的一侧带轮可以在轴上滑动,另一侧则固定。可动盘与固定盘都是锥面结构,它们的锥面形成 V 形槽来与 V 形金属传动带啮合。可动盘的轴向移动量是由驾驶者根据需要,通过控制系统调节主动轮、从动轮液压缸压力来实现的,即主动轮和从动轮的带轮工作半径是依靠液压缸工作来改变的。

发动机输出轴输出的动力首先传递到 CVT 的主动轮,然后通过 V 形传动带传递到从动轮,最后经减速器、差速器传递给车轮来驱动汽车。工作时通过主动轮与从动轮的可动盘做轴向移动来改变主动轮、从动轮锥面与 V 形传动带啮合的工作半径。传动带装在工作半径可变的带轮上,进而改变传动速比,从而实现了无级变速。

汽车开始起步时,主动轮的工作半径较小,变速器可以获得较大的传动比,从而保证驱动桥能够有足够的转矩来保证汽车有较高的加速度。随着车速的增加,主动轮的工作半径逐渐增大,从动轮的工作半径相应减小,CVT 的传动比下降,使得汽车能够以更高的速度行驶。

(1) 高挡传动比:主动带轮直径增大,从动带轮直径减小,使变速器得到较高挡传动比,如图 6.2 所示。

(2) 低挡传动比:主动带轮直径减小,从动带轮直径增大,使变速器得到较低挡传动比,如图 6.3 所示。

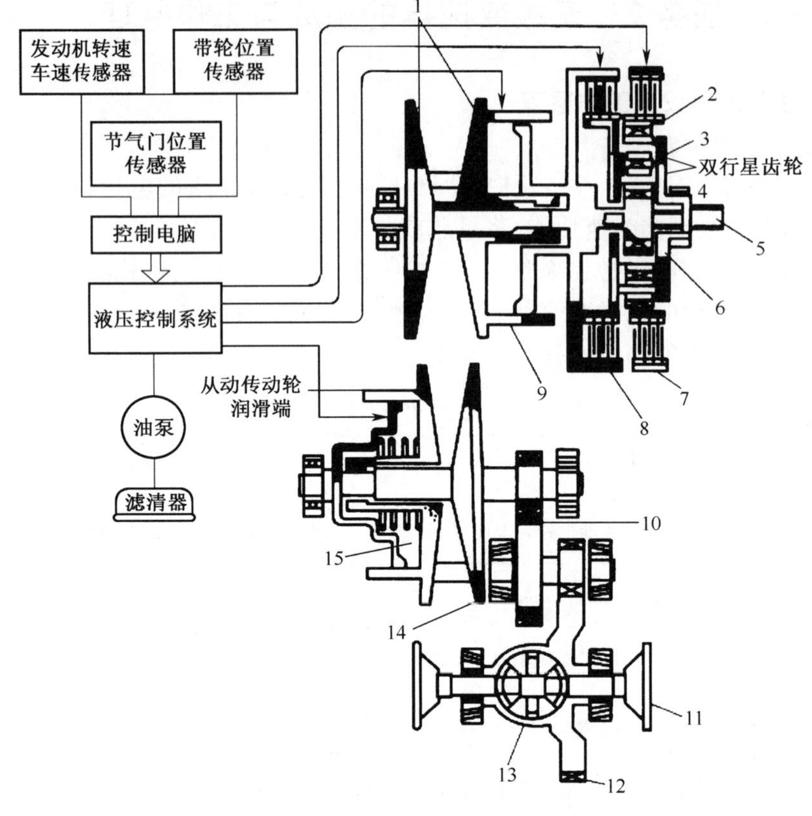

图 6.1　无级变速器的工作原理图

1—主动传动轮固定端和润滑端；2—齿圈；3—行星架；4—齿轮；5—输入油；
6—中心轮；7—倒挡离合器；8—前进离合器；9—主动轮伺服油缸；
10—中间减速齿轮；11—驱动轴法兰盘；12—主减速器从动齿轮；
13—差速器；14—从动传动轮固定端；15—从动轮伺服油缸。

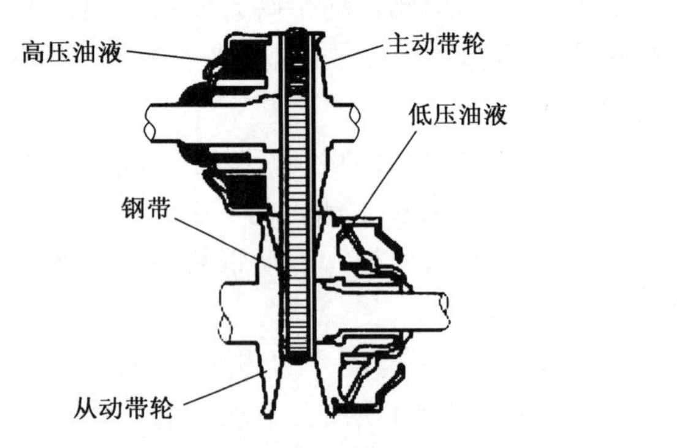

图 6.2　高挡传动比

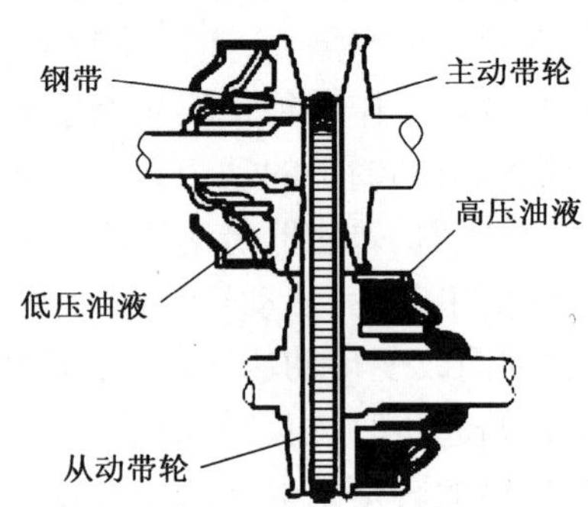

图 6.3　低挡传动比

2. 变速箱的结构与工作原理

无级变速器的齿轮箱由四根平行的轴组成：输入轴、主动带轮轴、从动带轮轴和主传动轴。输入轴和主动带轮轴与发动机曲轴呈直线布置。主动带轮轴和从动带轮轴上均由带活动和固定的两种轮面的带轮构成，两个带轮通过钢带连接，如图 6.4 所示。

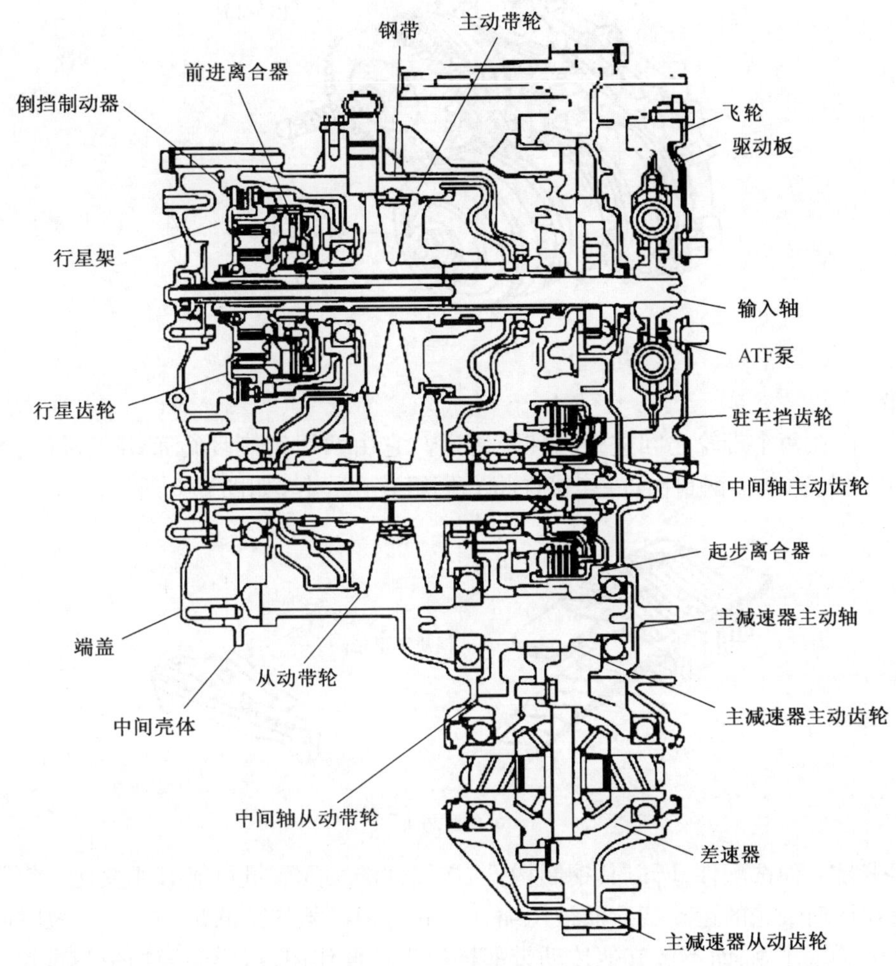

图 6.4　无级变速器的结构

输入轴与飞轮相连接，轴上有太阳轮、行星齿轮和行星架；主动带轮轴上有主动带轮和前进挡离合器；从动带轮轴上有从动带轮、起步离合器和中间主动齿轮；主传动轴上有中间从动齿轮和主减速主动齿轮。

中间从动齿轮用来改变转动方向，因为主动带轮轴与从动带轮轴的转动方向相同。当变速箱的行星齿轮通过前进离合器和倒挡制动器接合后，动力即由主动带轮轴传递到从动带轮轴，从而提供了 L、S、D 和 R 挡位。

1） 带轮

每只带轮均有一个活动轮面和一个固定轮面。带轮有效传动比随接收到的来自车辆各种传感器和开关的信号而变化。主动带轮和从动带轮通过钢带连接在一起，如图 6.5 所示。

当需要得到低挡传动比时，从动带轮活动轮面上将被施加高液压油并减小带轮的有效直径，主动带轮的活动轮面上将受到较低的液压压力，以避免钢带打滑；需要得到高挡传动比时，主动带轮被施以高压并减小从动带轮的有效直径，同时从动带轮活动轮面上施用较低压力油，以避免钢带打滑。

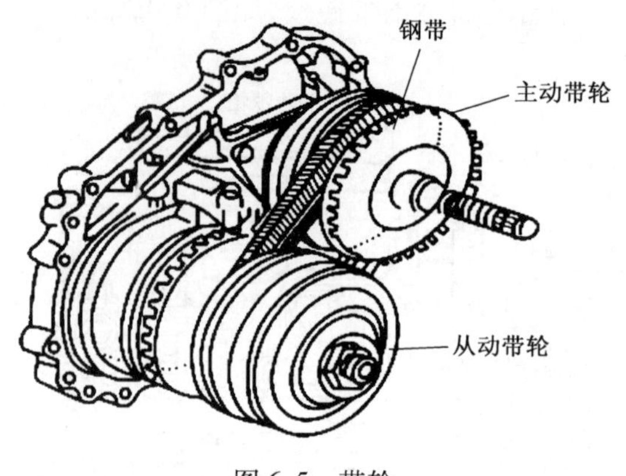

图 6.5　带轮

2）钢带

钢带可允许在两个带轮之间进行高转矩传递。它由两组钢制环行带组成，每组环行带有 12 层，并采用大约 400 个钢制构件、连接件将它们组装在一起，如图 6.6 所示。

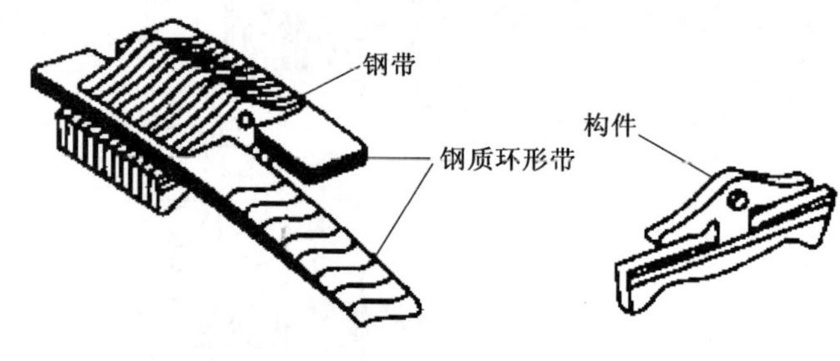

图 6.6　钢带

由于钢带是一种选配件，所以其钢制构件、连接件的实际数量可能有所变化。钢带构件因随主动带轮和从动带轮的运动载荷而被压缩在一起。但必须注意的是，通过构件压缩，这种钢带结构将产生挤压作用，而不像其他传动带那样产生拉伸作用，这样会增加带与带轮之间的摩擦力，从而减少带的打滑。

3）行星齿轮机构

行星齿轮机构由太阳轮、齿圈、行星架和行星齿轮组成。行星齿轮机构的功用是用来变换主动带轮轴的旋转方向，实现倒车操作。

太阳轮通过花键与输入轴相连接，并且构成了前进挡离合器的内鼓；行星齿轮安装在行星架上，并且行星架作为倒挡制动器的内毂；齿圈通过凸舌与前进离合器鼓相啮合；倒挡制动器的外鼓由变速器箱体构成。

在 L、S、D 挡位下，前进离合器在控制油压的作用下，使太阳轮与齿圈接合，此时行星齿轮不自转，绕太阳轮公转，行星架可以转动，而齿圈与太阳轮一起沿相同方向转动，太阳轮通过花键与输入轴连接在一起，它的旋转运动将通过离合器传递到主动带轮轴，其工作原理如图 6.7 所示。

在 R 挡位时，前进离合器分离，倒挡制动器施加压力，倒挡制动器将行星架锁止在变速器箱体上无法旋转；太阳轮驱动行星齿轮转动，行星齿轮自转而不绕太阳轮公转，行星齿轮驱动齿圈，齿圈沿太阳轮相反的方向转动；输入轴通过花键与太阳轮啮合，其旋转运动通过前进挡离合器鼓传递至主动带轮轴，使其沿相反方向旋转，其工作原理如图 6.8 所示。

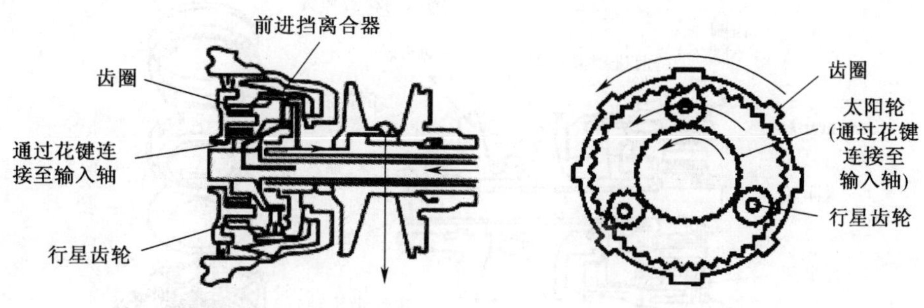

图 6.7　行星齿轮机构的工作原理(前进挡)

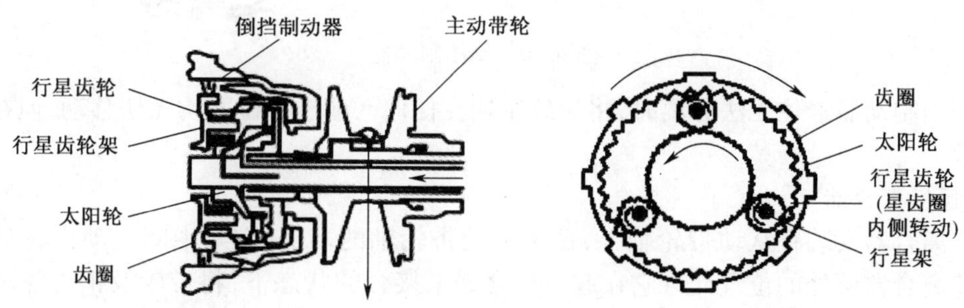

图 6.8　行星齿轮机构的工作原理(倒挡)

4）前进挡离合器

前进挡离合器位于主动带轮轴的端部。前进挡离合器所需液压油通过位于主动带轮轴内的变速器油管提供。前进挡离合器与太阳轮啮合,从而主动带轮沿前进方向旋转,如图 6.9 所示。

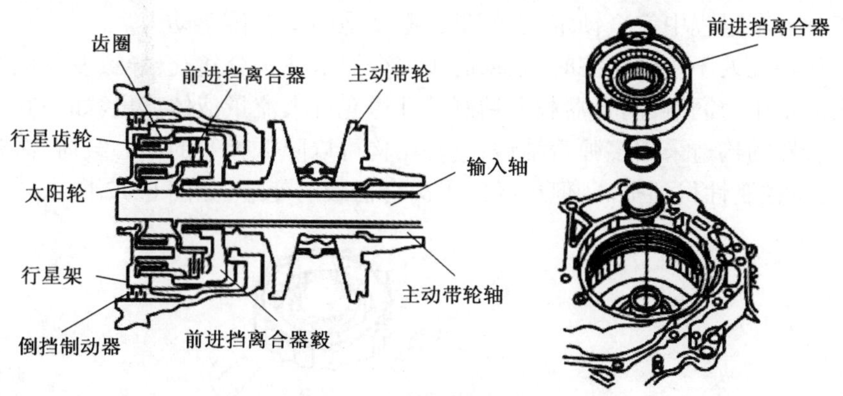

图 6.9　前进挡离合器

前进挡离合器打滑将导致发动机高转速条件下的加速性丧失或不良。当前进挡离合器卡住无法分离时,车辆在任何前进挡、驻车及空挡下均表现正常,但变速器会在倒挡位卡住。倒挡制动器位于行星架周围的中间壳体内部,倒挡制动器盘安装在行星架上,而倒挡制动片安装在中间壳体上,倒挡制动器的压力油通过一个与内部液压回路相连的回路提供。

处于 R 挡位时,液压油作用于倒挡制动器活塞上时,倒挡制动器将行星架锁定,行星架无法旋转,输入轴通过花键与太阳轮相连接,其运动将被传递至行星齿轮,以驱动外圈沿相反方向旋转,如图 6.10 所示。

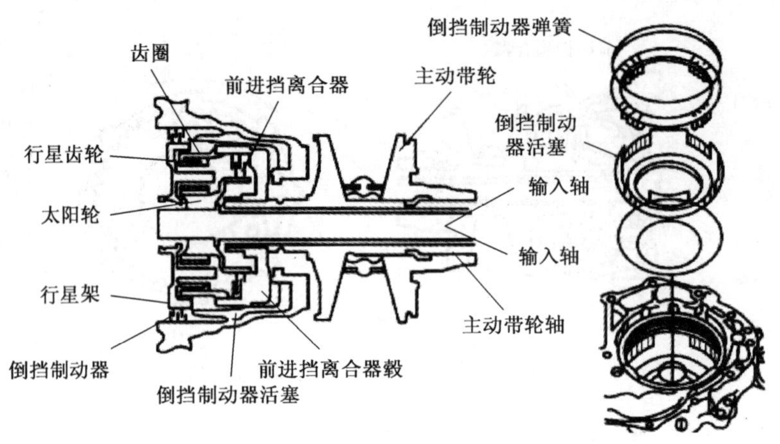

图 6.10　倒挡制动器

当倒挡制动器卡住无法分离时,将导致车辆在任何一前进挡位下均无法移动,但在倒挡时表现正常。

5）起步离合器

起步离合器安装在从动带轮轴上,位于从动带轮轴的端部,它与中间主动齿轮啮合或分离。起步离合器所处的位置允许它在起步离合器未接合的状态下,将带轮及钢带隔离于前车轮其所需液压油通过其位于从动带轮轴内的变速器油管提供。起步离合器毂与驻车齿轮及中间齿轮采用一体式设置,其基本功用与变矩器相同。

起步离合器的功用如下:

(1）打滑,以允许停车状态下发动机带挡怠速运转。

(2）模拟一般自动变速器上的"爬行"。

(3）允许起步加速时的受控打滑。

(4）正常行车过程中完全锁定,以便最大限度地向车轮传递动力。

在有任何挡位处于接合状态时,如果起步离合器卡住不分离,会导致发动机停转。起步离合器采用大流量压力润滑,离合器毂上钻制的孔道允许大流量液体流出,如图 6.11 所示。

起步离合器的构造采用多弹簧结构,这种结构可以降低弹簧的偏心载荷,活塞能够平衡工作,离合器的可控制性得到提高,但也导致了离合器毂的变形,如图 6.12 所示。

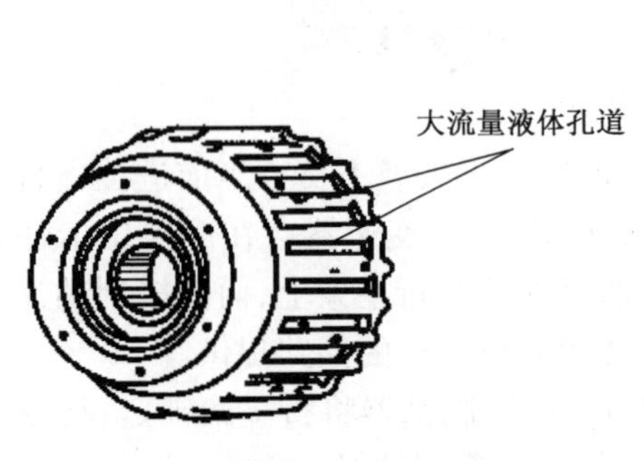

图 6.11　起步离合器毂的孔道

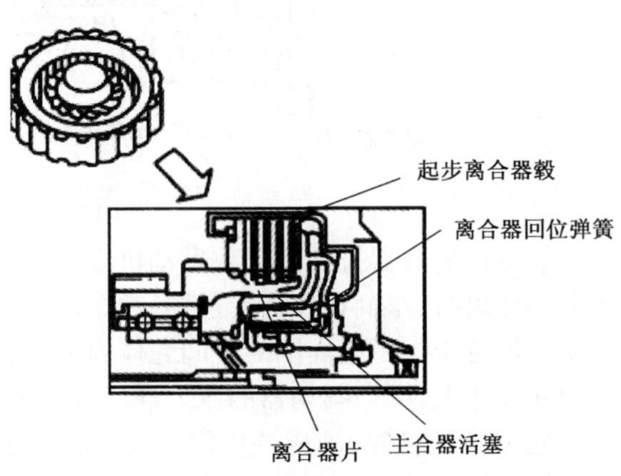

图 6.12　起步离合器的构造

6）驻车机构

驻车机构通过使驻车棘爪和与中间主动齿轮一体的驻车齿轮接合，可以锁定变速器。中间主动齿轮与通过花键连接到主传动轴的中间从动齿轮啮合。换入 P 挡位可使驻车锥（安装在驻车杆端部）将驻车棘爪压至驻车齿轮；即使驻车棘爪压在驻车齿轮的齿顶上，只要车辆有轻微的晃动，即可使驻车棘爪与驻车齿轮完全啮合，这是因为驻车锥受到驻车杆弹簧的拉力作用，驻车棘爪受到驻车棘爪弹簧的拉力作用（使驻车棘爪从驻车齿轮上分开）。

3. 电子控制系统的结构与工作原理

无级变速器的电子控制系统由动力系统控制模块（PCM）、传感器和电磁阀等组成，其中 PCM 位于仪表板下部、杂货箱的后面，如图 6.13 所示。

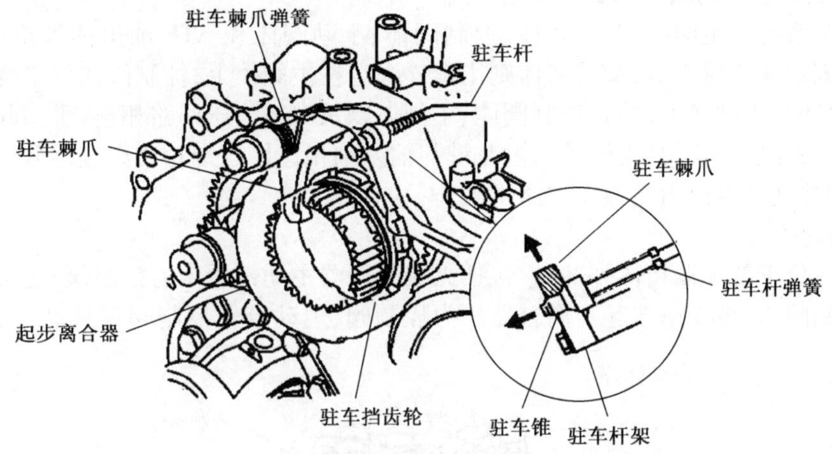

图 6.13　无级变速器的电子控制系统的位置

电子控制系统的 PCM 接收传感器、开关以及其他控制装置发送来的输入信号，经过数据处理后，输出用于发动机控制系统和无级变速器控制系统的信号。无级变速器的电子控制系统的控制内容主要包括换挡控制/带轮压力控制、7 速模式控制、起步离合器压力控制、倒挡锁止控制以及储存在动力系统控制模块内的坡道逻辑控制。动力系统控制模块操纵电磁阀对变速器传动比的变换进行控制。

1）换挡控制/带轮压力控制

动力系统控制模块将实际行驶条件与储存的行驶条件进行比较，以便进行换挡控制，并根据各种传感器和开关传来的信号来确定一个主、从动带轮传动比。

处于 D 和 S 挡位时，从动带轮通过连接钢带在 2.367~0.407 的传动比范围内以无级方式驱动从动轮；在 R 挡位下，如果压下加速器，传动比被设定为 1.326，如果松开加速器，则设定 2.367。带轮传动比较大（车速较低）时，从动带轮受到高压作用，以使其保持大直径，而主动带轮承受低压，以保持与从动带轮成比例的直径；带轮传动比较小（车速较高）时，从动带轮受到低压作用，而主动带轮被施以高压。动力系统控制模块操纵带轮压力控制阀，对施加于各带轮的最佳压力进行调节，以减少钢带打滑，延长其使用寿命。

2）7 速模式控制

此型无级变速器在 D 和 S 挡位具备 7 速模式控制。7 速模式控制分为自动模式和手动换挡模式。按下主开关（7 SPEED MODE），变速器切换到 7 速自动模式。在 7 速自动模式下，变速器可以在 7 级速比范围内上下变换，并且此时的转向换挡开关随时可被激活，如果此开关被激活，则 7 速自动模式随即被取消，并进入 7 速手动换挡模式。在 7 速手动换挡模式下，驾驶员可通过转向换挡开关以手动方式在 7 级速比范围内上下变换，这与手动变速器的情形相类似。

再按一下主开关(7SPEED MODE)或将换挡杆移到其他挡位，即可取消 7 速模式。主开关(7SPEED MODE)(A)和转向换挡开关(B)安装在转向盘上，驾驶员可以按动开关进行模式与速度等级的选择，但无须将任何一只手移开转向盘。

3）起动离合器压力控制

像液力变矩器一样，液压控制的起动离合器在 D、S、L 和 R 位置时，使起步和慢行趋于平缓。PCM 从传感器和开关接收信号，来激励起动离合器压力控制阀，从而调节起动离合器的压力。

4. 液压控制系统的结构与工作原理

液压控制系统由主阀体、ATF 泵体、控制阀体、手动阀体和 ATF 油道体等组成。其中：主阀体用螺栓固定在飞轮壳上；ATF 泵体则用螺栓固定在主阀体上；控制阀体位于变速箱箱体外部；ATF 油道体在主阀体上，并与控制阀体、主阀体以及内部液压回路相连；手动阀体在中间壳体上；ATF 油泵为摆线式，其内转子通过花键与输入轴相连接。带轮和离合器分别由各自的供油管供油，倒挡制动器由内部液压回路供油。

1）控制阀体

控制阀体位于变速器箱体外部，它包括无级变速器主动带轮压力控制阀、无级变速器从动带轮压力控制阀、无级变速器起步离合器压力控制阀、主动带轮控制阀和从动带轮控制阀，如图 6.14 所示。

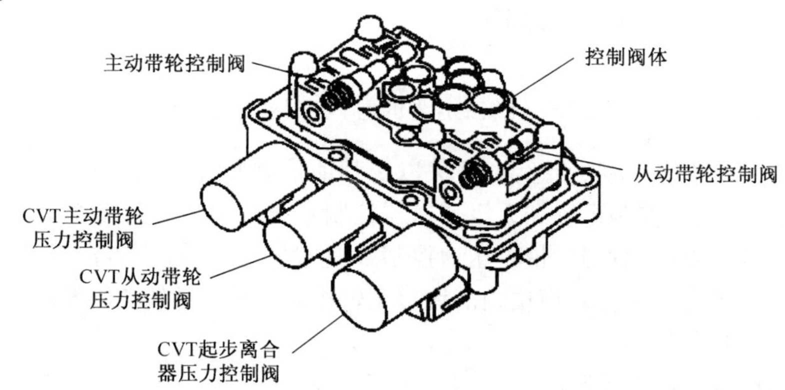

图 6.14　控制阀体

（1）无级变速器主动带轮压力控制阀由线性电磁阀和滑阀组成，并由 PCM 控制。无级变速器主动带轮压力控制阀向主动带轮控制阀提供主动带轮控制压力(DRC)。

（2）无级变速器从动带轮压力控制阀由线性电磁阀和滑阀组成，并由 PCM 控制。无级变速器从动带轮压力控制阀向从动带轮控制阀提供从动带轮控制压力(DNC)。

（3）无级变速器起步离合器压力控制阀由线性电磁阀和滑阀组成，并由 PCM 控制。无级变速器起止离合器压力控制阀根据节气门开皮调节起步离合器的压力大小，并向起步离合器提供起步离合器压力。

（4）主动带轮控制阀的功用是对主动带轮压力进行调节，并向主动带轮提供压力。

（5）从动带轮控制阀的功用是对从功带轮压力进行调节，并向从动带轮提供压力。

2）主阀体

主阀体包括 pH 调节阀、pH 控制换挡阀、离合器减压阀、换挡锁定阀、起步离合器蓄压阀、起步离合器换挡阀、起步离合器后备阀和润滑阀,如图 6. 15 所示。

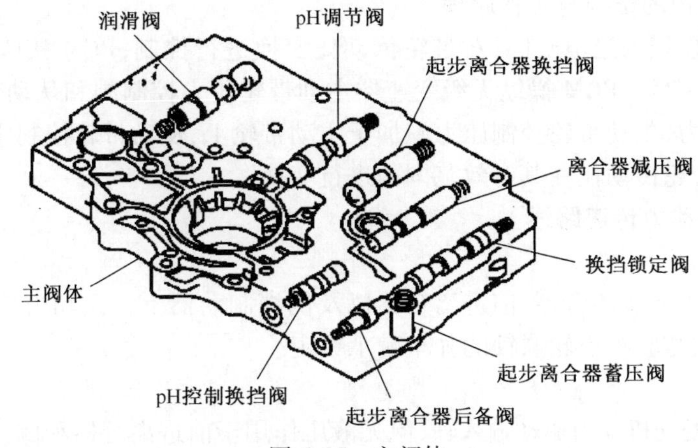

图 6. 15　主阀体

(1) pH 调节阀用于保持自动变速器油泵所提供的压力,并向液压控制回路与润滑回路提供 pH 压力。pH 压力是由 pH 调节阀根据 pH 控制换挡阀提供的 pH 控制压力进行调节的。

(2) pH 控制换挡阀向 pH 调节阀提供 pH 控制压力和从动带轮控制压力对 pH 压力进行调节。

(3) 离合器减压阀接收来自 pH 调节阀的 pH 压力,并对离合器减压压力进行调节。

(4) 换挡锁定阀用于切换油液通道,以便在电气系统发生故障的情况下将起步离合器控制从电子控制切换到液压控制。

(5) 起步离合器蓄压阀对提供给起步离合器的液压油的压力具有稳定作用。

(6) 在电子控制系统发生故障的情况下,起步离合器换挡阀接受换挡锁定压力,并将润滑压力旁路转换到起步离合器后备阀。

(7) 起步离合器后备阀提供离合器控制压力,以便在电子控制系统故障情况下对起步离合器进行控制。

(8) 润滑阀用于稳定内部液压回路的润滑压力。

3) ATF 油泵

无级变速器油泵体用螺栓固定在主阀体上。油泵为转子式,其内转子通过花键与输入轴相连接,并由输入轴驱动。油泵的功用是向 pH 调节阀提供液压油,如图 6. 16 所示。

4) 手动阀体

手动阀体通过螺栓固定在中间壳体上,它包括手动阀和倒挡限制阀,如图 6. 17 所示。

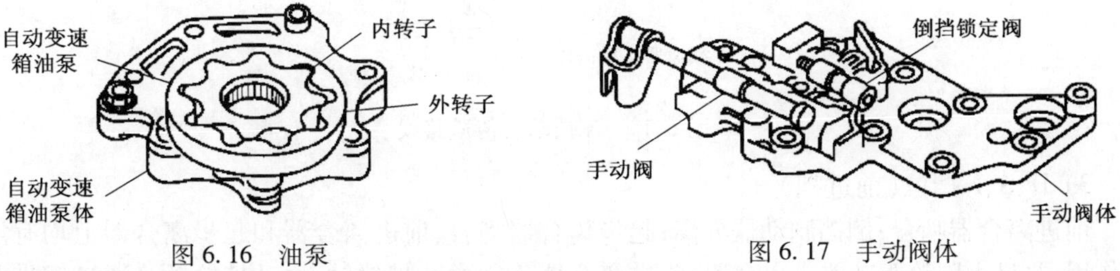

图 6. 16　油泵　　图 6. 17　手动阀体

手动阀根据换挡杆位置,以机械方式开启或封闭油液通道。

(2) 倒挡限止阀由倒挡限止装置电磁阀提供的倒挡锁定压力进行控制。当车辆以大约

10km/h 以上的车速向前行驶时,倒挡限止阀将截止通向倒挡制动器的液压回路。

5. 换挡控制机构的结构与工作原理

动力系统控制模块通过电磁阀,对带轮传动比变换进行控制,PCM 接收来自车辆各种传感器和开关的输入信号。PCM 操纵无级变速器主动带轮压力控制阀和从动带轮压力控制阀,以改变带轮控制压力,主动带轮控制压力施加于主动带轮上,从动带轮控制压力施加于从动带轮上,由此可以使带轮传动比在其有效范围内进行变换。

6. 无级变速器动力传递路线

1) P 挡位

没有液压作用于起步离合器、前进离合器以及倒挡制动器上。无动力传递到中间主动齿轮,中间主动齿轮被与驻车齿轮联锁的驻车棘爪锁定。

2) N 挡位

从飞轮传来的发动机动力驱动输入轴,但无液压作用于前进离合器和倒挡制动器。动力没有传递给主动带轮轴,并且也没有液压作用于起步离合器上。其动力传递路线如图 6.18 所示。

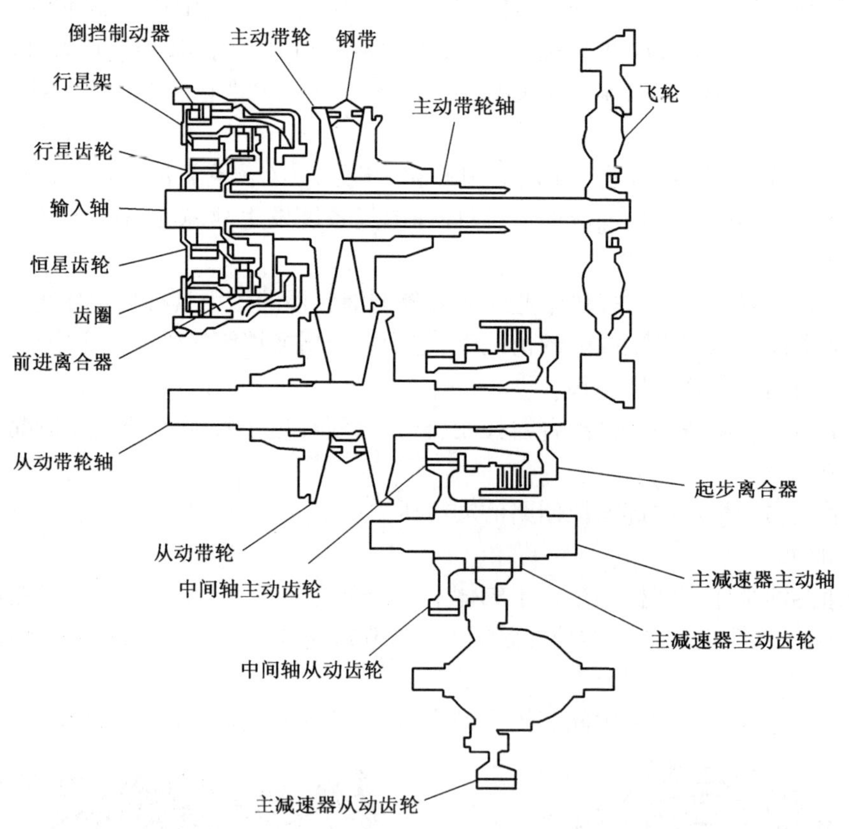

图 6.18 N 挡动力传递路线

3) D、S、L 挡位(前进挡)

前进离合器啮合;倒挡制动器分离;起步离合器啮合;前进离合器和起步离合器上均有液压油作用,并且太阳轮驱动前进离合器;前进离合器驱动主动带轮轴,主动带轮轴又通过钢带驱动从动带轮轴;从动带轮轴通过起步离合器驱动中间主动齿轮;动力传递到中间从动齿轮和主减速器主动齿轮,而主减速器主动齿轮又驱动主减速器从动齿轮。其动力传递路线如图 6.19 所示。

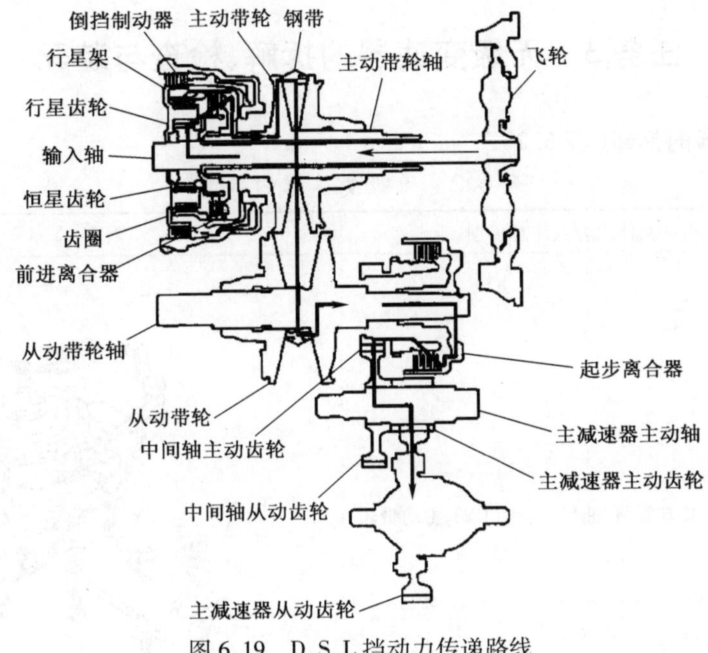

图 6.19 D、S、L 挡动力传递路线

4）R 挡位

前进离合器分离；倒挡制动器啮合；起步离合器啮合；倒挡制动器和起步离合器有液压油作用，行星架由倒挡制动器锁定；太阳轮驱动行星齿轮，行星齿轮自转，行星齿轮驱动齿圈沿与太阳轮相反的方向旋转；齿圈通过前进离合器毂驱动主动带轮轴，主动带轮轴通过连接钢带驱动从动带轮轴；从动带轮轴通过起步离合器驱动中间主动齿轮；动力传递到中间从动齿轮和主减速主动齿轮，然后再驱动主减速从动齿轮。其动力传递路线如图 6.20 所示。

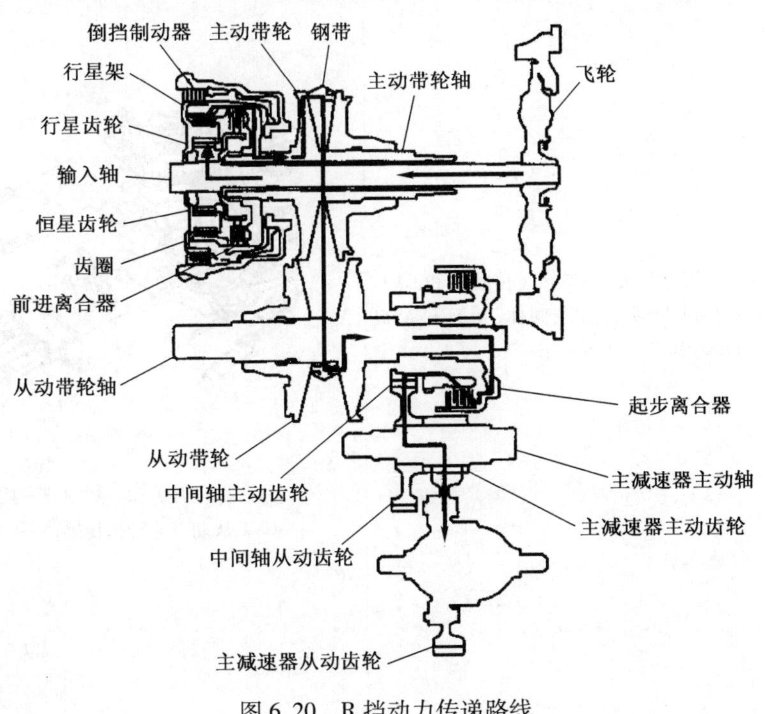

图 6.20 R 挡动力传递路线

任务3　无级变速器的拆解、检查与装配

1. 无级变速器的拆卸(表6.2)

表6.2　无级变速器的拆解

序号	拆卸具体内容及注意事项	图　示
1	拆除ATF冷却管路、油尺导管和CVT主动带轮转速传感器	1—CVT主动带轮转速传感器;2、4—ATF冷却管路;3、5—连接螺栓;6—ATF油尺导管。
2	拆卸变速器挡位开关、CVT转速传感器和CVT从动带转速传感器;拆卸控制阀体,并拆下ATF管、定位销和垫圈	1—挡位开关;2—垫圈;3—控制阀体;4—CVT从动带轮转速传感;5—CVT转速传感。

(续)

序号	拆卸具体内容及注意事项	图　示
3	拆卸限制装置电磁线圈	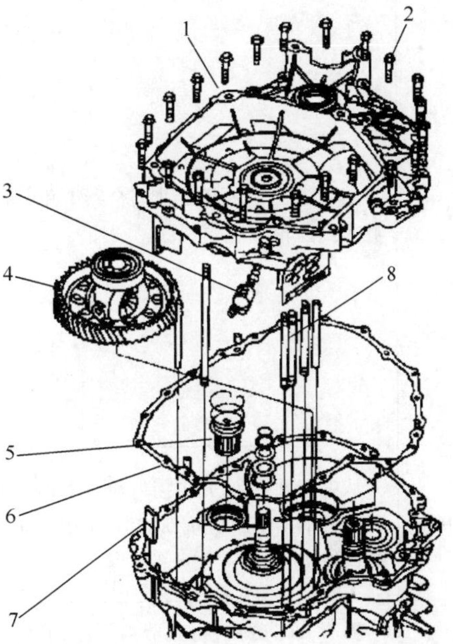
4	拆卸紧固飞轮壳体螺栓，然后拆卸飞轮壳体、定位销和垫圈	
5	拆卸差速器总成；拆下主减速器半轴，然后拆除中间轴从动齿轮	
6	拆除驻车棘爪和齿套，然后拆除驻车棘爪弹簧和棘爪	1—飞轮壳体；2—壳体螺栓；3—限制装置电磁阀线圈；4—差速器；5—ATF 滤清器；6—飞轮壳体垫圈；7—ATF 磁铁；8—ATF 管。
7	拆除紧固输入轴 2 的卡环 1，然后从输入轴上拆除止推垫片 3、止推垫圈 4、推力滚针轴承 5 和止推垫圈 6	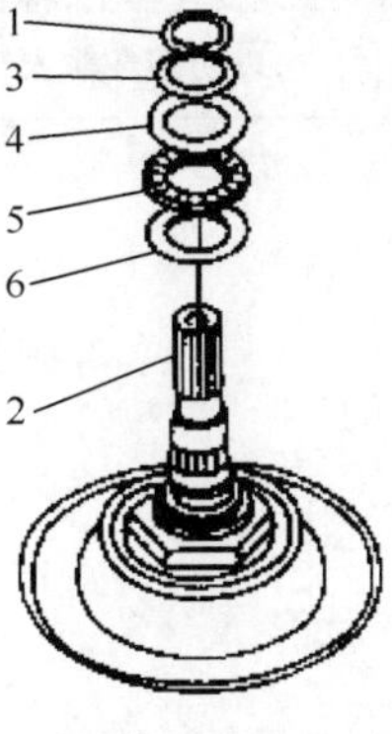 1—卡环；2—输入轴；3—止推垫片；4、6—止推垫圈；5—推力滚针轴承。
8	拆除紧固起步离合的卡环、开口环护圈和开口环后将专用工具安装到起步离合器 1 上，并牢固地将专用工具的棘爪 2 接到驻车挡齿轮 3 上。不要将专用工具的棘爪放到起步离合器导向器上。如果棘爪接触不到离合器导向器，将会损坏离合器导向器。确认不让灰尘和其他异物进入从动带轮轴	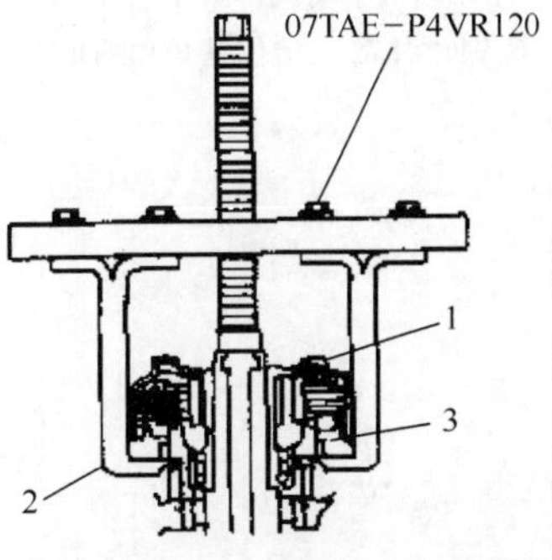 1—起步离合器；2—棘爪；3—驻车挡齿轮。

（续）

序号	拆卸具体内容及注意事项	图　示
9	用专用工具，拆除起步离合器 1 和中间轴主动/驻车挡齿轮 2	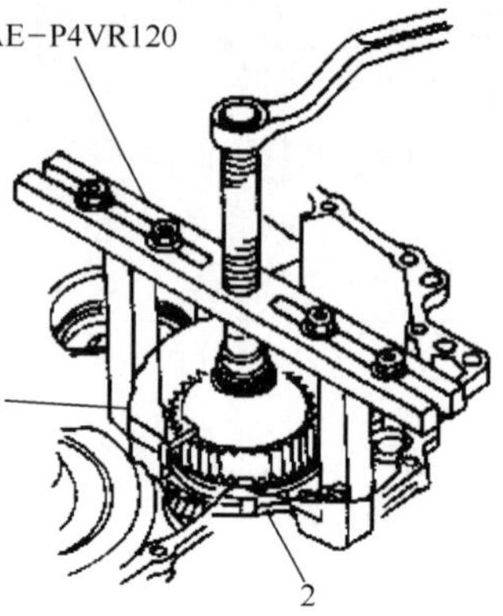07TAE-P4VR120 1 2 1—起步离合；2—中间轴主动/驻车挡齿轮。
10	从中间轴主动/驻车挡齿轮 2 上拆下密封圈 1，并将其清洁干净后重新安装到中间轴主动/驻车挡齿轮上	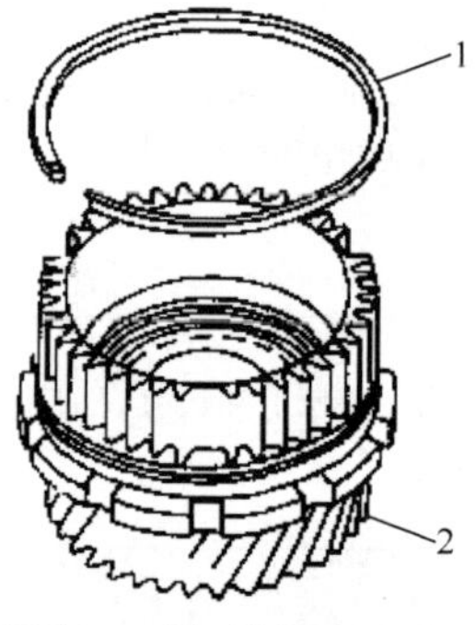1 2 1—密封圈；2—中间轴主动/驻车挡齿轮。
11	拆下 ATF 磁铁，将其清洁干净，并重新安装到变速器上；拆下紧固 ATF 滤清器的卡环，并拆除 ATF 滤清器，检查 ATF 滤清器是否被污染，如果 ATF 滤清器被过度污染，则将其更换，重新将 ATF 滤清器安装到变速器上，将变速器端盖朝上，放置在工作台上，以防损坏输入轴	
12	拆下端盖螺栓 1，然后拆下端盖 2、定位销 3 和垫圈 4；从手动阀体 6 上拆下 ATF 管 5、手动阀体 6、锁止弹簧 7、定位销 8 和隔板 9	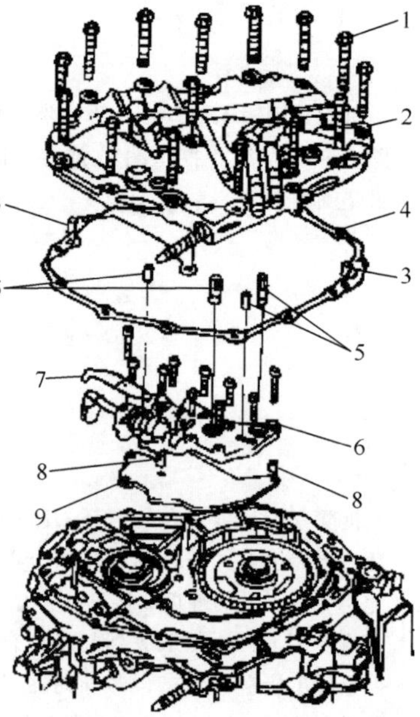1 2 3 4 3 5 5 7 6 8 8 9 1—螺栓；2—端盖；3—定位销；4—垫圈；5—ATF 管；6—手动阀体；7—锁止弹簧；8—定位销；9—隔板。

（续）

序号	拆卸具体内容及注意事项	图　示
13	拆下行星齿轮架/输入轴总成1，齿圈2；拆下倒挡制动器卡环3和倒挡制动器底板4，制动盘5和制动板6，弹簧7	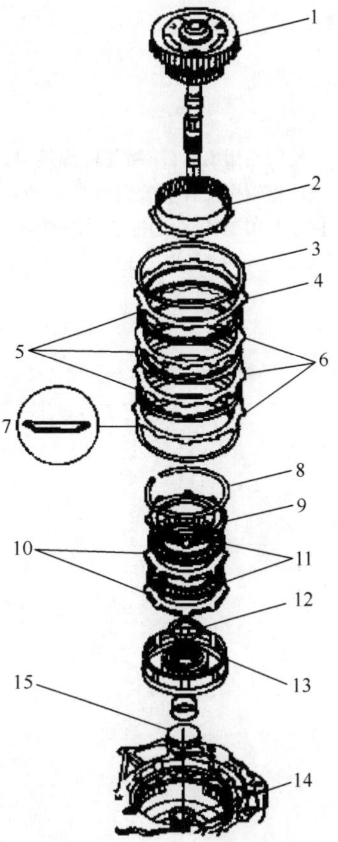 1—行星齿轮架/输入轴总成；2—齿圈；3—倒挡制动器卡环；4—倒挡制动器底板；5—制动盘；6—制动板；7—弹簧；8—前进离合器底板卡环；9—前进离合器底板；10—离合器盘；11—离合器板；12—主动带轮轴卡环；13—前进离合器；14—主动带轮轴；15—卡环护圈。
14	拆下紧固前进离合器底板9的前进离合器底板卡环8，然后拆除前进离合器底板9、离合器盘10和离合器板11；拆下前进离合器13紧固在主动带轮轴14上的主动带轮轴卡环12，然后拆除前进离合器13，并拆除卡环护圈15	
15	安装专用工具，来拆除紧固倒挡制动器复位弹簧护圈的卡环	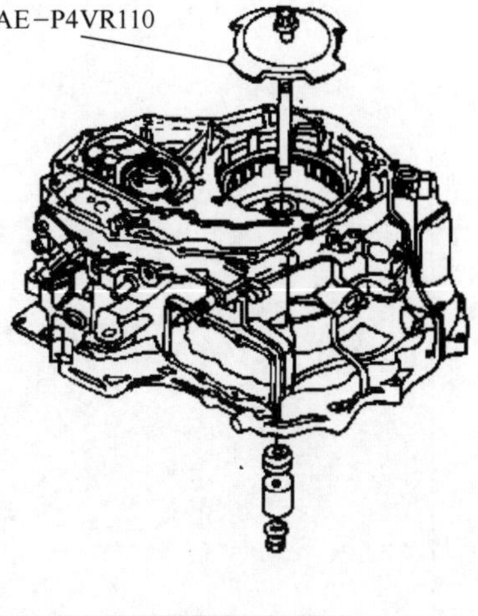 07TAE－P4VR110

（续）

序号	拆卸具体内容及注意事项	图　示
16	使用专用工具,压缩复位弹簧,然后拆除卡环。确认将专用工具安装到倒挡制动器复位弹簧上;拆除专用工具,然后拆下弹簧护圈/复位弹簧总成	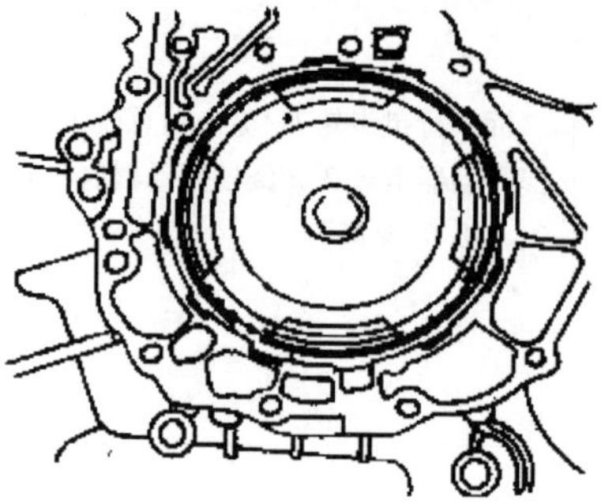
17	从倒挡制动器压力检查孔 2 上拆除密封螺栓 1,施加空气压力来拆除倒挡制动器活塞 3,使用新的密封垫圈 4,重新安装密封螺栓。不要重复使用密封垫圈	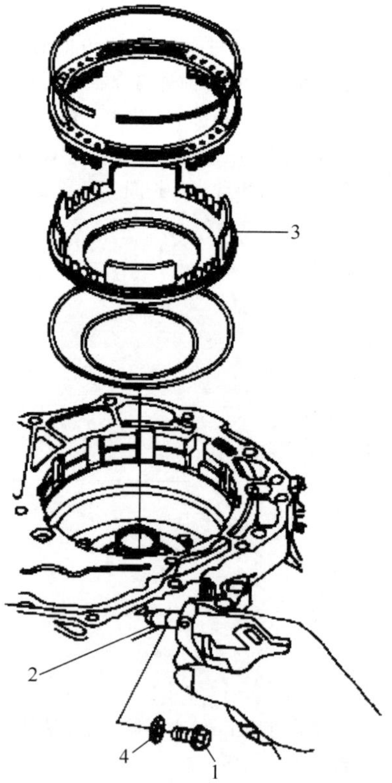 1—密封螺栓;2—倒挡制动器压力检查孔; 3—活塞;4—密封垫圈。

（续）

序号	拆卸具体内容及注意事项	图　示
18	拆下滚珠 1、中间壳体 2、定位销 3 和垫圈 4	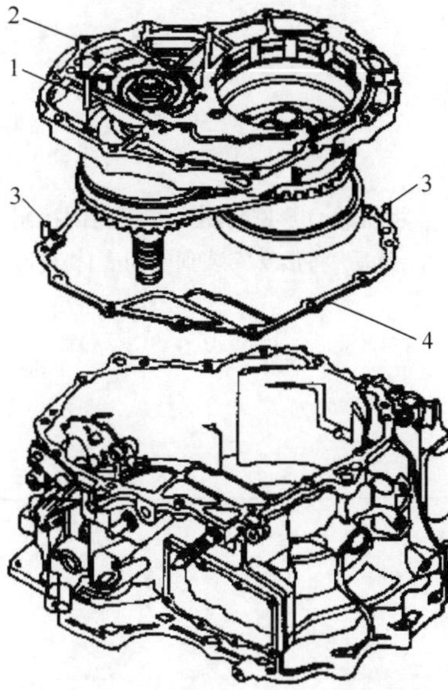 1—滚柱；2—中间壳体；3—定位销；4—垫圈。

2. 无级变速器的检查与装配（表 6.3）

表 6.3　无级变速器的检查与装配

序号	检查与装配具体内容及注意事项	图　示
1	检查倒挡制动盘、制动板和底板是否磨损、损坏和褪色。如果制动盘磨损或损坏，则将制动盘整套更换；如果制动盘磨损、损坏或褪色，则将制动盘整套更换，如果底盘磨损、损坏或褪色，则在重新组装变速器时，检测制动盘底板至顶板之间的间隙，并更换底板	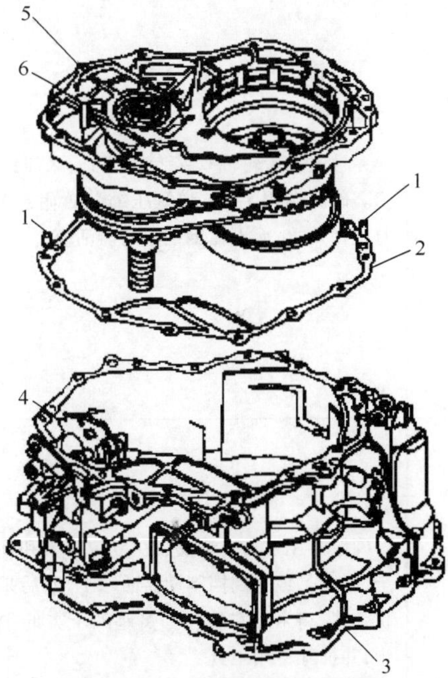 1—定位销；2—垫圈；3—变速器壳体；4—控制轴；5—中间壳体；6—滚柱。
2	将倒挡制动器完全浸泡在 ATF 里至少 30min 后，将定位销 1 和新的垫圈 2 安装到变速器壳体 3 上，然后将控制轴 4 朝变速器壳体的外侧推，然后安装中间壳体 5，最后将控制轴向后推，然后对准控制轴上的槽，将滚柱 6 安装到中间壳体上	

（续）

序号	检查与装配具体内容及注意事项	图　示
3	将新的 O 形密封圈 1 安装到倒挡制动器活塞 2 上，然后，将活塞安装到中间壳体 3 上	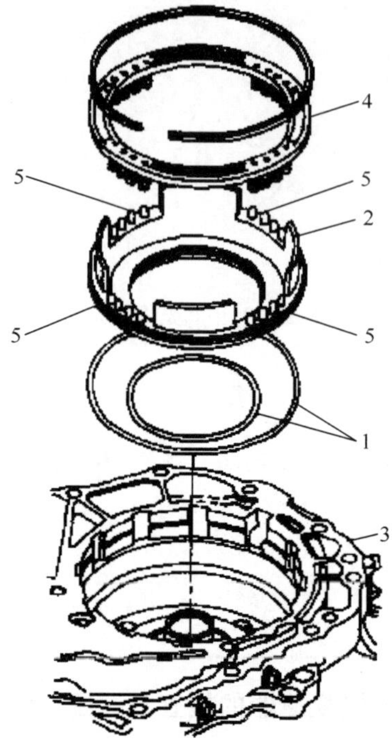 1—O 形密封圈；2—活塞；3—中间壳体；4—弹簧圈/复位弹簧总成；5—弹簧导向器。
4	安装弹簧座圈/复位弹簧总成 4，将弹簧导向器 5 的复位弹簧安装到倒挡制动器的活塞上	
5	穿过主动带轮轴安装专用工具，来压缩复位弹簧。确保专用工具（弹簧压缩装置附近）安放在复位弹簧上，而不在倒挡制动器活塞上	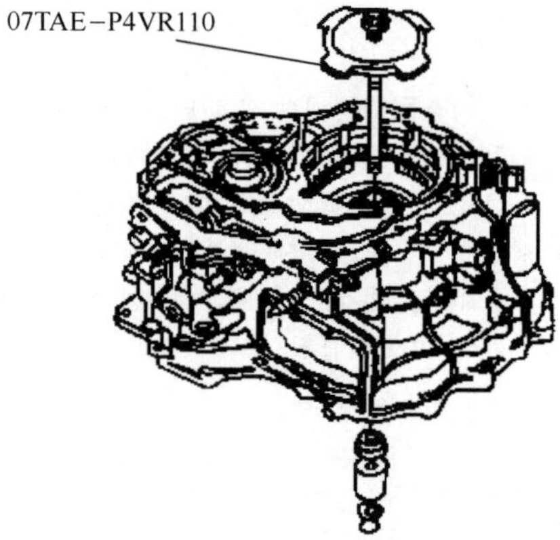 07TAE－P4VR110
6	确保专用工具装置安放在复位弹簧和弹簧座圈上，而不是放在倒挡制动器活塞上，然后来压缩复位弹簧，将卡环安装在弹簧座圈上方的中间壳体上，并拆除专用工具	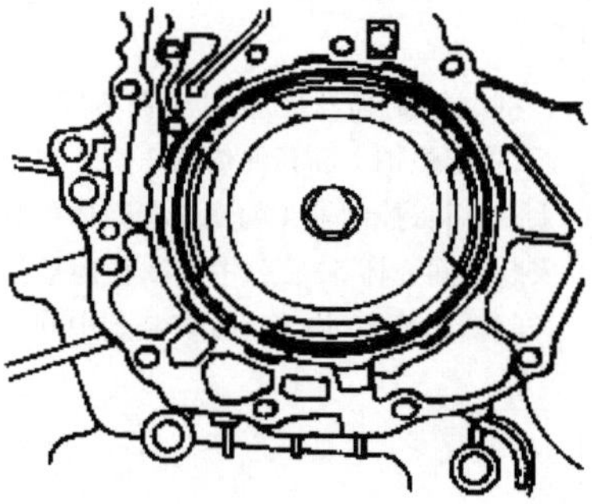

（续）

序号	检查与装配具体内容及注意事项	图　示
7	测量卡环端隙，应为 15mm 或以上，否则更换卡环	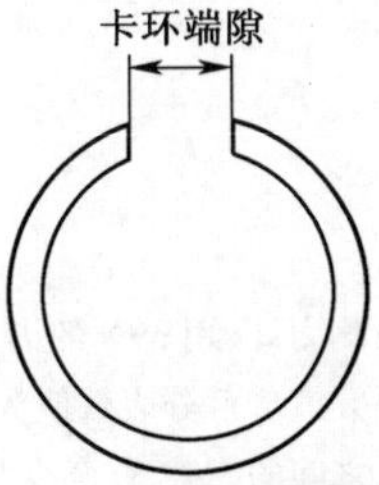
8	将盘片弹簧 1 安装在倒挡制动器上，从倒挡制动片 2 开始，交替安装制动片和制动盘 3。安装倒挡制动器底板 4，然后安装卡环 5	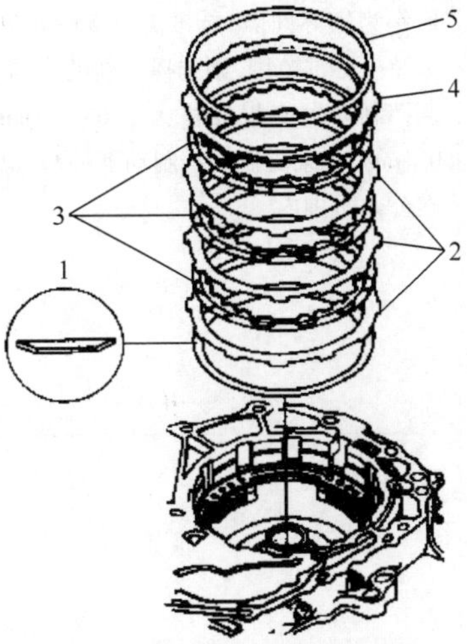 1—盘片弹簧；2—倒挡制动片；3—制动盘；4—底板；5—卡环。
9	测量卡环内径 1，应为 143.5mm 或更大，而且卡环端隙 2 应为 18mm 或以上，否则更换卡环	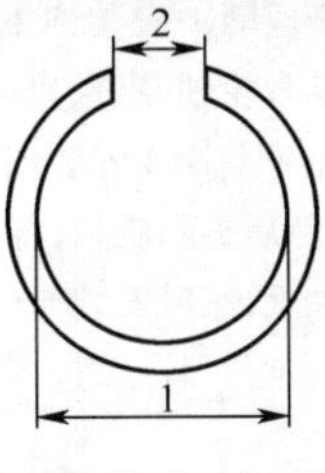 1—卡环内径；2—卡环端隙。
10	在倒挡制动器底板 2 上放置百分表 1，向上提顶板 3，使其与倒挡制动器底板接触，并与卡环 4 平齐，将百分表归零，松开底板，使其降低，然后横穿倒挡制动器底板安放一块钢板	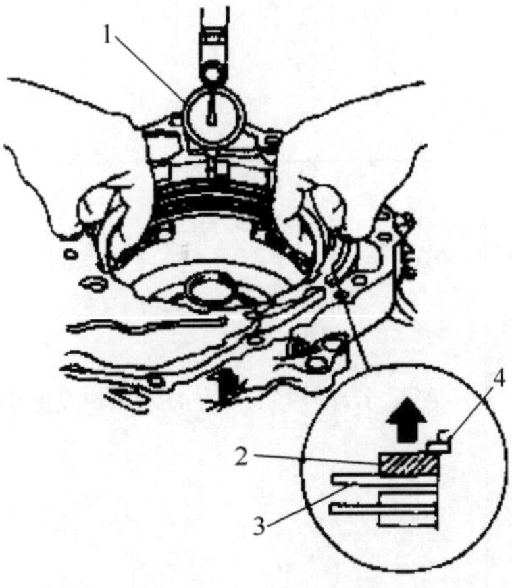 1—百分表；2—底板；3—顶板；4—卡环。

（续）

序号	检查与装配具体内容及注意事项	图　示
11	使用测力计，用 39N 的力下压钢板 1，读取百分表 2 的数值。百分表数值为倒挡制动器底板 4 与顶盘 5 之间的间隙 3，至少测量 3 个位置，取平均值作为实际间隙，标准为 0.55～0.70mm，如果间隙超出标准范围，则选择一新的倒挡制动器底板。倒挡制动器底板规格为 3.6～5.0mm，每级差为 0.1mm，如果更换倒挡制动器底板，必须确认间隙在公差范围内	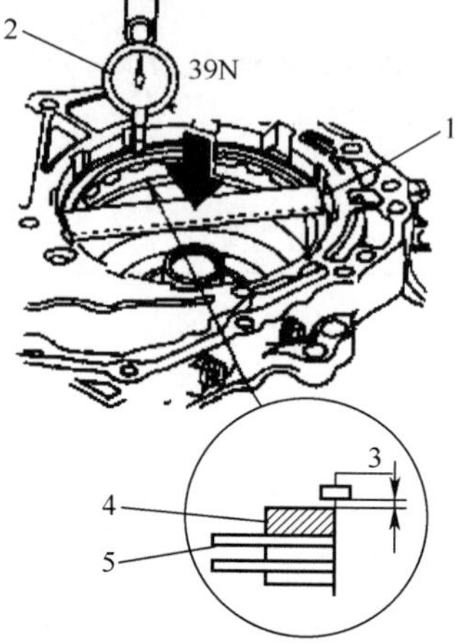 1—钢板；2—百分表；3—间隙；4—底板；5—顶盘。
12	将卡环座圈 1 安装到主动带轮轴 2 上，用胶带包住主动带轮轴花键，以防损坏 O 形密封圈。将新的 O 形密封圈 3 安装到主动带轮轴的 O 形密封圈槽上，然后拆除胶带，将前进离合器 4 安装到主动带轮轴上，然后安装卡环 5 来紧固前进离合器	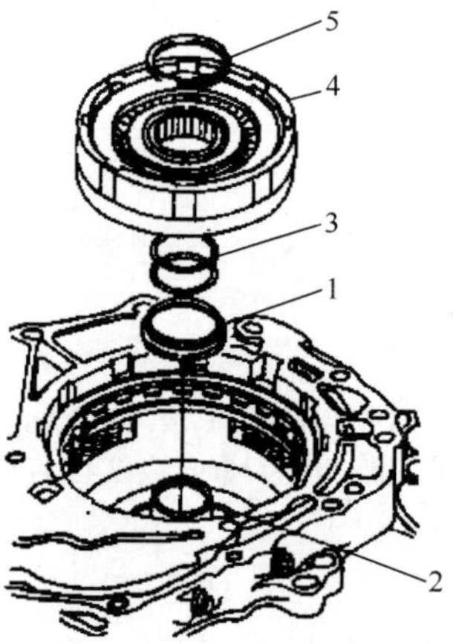 1—卡环座圈；2—主动带轮轴；3—O 形密封圈；4—前进离合器；5—卡环。
13	测量卡环外径，应为 41.4mm 或更小	

（续）

<table>
<tr><th>序号</th><th>检查与装配具体内容及注意事项</th><th>图　示</th></tr>
<tr><td>14</td><td>将齿圈 1 安装到前进离合器 2 上，然后将行星齿轮 5 与前进离合器盘对齐，行星架与倒挡制动器盘对齐，穿过主动带轮轴 4 安装输入轴/行星齿轮架总成 3</td><td> 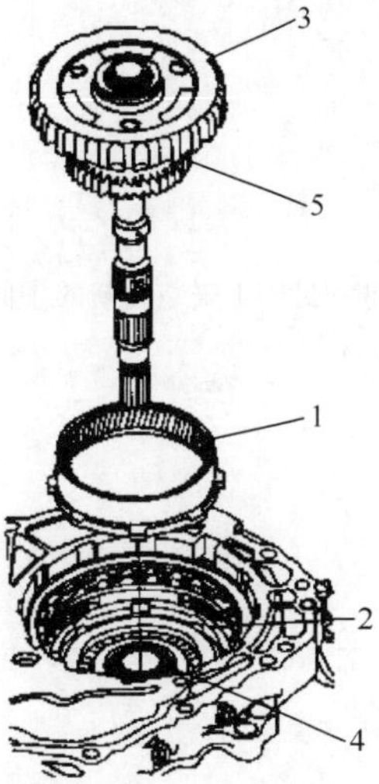1—齿圈；2—前进离合器；3—输入轴/行星齿轮架总成；4—主动带轮轴；5—行星齿轮。</td></tr>
<tr><td>15</td><td>将手动阀体隔板 1 和定位销 2 安装到中间壳体上，然后安装手动阀体 3 和锁止弹簧 4</td><td> 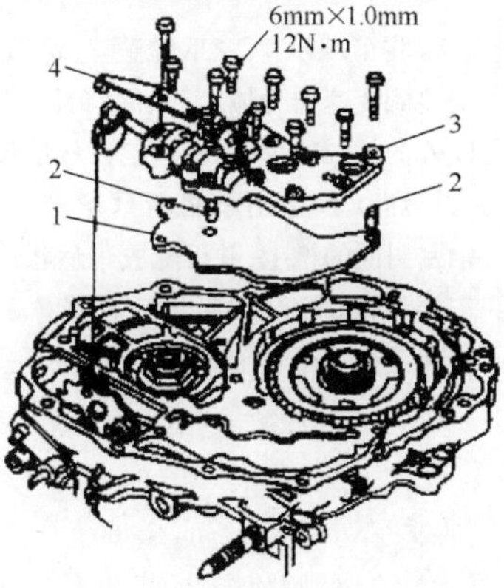1—手动换挡隔板；2—定位销；3—手动阀体；4—锁止弹簧。</td></tr>
<tr><td>16</td><td>将新的 O 形密封圈 1 安装到 10.9mm 的 ATF 管 2 上，然后，将 ATF 管安装到手动阀体 3 上</td><td rowspan="3"> 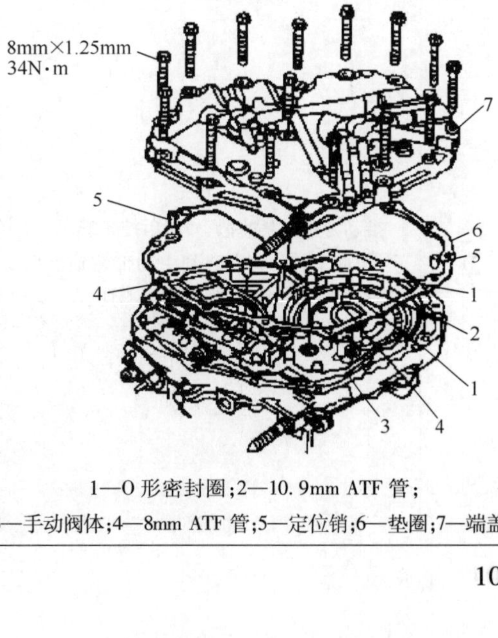1—O 形密封圈；2—10.9mm ATF 管；3—手动阀体；4—8mm ATF 管；5—定位销；6—垫圈；7—端盖。</td></tr>
<tr><td>17</td><td>将 8mm 的 ATF 管 4 安装到手动阀体上</td></tr>
<tr><td>18</td><td>将定位销 5 和新垫圈 6 安装到中间壳体上，然后安装端盖 7，最后将变速器端盖翻转朝下</td></tr>
</table>

（续）

序号	检查与装配具体内容及注意事项	图　示
19	将密封环 1 安装到新的中间轴主动/驻车挡齿轮 2 上	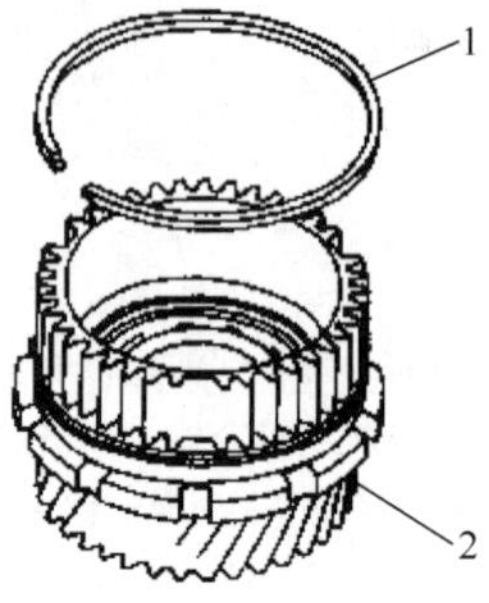 1—密封环；2—中间轴主动/驻车挡齿轮。
20	将驻车棘爪 1、棘爪弹簧 2、棘爪轴 3 和轴套 4 安装到变速器壳体上，然后将控制杆换至 P 位置以外的任一位置，用胶带包住从动带轮轴花键，以防损坏 O 形密封圈，将新 O 形密封圈 5 安装到轮轴密封圈的槽上，并拆除胶带后将中间轴主动/驻车挡齿轮 6 安装到起步离合器 7 上，然后将它们安装到从动带轮轴 8 上	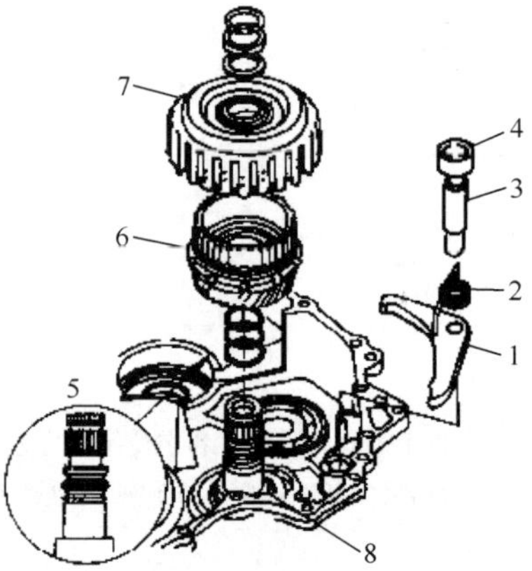 1—驻车棘爪；2—棘爪弹簧；3—棘爪轴；4—轴套；5—O 形密封圈；6—中间轴主动/驻车挡齿轮；7—起步离合；8—从动带轮轴。
21	推动专用工具的把手，然后拧紧螺母，将中间轴主动/驻车挡齿轮安装到主动带轮轴上后将专用工具的把手向上拉，拆下专用工具	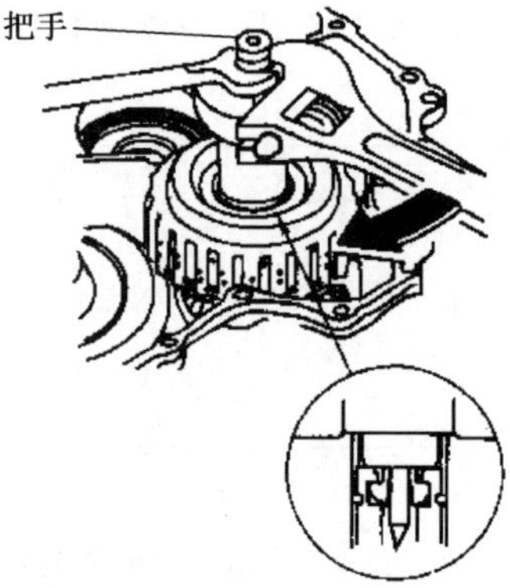 把手

（续）

序号	检查与装配具体内容及注意事项	图　示
22	将 25.5mm 的开口环安装到从动带轮轴的开口换槽上，然后用塞尺 3 测量开口环 1 与起步离合器导向器 2 之间的间隙。至少测量 3 个位置，取平均值作为实际间隙值。标准为 0～0.13mm，如果间隙超出标准范围，则拆除开口环，比测量其厚度	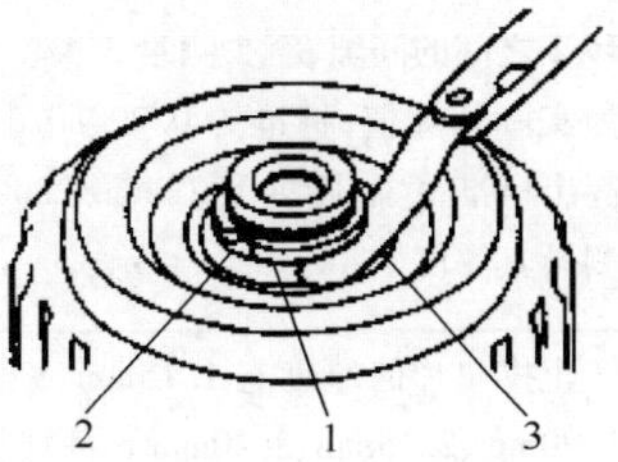 1—开口环；2—导向器；3—塞尺。
23	开口环厚度共有 2.9mm、3.0mm、3.1mm、3.2mm 四种规格，成套选择并安装新的 25.5mm 开口环，然后重新检查其间隙是否符合标准。开口环为 25.5mm	
24	测量卡环外径为 33.9mm 或更小，安装开口环护圈和卡环	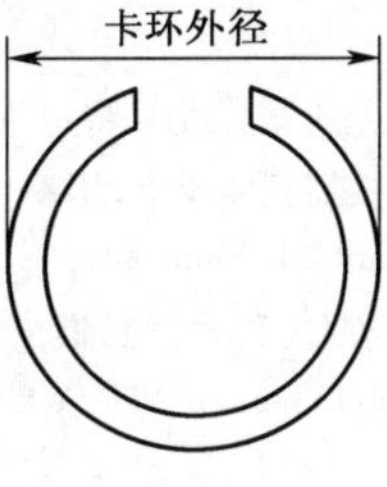
25	将中间轴从动齿轮 1 安放在变速器壳体上，将其与中间轴主动齿轮对齐，然后穿过第二轴从动齿轮 2，将主减速器半轴安装到变速器壳体上，将止推垫圈 3、推力滚针轴承 4、止推垫圈 5 和 22mm×28mm 止推垫圈 6 安装到输入轴 7 上；并安装卡环 8 来紧固	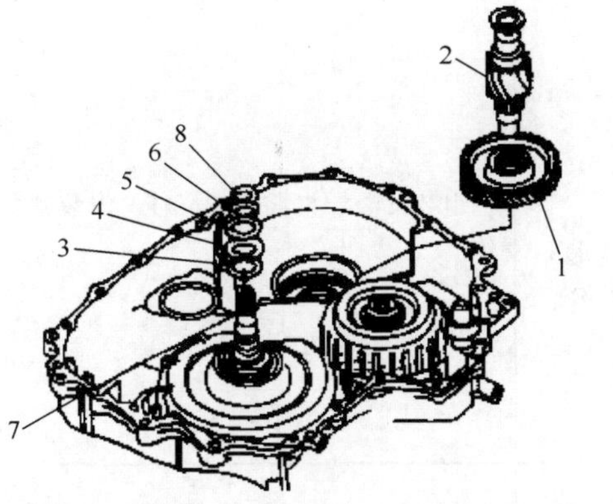 1—中间轴从动齿轮；2—第二轴从动齿轮；3—止推垫圈；4—推力滚针轴承；5—止推垫圈；6—22mm×28mm 止推垫圈；7—输入轴；8—卡环。
26	测量卡环外径，应为 26.3mm 或更小	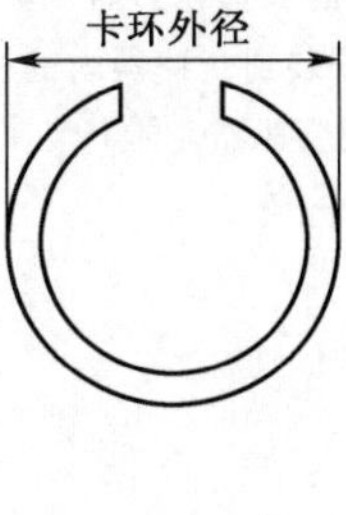

（续）

<table>
<tr><th>序号</th><th>检查与装配具体内容及注意事项</th><th>图　示</th></tr>
<tr><td>27</td><td>使用塞尺3，测量22mm×28mm止推垫片1和卡环2之间的间隙，至少测量3个位置，取平均值作为实际间隙值，标准为0.37～0.65mm，如果间隙超出标准范围，则拆下22mm×28mm止推垫片，并测量其厚度</td><td rowspan="2">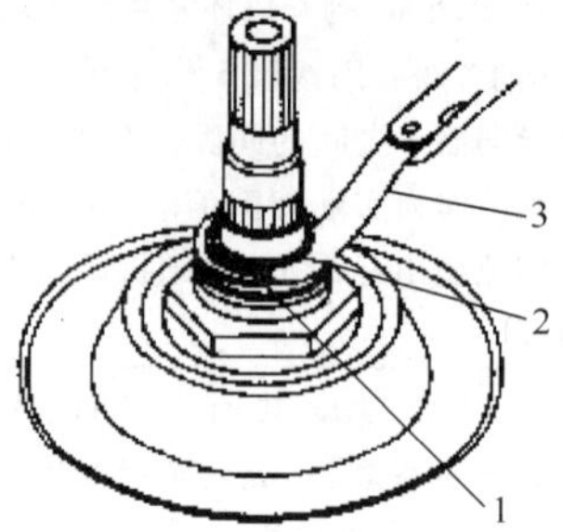
3
2
1
1—止推垫片；2—卡环；3—塞尺。</td></tr>
<tr><td>28</td><td>止推垫片的厚度有1.15mm、1.40mm、1.65mm、1.90mm、2.15mm、2.40mm 6种规格，选择并安装新的22mm×28mm止推垫片，然后重新检查其间隙是否符合标准</td></tr>
<tr><td>29</td><td>安装差速器总成1，将定位销2和新的垫圈3安装到变速器壳体4上，用新的O形密封圈5安装到11mm×230.5mm ATF管6和11mm×134.5mm ATF管7上，然后将它们安装到变速器壳体上。将8mm×133.5mm ATF管8安装到变速器壳体上</td><td rowspan="2">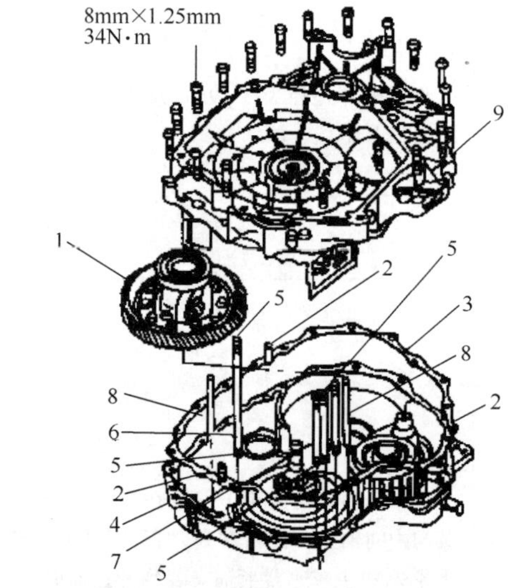
8mm×1.25mm
34N·m
9
1
5
2
5
3
8
2
8
6
5
2
4
7
5
1—差速器总成；2—定位销；3—垫圈；4—变速器壳体；5—O形密封圈；6、7、8—ATF管；9—飞轮壳体。</td></tr>
<tr><td>30</td><td>组装飞轮壳体，将飞轮壳体9安装到变速器壳体上</td></tr>
<tr><td>31</td><td>将定位销1和新的垫圈2安装到变速器壳体上，用新的O形密封圈3安装到ATF管4上，然后将它们安装到变速器内的控制阀上，再将控制阀5安装到变速器壳体上</td><td>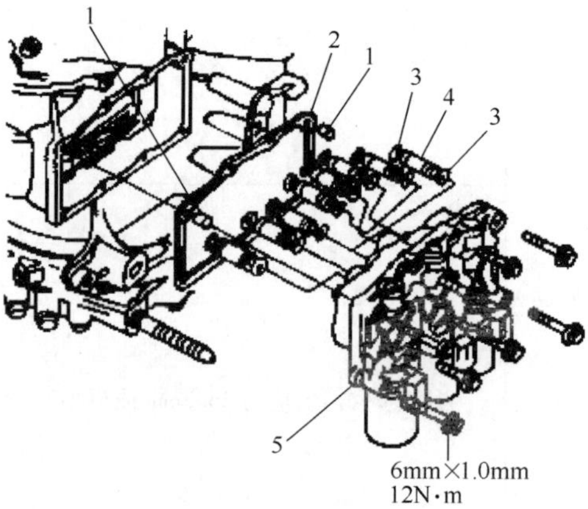
1
2
1
3
4
3
5
6mm×1.0mm
12N·m
1—定位销；2—垫圈；3—O形密封圈；4—ATF管；5—控制阀。</td></tr>
</table>

（续）

序号	检查与装配具体内容及注意事项	图示
32	将通风口 2 朝向通气管 3 的前侧，安装通气帽 1，使用新的 O 形密封圈，安装 CVT 主动带轮转速传感器、CVT 从动带轮转速传感器、CVT 转速传感器、限止装置电磁线圈和 ATF 油尺导管，使用连接螺栓和新的密封垫圈，安装 ATF 冷却器管路	1—通气帽；2—通风口；3—通气管。

3. 无级变速器主要故障

无级自动变速器由于比齿轮式有级自动变速器的构造简单，其控制部分也较其他类别自动变速器的电控系统简单，因此，其故障类别也少很多，判断故障也比齿轮式有级自动变速器要容易得多。

现将飞度轿车无级自动变速器的主要故障及其原因分述如下：

（1）主油压不足：自动变速器油液不足，油泵磨损过甚，泵油量不足，主调压阀失控，ECU 控制系统不良，离合器、制动器活塞缸泄油等。

（2）无前进挡和倒挡：起步离合器压力控制电磁阀失控，换挡限止阀卡死，起步离合器油压过低，起步离合器摩擦片打滑，起步离合器电控系统不良。

（3）汽车只能低速行驶，不升挡：ECU 起动保护功能，使主动带轮调压电磁阀断电，造成 DRC 油压升高至超限，致使换挡限制在 DRC 油压作用下左移，使离合器减压阀油压送主动带轮压力控制阀的左例，向右推动带轮压力控制阀，以减小主动带轮的压力，与此同时，ECU 控制从动带轮油压，使其直径增大，以确保汽车只能低速行驶，由此可见，电控系统有故障或主动带轮控制电磁阀断电、搭铁不良等，均会起动保护功能。

（4）只有前进挡无倒挡：倒挡制动器磨损打滑，倒挡限止阀卡滞，倒挡限止装置电磁阀控制系统或电磁阀不良。

（5）有倒挡无前进挡：前进挡离合器损坏、漏油，前进挡离合器控制系统或油路系统不良。

（6）停车 D 位无爬行：停车 D 位，ECU 根据挡位信号和节气门位置信号控制主动带轮和从动带轮控制电磁阀使主、从动带轮直径调整到只能爬行的程度，若电控系统不良，则爬行失控。起步离合器压力控制电磁阀失控。

项目 7　DSG 变速器

学习目标

1. 了解 DSG 变速器发展历程；
2. 掌握 DSG 自动变速器的类型和特点；
3. 掌握 DSG 自动变速器的组成结构；
4. 理解 DSG 自动变速器的工作原理；
5. 掌握 DSG 自动变速器的双离合器的检修方法。

知识要点

1. DSC 变速器的组成结构；
2. DSG 变速器的工作原理；
3. DSG 变速器的双离合器的检修方法。

任务 1　DSG 变速器的认知

1. DSG 的概述

双离合器自动变速器（Dual Clutch Transmission，DCT），德国人称其为 DSG（Dual Shifting Gearbox），也有人称其为 Twin Clutch Gearbox。

双离合变速箱在传动过程中的能耗损失非常小，大大提高了车辆的燃油经济性。车辆在加速过程中不会有动力中断的感觉，反应非常灵敏，加速更加强劲、圆滑，具有良好的操控性。百公里加速时间比传统手动变速器还短，增加了速比的分配，传动比得到了细化，每一个挡位扭矩都得到了最大的发挥。双离合器的使用，可以使变速箱同时有两个挡位啮合，使换挡操作更加快捷。因此，国内外都在致力于研究双离合器自动变速器。

2. DSG 的组成

DSG 主要由双离合器、齿轮变速机构、电液控制系统等组成，如图 7.1 所示，双离合器与装有手动变速器车辆的离合器安装位置一样，位于发动机飞轮和变速器输入轴之间，但增加了一个离合器，齿轮变速机构由两个 3 轴齿轮机构组成，电液控制系统包括图中的阀板、电磁阀、ATF 油泵、ATF 散热器、ATF 过滤器等，其中双离合器、两个 3 轴齿轮机构为核心机械部件，如图 7.2 所示。

DSG 变速器中有两个离合器，分别是离合器 1 和离合器 2。离合器 1 负责把动力传到 1、3、5 和倒挡齿轮，离合器 2 负责把动力传到 2、4、6 挡齿轮。DSG 变速器有 2 根同轴心的输入轴，输入轴 1 装在输入轴 2 里面。输入轴 1 和离合器 1 相连，输入轴 1 上的齿轮分别和 1 挡齿、3 挡齿、5 挡齿相啮合；输入轴 2 是空心的，和离合器 2 相连，输入轴 2 上的齿轮分别和 2 挡齿、4 挡齿、6 挡齿相啮合；倒挡齿轮通过中间轴齿轮和输入轴 1 的齿轮啮合。也就是说，离合器 1 负责 1 挡、3 挡、5 挡和倒挡，在汽车行驶中一旦用到上述挡位中任何一挡，离合器 1 是接合的；离合器 2 负责 2 挡、4 挡和 6 挡，当使用 2、4、6 挡中的任一挡时，离合器 2 接合。

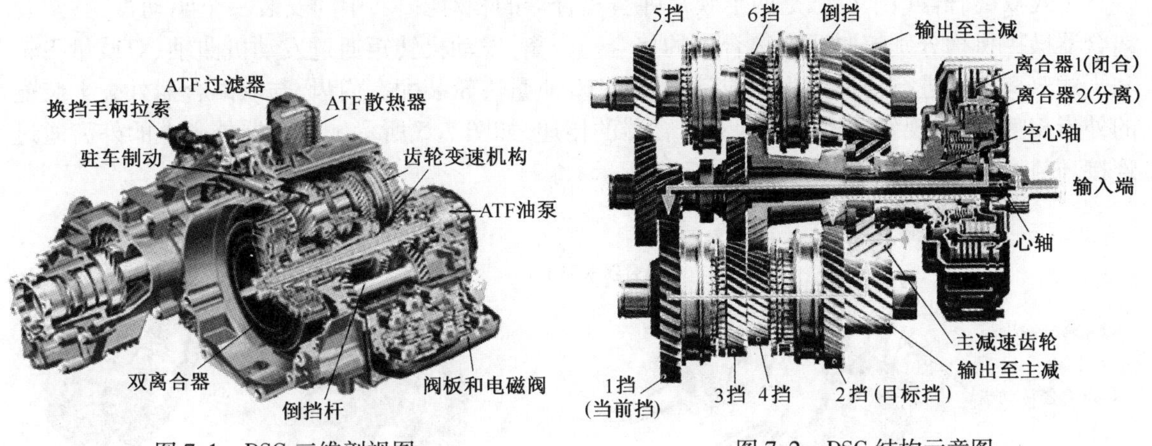

图 7.1　DSG 三维剖视图　　　　图 7.2　DSG 结构示意图

DSG 可以理解为两个独立的双轴变速器并列工作，每个变速器又通过各自的离合器实现与发动机输出端的力矩传递（图 7.3）。这也正是 DSG 被称为双离合器式变速器的原因。

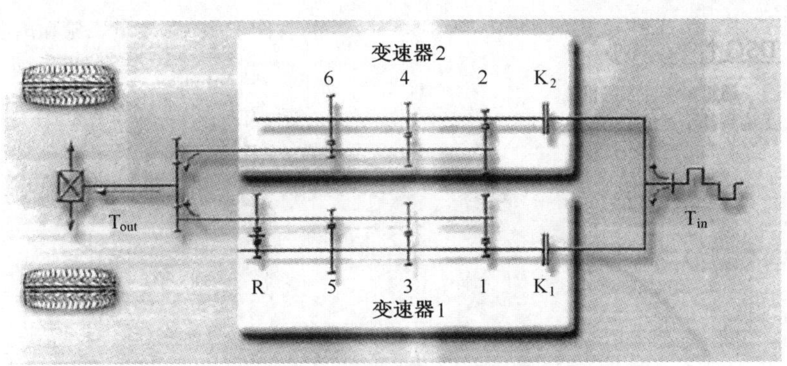

图 7.3　DSG 工作原理示意图

奇数挡 1、3、5，倒挡 R 和离合器 K_1 组成变速器 1，偶数挡 2、4、6 和离合器 K_2 组成变速器 2。发动机转矩通过闭合的离合器 K_1 或 K_2 传递至相应的变速器，再由该挡输出至主减速器驱动车轮。

由于奇数挡和偶数挡被安置在不同的子变速器中，当某挡啮合时，与其相邻的两挡齿轮处于自由状态，此时由变速箱控制逻辑判断下一挡位，提前将处于自由轴的目标挡啮合，待车辆达到最佳换挡点时，当前离合器分离，同时目标离合器闭合，从而实现不中断力矩传输的换挡。

3. 双离合器的结构与工作原理

目前车用 DSG 采用的双离合器系统有干式双离合器和湿式双离合器两种形式。

1）干式双离合器

干式膜片弹簧单片离合器具有从动部分转动惯量小、结构简单、调整方便、分离彻底、转矩过载保护、效率高、成本相对较低、不需辅助动力等优点。干式离合器可以通过压板和飞轮吸收较大热量，对滑磨产生热量的速度不敏感，但因为空气散热较慢，热量不易在短时间内散发出去，因此它受滑磨产生的总热量的限制。干式离合器适于在短时间内结合，这样滑磨时间短，产生热量少。

干式双离合器（图 7.4）是两个膜片弹簧离合器的相对安装，中间安装一个驱动盘，有两套离合器操控机构分别控制两个离合器的接合与分离，发动机转矩通过发动机曲轴、双质量飞轮和干式双离合器进行传递。为完成动力传递，双质量飞轮装配有内齿，与双离合器外壳上装配的外齿相啮合，实现发动机转矩到双离合器的传递，如图 7.5 所示。离合器外壳上的外齿通过连接环与离合器驱动盘相连接，如图 7.6 所示。

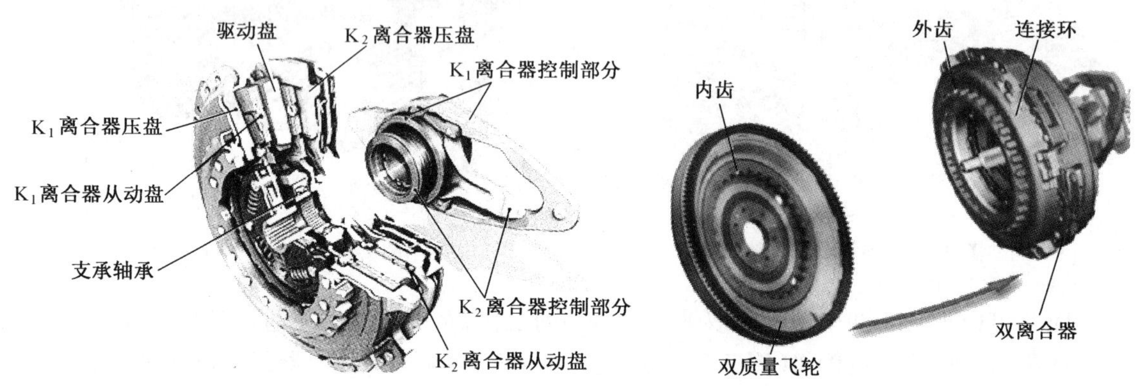

图 7.4　干式双离合器的结构

图 7.5　双质量飞轮和离合器的连接方式

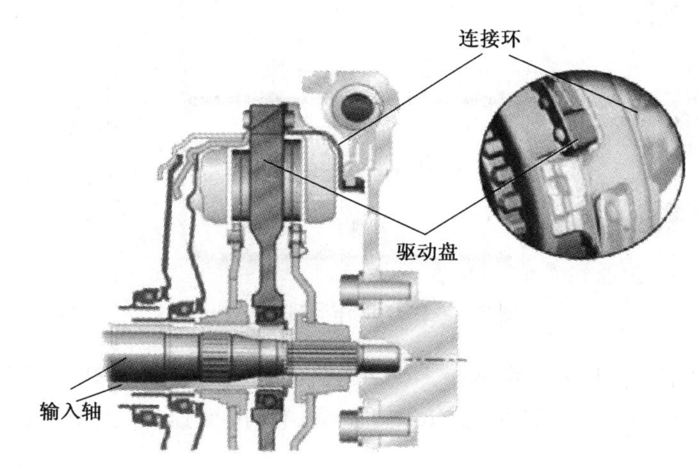

图 7.6　连接环和双离合器驱动盘的连接

双离合器中有两个独立的干式离合器，分别将扭矩传递给一个子变速器。离合器可以处于两个位置：发动机停机和怠速运转时，两个离合器分离；行驶状态时，两个离合器中始终只有一个离合器接合。

如图 7.7 所示，离合器 K_1 将 1、3、5 和 7 挡的扭矩传递给输入轴 1。K_1 操纵时，接合杆将接合轴承压向盘形弹簧。这种压力运动在多个转向点处转换为拉力运动。因此将离合器压盘拉向离合器从动盘以及主动轮，扭矩传递给输入轴。

如图 7.8 所示，离合器 K_2 将 2、4、6 和 R 挡的扭矩传递给输入轴 2。K_2 操纵接合杆时，接合轴承压向离合器压盘的盘形弹簧。由于盘形弹簧支承在离合器壳体上，因此离合器压盘压向主动轮，扭矩传递给输入轴 2。

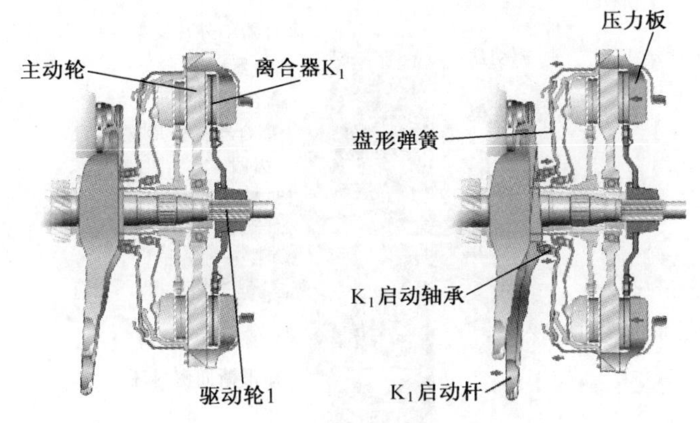

图 7.7　干式离合器 K_1 工作原理

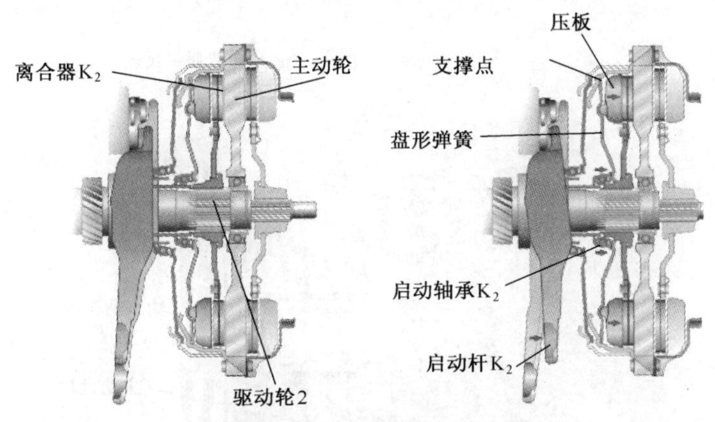

图 7.8　干式离合器 K_2 工作原理

2）湿式离合器

湿式离合器有较好的可控性和控制品质，结构比较单一，具有压力分布均匀、磨损小且均匀、传递扭矩容量大、不用专门调整摩擦片间隙等特点。它用液压油强制冷却，允许起步时较长时间地打滑和高挡起步而不会烧损衬面，寿命可达干式离合器的 5~6 倍，广泛用于现代汽车自动变速器的离合器上。但处于分离状态中的多片式离合器的主、从动摩擦片之间因经过润滑油相互滑转，产生较大的摩擦阻力，使变速器的传动效率相应降低。

DSG 变速器的多片湿式双离合器的结构和液压式自动变速器中的离合器相似，但是尺寸要大很多。其结构如图 7.9 所示。利用液压缸内的油压和活塞压紧离合器，油压的建立是由 ECU 指令电磁阀来控制的，两个离合器的工作状态是相反的，不会发生两个离合器同时接合的情形。

湿式双离合器与发动机飞轮的连接如图 7.10 所示，发动机输出扭矩经曲轴传递至双质量飞轮上，双质量飞轮又通过花键传递至离合器的主动盘上（主鼓），K_1 和 K_2 的外片支架又与主鼓连接在一起。如图 7.11 所示，K_1 内片支架与输入轴 1 连接，而 K_2 内片支架与输入轴 2 连接。

4. 齿轮变速机构的组成及工作原理

由于 DSG 的生产厂家不同，变速器的挡位数和齿轮变速机构稍微有所不同，但基本的工作原理一样，下面以大众 7 挡干式双离合器变速器 OAM 为例介绍 DSG 的齿轮变速机构。

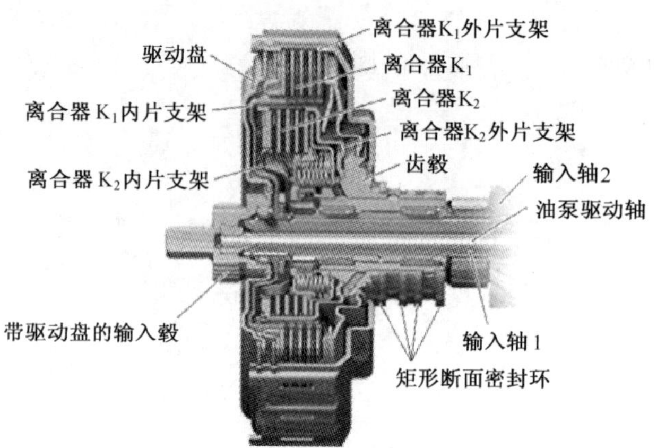

图 7.9　湿式双离合器结构

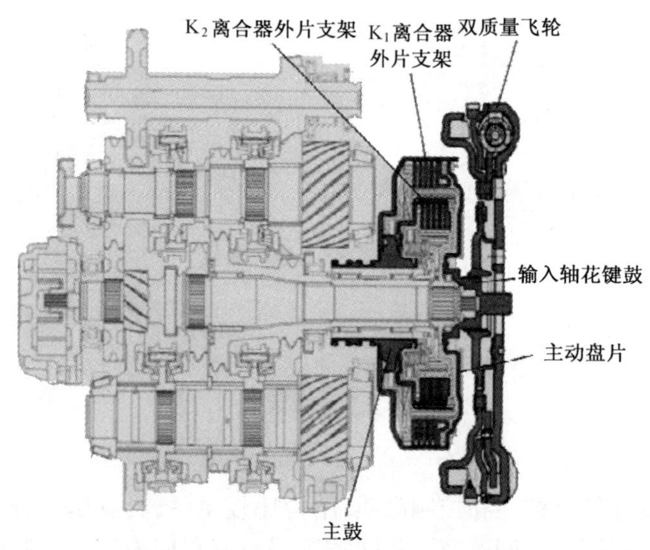

图 7.10　湿式双离合器与发动机飞轮的连接图

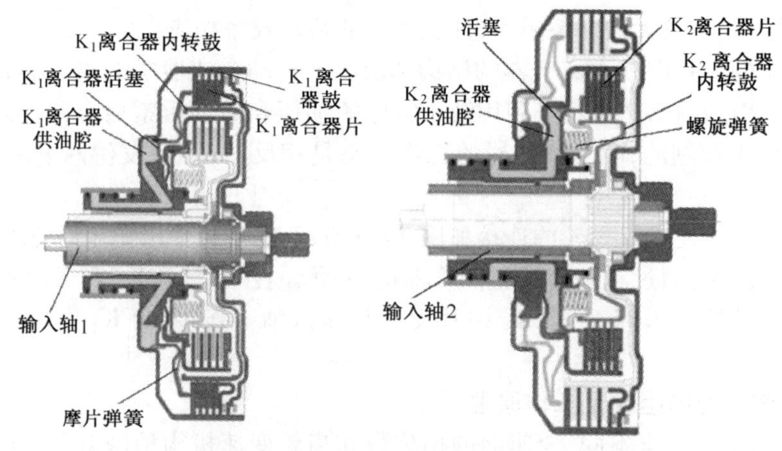

图 7.11　湿式双离合器 K_1、K_2 和变速器输入轴的连接图

大众 7 挡双离合器变速器 OAM 是大众汽车直接换挡变速器 O2E 的后续开发产品。但其是第一款用于前部横置安装的 7 挡变速器，且使用干式双离合器的双离合器变速器。就舒适性和不中断牵引力换挡而言，新型变速器与直接换挡变速器 O2E 相同，但其效率明显提高，效率的提高为降低油耗和排放也做出了重要贡献。该变速器设计用于扭矩在 250N · m 以下的波罗、高尔夫、帕萨特和途安等车型。

1）OAM 干式双离合器自动变速器及工作原理

OAM 干式双离合器自动变速器的组成如图 7.12 所示，双离合器安装在变速器壳体内，由两个传统离合器结合在一起，构成一个双离合器。离合器 K_1 通过花键将扭矩传递给输入轴 1，输入轴 1 将 1 挡和 3 挡的扭矩继续传递给输出轴 1，将 5 挡和 7 挡的扭矩传递给输出轴 2。离合器 K_2 通过花键将扭矩传递给输入轴 2。后者将 2 挡和 4 挡的扭矩继续传递给输出轴 1；将 6 挡和倒车挡的扭矩传递给输出轴 2。此后扭矩通过倒车挡中间齿轮 R_1 继续传递给输出轴 3 的倒车挡齿轮 R_2。三个输出轴都与差速器的主减速器齿轮连接。

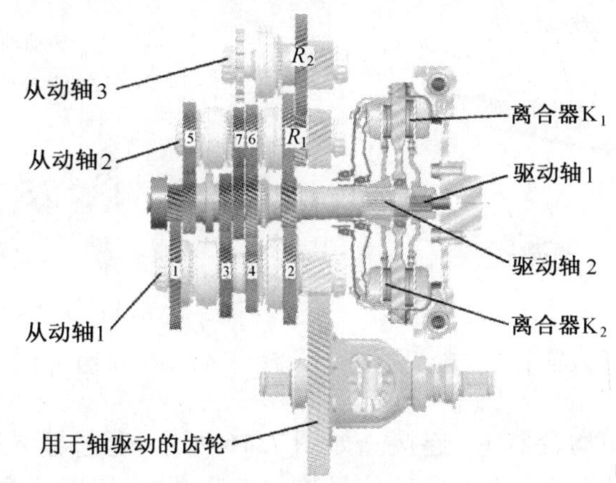

图 7.12　变速器结构图

双离合器变速器主要由两个相互独立的子变速器组成。每个子变速器的功能结构都与手动变速器相同。如图 7.13 所示，每个子变速器都有一个干式离合器。离合器由机械电子单元根据待挂挡位进行控制、接合和分离。通过离合器 K_1 以及子变速器 1 和输出轴 1 换到 1、3、5 和 7 挡。2、4、6 挡和 R 挡由离合器 K_2 以及子变速器 2 和输出轴 2 和 3 控制。原则上始终有

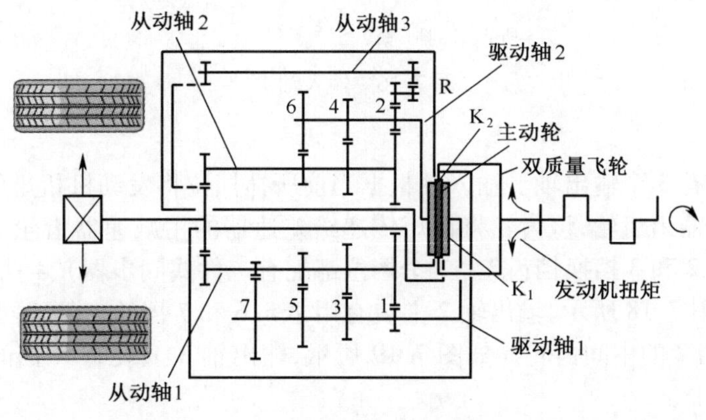

图 7.13　DSG 基本工作原理

一个子变速器传递动力。另一个子变速器已经能够换到下一挡，因为该挡的离合器仍处于分离状态。每个挡位都有一个常规的手动变速器同步和换挡单元。

2）OAM 变速器的齿轮变速机构的组成

OAM 变速器的齿轮变速机构包括两个 3 轴手动变速器齿轮传动机构，主要由输入轴 1、输入轴 2、输出轴 1、输出轴 2、输出轴 3 及各轴上相互啮合的齿轮和同步器组成。

（1）输入轴。

输入轴安装在变速器壳体内。如图 7.14 所示，每个输入轴都通过花键与一个离合器连接。输入轴根据当前所挂挡位将发动机扭矩传递给输出轴。输入轴 2 为中空轴。输入轴 1 穿过中空的输入轴 2。每个轴上都有一个将输入轴支承在变速器壳体内的球轴承。

输入轴 2 采用空心轴结构。如图 7.15 所示，该部件通过花键与 K_2 连接。通过输入轴 2 可换到 2、4、6 和 R 挡。变速器输入转速传感器 G612 的齿轮位于该轴上，用于获取变速器输入转速。

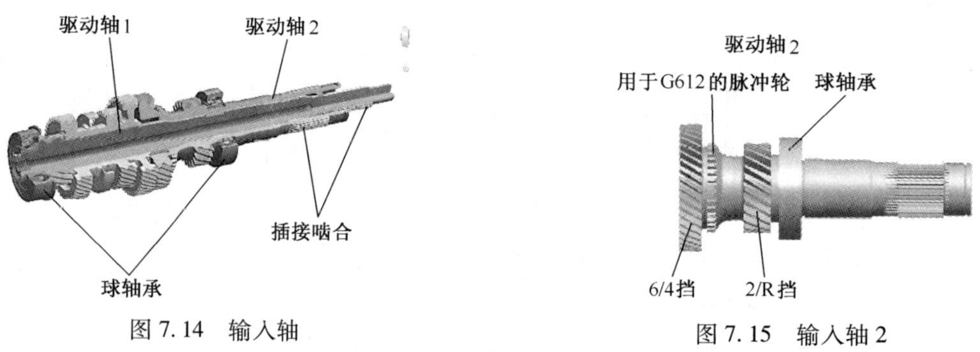

图 7.14　输入轴

图 7.15　输入轴 2

输入轴 1 通过花键与离合器 K_1 连接。如图 7.16 所示，通过输入轴 1 可换到 1、3、5 和 7 挡。变速器输入转速传感器 G632 的脉冲信号轮位于该轴上，用于获取变速器输入转速。

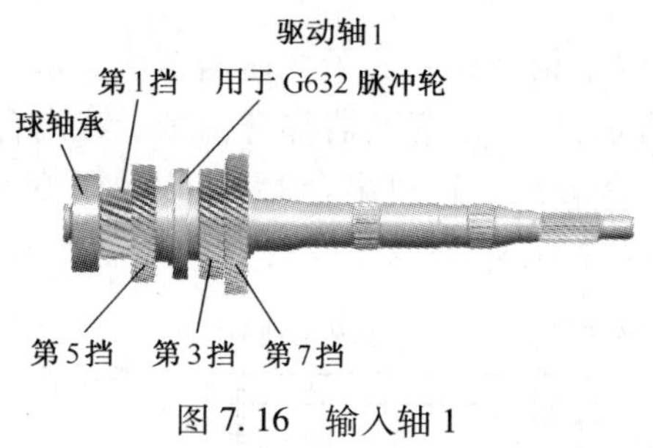

图 7.16　输入轴 1

（2）输出轴。

变速器壳体内有 3 个输出轴。输入轴根据当前所挂挡位将发动机扭矩传递给输出轴。每个输出轴上有一个输出齿轮，该齿轮将扭矩传递给差速器的主减速器齿轮。如图 7.17 所示，输出轴 1 上装有 1、2 和 3 挡换挡齿轮（三个挡位都配有三件式同步器）、4 挡换挡齿轮（配有二件式同步器）。如图 7.18 所示，输出轴 2 上装有用于 5、6 和 7 挡的二件式同步换挡齿轮、倒车挡位 R 挡 1 和 R 挡 2 的中间齿轮。如图 7.19 所示，输出轴 3 上装有 R 挡的一件式同步换挡齿轮、驻车锁止轮。

（3）挡位同步器。

为了在换挡时使不同转速同步，所有挡位都使用一个带锁块的锁止式同步器。一件至三件式同步器根据换挡负荷使各挡位转速同步。图 7.20 所示为 2 挡、4 挡和 R 挡同步器的结构。

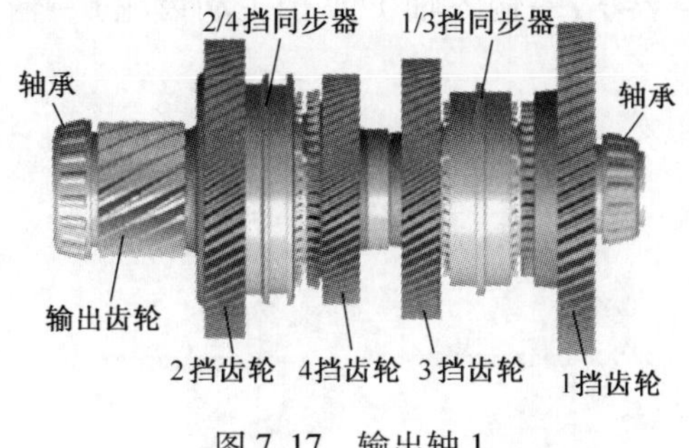

图 7.17　输出轴 1

图 7.18　输出轴 2

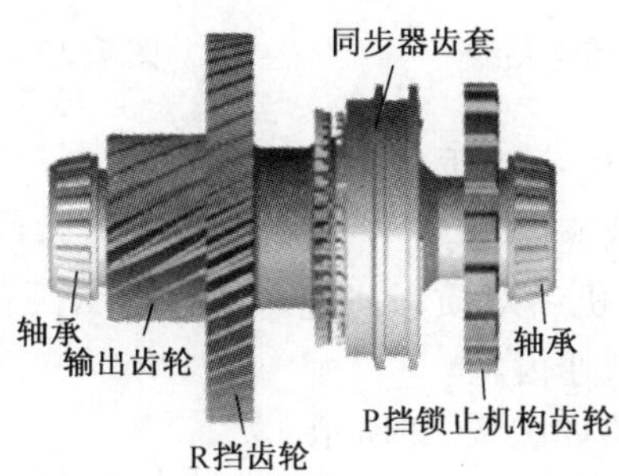

图 7.19　输出轴 3

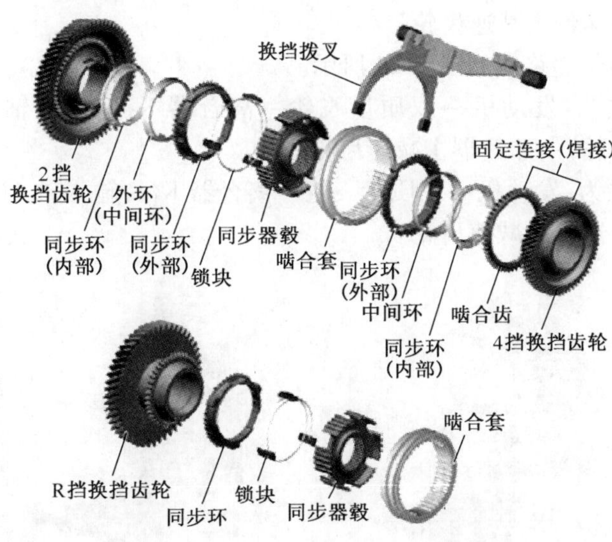

图 7.20　2 挡、4 挡和 R 挡同步器的结构

3) OAM 7 挡位干式双离合器自动变速器挡位分析

(1) DSG 7 挡位干式双离合器变速器动力传递路线。

倒挡和 1 挡的动力传递线路如图 7.21 所示。

倒挡动力传递路线：发动机→双质量飞轮→离合器 K_2→输入轴 2（R 位主动齿轮）→输出轴 3（输出齿轮）→差速器主减速齿轮。

1 挡动力传递路线：发动机→双质量飞轮→离合器 K_1→输入轴 1（1 挡主动齿轮）→输出轴 1（1 挡齿轮）→差速器主减速齿轮。

2 挡和 3 挡的动力传递路线如图 7.22 所示。

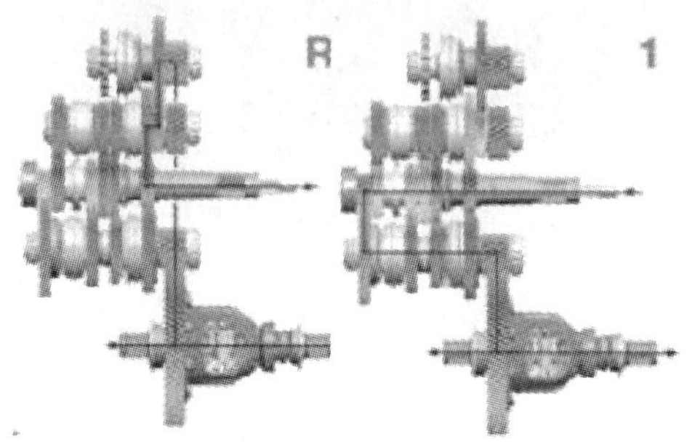

图 7.21　倒挡和 1 挡的动力传递路线

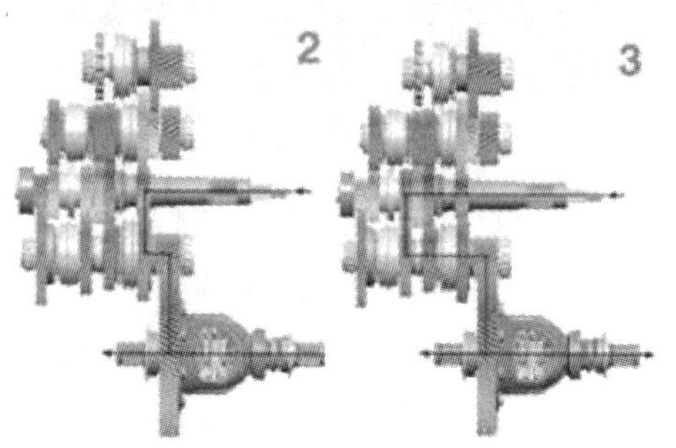

图 7.22　2 挡和 3 挡的动力传递路线

2 挡动力传递路线为：发动机→双质量飞轮→离合器 K_2→输入轴 2（2 挡主动齿轮）→输出轴 1（2 挡齿轮）→差速器主减速齿轮。

3 挡动力传递路线为：发动机→双质量飞轮→离合器 K_1→输入轴 1（3 挡主动齿轮）→输出轴 1（3 挡齿轮）→差速器主减速齿轮。

4 挡和 5 挡的动力传递线路如图 7.23 所示。

4 挡动力传递路线为：发动机→双质量飞轮→离合器 K_2→输入轴 2（4 挡/6 挡主动齿轮）→输出轴 1（4 挡齿轮）→差速器主减速齿轮。

5 挡动力传递路线为：发动机→双质量飞轮→离合器 K_1→输入轴 1（5 挡主动齿轮）→输出轴 2（5 挡齿轮）→差速器主减速齿轮。

6 挡和 7 挡的动力传递路线如图 7.24 所示。

6 挡动力传递路线为：发动机→双质量飞轮→离合器 K_2→输入轴 2（4 挡/6 挡主动齿轮）→输出轴 2（6 挡齿轮）→差速器主减速齿轮。

7 挡动力传递路线为：发动机→双质量飞轮→离合器 K_1→输入轴 1（7 挡主动齿轮）→输出轴 2（7 挡齿轮）→差速器主减速齿轮。

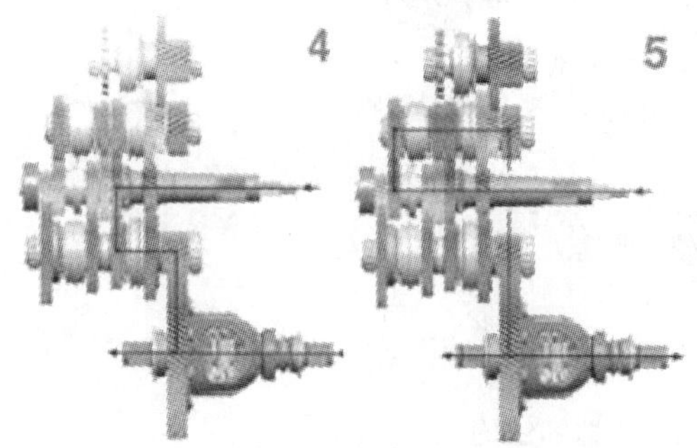

图 7.23　4 挡和 5 挡的动力传递路线

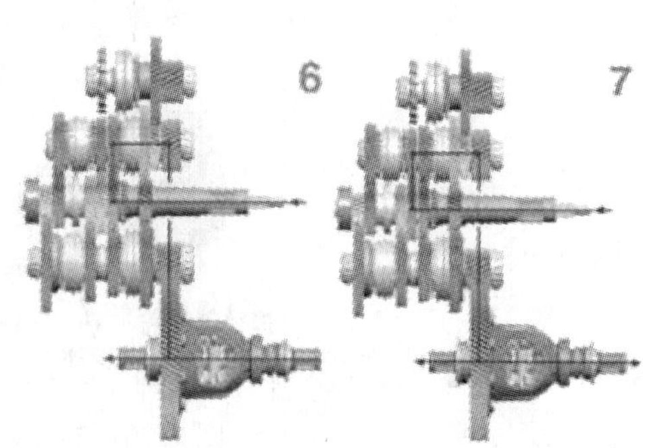

图 7.24　6 挡和 7 挡的动力传递路线

（2）变速器各挡位传动比。

变速器各挡位传动比见表 7.1。

表 7.1　变速器各挡位传动比

匹配:汽油发动机的变速器型号代码							
LKM/LWZ							
1.4L-96kW TSI			1.6L-77kW	1.4L-96kW TSI			1.6L-77kW
传动比	1 挡	3.765	3.765	传动比	5 挡	1.176	1.301
	2 挡	2.273	2.483		6 挡	0.951	1.059
	3 挡	1.531	1.711		7 挡	0.795	0.893
	4 挡	1.122	1.235		倒挡	2.045	2.207

5. DSG 电液控制系统的组成及工作原理

电液控制系统主要由传感器、执行器和 DSG 控制单元组成。

1）传感器

DSG 电液控制系统中传感器主要包括变速箱输入转速传感器、输入轴 1 和输入轴 2 转速传感器、各挡位传感器、离合器 K_1 和 K_2 位置传感器、ATF 油温传感器、ATF 油压传感器等组成，在 OAM 7 挡位干式双离合器变速器一共有 11 个传感器，各传感器的安装位置如图 7.25、图 7.26 所示。

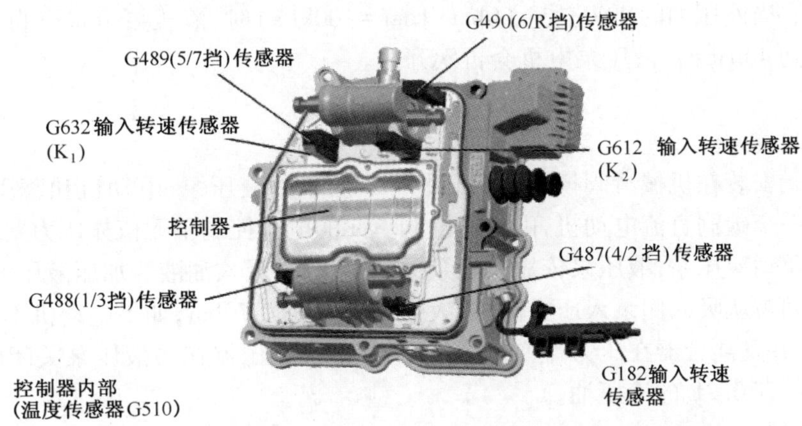

图 7.25　输入轴转速传感器、挡位传感器、油温传感器安装位置

图 7.26　离合器位置传感器和油压传感器安装位置

离合器输入转速传感器 G182 安装在变速箱壳体上，是唯一在滑阀箱单元外的传感器，以电子方式监测与起动机啮合的齿圈，记录变速箱的输入转速信号。作用是控制单元要求变速

箱输入转速信号控制离合器和计算滑移率信号。失效后利用发动机转速信号替代。

输入轴1速度传感器-G632和输入轴2速度传感器G612主要用于检测离合器K1和离合器K_2的打滑量，控制各离合器的工作。如果G632失效，齿轮传动组1关闭，车辆只能在2、4、6和R挡驱动；如果G612失效，齿轮传动组2关闭，只能在1、3、5、7挡被驱动。

离合器1位置传感器G617和离合器2位置传感器G618安装在滑阀箱单元的离合器触动装置上，控制单元根据该传感器信号来控制离合器的触动装置。若G617损坏，变速箱传输部分1被关闭，挡位1、3、5、7将无法接合；若G618损坏，变速箱传输部分2被关闭，挡位2、4、6、R挡将无法接合。

挡位行程传感器2/4G487、挡位行程传感器1/3G488、挡位行程传感器5/7G489、挡位行程传感器6/RG490分别检测各挡位精确的换挡机构位置信号，用以控制换挡机构实现挡位的变换。如果一个位移传感器失效，控制单元不能准确获知相应挡位变换机构的位置，控制单元无法识别是否有挡位在齿轮选择机构和拨叉的作用下接合，为了防止对变速箱造成损坏，传感器所在变速箱部分被关闭。

ATF油温传感器被直接安装在机电控制模块的电子控制器里，主要检测变速器油的油温，避免由于过热导致各部件的工作不良，当温度超过139℃时，发动机的扭矩会下降。

ATF压力传感器内置于机电控制单元的液压油循环的通道中，电脑根据该信号控制液压泵电机的工作。当液压油的压力达到60bar(1bar=100kPa)时，液压泵电机会自动关闭；当液压油的压力降到40bar时，液压泵电机会再次开启。

2）执行器

（1）液压泵单元。

液压泵单元安装在机械滑阀模块上，如图7.27所示由液压泵、电动机和蓄压器组成。液压泵电动机是一个碳刷直流电动机，由机械滑阀单元的电子控制单元依靠压力要求按需驱动，它通过连接器驱动液压泵；液压泵依靠齿轮泵原理工作，它吸入油液并加压液压油通过油泵壳体内壁和齿隙间被从吸入侧泵入压力侧，最大供油压力约为70bar，如果电动机不能被激活，则油液压力下降，并且离合器在压力盘弹簧的作用下断开；蓄压器在当液压泵关闭时，保证液压系统有油压能储存0.2L的液压油。

（2）压力控制阀。

压力控制阀主要控制传输组的油压，如图7.28所示，压力控制阀N436主要控制传输组1

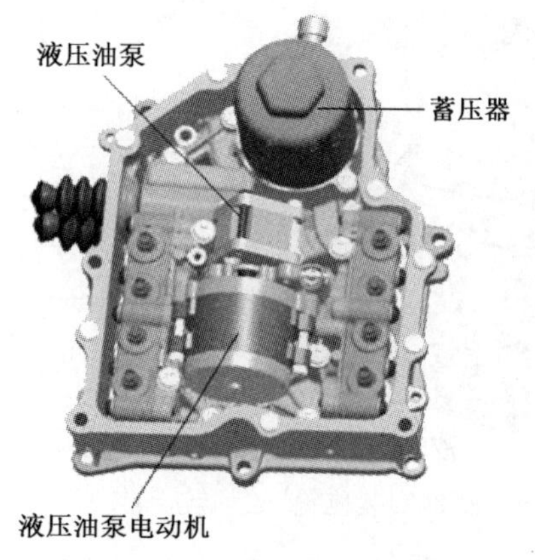

图7.27　液压泵单元构造

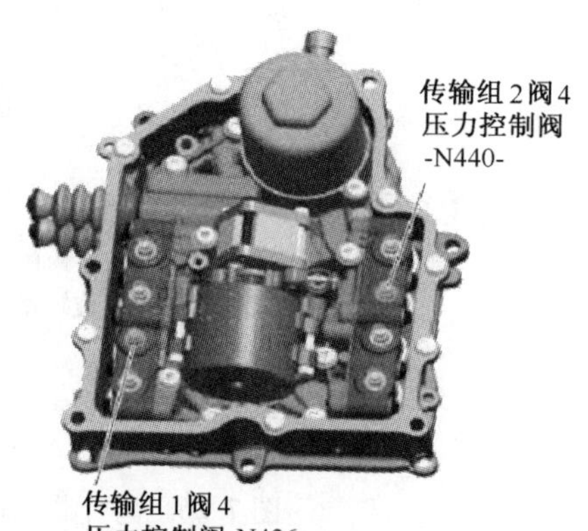

图7.28　压力控制阀的安装位置

(包括离合器 K_2、换挡操纵机构 1/3 和 5/7 的油压)，压力控制阀 N440 主要控制传输组 2(包括离合器 K_2、换挡操纵机构 2/4 和 6/R 的油压)。如果其中一个电磁阀失效，则关闭相应的传输组。

(3) 离合器操纵机构。

离合器操纵机构如图 7.29 所示，分别由离合器 K_1 操纵机构和离合器 K_2 操纵机构，各机构都包括离合器触发缸、离合器活塞、活塞杆、防尘套、永久磁铁、封套、导向环和支撑环等组成。

为了触发离合器，电子机械滑阀控制单元触发电磁阀，如图 7.30 所示，变速箱内部的电磁阀阀 N435 操作离合器 K_1，变速箱内部的电磁阀阀 N439 操作离合器 K_2。如图 7.23(a)所示，当电磁阀 N435 不工作时，电磁阀打开在回油方向，ATF 油回到邮箱，离合器 K_1 处于不工作状态。如图 7.31(b)所示，当 N435 工作时，接通了离合器的触动油道，油压在驱动活塞的后方建立起来，驱动活塞移动并推动活塞杆动作，离合器 K_1 接合。

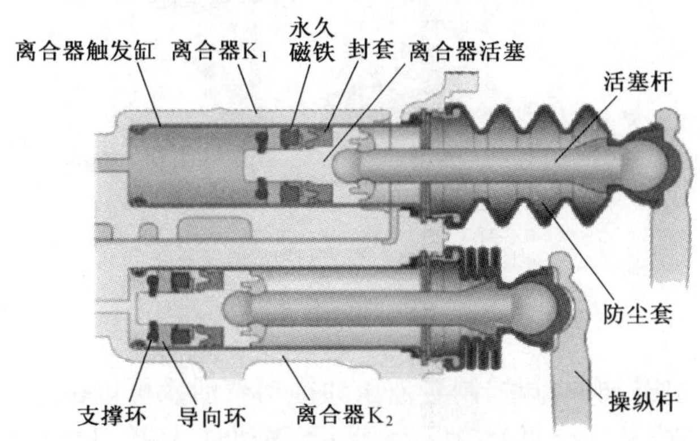

图 7.29 离合器操纵机构

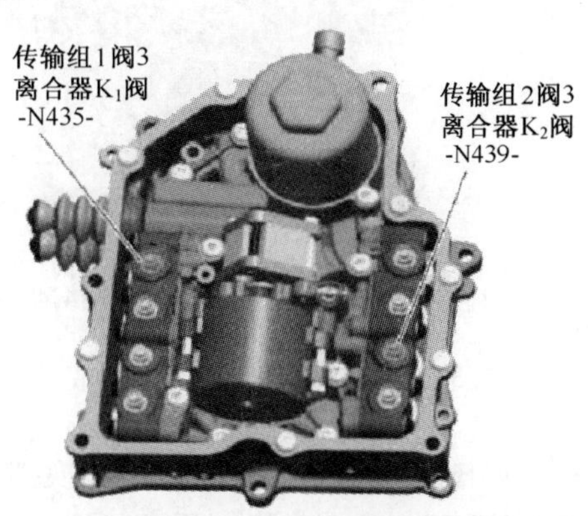

图 7.30 离合器控制电磁阀

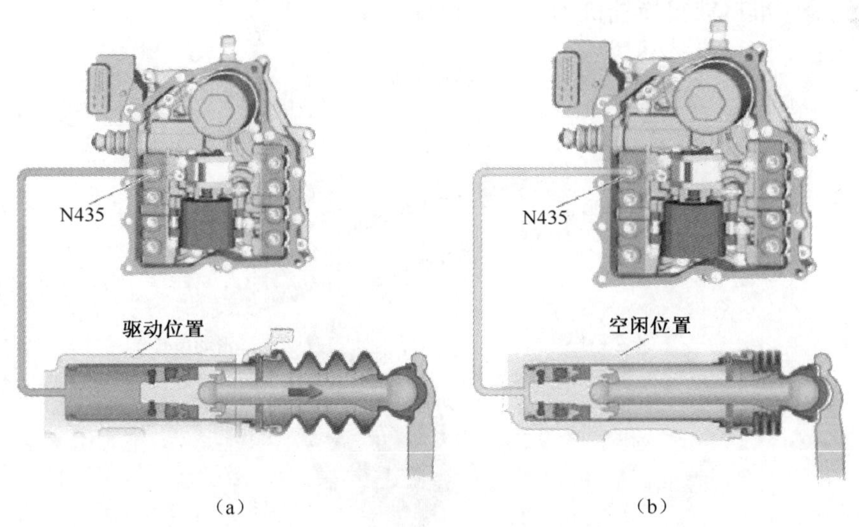

(a) (b)

图 7.31 离合器 K_1 操纵机构的工作原理

(a)离合器不工作;(b)离合器接合。

(4) 挡位选择机构。

各挡位选择机构主要包括挡位变换液压控制阀、挡位调节器、换挡拨叉组成。

挡位变换液压控制阀主要控制挡位选择器的油的流量。每个控制阀可使挡位选择器形成两个挡位。如果没有齿轮啮合,控制阀控制油压使挡位选择器保持空挡位置选挡杆位于 P 位置、点火开关关闭,一挡和倒挡齿轮啮合。在 OAM 7 挡位干式双离合器变速器一共有 4 个挡位变换液压控制阀,各控制阀的安装位置如图 7.32 所示。

挡位选择器是滑阀箱单元控制挡位选择的装置,挡位选择器活塞和换挡拨叉相连,为实现挡位的变换,油压被供应到换挡机构的活塞上,活塞移动,换挡拨叉和滑动齿套也随之移动,滑动齿套使同步器齿啮合形成挡位。各挡位调节器的安装位置如图 7.33 所示。

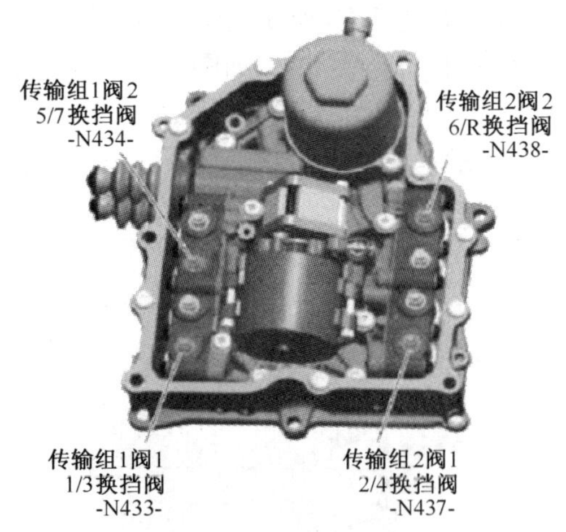

图 7.32　各挡位变换液压控制阀的安装位置

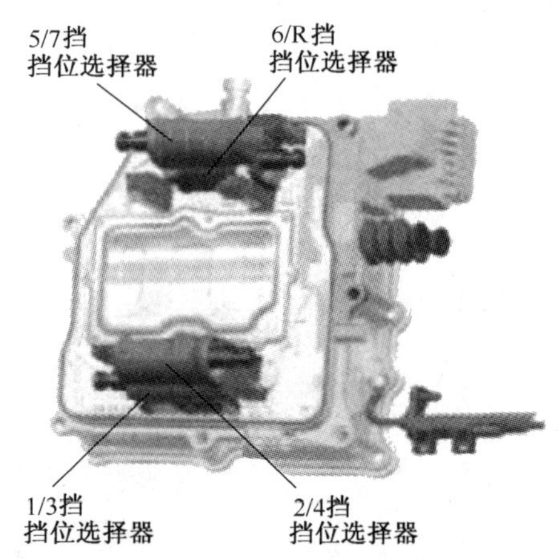

图 7.33　挡位选择器的安装位置

如图 7.34 所示,换挡活塞和换挡拨叉相连,换挡阀控制着液压油推动着活塞可以由中间向两边移动,每一个换挡活塞可以带动换挡拨叉选择两个挡位。当活塞移动时,换挡拨叉和结合套也随之移动,结合套使同步器齿接合形成挡位。通过永久磁铁和换挡机构位移传感器,变速箱控制单元能够准确获得换挡机构的当前位置。

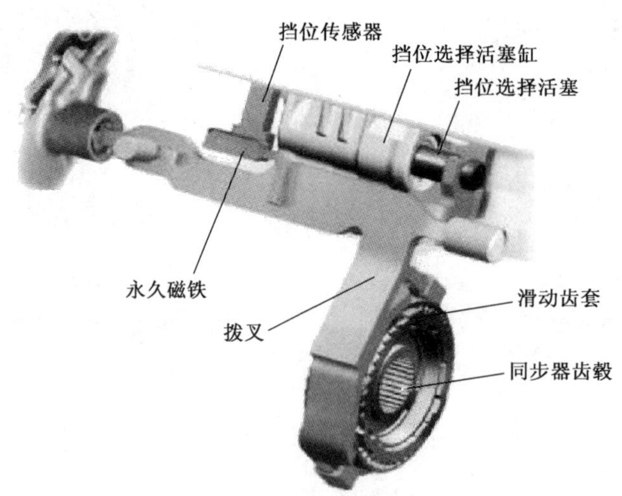

图 7.34　换挡拨叉与挡位调节器的安装

各挡位的选择如图 7.35 所示,1/3 挡的换挡位置,首先换挡拨叉处于初始位置,挡位选择活塞装置在电磁阀 N433 的作用下保持在空挡位置,齿轮传输组 1 的阀 N436 控制齿轮传动组

1 的油压,如图 7.35(a)所示。当选择 1 挡时,挡位选择电磁阀 N433 提升左侧活塞腔的油压,挡位选择活塞被推向右侧与活塞连接的换挡拨叉和换挡滑动齿套随换挡活塞一同向右侧移动到 1 挡位置,齿轮接合,形成挡位,如图 7.35(b)所示。

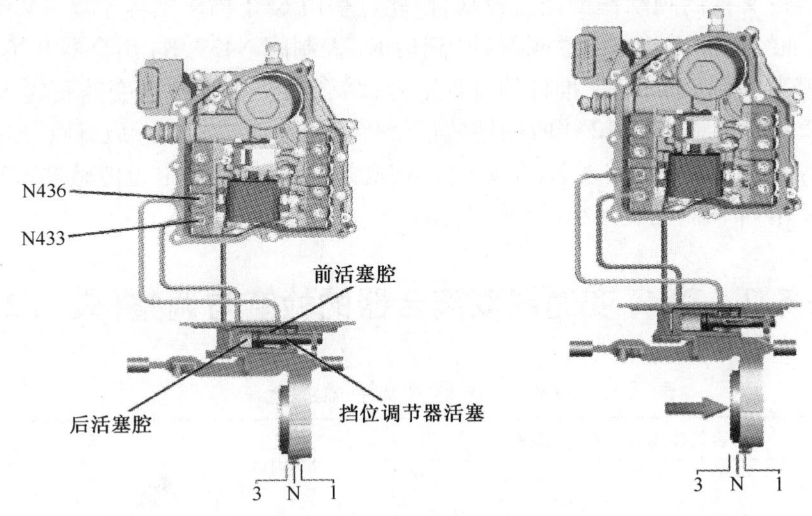

图 7.35　1 挡选择工作原理

(a)初始位置;(b)选择 1 挡。

3）控制系统

控制系统构成如图 7.36 所示,控制系统是它的核心。精确的电液控制系统发挥了它的最大能力,灵敏的电子系统加上稳定的液压机构达到了最佳的换挡效果。换挡时间和换挡舒适性在 7 速 DSG 变速箱表达得淋漓尽致。例如,R 挡工作时变速箱控制单元电液部分的动作分析。选挡杆挂入 R 挡,由换挡杆总成 E313 接通倒挡位置传感器,经 CAN 系统把信号传递给

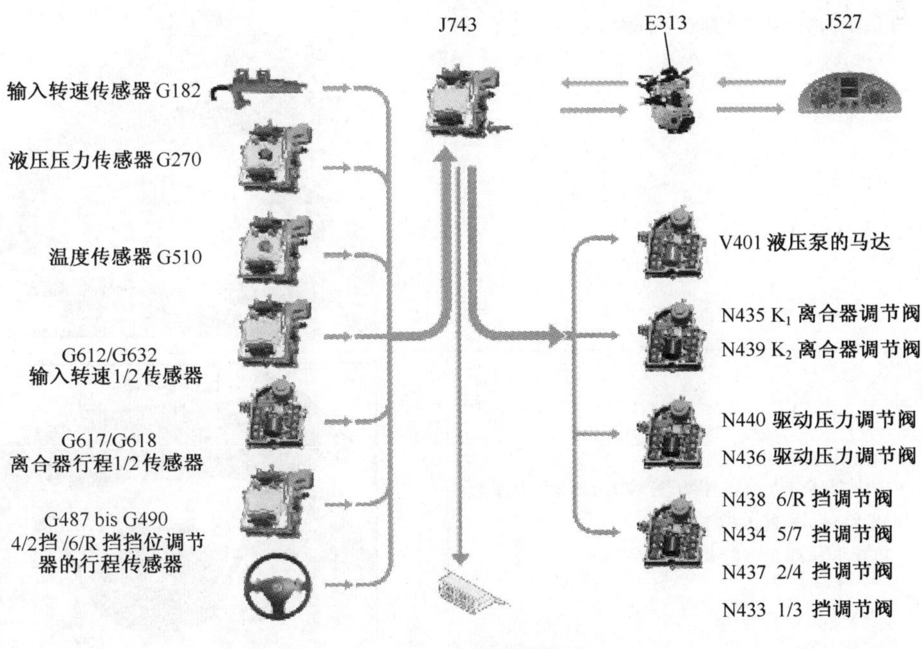

图 7.36　控制系统构成

变速箱控制单元、仪表系统、倒车雷达或影响系统、倒车灯光系统等。变速箱控制单元接收到信号后做出相应的动作。液压泵泵出的液压油经过变速箱控制单元控制的油压调节电磁阀N440(控制离合器 K_2、2、4、6、R 挡)到达6/R 换挡阀 N438,换挡阀动作改变液压油流向换挡拨叉控制阀,换挡拨叉控制阀动作倒挡齿轮啮合,此过程由 6/R 挡换挡传感器 G490 控制换挡拨叉行程。液压油经过油压调节电磁阀 N440 到达 K_2 控制阀 N439,K_2 离合器开始结合,离合器 2 行程位置传感器 G618 接收 K_2 推杆的行程信号,结合的快慢程度由变速箱输入转速传感器 G641 输入轴 2 转速传感器 G612 接收的转速信号传给变速箱控制单元后,计算出离合器 K_2 的滑移量控制 K_2 控制阀 N439 实现 K_2 的结合。在此过程中变速箱压力传感器 G270 控制单元温度传感器 G510 都在监控变速箱的油压和温度。

任务 2　DSG 变速器双离合器的检查与调整(表 7.2)

表 7.2　DSG 变速器双离合器的检查与调整

序号	拆装具体内容及注意事项	图　示
1	将拆下的变速箱安装到变速箱至装配架上,拔出两个排气孔盖,用塞子密封,防止漏油,以朝上的方向将离合器和变速箱一同固定在支架上	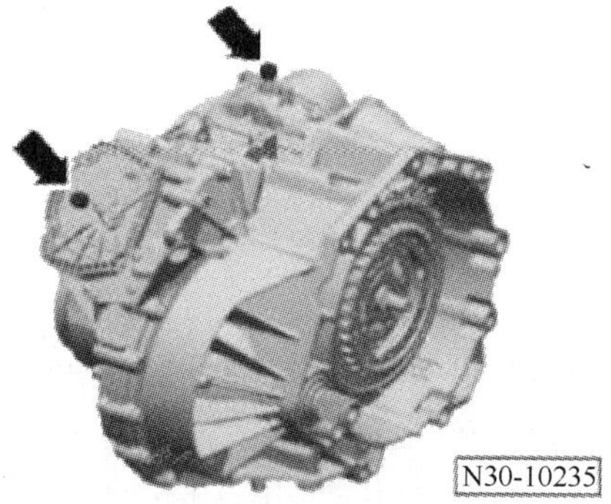 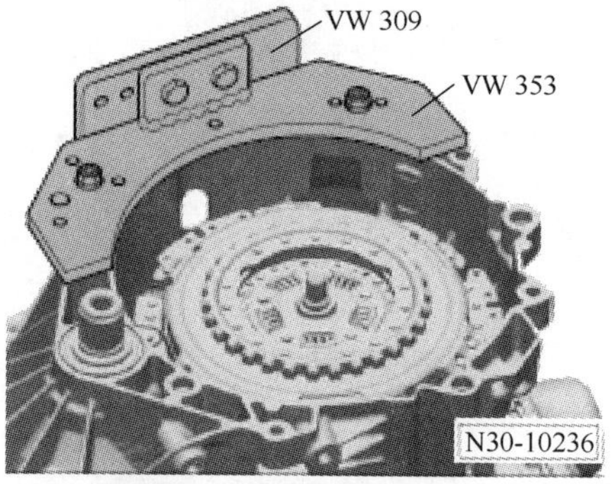 N30-10235 VW 309 VW 353 N30-10236
2	拆下双离合器齿毂,拆下齿毂上的卡环,用钩子 3438 和一字螺丝刀拆下毂盘。 每次拆装都要更换卡簧	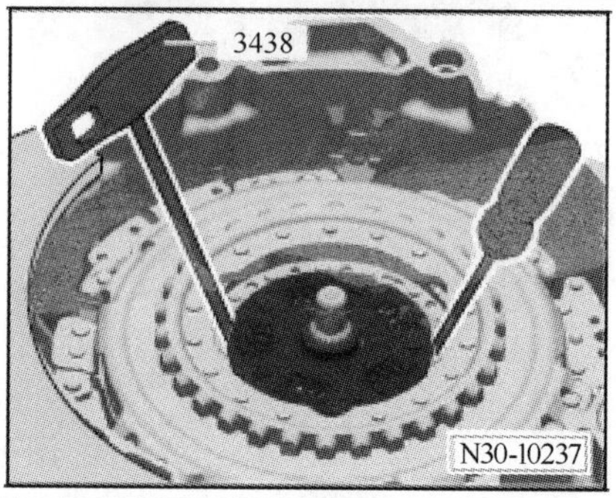 3438 N30-10237

（续）

序号	拆装具体内容及注意事项	图　示
2	拆下双离合器齿毂，拆下齿毂上的卡环，用钩子3438和一字螺丝刀拆下毂盘 每次拆装都要更换卡簧	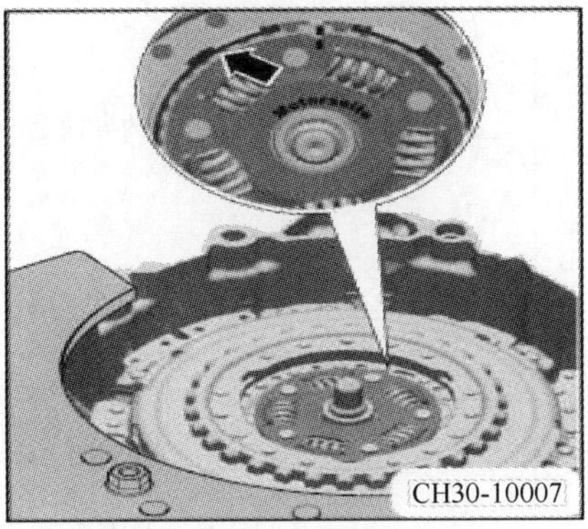 CH30-10007
3	拆下离合器卡簧，每次拆装都要更换卡簧，如果卡簧过紧使用工具轻轻下压离合器后取出卡簧。 将起拔器T10373的螺杆沿逆时针方向拧到最后位置，并将起拔器T10373放到双离合器中顺时针旋转，使其安装到双离合器上顺时针旋转起拔器T10373的螺杆，拔出双离合器将离合器连同起拔器T10373一同取出	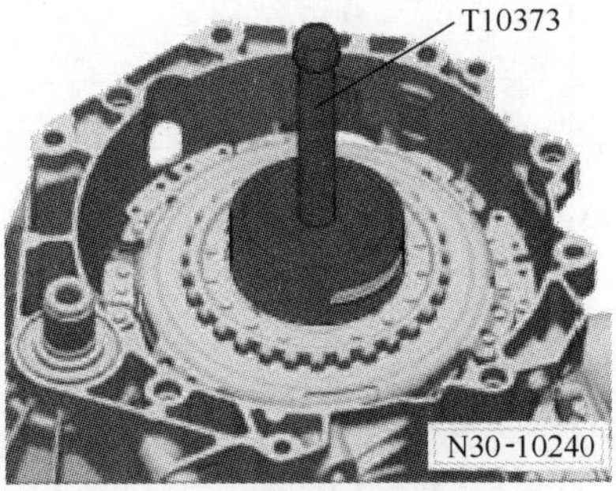 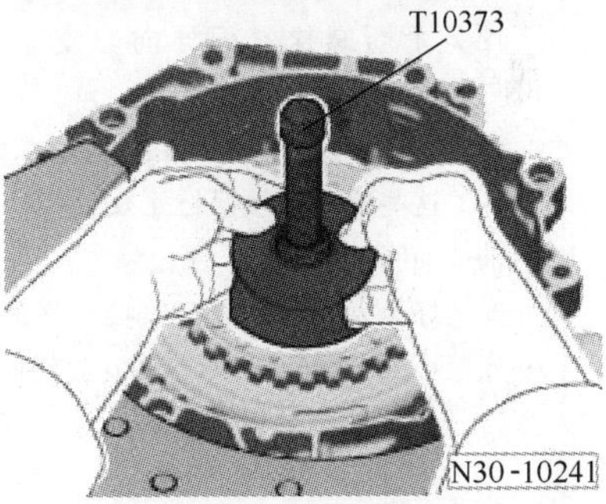 T10373 N30-10240 T10373 N30-10241
4	拆下大接合杆	 N30-10184

（续）

序号	拆装具体内容及注意事项	图　示
5	拆下小接合杆及小接合杆的导向套	 N30-10247
6	拆下两个接合杆的塑料固定器	 N30-10246
7	安装接合杆的塑料固定架。 安装小接合杆及其导向套确认小接合杆的位置是否正确。 用 2 个新螺栓紧固导向套支架拧紧力矩：8N · m + 90°。 请注意接合杆的固定架和接合轴承的全部机械机构。这些部件必须保持干燥，并且不允许沾染机油或油脂。 安装好至大接合杆离合器接合杆的零部件，不要安装小离合器轴承，不允许安放任何垫片	 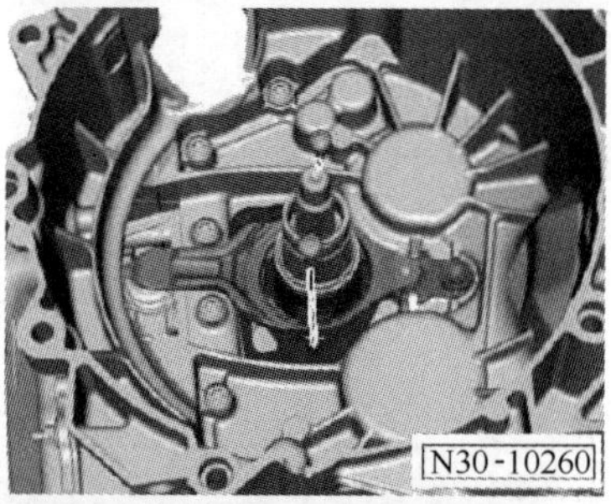 N30-10246 N30-10260
8	安装好输入轴卡簧。 把直尺 T40100 平放在变速箱壳体上，直尺应横跨轴端，在测量的过程中直尺应保持在该位置。不得将其平放，也不得将其取出。 将深度尺置于外输入轴的上端面并以此为基准，调零。 测量从输入轴的端面到卡簧的尺寸，记下这个测量值为 B_1，在其对面位置上再次测量尺寸 B_2，记下该测量值为 B_2。 计算尺寸 B_1 和 B_2 的平均值即为 B	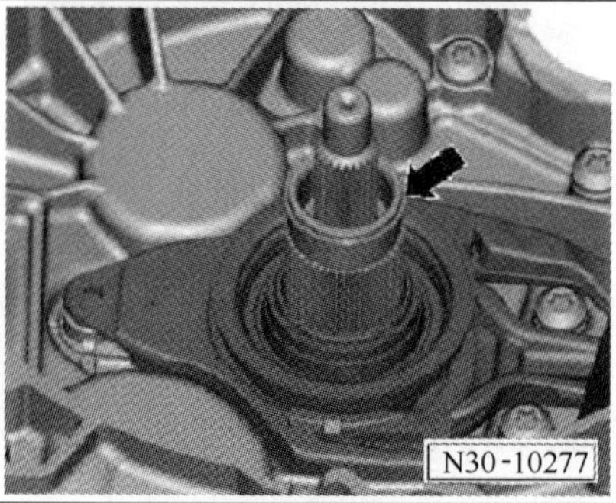 N30-10277

（续）

序号	拆装具体内容及注意事项	图　示
8	安装好输入轴卡簧。 把直尺 T40100 平放在变速箱壳体上，直尺应横跨轴端，在测量的过程中直尺应保持在该位置。不得将其平放，也不得将其取出。 将深度尺置于外输入轴的上端面并以此为基准，调零。 测量从输入轴的端面到卡簧的尺寸，记下这个测量值为 B_1，在其对面位置上再次测量尺寸 B_2，记下该测量值为 B_2。 计算尺寸 B_1 和 B_2 的平均值即为 B	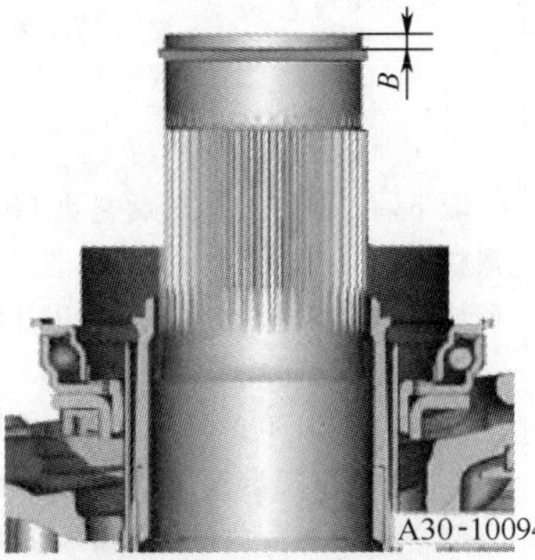   B A30-10094 T40100 N30-10276 N30-10141
9	取下输入轴上的卡簧，将量块 T10466 放在大分离杠杆的分离轴承上，平面朝上。为确保量块正确放置在分离轴承上，向下按压并转动量块。分离轴承将会随量块起旋转。 将标尺 T40100 的侧面放置在变速箱壳体的法兰上。将深度尺游标卡尺放置在标尺 T40100 的顶部，将深度规杆放置在外输入轴端面上，使深度尺游标卡尺紧贴于标尺的上端面和侧面，然后对深度尺“归零”。 再将深度规杆端部放置在量块，并使深度规杆端部靠近量块上表面内圈处。在此位置，记录至量块的尺寸 A_{11}，在另外一侧对称处再次测量，记录为 A_{12}，计算尺寸 A_{11} 和 A_{12} 的平均值即为 A_1	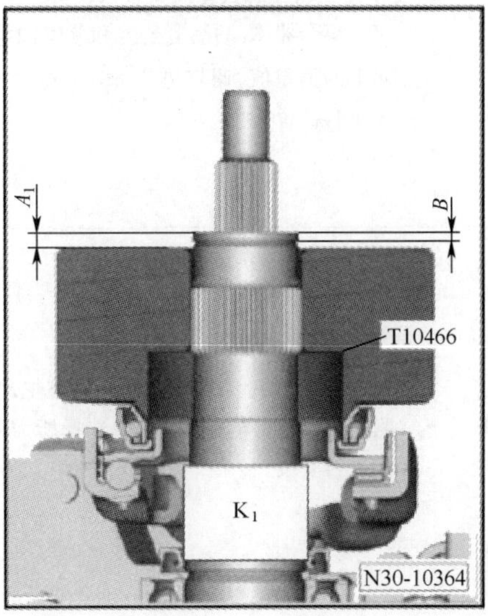 A_1 B T10466 K_1 N30-10364

（续）

序号	拆装具体内容及注意事项	图　示
9	取下输入轴上的卡簧，将量块 T10466 放在大分离杠杆的分离轴承上，平面朝上。为确保量块正确放置在分离轴承上，向下按压并转动量块。分离轴承将会随量块起旋转。 将标尺 T40100 的侧面放置在变速箱壳体的法兰上。将深度尺游标卡尺放置在标尺 T40100 的顶部，将深度规杆放置在外输入轴端面上，使深度尺游标卡尺紧贴于标尺的上端面和侧面，然后对深度尺“归零”。 再将深度规杆端部放置在量块，并使深度规杆端部靠近量块上表面内圈处。在此位置，记录至量块的尺寸 A_{11}，在另外一侧对称处再次测量，记录为 A_{12}，计算尺寸 A_{11} 和 A_{12} 的平均值即为 A_1	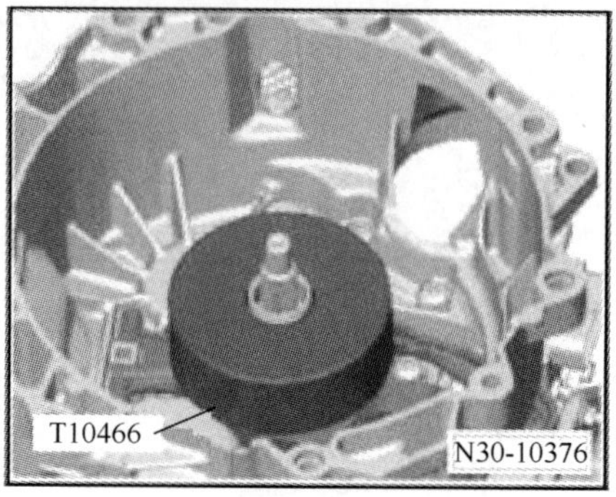  T10466 N30-10376 N30-10376
10	K_1 调整垫片的计算。基于尺寸 A_1 和尺寸 B，分离轴承“K_1”高度方向上的偏差值根据以下公式进行计算。 从新双离合器侧面读取双离合器自身的制造公差值。如右图所示，离合器 K_1 的离合器制造公差值为 +0.2，注意公差值要带入正负号。 基于离合器 K_1 的制造公差和分离轴承 K_1 高度方向上的偏差值，调整垫片 SK_1 的厚度根据以下公式进行计算	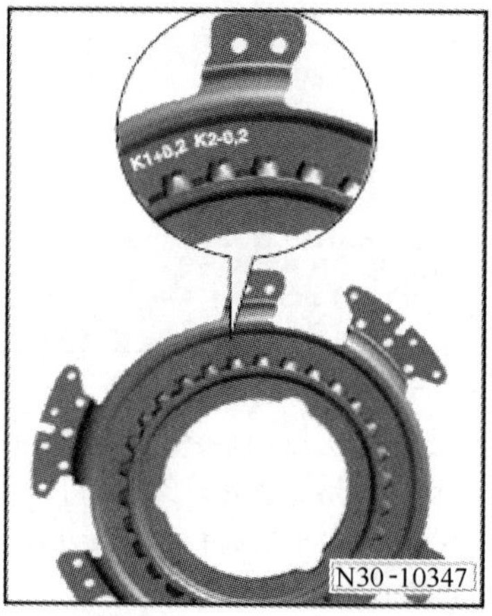 K1+0,2 K2-0,2 N30-10347
11	根据计算结果，查表确定所需调整垫片厚度。 测量维修包中的垫片，从中选择所需的调整垫片并进行安装	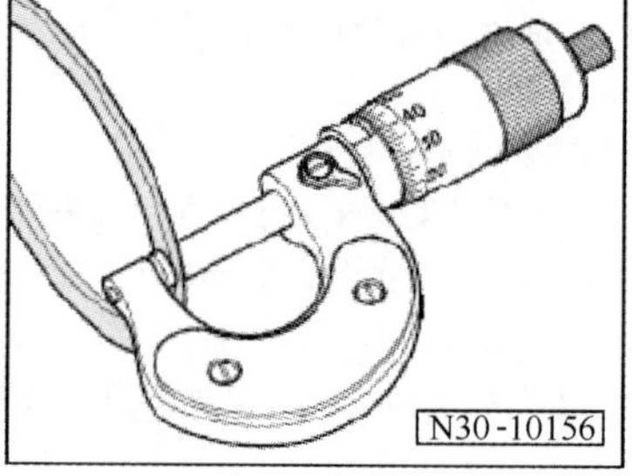 N30-10156

(续)

序号	拆装具体内容及注意事项	图　示
12	K_2 的接合轴承由于有 4 个凹槽，安装时有唯一的位置通过旋转检查其安装是否到位，以及凹槽位置是否正确。正确安装后，接合轴承外圈不会转动，切勿安装调整垫片	 N30-10262
13	测量离合器 K_2 的尺寸 A_2。将量块 T10466 的大开口向上安装到 K_2 接合轴承上深度游标卡尺“顶部”置于外部传动轴上，深度游标卡尺归零。其他与 A_1 测量一样	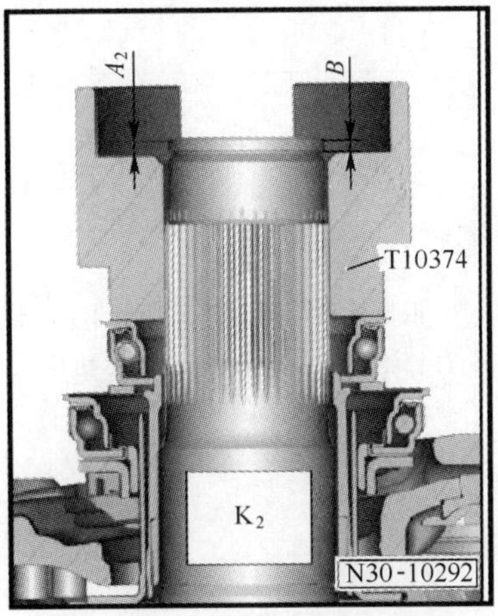 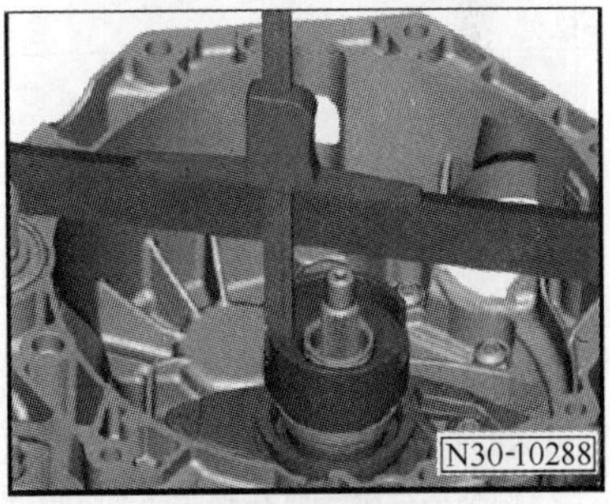  A_2　B　T10374　K_2　N30-10292 N30-10288 N30-10289

（续）

序号	拆装具体内容及注意事项	图　示
14	K_2 调整垫片的计算，计算方法与 K_1 一样	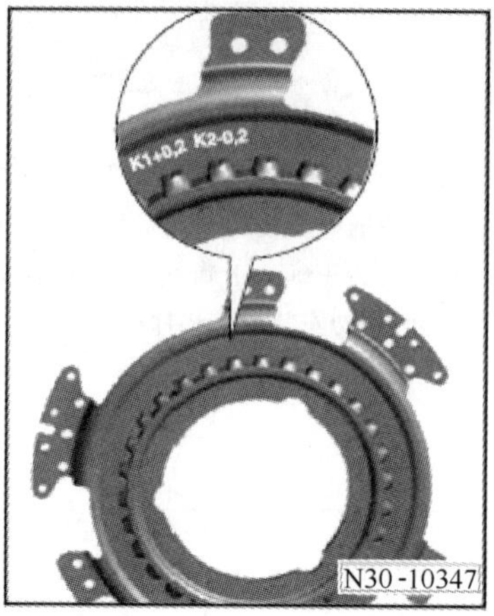 N30-10347
15	根据计算结果选择离合器 K_2 调整垫片。根据计算结果，查表确定所需调整垫片厚度。 测量维修包中的垫片，从中选择所需的调整垫片并进行安装	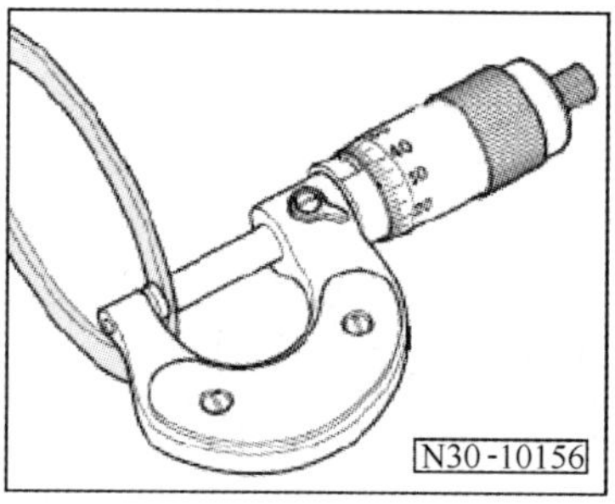 N30-10156
16	安装 K_2 调整垫片。先拆下 K_2 接合轴承，装入选好的调整垫片。 调整垫片应当放在轴承下面，所以首先放入调整垫片。 K_2 的接合轴承有 4 个凹槽，所以有唯一的位置。 通过旋转检查是否安装正确，以及凹槽位置是否正确	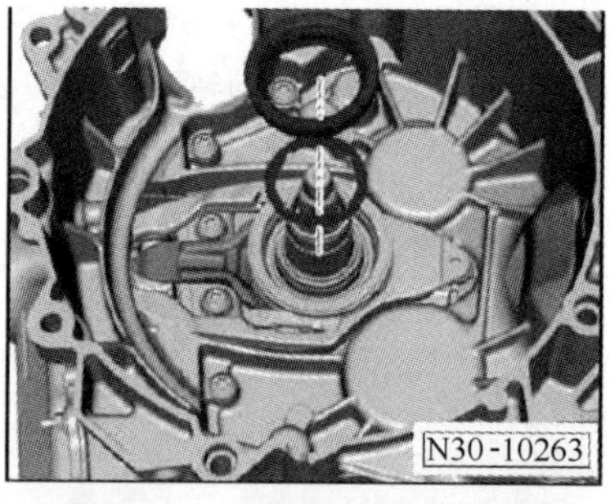 N30-10263 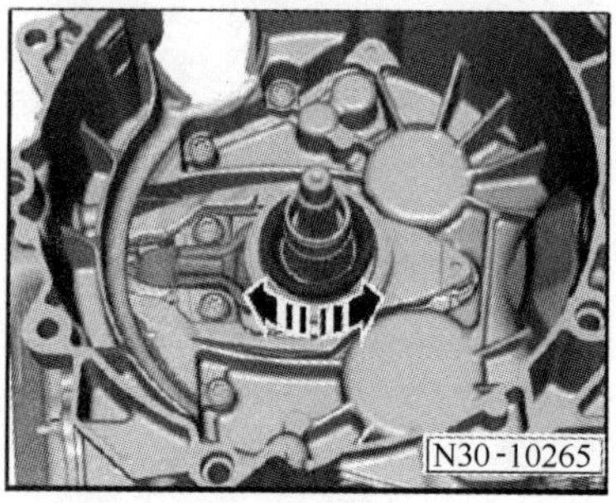 N30-10265

（续）

序号	拆装具体内容及注意事项	图　示
17	安装 K_1 调整垫片。为了防止垫片滑落，涂抹3滴胶	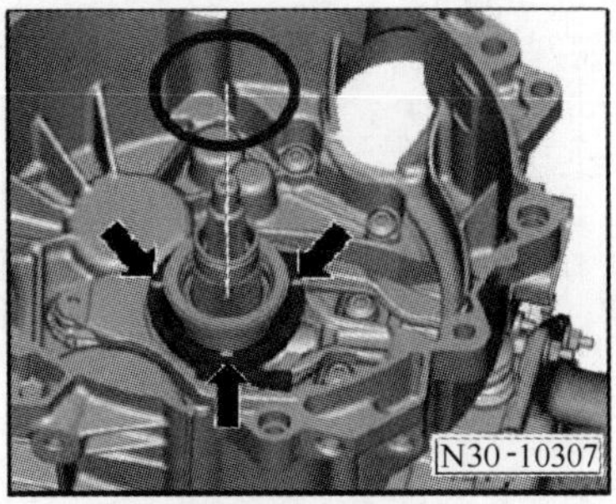 N30-10307
18	将离合器装入变速箱中。使用起拔器T10373将离合器平稳的放入变速箱中。 注意：不要让离合器坠落到变速箱内。 将支撑工装T10323和安装工具T10368安装在变速箱上在安装支撑工具T10323时，一定要将其水平放置在变速箱上。 将压具T10376放置在离合器上，通过旋转支撑工具T10323上的螺杆，将离合器压至安装位置。 压入离合器时，已刚好能装入输入轴卡簧为宜，千万不要过度压下离合器，否则会损坏离合器总成。 安装好卡簧	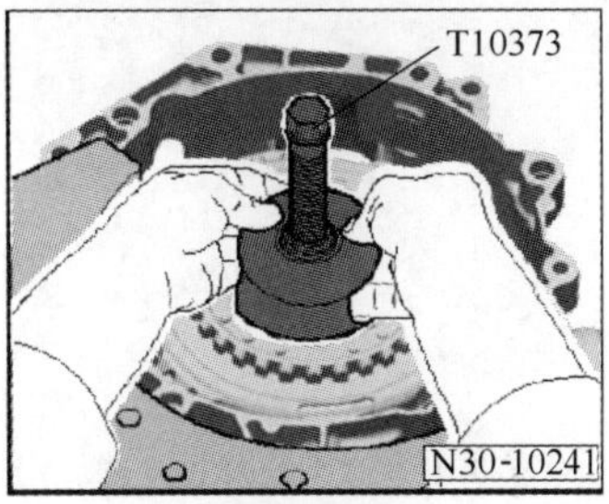 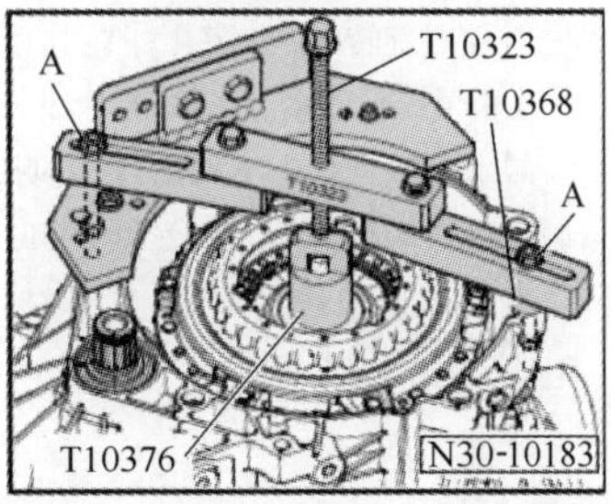  T10373 N30-10241 A T10323 T10368 A T10376 N30-10183 N30-10238
19	安装齿毂。齿毂安装时，位置是唯一的，齿毂上面有一个大的轮齿。 齿毂上的大轮齿与从动盘上的标记对准，安装齿毂。 安装好齿毂卡簧	 Motorseite N30-10250

（续）

序号	拆装具体内容及注意事项	图　示
19	安装齿毂。齿毂安装时，位置是唯一的，齿毂上面有一个大的轮齿。 齿毂上的大轮齿与从动盘上的标记对准，安装齿毂。 安装好齿毂卡簧	 Motorseite N30-10251
20	观察离合器安装是否正确。用手旋转离合器，并在旋转时观察小接合杆。 离合器旋转时，小接合杆在其位置上必须保持完全静止，不允许上下移动。 如果小接合杆上下移动，则表明 K_2 接合轴承的调整垫片的位置没有正确安装。 当出现这种情况时，必须拆下离合器，重新对 K_2 接合轴承进行调整	 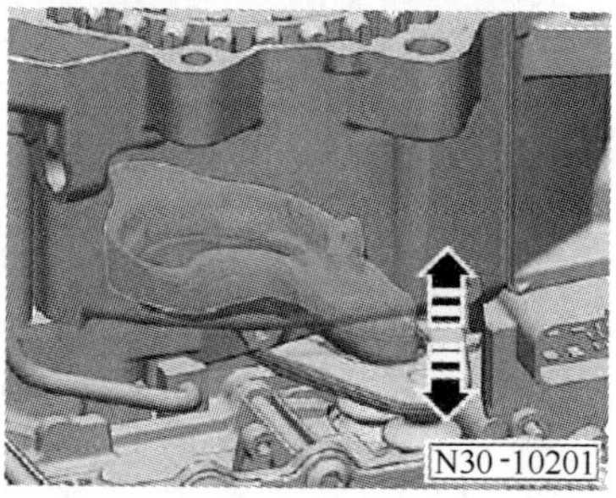 N30-10200 N30-10201

项目 8　万向节传动装置的拆装与检查

学习目标

1. 掌握万向传动装置的功用；
2. 掌握万向传动装置的组成；
3. 了解万向传动装置在汽车上的应用；
4. 了解十字轴式万向节和等速万向节的结构与工作原理；
5. 了解传动轴和中间支撑的结构与工作原理；
6. 掌握万向传动装置的拆卸、检查与装配方法；
7. 掌握万向传动装置的常见故障与排除方法。

知识要点

1. 万向传动装置的功用；
2. 万向传动装置的组成；
3. 万向传动装置的拆卸、检查与装配方法；
4. 万向传动装置的常见故障与排除方法。

任务 1　万向传动装置的认知

1. 万向传动装置概述

1）万向传动装置的功用

万向传动装置在汽车上有很多应用，结构也稍有不同，但其功用都是一样的，即在轴线相交且相互位置经常发生变化的两转轴之间传递动力。

图 8.1 所示为变速器与驱动桥之间万向传动装置的示意图。

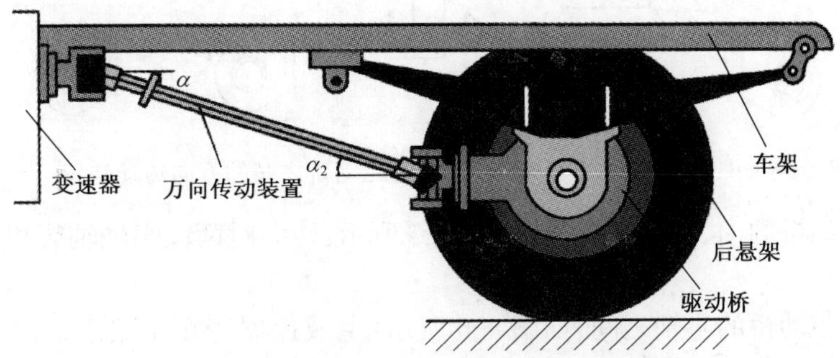

图 8.1　变速器与驱动桥之间的万向传动装置

2）万向传动装置的组成

万向传动装置主要由万向节和传动轴组成，对于传动距离较远的分段式传动轴，为了提高传动轴的刚度，还设置有中间支承，如图 8.2 所示。

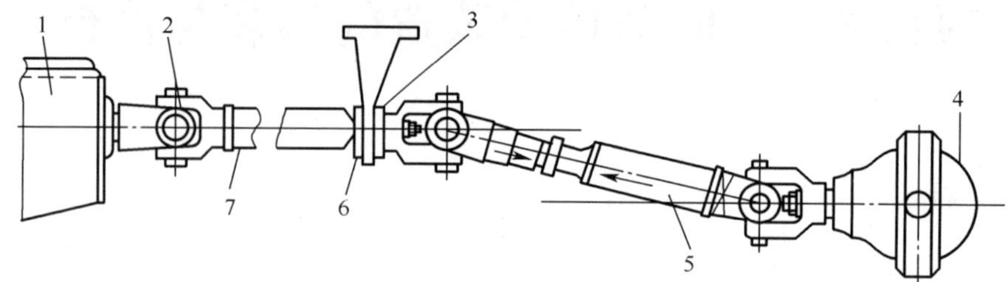

图 8.2　万向传动装置的组成

1—变速器；2—万向节；3—中间支承；4—驱动桥；5、7—传动轴；6—球轴承。

3）万向传动装置在汽车上的应用

万向传动装置在汽车上的应用主要有以下几个方面：

（1）变速器与驱动桥之间（4×2 汽车），如图 8.3 所示：一般汽车的变速器、离合器与发动机三者装合为一体装在车架上，驱动桥通过悬架与车架相连。在负荷变化及汽车在不平路面行驶时引起的跳动，会使驱动桥输入轴与变速器输出轴之间的夹角和距离发生变化。

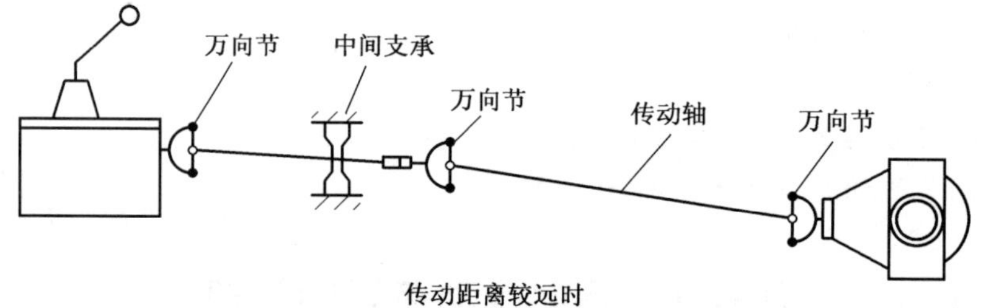

图 8.3　变速器与驱动桥之间的万向传动装置

（2）变速器与分动器、分动器与驱动桥之间（越野汽车），如图 8.4 所示：为消除车架变形及制造、装配误差等引起的其轴线同轴度误差对动力传递的影响，须装有万向传动装置。

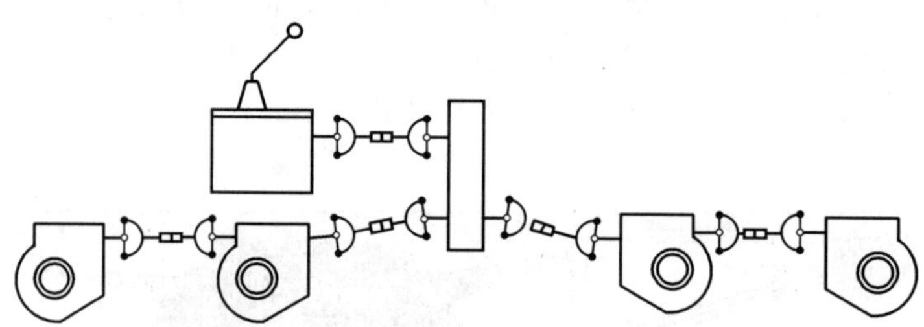

图 8.4　变速器与分动器、分动器与驱动桥之间的万向传动装置

（3）转向驱动桥的内、外半轴之间，如图 8.5 所示：转向时两段半轴轴线相交且交角变化，因此要用万向节。

（4）断开式驱动桥的半轴之间，如图 8.6 所示：主减速器壳在车架上是固定的，桥壳上下摆动，半轴是分段的，须用万向节。

（5）转向机构的转向轴和转向器之间，如图 8.7 所示：有利于转向机构的总体布置。

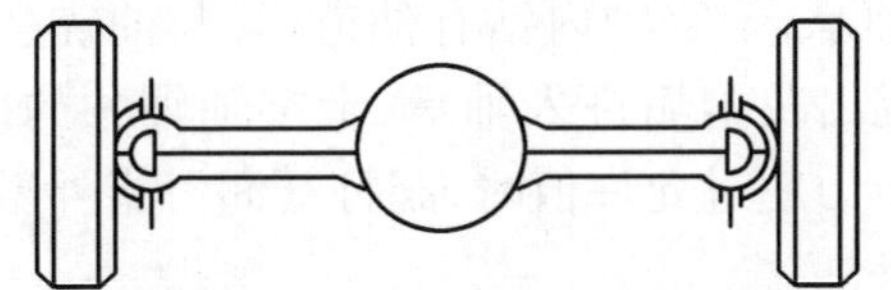
图 8.5　转向驱动桥内、外半轴之间的万向传动装置

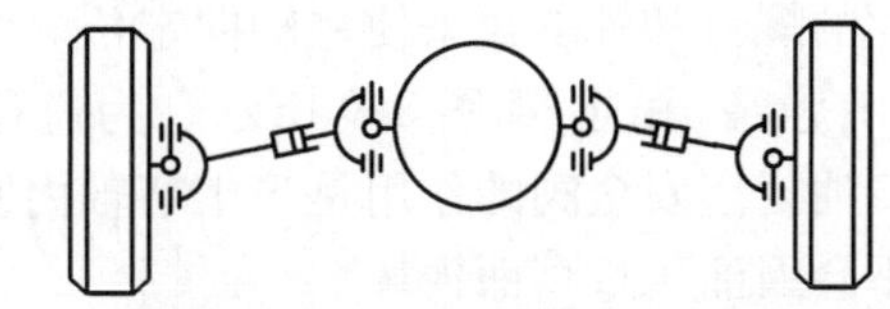
图 8.6　断开式驱动桥半轴之间的万向传动装置

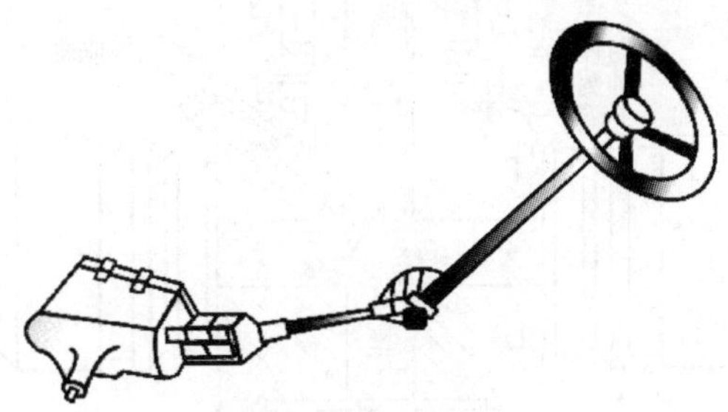
图 8.7　转向机构的转向轴和转向器之间的万向传动装置

2. 万向节

万向节的功用是在轴间夹角及相互位置不断变化的两转轴之间传递动力。万向节按其速度特性分为不等速万向节(常用的为十字轴式)、准等速万向节(双联式和三销轴式)及等速万向节(包括球叉式和球笼式)。按其刚度大小,可分为刚性万向节和柔性万向节。刚性万向节中,动力是靠零件的铰链式连接传递的,而在柔性万向节中则是靠弹性零件传递,且有缓冲减振作用。

目前在汽车上应用较多的是十字轴式刚性万向节和等速万向节。十字轴式刚性万向节主要用于发动机前置后轮驱动的变速器与驱动桥之间,等角速万向节主要用于发动机前置前轮驱动的内、外半轴之间。

1) 十字轴式刚性万向节

① 十字轴式刚性万向节的构造

如图 8.8 所示为十字轴式刚性万向节。它主要由十字轴、万向节叉等组成。万向节叉上的孔分别套在十字轴的四个轴颈上。在十字轴轴颈与万向节叉孔之间装有滚针和套筒,用带

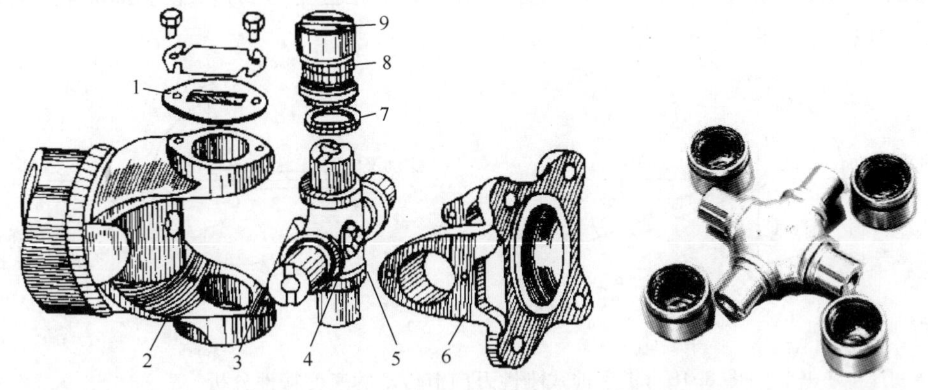

图 8.8　十字轴式刚性万向节

1—轴承盖;2、6—万向节叉;3—油嘴;4—十字轴;5—安全阀;7—油封;8—滚针;9—套筒。

有锁片的螺钉和轴承盖来使之轴向定位。为了润滑轴承，十字轴内钻有油道，且与油嘴、安全阀(带有弹簧)相通，如图 8.9 所示。为避免润滑油流出及尘垢进入轴承，十字轴轴颈的内端套装着油封。安全阀的作用是当十字轴内腔润滑脂压力超过允许值时，阀打开润滑脂外溢，使油封不会因油压过高而损坏。

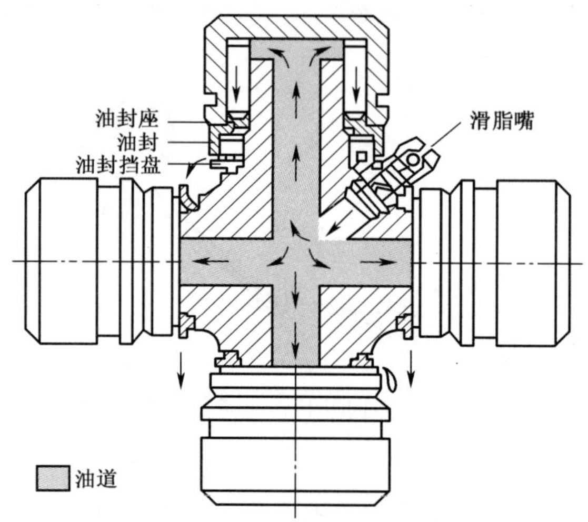

图 8.9 十字轴润滑油道及密封装置

近年来，现代汽车多采用橡胶油封，其密封性能好，而且当十字轴内腔润滑脂压力超过允许值时，多余的润滑油就从油封内圆表面与十字轴轴颈接触处溢出，故无须安装安全阀。

上述刚性万向节的优点是可以保证在轴向交角变化时可靠地传动，结构简单，并有较高的传动效率。因此在现代汽车上广泛应用。其缺点是单个万向节在有夹角的情况下，不能传递等角速运动。

② 十字轴式刚性万向节的速度特性

万向节在运动过程中，有两个特殊位置：主动叉处于垂直位置，十字轴平面与主动叉轴垂直；主动叉处于水平位置，十字轴平面与从动叉轴向垂直。下面通过这连个特殊的运动，来分析说明单个万向节传动的不等速性。

如图 8.10 所示为十字轴式刚性万向节传动示意图，设主动叉轴 1 为垂直布置而且以 ω_1 等角速度旋转，从动叉轴 2 与主动叉轴 1 有夹角 α，其角速度为 ω_2。十字轴旋转半径 OA 与 OB 相等，设为 r。

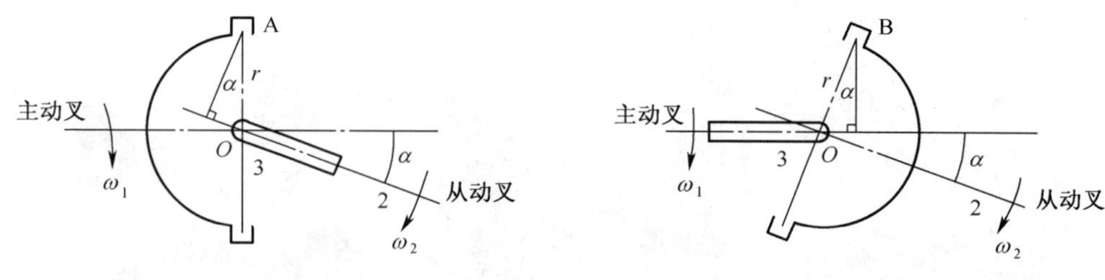

图 8.10 十字轴式刚性万向节传动的速度特性分析

当万向节传动到图 8.10(a)所示位置即主动叉处于处置位置，十字轴平面与主动叉轴相垂直时，十字轴上 A 点的线速度 v_A 如下。

视十字轴随主动叉轴一起转动时，有

$$v_{A1}=\omega_1 r$$

视十字轴随从动叉轴一起转动时，有

$$v_{A2}=\omega_2 r\cos\alpha$$

因为 $v_{A1}=v_{A2}$，故 $\omega_2=\omega_1/\cos\alpha$。

此时，$\omega_2>\omega_1$。

当万向节再转动90°到图8.10(b)所示位置(即主动叉处于水平位置，十字轴平面与从动叉轴相垂直)时，十字轴B点的线速度 v_B 也可求出。即

$$v_{B1}=\omega_1\cos\alpha\Rightarrow v_{B2}=\omega_2 r$$

因为 $v_{B1}=v_{B2}$，故 $\omega_2=\omega_1\cos\alpha$。

此时，$\omega_2<\omega_1$。

通过上述两个特殊位置分析可以看出，当主动叉轴以等角速度转动时，从动叉轴是不等角速度旋转的，即主动轴和从动轴的瞬时角速度不相等。这就是十字轴式刚性万向节传动的不等速性。

十字轴式刚性万向节的不等速特性，将使从动轴及其相连的传动部件产生扭转振动，从而产生附加的交变载荷，影响部件寿命。但是，十字轴式刚性万向节优点是结构简单，工作可靠，允许在轴间夹角为15°~20°的两轴间传递动力，且采用两个或两个以上万向节可近似的满足等速运动，因此在汽车传动系中被广泛应用。

从以上分析可以想到，若采用如图8.11所示的双十字轴刚性万向节的传动方式，第一万向节的不等速特性可以被第二万向节的不等速特性所抵消，从而实现两轴间的等角速传动。具体条件是：①第一万向节两轴间夹角 α_1 与第二万向节两轴间夹角 α_2 相等；②第一万向节的从动叉与第二万向节的主动叉处于同一平面。

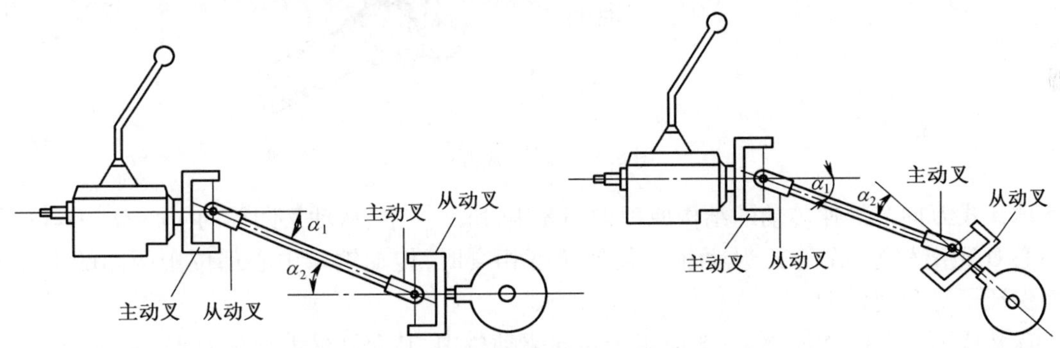

图8.11 双十字轴刚性万向节等速传动布置图

(a)平行式排列；(b)等腰式排列。

由于悬架的振动，不可能在任何时候都保证 $\alpha_1=\alpha_2$，因此这种双十字轴刚性万向节的传动只能近似地解决等速传动问题，且由于两轴夹角最大只能是20°，因此使用上受到限制。

2) 等速万向节

等速万向节的基本原理是传力点永远位于两轴交点的平分面上。如图8.12所示为等速万向节的工作原理图。一对大小相同锥齿轮的接触点P位于两齿轮轴线交角的平分面上，由P点到两轴的垂直距离都等于 r。P点处两齿轮的圆周速度相等，两齿轮的角速度也相等。可见，若万向节传力点在其交角变化时，始终位于两轴夹角的平分面上，就能保证等速传动。

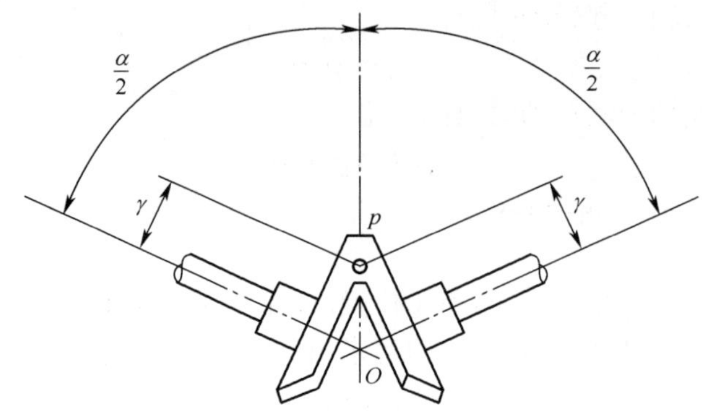

图 8.12　等速万向节的工作原理

目前较广泛采用的球叉式万向节和球笼式万向节均是根据这一原理制成的。

① 球叉式万向节

球叉式万向节结构如图 8.13 所示。主动叉与从动叉分别与内、外半轴制成一体。在主、从动叉上，分别有四个曲面凹槽，装配后，则形成两个相交的环形槽，作为钢球滚道。四个传动钢球放在槽中，中心钢球放在两叉中心的凹槽内，以定中心。

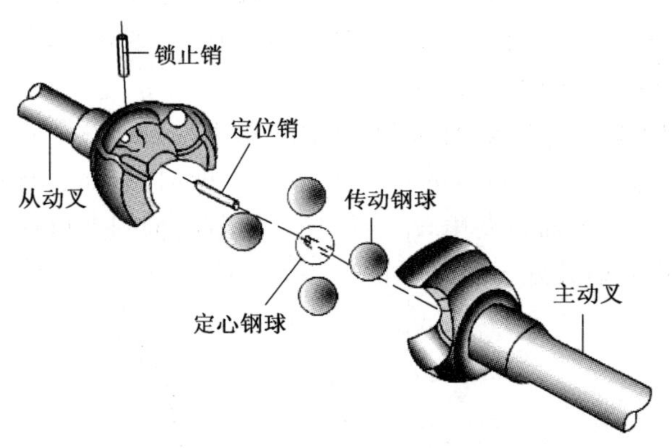

图 8.13　球叉式万向节

球叉式万向节等速传动的结构原理如图 8.14 所示。主、从动叉凹槽的中心 O_1、O_2 与万向节中心 O 距离相等，故在主、从动轴一任何角度相交时，传动钢球中心都位于两圆的交点上，因而保证了等角速传动。

球叉式万向节结构简单，一般应用于转向驱动桥中，其允许最大交角为 32°～33°。

② 球笼式万向节

球笼式万向节按内、外滚道不同分为固定型球笼式万向节（RF 节）、伸缩型球笼式万向节（VL 节）。固定型球笼式万向节的结构如图 8.15 所示。它主要由六个钢球、星形套、球形壳和保持架等组成。

图 8.16 所示为固定型球笼式万向节等速传动的结构原理图。外滚道中心 A 与内滚道中心 B 不重合，分别位于万向节中心 O 的两边，且与 O 等距离。钢球中心 C 到 A、B 两点的距离也相等。球笼的内外球面、内滚道（星形套）的外球面和外滚道的内球面均以万向节中心 O 为球心。因此，当两轴交角变化时，球笼可沿内外球面滑动，以保持钢球在一定位置。

固定型球笼式万向节最大摆角达 47°，且在工作时，无论传动方向如何，六个钢球都参与

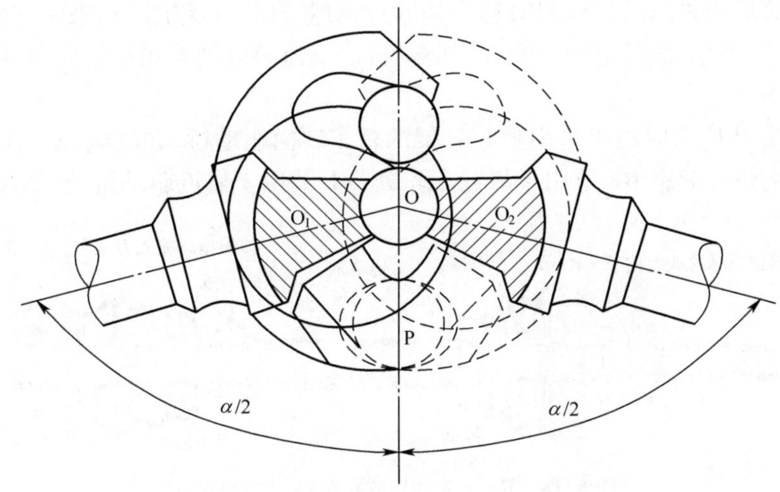

图 8.14　球叉式万向节等角速传动原理

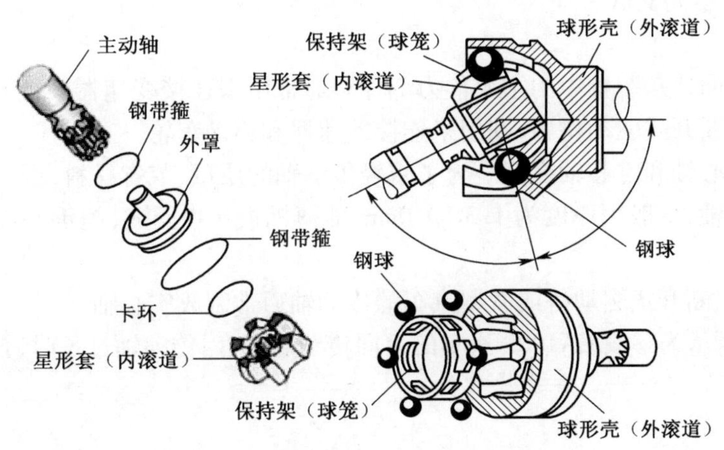

图 8.15　固定型球笼式万向节(RF 节)

传力，与球叉式万向节相比，其承载能力强、磨损小、寿命长。它被广泛应用于各种型号的转向驱动桥和独立悬架的驱动桥。

伸缩型球笼式万向节的结构如图 8.17 所示。主要由星形套、保持架、筒形壳和钢球组成。

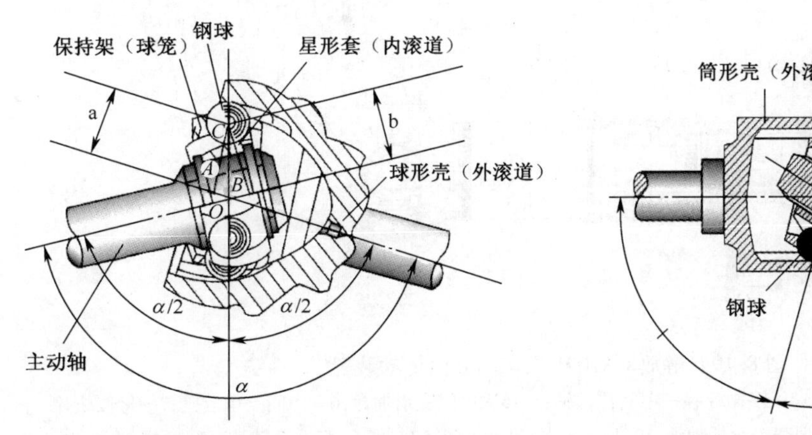

图 8.16　固定型球笼式万向节等速性分析　　图 8.17　伸缩型球笼式万向节(VL 节)

由于星形套与筒形壳之间的轴向相对移动是通过钢球沿内、外滚道滚动来实现的，与滑动花键相比，以其滑动阻力小，故最适用于断开式驱动桥。上海桑塔纳乘用车转向驱动桥所用即为伸缩型球笼式万向节。

RF 节和 VL 节广泛应用于采用独立悬架的轿车转向驱动桥，如红旗、桑塔纳、捷达、宝来、奥迪等轿车的前桥。其中 RF 节用于靠近车轮处，VL 节用于靠近驱动桥处，如图 8.18 所示。

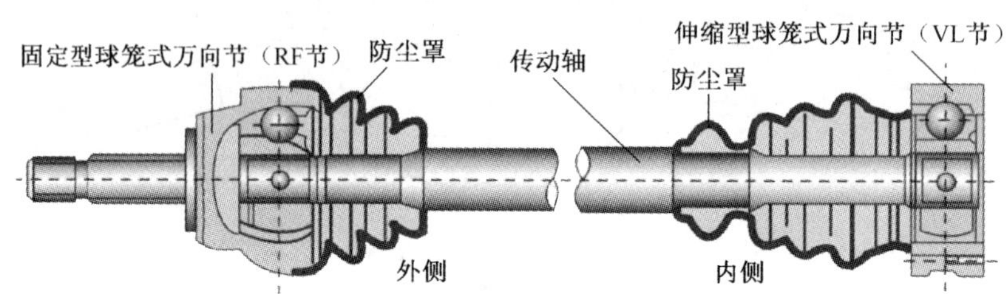

图 8.18　RF 节和 VL 节在驱动桥中的布置

3. 传动轴与中间支承

1）传动轴

传动轴是万向传动装置中的主要传力部件。通常用来连接变速器（或分动器）和驱动桥，在转向驱动桥和断开式驱动桥中，则用来连接差速器和驱动车轮。

传动轴有实心轴和空心轴之分。为了减轻传动轴的质量，节省材料，提高轴的强度、刚度，传动轴多为空心轴，一般用厚度为 1.5~3.0mm 的薄钢板卷焊而成，超重型货车则直接采用无缝钢管。

转向驱动桥、断开式驱动桥或微型汽车的传动轴通常制成实心轴。

如图 8.19 所示为解放 CA1091 汽车的万向传动装置，因传动轴过长时，自振频率降低，易

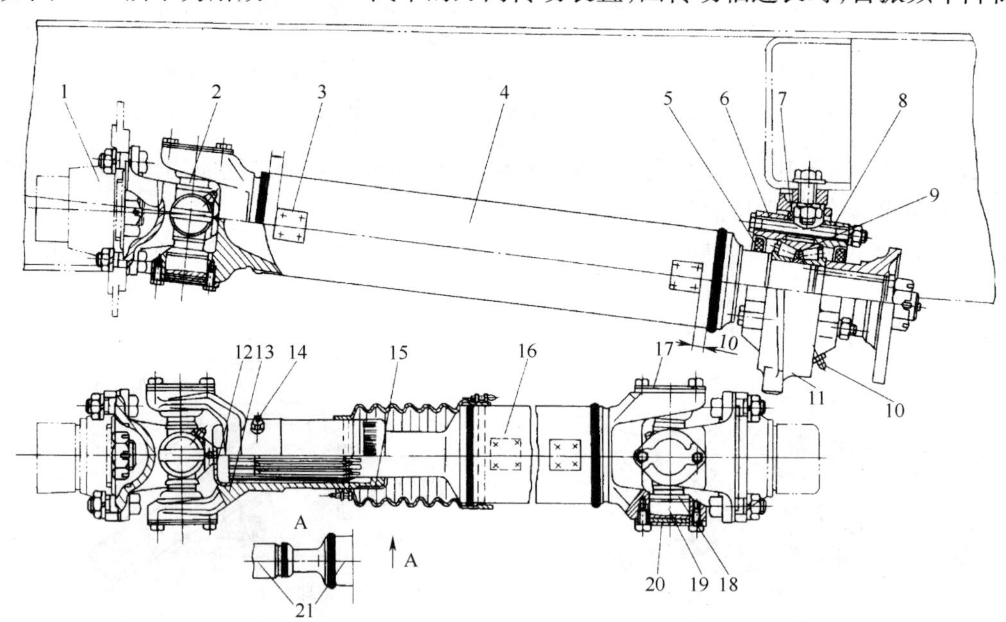

图 8.19　解放 CA1091 汽车的万向传动装置

1—凸缘叉；2—万向节十字轴；3—平衡片；4—中间传动轴；5、15—中间支承油封；6—中间支承前盖；7—橡胶垫片；8—中间支承后盖；9—双列圆锥滚子轴承；10、14—油嘴；11—支架；12—堵盖；13—滑动叉；16—主传动轴；17—锁片；18—滚针轴承油封；19—万向节滚针轴承；20—滚针轴承轴承盖；21—装配位置标记。

产生共振,故将其分成两段并加中间支承,中间传动轴前端焊有万向节叉,后端焊有花键轴,其上套装带内花键的凸缘盘;主传动曲前端焊有花键轴,其上套装滑动叉(图 8.20)并在花键轴上可轴向滑动,适应变速器与驱动桥相对位置的变化,滑动部位用润滑脂润滑,并用油封(即橡胶伸缩套)防漏、防水、防尘,滑动叉前端装有带小孔的堵盖,保证花键部位伸缩自由。

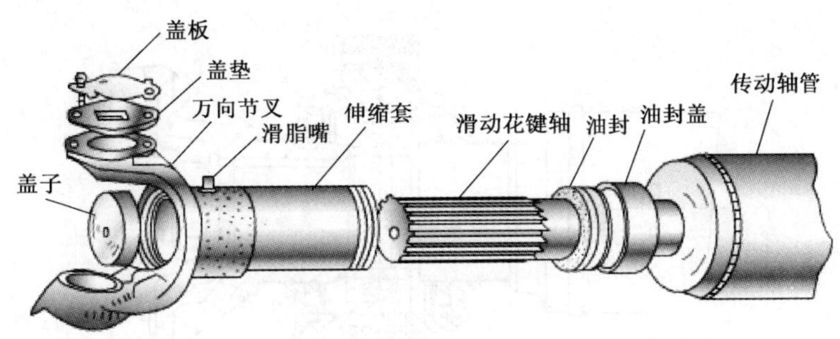

图 8.20　滑动叉

传动轴两端的连接件装好后,应进行动平衡试验。在质量轻的一侧补焊平衡片,使其不平衡量不超过规定值。为防止装错位置和破坏平衡,滑动叉、轴管上都应刻有带箭头的记号。为保持平衡,油封 15 上两个带箍的开口销应装在间隔 180°位置上,万向节的螺钉、垫片等零件不应随意改换规格。为加注润滑脂方便,万向传动装置的油嘴应在一条直线上,且万向节上的油嘴应朝向传动轴。

2)中间支承

如果万向传动装置传递的动力较远,传动轴中间会分段,并加中间支承。中间支承通常装在车架横梁上,能补偿传动轴轴向和角度方向的安装误差,以及汽车行驶过程中因发动机窜动或车架变形等引起的位移。其结构如图 8.21 所示。

中间支承常用弹性元件来满足上述功用,如图 8.22 所示的中间支承是由支架和轴承等组成的,双列锥轴承固定在中间传动轴后部的轴颈上。带油封的支承盖之间装有弹性元件橡胶垫环,用三个螺栓紧固。紧固时,橡胶垫环会径向扩张,其外圆被挤紧于支架的内孔。

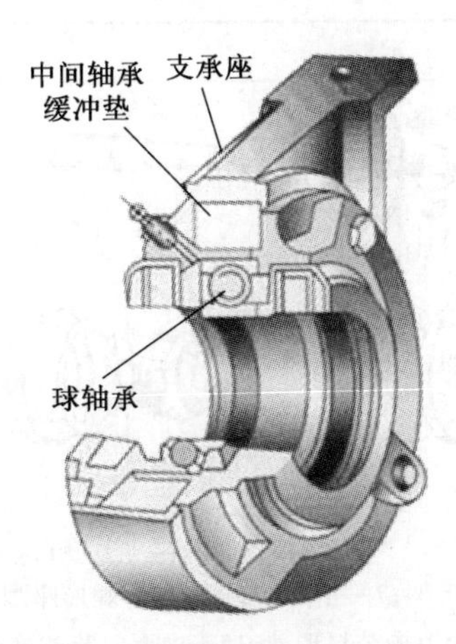

图 8.21　汽车传动轴的中间支承

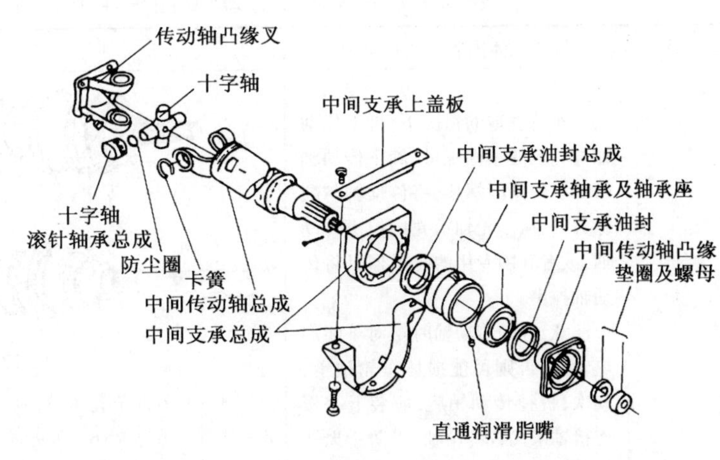

图 8.22　分解后的中间传动轴及支承总成

东风 EQ1090 汽车的中间支承如图 8.23 所示。轴承可在轴承座内轴向滑动,轴承座装在蜂窝形橡胶垫内,通过 U 形支架固定在车架横梁上。

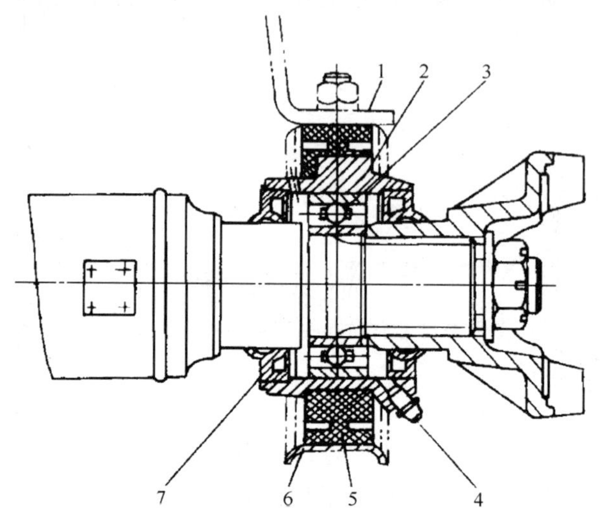

图 8.23　东风 EQ1090 汽车的中间支承

1—车架横梁;2—轴承座;3—轴承;4—油嘴;5—蜂窝形橡胶;6—U 形支架;7—油封。

有的汽车采用摆动式中间支承,它可绕支承轴摆动,改善了发动机轴向窜动时轴承的受力状况。橡胶衬套和能适应传动轴轴线在横向平面内少量的位置变化。

任务 2　万向传动装置的拆卸、检查与装配

1. 上海桑塔纳 2000 型轿车万向传动装置的拆卸(表 8.1)

表 8.1　上海桑塔纳 2000 型轿车万向传动装置的拆卸

序号	拆卸具体内容及注意事项	图　示
1	在车轮着地的情况下,拆下传动轴与轮毂的紧固螺母,旋下传动轴凸缘上的紧因螺栓,将传动轴与凸缘分开,从车轮轴承壳内拉出传动轴,或者利用专用的拉出器具将传动轴拉出。 注意:拆卸传动轴时绝对不能加热轮鼓,否则可能损坏车轮轴承;其次,拆掉传动铂后,应装上一根连接轴来代替传动轴,以防止损坏前轮轴承总成	1　4　5　6 3 2 7 8　9　10　11 12 22　21　17　13　14 16 15　19 18 20 1—外万向节壳体;2—弹簧锁环;3、16—钢球;4、10、22—卡箍;5—外万向节球笼;6—外万向节星形架;7—止推垫圈;8、13—蝶形座圈;9、12—防尘罩;11—转动轴;14—内万向节星形架;15—内万向节球笼;17—内万向节壳体;18—密封垫片;19—卡簧;20—塑料护罩;21—内万向节护盖。

（续）

序号	拆卸具体内容及注意事项	图　示
2	外万向节（RF 节）的拆卸：用钢锯锯开外万向节的卡箍 4 与 10，如右图箭头所示，取下防尘罩 9。 用轻金属手锤用力将外万向节从传动轴 11 上敲下	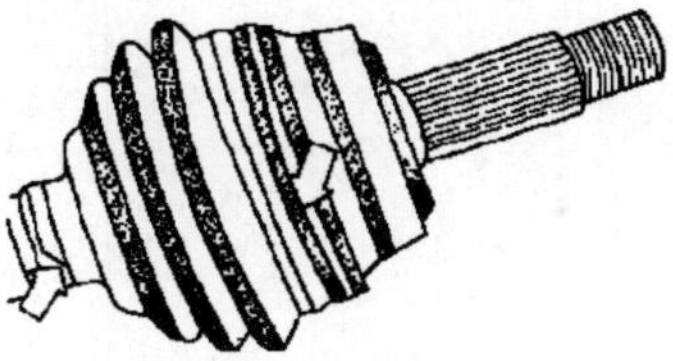 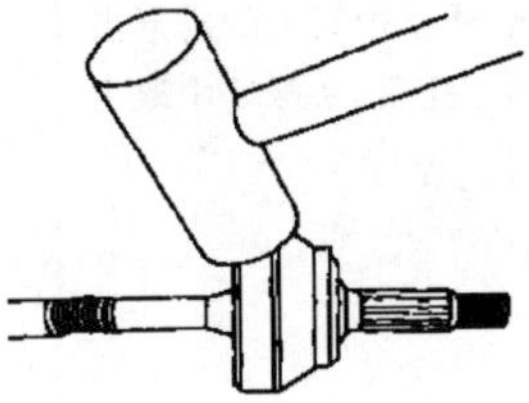
3	内万向节（VL 节）的拆卸：用卡簧钳拆下弹簧锁环，然后用专用工具 VW408a 和 VW402 在压力机上将内万向节从传动轴上压出	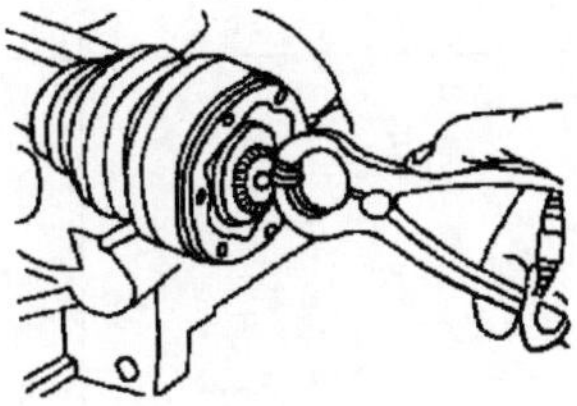 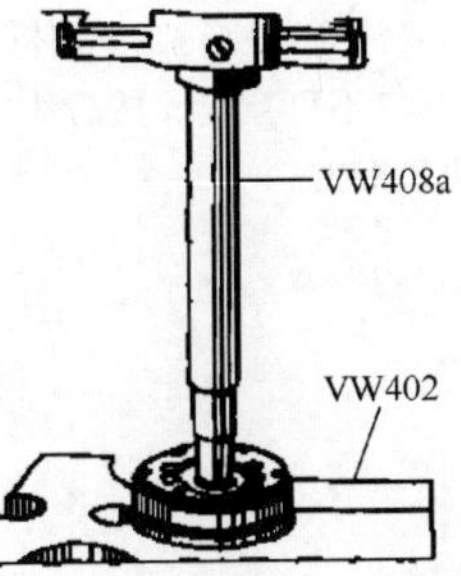

（续）

序号	拆卸具体内容及注意事项	图　示
4	外万向节的分解：分解前先用油石在外万向节球笼和外万向节壳体上标出外万向节臣形架的位置，旋转里形架和球笼，依次取出钢球，用力转动球笼直到球笼上的两个方孔与壳体对直时，将壳体和球笼一起拆出，将星形架上的扇形齿旋人球笼的方孔后，从球笼中取出星形架	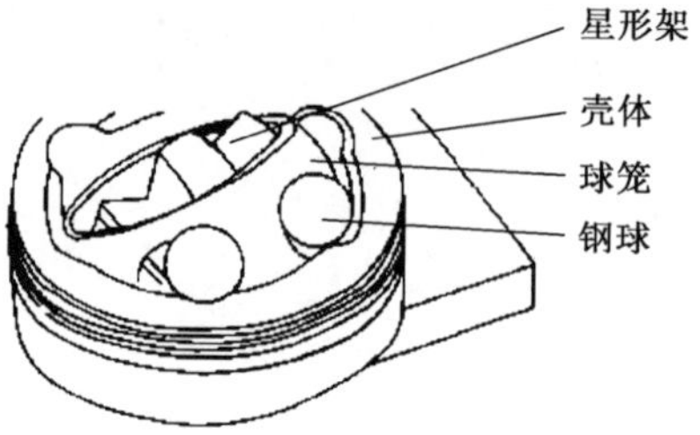 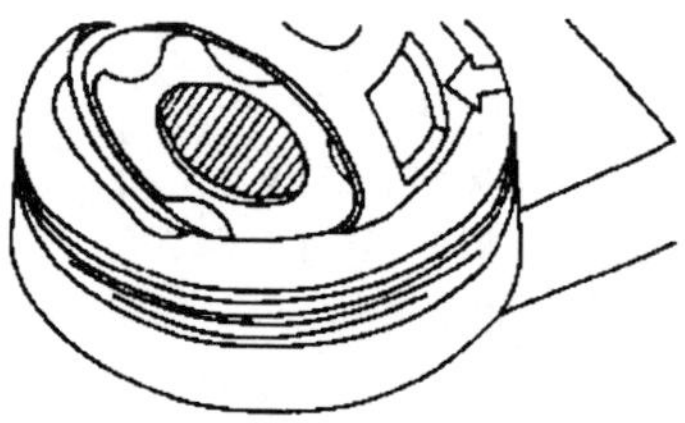 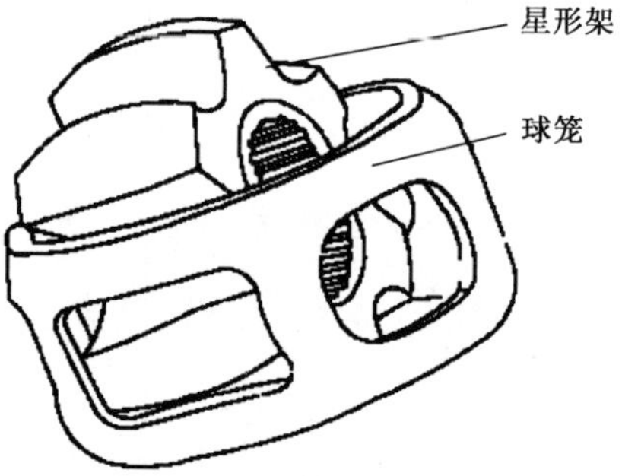 星形架 壳体 球笼 钢球 星形架 球笼
5	内万向节的分解：转动星形架与球笼，如箭头所示方向压出球笼里的钢球。但要注意：星形架与壳体是成对选配的，不可互换。然后从球笼内取出星形架	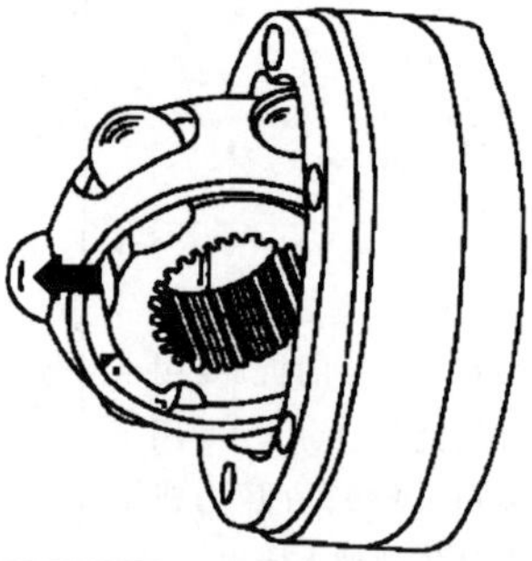 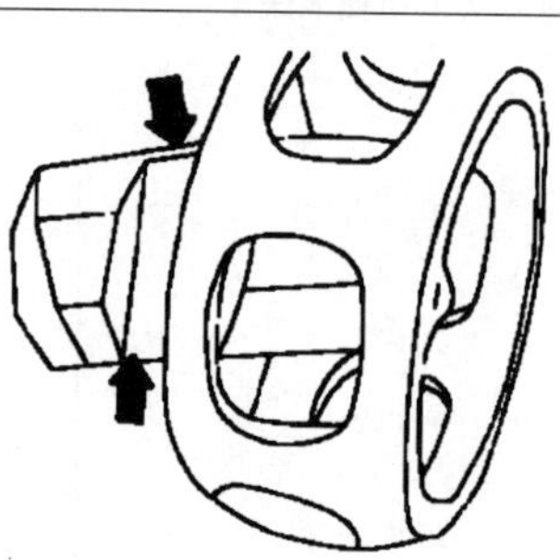

2. 万向节的检查

(1) 认真清洗拆卸下来的零件。

(2) 检查传动轴,要求传动轴不得发生弯曲或者凹陷,否则应予以更换。

(3) 检查万向节:①检查壳体、星形架、球笼及钢球等主要零件,应该没有凹陷、裂纹、磨损或者缺失;②各万向节内的六颗钢球要有一定的配合公差,并与星形架成为一组配合件;③各万向节的间隙应适当,转动的自如;④若在检查中发现零件不能续使用,应整体更换万向节。

(4) 检查其他零件,若防尘套、锁环、蝶形座圈等零件损坏,同样应予以更换。

3. 万向传动装置的装配(表 8.2)

表 8.2　万向传动装置的装配

序号	装配具体内容及注意事项	图　示
1	对准凹架将星形架嵌入球笼(星形架在球笼内的位置无关紧要),将钢球压入球笼	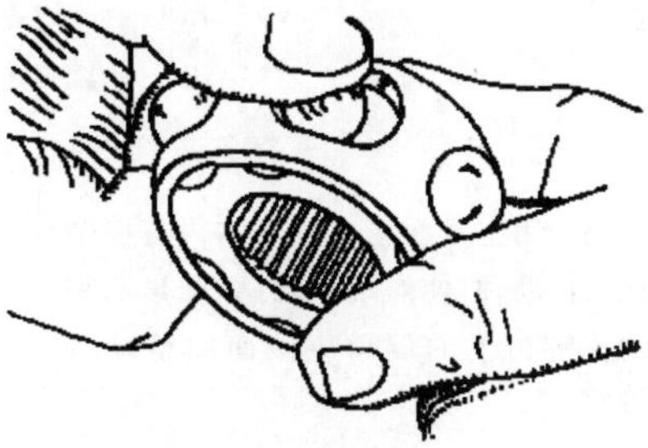
2	将装好的钢球、球笼和星形架垂直装入壳体,安装时应注意旋转之后检壳体上的宽间隔对准星形架上的窄间隔,然后转动球笼嵌入到位。装好后必须使星形架内花架齿上的倒角对准球笼的大直径端	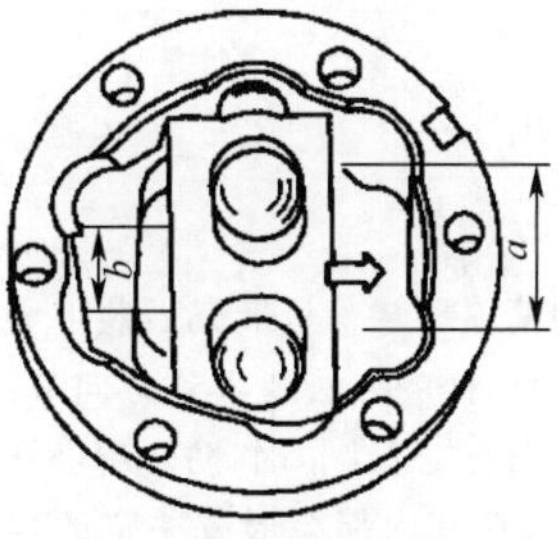 a b
3	架转星形架,使其转出球笼,使钢球在与壳体中的球槽相配合有足够的间隙,这样内行星轮就架转出球笼	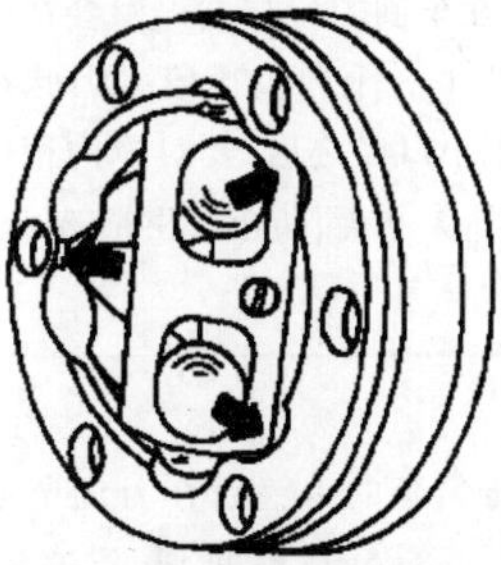
4	如箭头所示的方向用力按压球笼,使装有钢球的星形架完全进入壳体内	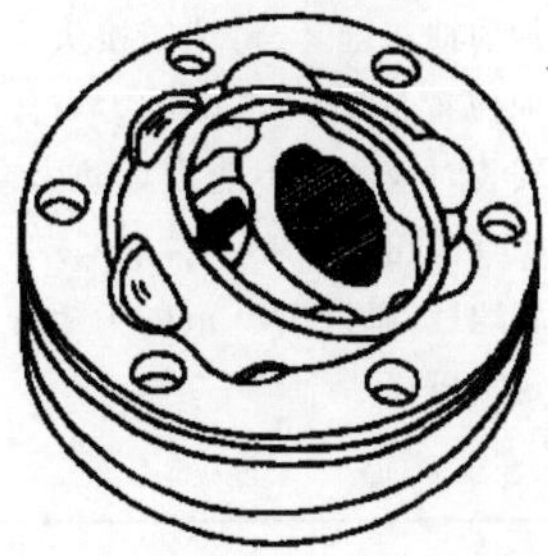

（续）

序号	装配具体内容及注意事项	图　示
5	将说明书规定的润滑脂总量的一半(45g)注入万向节壳内，将球笼连同星形架一起装入壳体内，对角交替地压入钢球 V 注意必须保持星形架在球笼以及壳体内的原先位置，将弹簧锁环装入星形架，并把剩余的一半润滑脂压入万向节，用手在轴线方向来回推动星形架，检查其安装是否正确，在传动轴上装好防尘罩后，将蝶形座圈正确安装在轴上	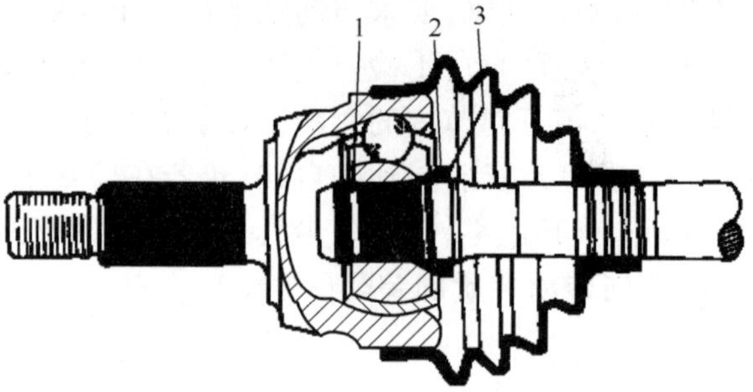 1—弹簧锁环；2—隔圈；3—蝶形座圈。
6	用专用工具在压力机上将内万向节压入传动轴，使蝶形座圈砧合，星形架内花键齿上的倒角应该面向传动轴靠肩	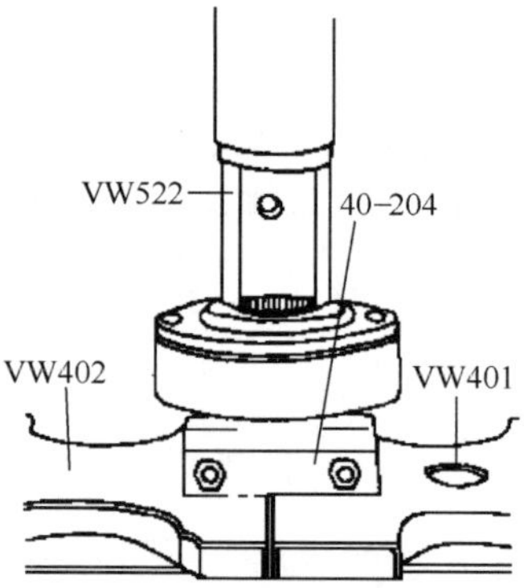
7	将弹簧锁环装入星形架后装上密封垫片，以同样的方法装入外万向节，在万向节上安装防尘罩时，防尘罩经常受到挤压，在其内部会形成一定的真空度，这样在车辆的行驶过程中会在防尘罩表面产生一个内吸折痕。因此在安装防尘罩小口径之后，要对罩内稍微充点气，使压力平衡，防止产生褶皱	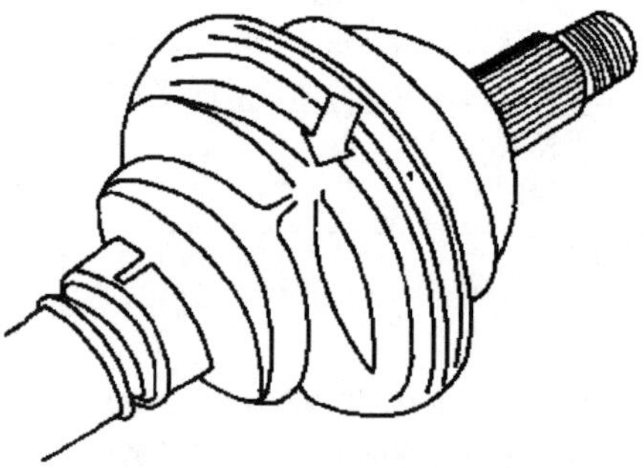
8	夹紧防尘套的卡箍后在万向节的花键上涂上一圈 5mm 厚的 D6 防护剂，然后装上传动轴花键套，将球销接头重新装配在原位置，以 50N·m 的力矩拧紧螺母。安装时应注意不能损坏防尘套，必要时检查前轮外倾角。 车轮着地后，以 230N·m 的力矩拧紧轮毂固定螺母	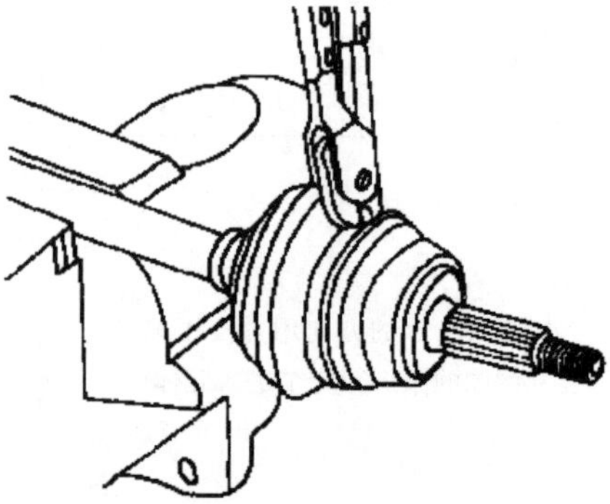

项目 9　制动液检查与更换

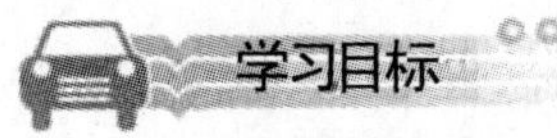

1. 了解制动系统的基本结构组成；
2. 掌握制动系统的工作原理；
3. 了解制动液的性能及分类；
4. 掌握制动液的检查、添加方法；
5. 掌握制动液的更换要求和方法。

知识要点

1. 制动系统的组成及工作原理；
2. 制动液的选取；
3. 制动液的检查、添加、更换方法。

任务 1　液压制动系统的认知

1. 制动系统概述

当汽车行驶在宽阔平坦、车流和人流又较少的路况下，可以通过高速行驶以提高运输生产效率。但汽车行驶过程中也会遇到复杂多变的路面状况，如进入弯道、遇到不平的道路、两车交会、突遇障碍物，为了保证行驶安全，就要求汽车在尽可能短的距离内将车速降低，甚至停车。

此外，汽车下长坡时，在重力产生的下滑力作用下，汽车有不断加速到危险程度的趋势，此时应将车速限定在安全值内，并保持相对稳定；对停驶的车辆，特别是在坡道上停驶的汽车应使之可靠地驻留原地不动。

为了保证汽车的安全行驶，提高汽车的平均行驶车速，以提高运输生产率，在各种汽车上都设有专用的制动机构。汽车的行驶安全性在很大程度上取决于汽车制动装置工作的可靠性。

1）汽车制动系统的功用

汽车制动系统的功用是：按照需要使汽车减速或在最短离内停车；下坡行驶时保持车速稳定；使停驶的汽车可靠驻停。

2）汽车制动系统的类型

按制动系统的功用分类：

（1）行车制动系统：由驾驶员用脚来操纵的，故又称脚制动系统，其功用是使正在行驶中的汽车减速或在最短距离内停车。

（2）驻车制动系统：由驾驶员用手来操纵的，故又称手制动系统，其功用是使已经停在各种路面上的汽车驻留原地不动。

（3）第二制动系统：第二制动系统是行车制动系统失效的情况下，保证汽车仍能实现减速或停车的一套装置。在许多国家的制动法规中规定，第二制动系统也是汽车必须具备的。亦称应急制动系统。

（4）辅助制动系统：在山区行驶的汽车以及某些特殊用途的汽车，为了提高行车的安全性和减轻行车制动系统性能的衰退及制动器的磨损，用辅助制动系统以在下坡时稳定车速。

按制动力源方式分类：

（1）人力制动系统：以驾驶员的肌体作为唯一的制动能源的制动系统。

（2）动力制动系统：完全靠由发动机的动力转化而成的气压或液压形式的势能进行制动的制动系统。

（3）伺服制动系统：兼用人力和发动机动力进行制动的制动系统。

2. 制动系统的基本组成

制动系统一般都由以下四个部分组成（图 9.1）：

（1）供能装置：包括供给、调节制动所需能量以及改善传能介质状态的各种部件，如气压制动系中的空气压缩机、液压制动系中人的肢体。

（2）控制装置：产生制动动作和控制制动效果各种部件，如制动踏板。

（3）传动装置：将驾驶员或其他动力源的作用力传到制动器，同时控制制动器的工作，从而获得所需的制动力矩。包括将制动能量传输到制动器的各个部件，如制动主缸、制动轮缸等。

（4）制动器：产生阻碍车辆的运动或运动趋势的力的部件。

较为完善的制动系统还具有制动力调节装置、报警装置、压力保护装置等附加装置。

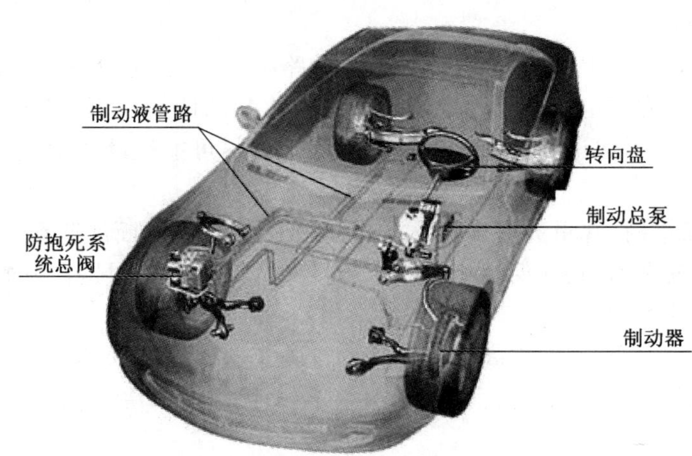

图 9.1　汽车制动系统的组成

3. 制动系统的基本工作原理

汽车制动系统的基本工作原理如图 9.2 所示。

车轮制动器的旋转部分是制动鼓 8，它固定于轮毂上，与车轮一起旋转。固定部分是制动蹄 10 和制动底板 11 等。制动蹄上铆有摩擦片，其下端套在支承销上，上端用复位弹簧拉紧压靠在轮缸 6 内的活塞上。支承销和轮缸都固定在制动底板上，制动底板用螺钉与转向节凸缘（前桥）或桥壳凸缘（后桥）固定在一起。制动蹄靠液压轮缸使其张开。

不制动时，制动鼓的内圆柱面与摩擦片之间保留一定间隙，制动鼓可以随车轮一起旋转。

制动时，驾驶员踩下制动踏板，主缸推杆便推动制动主缸内的活塞 7 前移，迫使制动液经管路进入轮缸，推动轮缸的活塞向外移动，使制动蹄克服复位弹簧的拉力绕支承销转动而张开，消除制动蹄与制动鼓之间的间隙后压紧在制动鼓上。此时，不旋转的制动蹄摩擦片对旋转的制动鼓就产生一个摩擦矩，其方向与车轮的旋转方向相反。制动鼓将此力矩传到车轮后，由于车轮与路面的附着作用，车轮即对路面作用一个向前的圆周力 F_{μ}，与此相反，路面会给车轮一个向后的反作用力，这个力就是车轮受到的制动力 F_B。各车轮制动力的总和就是汽车受到的总的制动力。

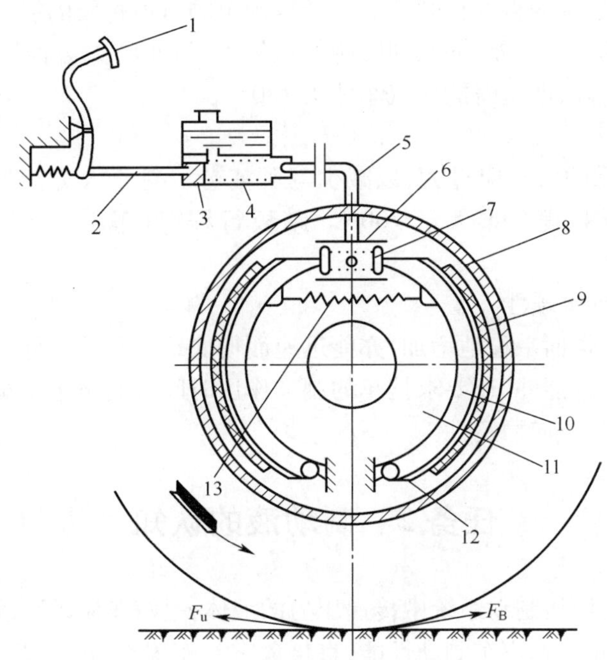

图 9.2　制动系统的工作原理

1—制动踏板；2—主缸推杆；3—主缸活塞；4—制动主缸；5—油管；6—制动轮缸；7—轮缸活塞；8—制动鼓；9—摩擦片；10—制动蹄；11—制动底板；12—支承销；13—制动蹄复位弹簧。

放松制动踏板，在复位弹簧的作用下，制动蹄与制动鼓的间隙又得以恢复，从而解除制动。

制动时车轮上的制动力 F_B 不仅取决于制动力矩 M_{μ}，还取决于轮胎与地面间的附着条件。如果完全丧失附着，就不会产生制动效果，即车轮停止了转动而被抱死，汽车仍然向前滑移。

4. 对制动系统的要求

为了保证汽车行驶安全，发挥高速行驶的能力，制动系统必须满足下列要求：

1）具有良好的制动效能

制动效能的评价指标有制动距离、制动减速度、制动力及制动时间。良好的制动效能可以有效地保证行车安全，充分发挥汽车的动力性能。在实际使用过程中，路上试验常以制动距离来间接衡量整车的制动效能。制动距离是以某一速度开始紧急制动（如 30km/h 或 50km/h），从驾驶员踩上制动踏板起，直到停车为止所走过的距离。

2）具有良好的制动效能恒定性

制动效能的指标，是指在冷制动情况下，即制动器工作温度 100℃以下讨论的。汽车下长坡制动及汽车高速制动时，制动器工作温度常在300℃以上，有时高达600 ~700℃。这时制动器的摩擦力矩显著下降，汽车的制动效能显著降低，这种现象称为制动效能的热衰退。例如，要求以一定的车速连续制动15次，每次制动减速度为3m/s，最后的制动效能，不得低于规定的冷制动情况下制动效能的60%。

汽车涉水后，由于制动器被水浸湿，制动效能也会降低，这种现象称为制定效能的水衰退。为了保证行车安全，汽车涉水后，应踩几次制动踏板，使制动蹄和制动鼓发生摩擦，用摩擦产生的热使制动器迅速干燥，恢复原有的制动效能。

3）具有良好的制动方向稳定性

制动过程中，维持原理的直线行驶的能力及按预定的弯道行驶的能力，称为汽车制动时的方向稳定性。汽车制动稳定性差，如制动时跑偏或侧滑，汽车将失去控制，常常引起严重的车祸。其中后轴侧滑最危险，严重时能使汽车掉头180°。

4）操纵轻便

操纵制动系统所需的力不应过大，以减少驾驶疲劳。对于人力液压制动系统最大踏板力：乘用车不大于500N，货车不大于700N。踏板行程：货车不大于150mm，乘用车不大于120mm。

5）具有良好的制动平顺性

要求制动力矩能迅速而平稳地增加，亦能迅速而彻底地解除。另外，对挂车的制动系统除了要求具有上述的良好性能外，还要求挂车的制动作用时间应略早于主车，避免在制动时挂车撞击主车，影响制动时的方向稳定性。

任务2 制动液的认知

制动液是用于汽车液压制动系统中传递压力的液体，是汽车制动系统中的重要组成部分，制动液失效之后，将严重影响汽车制动性能，直接危害行车安全，因此必须定期地对制动液进行检查与更换。

1. 汽车液压制动系统的组成

汽车液压制动系统主要由制动总泵、制动分泵、制动液储液罐、制动器（盘式制动器、鼓式制动器）、制动踏板、制动液管路、制动液等组成，如图9.3所示。

2. 汽车制动液的作用

制动液是液压制动系统中传递制动压力的液态介质，使用在采用液压制动系统的车辆中。制动液又称刹车油或迫力油，是制动系统制动不可缺少的部分，而在制动系统之中，它是作为一个力传递的介质，因为液体是不能被压缩的，所以从总泵输出的压力会通过制动液直接传递至分泵之中。

3. 汽车制动液的类型

汽车制动液一般分为醇型、矿油型、合成型制动液三类。

1）醇型制动液

醇型制动液的基本组成是蓖麻油45%~55%和醇55%~45（百分数指质量分数）进行调配，产品润滑性好，原料易得，低温黏度大，工艺简单，但低温性能差，平衡回流沸点低，易产生气阻，与水互溶性差，使用过程中易氧化变质，不能保证安全行车。

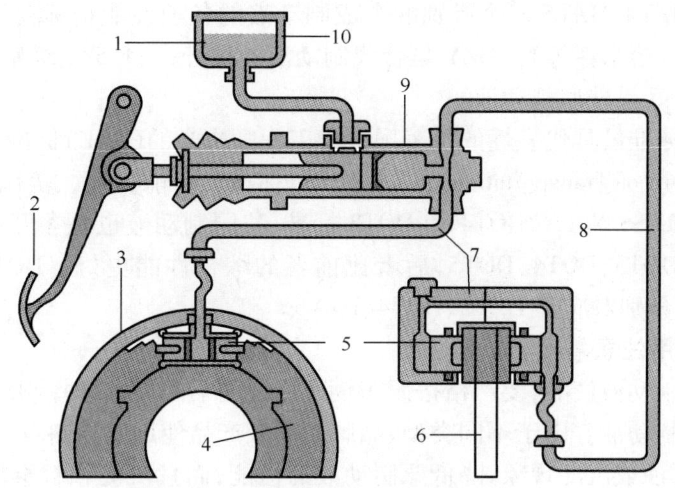

图 9.3　液压制动系统的组成

1—制动液;2—制动踏板;3—制动鼓;4—制动蹄片; 5—制动分泵;6—制动盘;
7—制动钳;8—制动液管路;9—制动总泵;10—制动液储液罐。

2）矿油型制动液

矿油制动液是以精制的柴油馏分经深度脱蜡后的组分作为基础油,加入增黏剂、抗氧化剂、防锈剂、染色剂等调和而成。这类制动液的温度适应范围宽、低温性能好,对金属无腐蚀作用。但不能与水及合成制动液混溶,进入少量水后在高温下水气化而产生气阻,影响制动效果,对天然橡胶有溶胀作用,必须使用耐油橡胶密封件。

3）合成型制动液

合成型制动液是目前使用最多的制动液,可分为醇醚型、酯型和硅型三类。

① 醇醚型制动液

由润滑剂、稀释剂和添加剂组成,常用的润滑剂有乙二醇、聚丙二醇、环氧乙烷加成物、环氧丙烷的聚合物等,常用的稀释剂有二甘醇醚、三甘醇醚,四甘醇醚等。常用的添加剂有抗氧剂、抗腐蚀剂、防锈剂、抗磨剂、pH 值调整剂等。产品性能较为稳定,成本较低,用量最大。其缺点是平衡回流沸点不大高,湿性强,低温性能差,而且在湿热气候条件下使用时制动器部件易锈蚀。

② 酯型制动液

其基础液为羧酸酯与硼酸酯,加入量(质量分数)大约为总量的 20%~50%,常用的衡释剂为聚乙二醇的单烷基醚等,常用的添加剂有抗氧化剂、抗腐蚀剂、pH 值调整剂等。性能比前者有很大改善。

③ 硅型制动液

一般为烷撑聚醚硅酸酯如聚烷撑乙二醇硅酸酯等,并加有橡胶抗溶胀剂和其他添加剂。这类制动液性能较好,但价格昂贵。

由于合成型制动液具有很多优点,所以目前汽车上所用的制动液基本上都是合成型制动液。

4. 汽车制动液的分级

我国现行的汽车制动液的标准都是合成型制动液的标准,属于强制性标准。如 GB12981—2003《机动车制动液》(中国石油化工股份有限公司重庆一坪润滑油分公司起草的)里面有 HZY3、HZY4、HZY5 三个级别的合成制动液的各项性能指标要求(如低温流动性、金属腐蚀性、蒸发性、溶水性等)。HZY 是合成制动液的拼音,3、4、5 是级别。3 是醇醚型制动液、4 是酯型制动液、5 是硅型制动液。

国外的制动液标准最具代表性的是美国汽车工程师协会的(SAE)标准和美国联邦政府运输部 DOT(Department of Transportation)的(FMVSS)标准。目前,西欧、美国、日本等发达国家的制动液仍执行 FMVSS No116 DOT4 和 DOT3 标准,我国制动液也是参照这一标准进行分级的。目前常见的有 DOT3、DOT4、DOT5,后者比前者的综合性能更好。DOT5 主要用于赛车。DOT3、DOT4、DOT5 分别对应于 HZY3、HZY4、HZY5。

5. 制动液的使用注意事项

(1) 正确选择制动液产品,要严格按照车辆使用说明书的要求选择制动液产品。

(2) 严禁混加制动液。由于不同类型、品牌制动液产品使用的原料、添加剂和制造工艺不同,混合后会出现浑浊或沉淀现象,降低原制动液的性能,而且沉淀颗粒会堵塞管路造成制动失灵的严重后果。在更换品牌时一定要用待加入的产品清洗管路。

(3) 定期更换汽车制动液。制动液使用一定时间后会因吸湿,化学变化等原因使性能指标降低,出现沸点降低、污染及不同程度的氧化变质,从而影响行车安全。因此使用中的制动液应定期更换,普通工况下,制动液在使用两年或 5 万公里后就应更换。

(4) 制动液是清亮透明液体,为易燃品,要远离明火。应置于密闭容器内,避光妥善保存,防止灰尘、异物及雨水侵入。制动液具有腐蚀性,尽量避免接触皮肤,如不慎进入眼睛,应立即用大量清水进行冲洗至少 15min,直到刺激感消失为止。制动液会腐蚀车身漆面、轮胎等。为保护环境,须将废液集中送至污水处理中心,切勿随便将废液倾倒于排水道、泥土和水中。

6. 制动液的品牌

目前汽车上常见的制动液品牌较多,主要由美孚、壳牌、力魔、迪克、博世、回天、长城等。

任务 3　制动液的检查与更换

1. 制动液及制动管路的检查(表 9.1)

表 9.1　制动液及制动管路的检查

步骤	检查内容及注意事项	图　示
1	将待检车辆停靠在举升机中央	

（续）

步骤	检查内容及注意事项	图　示
2	安装转向盘、座椅护套	
3	拉起驻车制动器，并将变速器置空挡	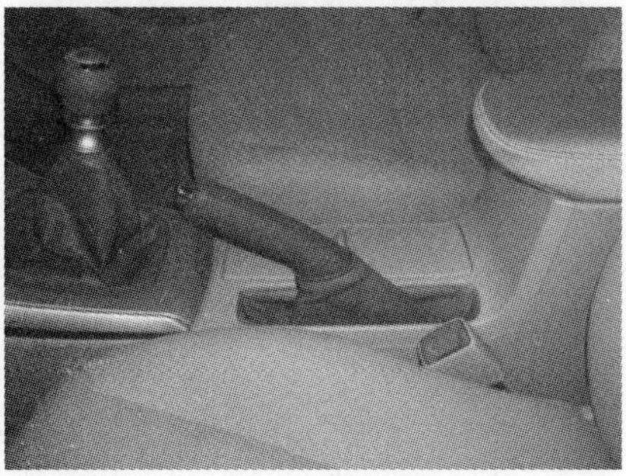
4	支起发动机舱盖，并装上前脸磁力护裙及左右翼子板布	
5	确定制动主缸及储液罐的位置	

（续）

步骤	检查内容及注意事项	图　示
6	观察储液罐的 MAX 标记和 MIN 标记位置，检查周围有无泄漏	
7	举升车辆至合适位置并安全锁止，检查底部管路有无泄漏	
8	检查轮缸是否泄漏	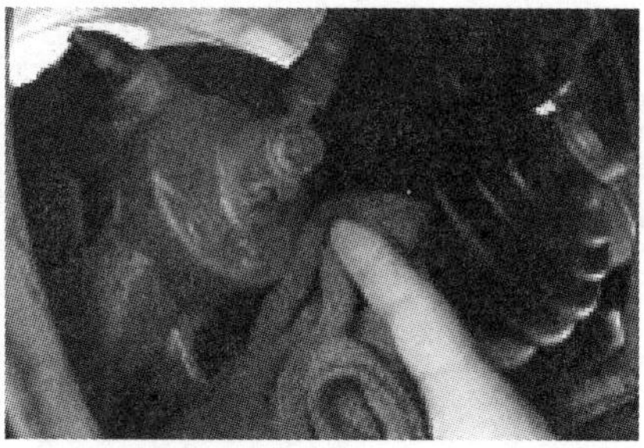
9	放下举升机，拆下液位传感器插件	

（续）

步骤	检查内容及注意事项	图　示
10	旋下液位传感器盖后放在零件车上	
11	选择合适制动液，旋开盖子，扶稳加注	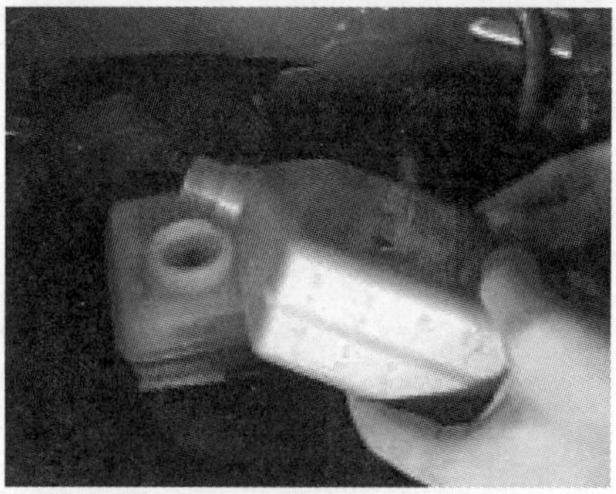
12	加注到规定量后，将储液罐周围用抹布擦拭干净	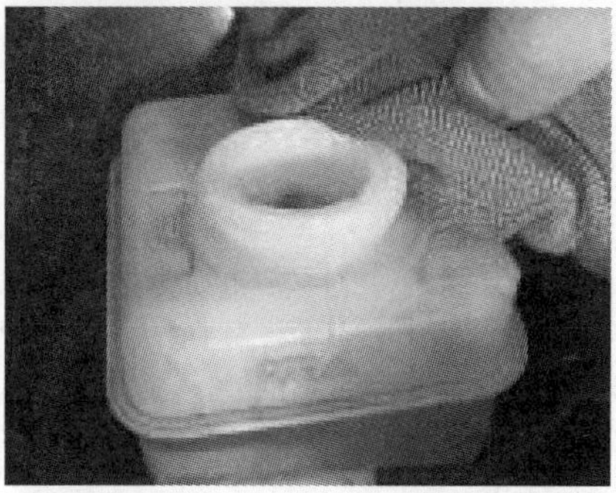
13	复位安装液位传感器并清洁	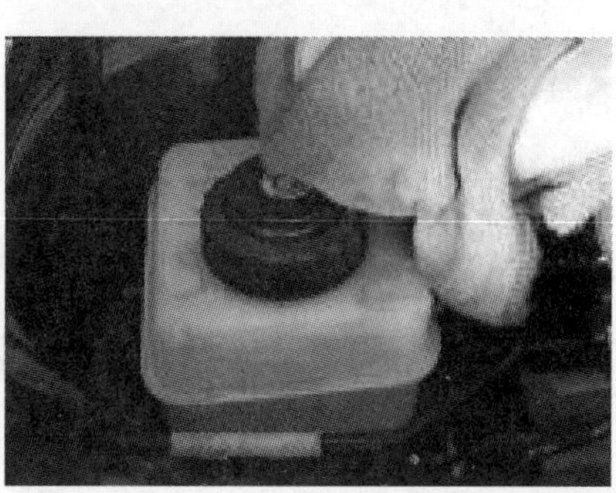

（续）

步骤	检查内容及注意事项	图　示
14	清洁工具及场地	

2. 制动液的更换（表 9.2）

表 9.2　制动液的更换

步骤	制动液更换及注意事项	图　示
1	车辆的前期准备与安全检查	
2	准备好与车辆相对应等级的制动液，并将制动液注入制动液加注机中，准备好机油回收储液罐、与实车制动液储液罐盖相同的接头、抹布若干、拆装工具一套	
3	从制动液储液罐上旋下盖帽。拆卸时应戴手套，防止制动液直接与皮肤接触；旋转储液罐盖时，注意不要旋转液位传感器线束	

(续)

步骤	制动液更换及注意事项	图　示
4	将制动踏板加载器装在驾驶员座椅和制动踏板之间并预紧,一定要预紧到位	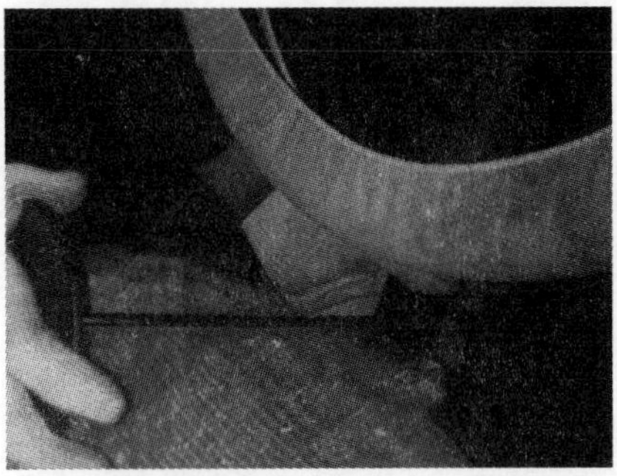
5	将制动液充放机的接头连接到制动液储液罐从专用接头中选出与实车制动液储液罐盖相一致的接头,安装在储液罐上。 安装前一定要检查密封垫是否在接头内,防止制动液泄漏	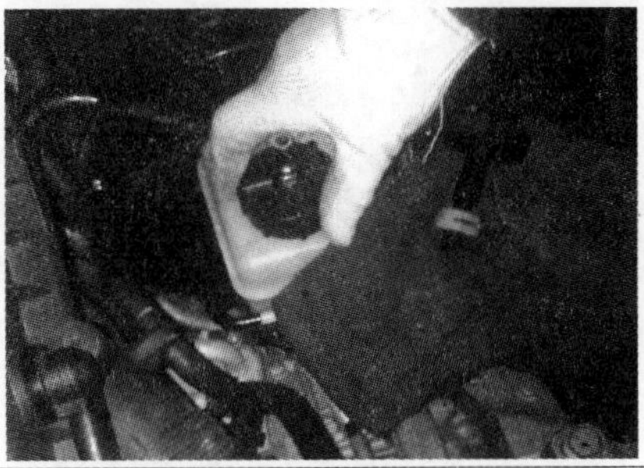
6	将制动液加注机连接在接头上。在连接之前应关闭加注机接头上的开关,必要连接牢靠,防止制动液滴漏	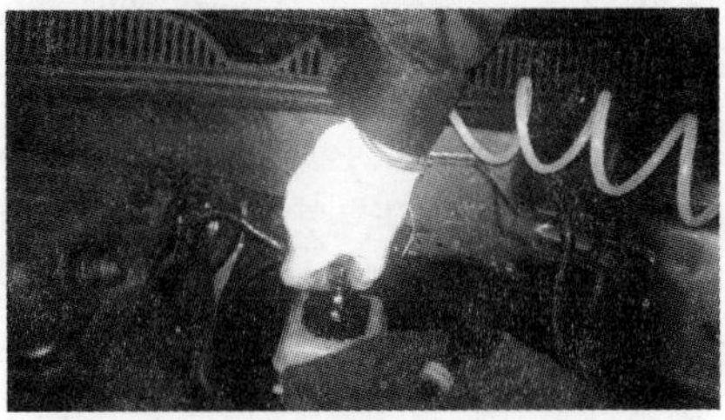
7	连接高压空气管道,管接头连接牢靠即可,打开高压空气开关,使压力表指针的值指示到 2bar,打开制动液加注机开关	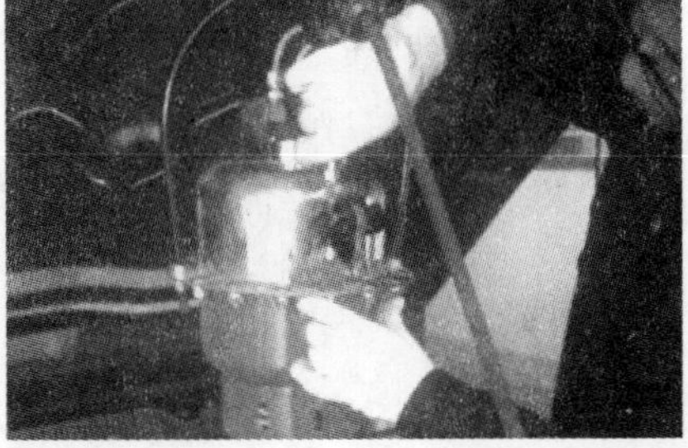

（续）

步骤	制动液更换及注意事项	图　示
8	举升车辆在合适的高度操作规范见举升机的规范操作	
9	对右后制动分泵及管路排气拆下右后轮制动分泵排气螺栓帽，将制动液收集瓶的排气软管连接在后部排气螺栓上，打开排气螺栓，使制动液流出，观察制动液的颜色，当持续流出纯净的制动液时，关闭排气螺栓	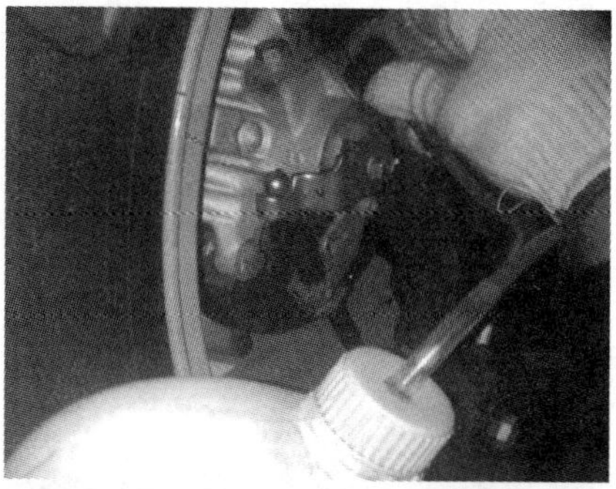
10	对左后、右前和左前制动分泵及管路排气，方法参考右轮。在操作过程中防止制动液地漏，同时一定要等从管道流出的制动液要清澈、纯净、无气泡	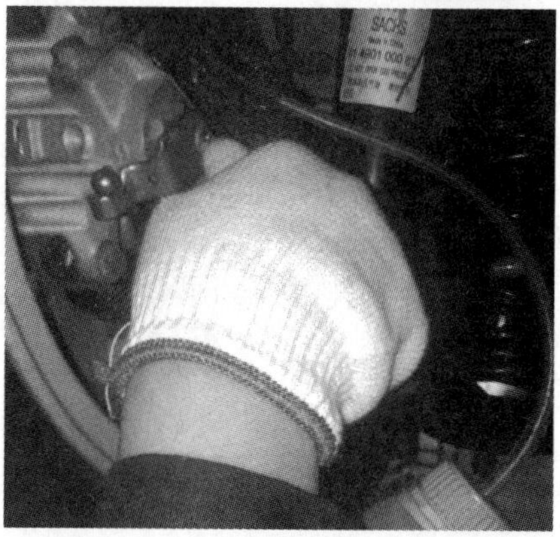
11	操作举升机，将车辆降至地面操作规范详见举升机的规范操作	

（续）

步骤	制动液更换及注意事项	图示
12	检查制动液液位制动液液面应位于MAX标记和MIN标记之间	
13	拆卸机油加注机关闭制动液加注机加注开关，拔掉加注机接头和高压空气，将加注机中的压力释放到0bar	
14	拆卸机油加注机接头拆卸制动液加注机接头，拧紧制动液储液罐盖，在操作工程中，防止制动液滴漏	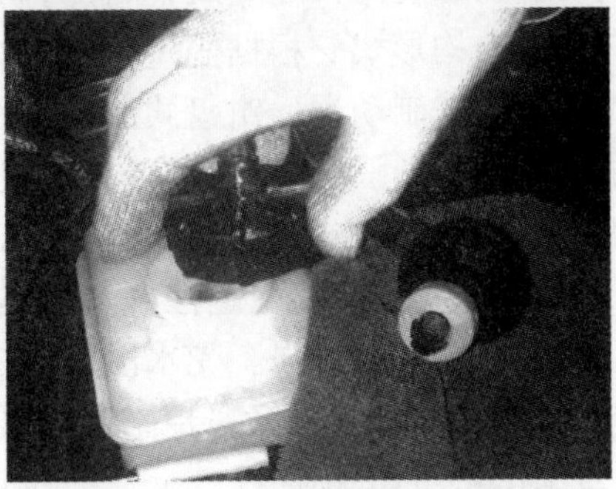
15	拆卸制动踏板加载器按下制动踏板加载器锁止开关，拆卸制动踏板加载器。收起室内和室外三件套，最后进行5s操作	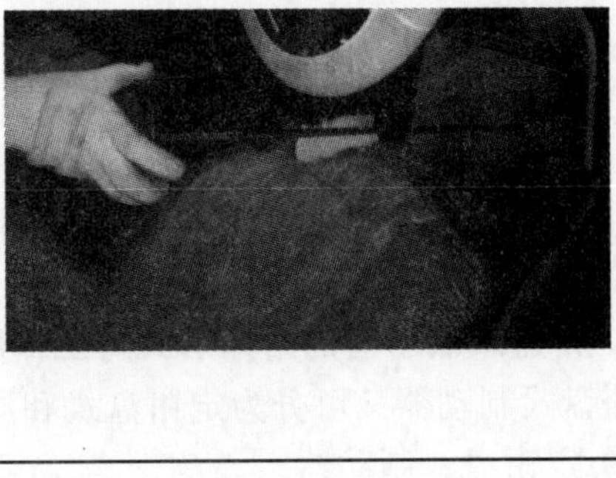

项目 10　盘式制动器制动摩擦片更换

学习目标

1. 掌握盘式制动器的结构；
2. 了解盘式制动器的类型；
3. 掌握盘式制动器的工作原理；
4. 掌握盘式制动器的拆装与检查方法。

知识要点

1. 盘式制动器的组成与工作过程；
2. 盘式制动器的拆装与检查方法。

任务 1　盘式制动器的认知

盘式车轮制动器是由摩擦衬块从两侧夹紧与车轮共同旋转的制动器后而产生制动效能的。制动器的旋转元件是金属盘，称为制动盘。不动的摩擦元件是制动钳或钢制圆盘，固定元件则有多种结构形式。根据固定元件的结构不同，盘式制动器大体上可以分为两类，即钳盘式制动器和全盘式制动器。钳盘式制动器散热能力强，热稳定性好，故被大多数乘用车前轮所采用。全盘式制动器只有少数汽车（主要是重型汽车）采用为车轮制动器。

盘式制动器与鼓式制动器相比，有以下优点：

（1）散热能力强，热稳定性好。受热后，制动盘只在径向膨胀，不会影响制动间隙。

（2）抗水衰退能力强。受水浸后，在离心力作用下被很快甩干，摩擦衬片上的剩水也由于压力高而容易挤出，一般仅需要一到二次制动后即可恢复正常。

（3）制动时的平顺性好。

（4）结构简单，维修方便。

（5）制动间隙小，便于自动调节。

盘式制动器的不足之处如下：

（1）制动时无助势作用，故要求管路液压较高。

（2）防污性差，制动衬片磨损较快。

（3）兼用于驻车制动时，需要加装的驻车制动传动装置较鼓式制动器复杂，因而在后轮上的应用受到限制。

1. 钳盘式制动器的结构形式与工作原理

钳盘式制动器又可分为定钳盘式和浮钳盘式两类。

1）定钳盘式制动器

定钳盘式制动器的制动钳轴向位置是固定的，其轮缸分别布置在制动钳的两侧，除活塞和摩擦块外无滑动元件,如图 10.1 所示。制动时,制动液被压入左、右两轮缸内,活塞在制动液压力作用下,将摩擦块总成紧压在制动盘上。产生摩擦力矩。因车轮与制动盘连接,因此产生制动作用。解除制动时,活塞和摩擦片总成在复位弹簧作用回到原始位置。

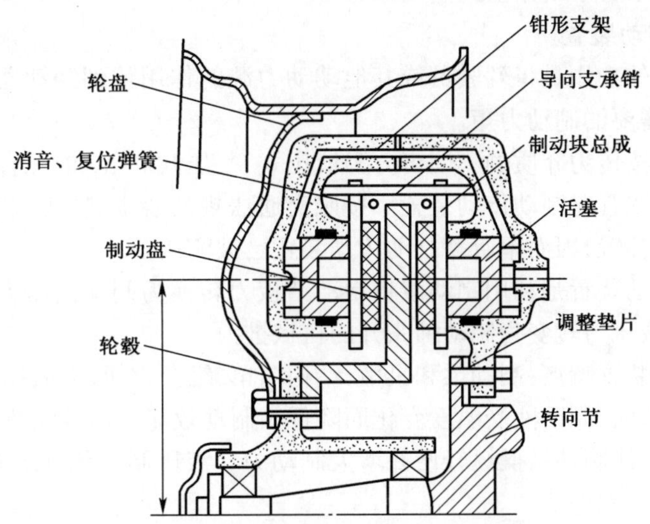

图 10.1　定钳盘式车轮制动器基本结构图

这种制动器存在着以下缺点:油缸较多,使制动钳结构复杂;油缸分置于制动盘两侧,必须用跨越制动盘的钳内油道或外部油管来连通,这使得制动钳的尺寸过大,难以安装在现代化轿车的轮辋内;热负荷大时,油缸和跨越制动盘的油管或油道中的制动液容易受热汽化;若要兼用于驻车制动,则必须加装一个机械促动的驻车制动钳。

2）浮钳盘式制动器

浮钳盘式制动器特点是只在制动盘的内侧设置油缸,而外侧的制动块则附着在钳体上,数目仅是固定夹钳式的一半,制动钳体通过导向销与车桥相连,可以相对于制动盘轴向移动,如图 10.2 所示。制动时,在液压力作用下,推动活塞及其上的制动块左移,并压到制动盘上,于是制动盘给活塞一个向右的反作用力,使活塞连同制动钳体沿销钉向右移动,直到制动盘左侧的制动块也压到制动盘上。此时,两侧制动块都压在制动盘上,夹住制动盘并使其制动。

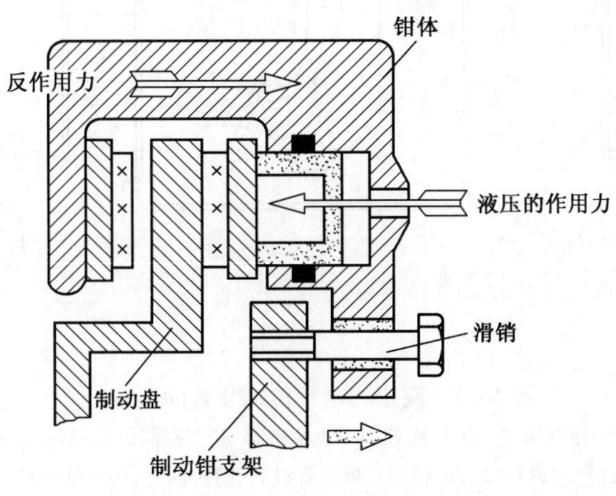

图 10.2　浮钳盘式车轮制动器基本结构图

与定钳盘式制动器相反,浮钳盘式制动器轴向和径向尺寸较小,而且制动液受热汽化的机会较少。此外,浮钳盘式制动器在兼充行车和驻车制动器的情况下,只需在行车制动钳油缸附近加装一些用以推动油缸活塞的驻车制动机械传动零件即可。故自 20 世纪 70 年代以来,浮钳盘式制动器逐渐取代了定钳盘式制动器。

2. 液压制动传动装置

制动传动装置的功用是将驾驶员或其他动动力源的作用传到制动器,同时控制制动器的工作,从而获得所需要的制动力矩。

制动传动装置按传力介质的不同可分为液压式、气压式和气-液综合式;按制动管路的套数可分为单管路和双管路制动传动装置。按照交通法规的要求,现代汽车的行车制动系须采用双管路制动传动装置,因而单管路制动传动装置已被淘汰。

液压式制动传动装置是利用制动液将制动踏板力转换为制动液压力,通过管路传至车轮制动器,再将制动液压力转变为制动蹄张开的机械推力。

液压制动传动装置特点:制动柔和灵敏,结构简单,维护方便,不消耗发动机功率。但操纵较费力,制动力不太大,制动液受温度变化而降低其制动效能。通常在液压传动机构中增设制动增压或助力装置,使制动系操纵轻便并增大制动力。液压制动传动装置已广泛应用在轿车和重型汽车上。

1) 双回路液压制动传动装置的组成

双回路液压制动传动装置是利用两个彼此独立的液压系统来工作的,当一个液压系统发生故障时,另一个液压系统仍然照常工作,从而提高了汽车制动的可靠性和行车的安全性,现代汽车都采用了双回路传动装置。液压制动传动装置由制动踏板、主缸推杆、双腔式制动主缸、储液罐、制动轮缸、油管、制动灯开关、指示灯、比例阀等组成,如图 10.3 所示。

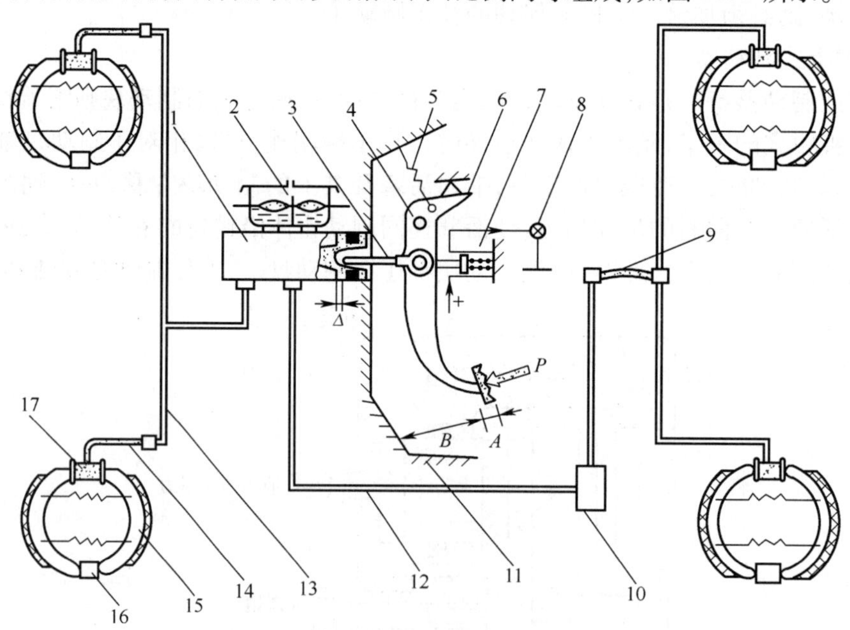

图 10.3　液压式制动传动装置的组成

1—双腔式制动主缸;2—储液罐;3—主缸推杆;4—支承销;5—复位弹簧;6—制动踏板;7—制动灯开关;8—指示灯;9—软管;10—比例阀;11—地板;12—后桥油管;13—前桥油管;14—软管;15—制动蹄;16—支承座;17—制动轮缸;Δ—自由间隙;A—自由行程;B—有效行程。

双回路的布置方案应用较为广泛的有前后独立式和交叉式。

① 前后独立式

如图 10.4 所示,前后独立式双管路液压制动传动装置由双腔制动主缸通过两套独立的管路分别控制前桥和后桥的车轮制动器。这种布置方式结构简单,如果其中一套管路损坏漏油,另一套仍能起作用,但会破坏前后桥制动力分配的比例,主要用于对后轮制动依赖性较大的发动机后置后轮驱动的汽车。制动时,踩下制动踏板,推杆推动双腔制动主缸的主缸前、后活塞前移、使主缸前、后腔油压升高,制动液分别同时流至前,后车轮制动轮缸。轮缸的活塞在制动液压力的作用下,向外移动,进而推动制动蹄张开压向制动鼓产生制动效能。

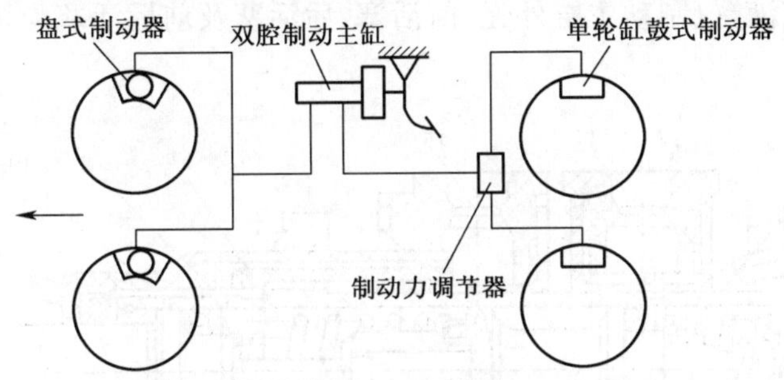

图 10.4　前后独立式双回路液压制动系示意图

当松开制动踏板时,制动蹄和轮缸活塞在复位弹簧的作用下,各自复位,并将制动液压回制动主缸,从而解除制动。

② 交叉式

如图 10.5 所示,交叉式双回路液压制动传动装置由双腔制动主缸,两套独立(交叉)管路分别控制车轮制动器,这种双管路对角线布置的特点是,每套管路连接一个前轮和对角线上的一个后轮。它主要用于对前轮制动力依赖性较大的发动机前置前轮驱动的汽车。

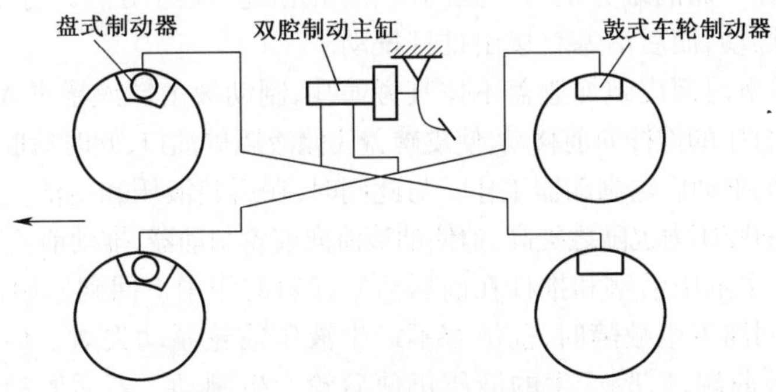

图 10.5　交叉式双回路液压制动系示意图

上海桑塔纳轿车采用了如图 10.6 所示的交叉式传动装置。当制动系统中任一回路失效,

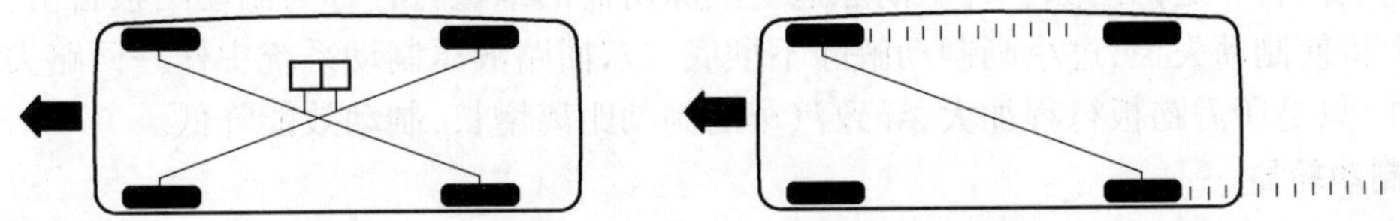

图 10.6　交叉式管路制动系统中,当一管路失效时的制动示意图

剩余制动力仍能保持正常总制动力的 50%，即使正常工作回路中的制动器抱死侧滑，失效回路中未被制动的车轮仍能传递侧向力，前后轮制动力分配达到 3.36 : 1。当汽车在高速状态不被制动时，均能保证后轮不抱死或者前轮比后轮先抱死，避免制动时后轮失去侧向附着力，造成汽车失控，确保行车安全。

2）双腔式制动主缸

制动主缸又称为制动总泵，它处于制动踏板与管路之间，其功用是将制动踏板输入的机械力转换成液压力。

双管路液压制动传动装置中的制动主缸一般采用串联双腔或并联双腔制动主缸。串联双腔制动主缸主要由储液罐、制动主缸外壳、前活塞、后活塞及前后活塞弹簧、推杆、皮碗等组成，构造如图 10.7 所示。

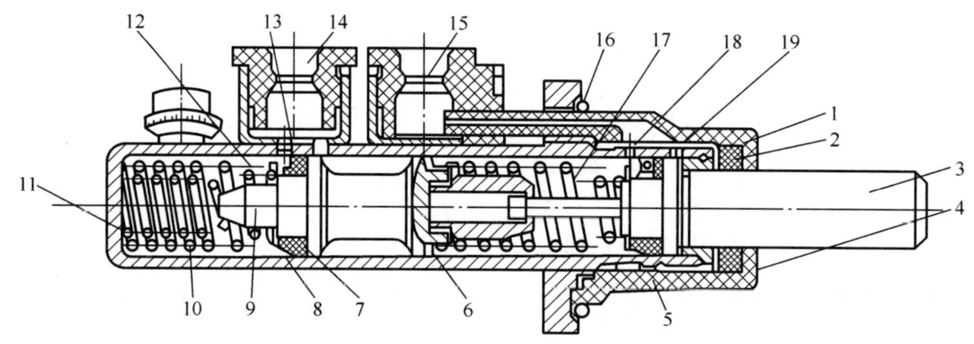

图 10.7　串联式双腔制动主缸

1—隔套；2—密封圈；3—后活塞（带推杆）；4—防尘罩；5—防动圈；6、13—密封圈；7—垫圈；8—皮碗护圈；9—前活塞；10—前活塞弹簧；11—缸体；12—前腔；14、15—进油孔；16—定位圈；17—后腔；18—补偿孔；19—回油孔。

主缸的壳体内装有前活塞、后活塞及复位弹簧，前后活塞分别用皮碗密封，前活塞用限位螺钉保证其正确位置。储油罐分别与主缸的前、后腔相通，前后出油口分别与轮缸相通，前活塞靠后活塞的液力推动，而后活塞直接由推杆推动。

不制动时，两活塞前部皮碗均遮盖不住其旁通孔，制动液由储液罐进入主缸。

正常制动时，主缸中的推杆向前移动，使皮碗盖住储液罐进油口，此时后腔室液压升高，迫使油液向后轮制动器流动，推动后轮制动器工作。与此同时，在后腔液压和后活塞弹簧弹力作用下，推动前活塞向前移动，前腔压力也随之提高，迫使油液流向前轮制动器，推动前轮制动器工作。

放松制动踏板，主缸中活塞和推杆在前后活塞弹簧的作用下回到原始位置，制动解除。

当前腔控制的回路发生故障时，前活塞不产生液压前轮制动失效。但在后活塞液力作用下，前活塞被推到最前端，后腔产生的液压仍使后轮产生制动。若后腔控制的回路发生故障时，前腔仍能产生液压使前轮产生制动，确保行车安全。

为了保证制动主缸活塞在解除制动后能退回到适当位置，在不工作时，推杆的头部与活塞背面之间应留有一定的间隙。为了消除这一间隙所需的踏板行程称为制动踏板自由行程。该行程过大将使制动失灵，过小则制动解除不彻底。双回路液压制动系统中任一回路失效，主缸仍能工作，只是所需踏板行程加大，导致汽车的制动距离增长，制动效能降低。

3. 制动轮缸

制动轮缸的作用是把来自主缸的油液压力转换为轮缸活塞的机械推力，使制动蹄压靠在制动鼓上产生制动作用，制动轮缸有单活塞式或双活塞式两类。

1）单活塞制动轮缸

单活塞制动轮缸(图 10.8)多用于单向助势平衡式车轮制动器。当汽车制动时,制动轮缸受到制动液压力的作用,活塞在液压力的作用下顶出活塞推动顶块,使制动蹄张开,压向制动鼓产生制动作用。当松开制动踏板,制动液液压消失,在复位弹簧作用下活塞恢复原来形状,同时制动蹄与制动鼓脱离即解除制动。目前趋于淘汰。

2）双活塞制动轮缸

如图 10.9、图 10.10 所示,制动轮缸主要由缸体、活塞、皮碗、弹簧和放气螺钉组成。制动轮缸的缸体通常用螺钉固装在制动底板上,位于两制动蹄之间。内装铝合金活塞,密封皮碗的刃口方向朝内,并由弹簧压靠在活塞上与其同步运动。活塞外端压有顶块并与蹄的上端相抵紧。在缸体的另一端装有防护罩,可防止尘土及泥土的侵入。缸体上方装有放气螺塞,以便放出液压系统中的空气。

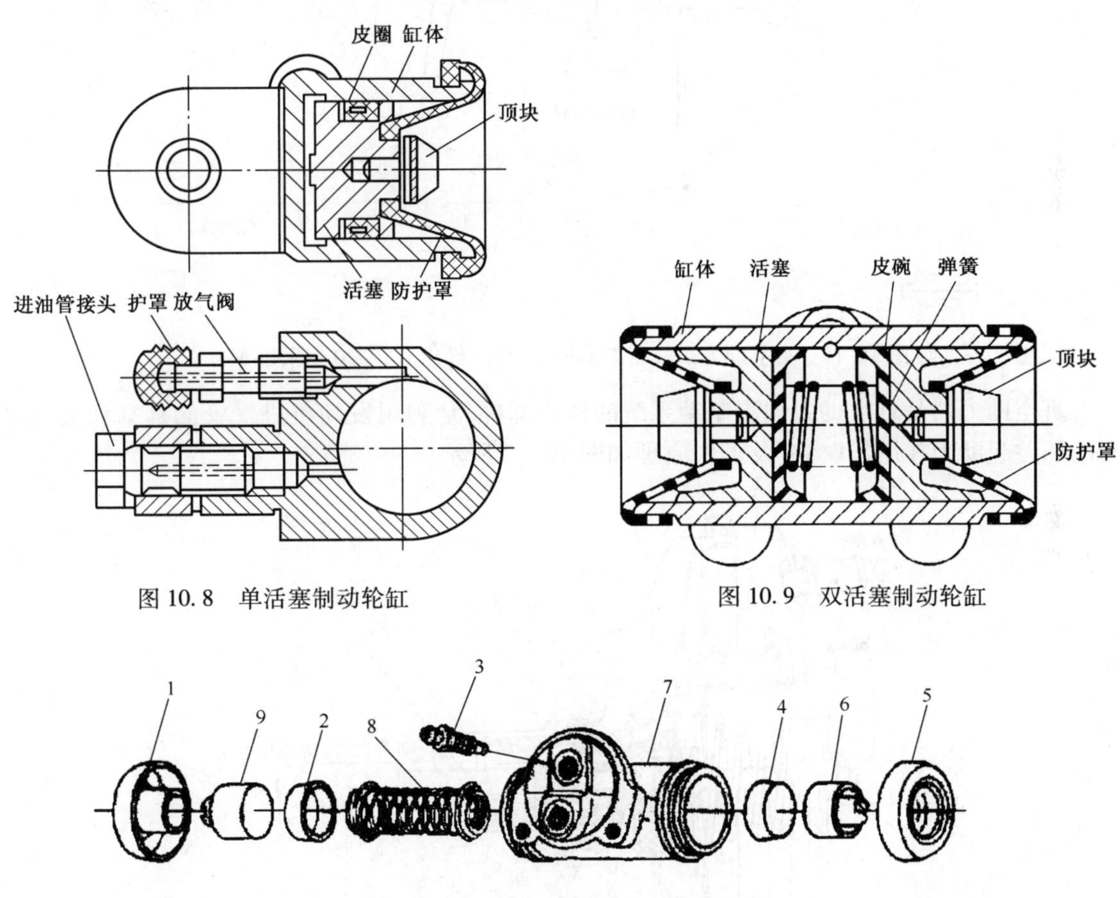

图 10.8　单活塞制动轮缸

图 10.9　双活塞制动轮缸

图 10.10　双活塞制动轮缸的分解图

1、5—防尘罩;2、4—皮碗;3—放气螺钉;6、9—活塞;7—轮缸体;8—复位弹簧总成。

4. 真空液压制动传动装置

汽车高速化后,采用人力液压制动的汽车,要求制动液压升高(可达 10~20MPa)方能产生与车速相适应的制动力矩,靠人力制动是难以实现的。特别是盘式制动系统,因制动器无助势作用,更必须加大制动液压。

在普通的液压制动系统中,加装真空加力装置,可以减轻驾驶员施加于制动踏板上的力,增加车轮的制动力，达到操纵轻便、制动可靠的目的。

1）真空助力式液压制动传动装置的组成

如图 10.11 所示为红旗 CA7220 型乘用车双管路真空助力式液压制动传动装置。其真空伺服气室和控制阀组合成一个整体部件，称为真空助力器。真空伺服制动气室的前方是串列双腔制动主缸，主缸输出的高压油液通过对角线布置的双回路液压制动管路传递到各个车轮制动器的制动轮缸。真空助力伺服制动系统广泛应用于各种轿车。

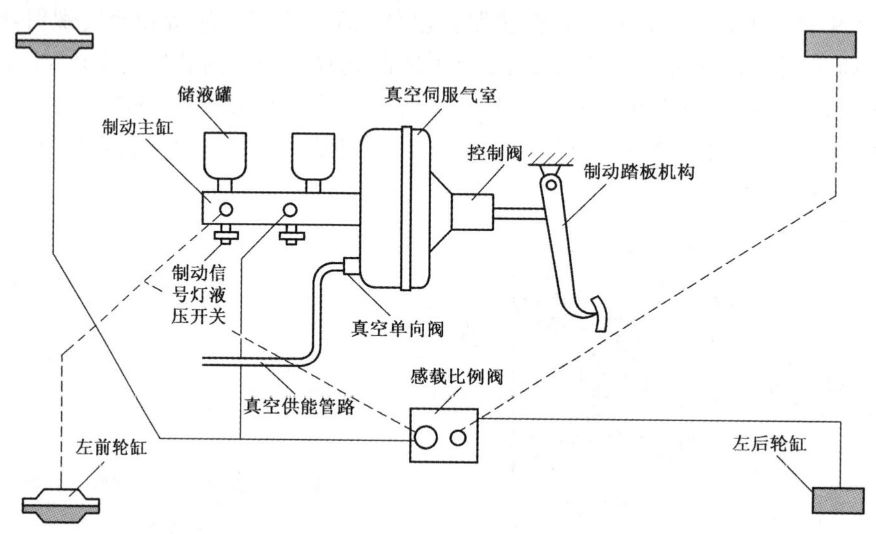

图 10.11　真空助力式液压制动传动装置（红旗 CA7220 型乘用车）

真空助力器是真空助力伺服制动系统的核心部件，是利用发动机进气管的真空和大气之间的压差起助力作用，其构造及工作原理如图 10.12 所示。

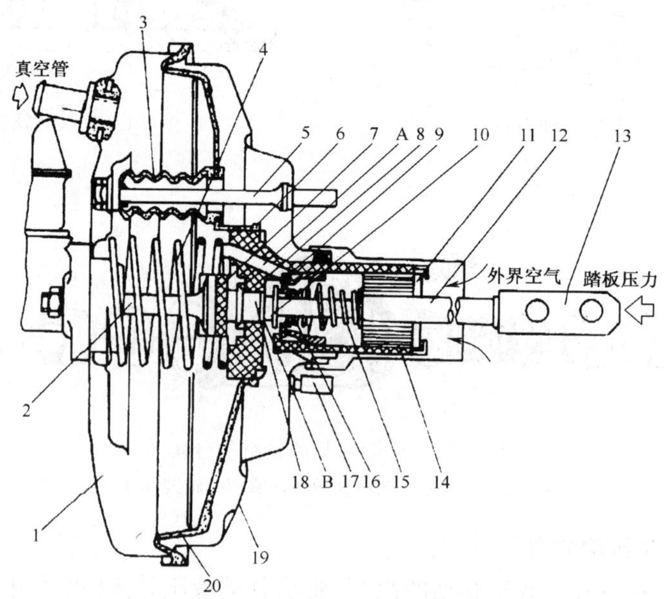

图 10.12　真空助力器结构示意图

1—伺服气室前壳体；2—制动主缸推杆；3—密封圈；4—膜片复位弹簧；5—导向螺栓；6—控制阀；7—橡胶反作用盘；8—膜片座；9—真空阀；10—空气阀；11—过滤环；12—控制阀推杆；13—调整叉；14—毛毡过滤环；15—控制阀推杆弹簧；16—阀门弹簧；17—螺栓；18—控制大柱塞；19—伺服气室后壳体；20—伺服气室膜片。

2）真空助力式液压制动传动装置工作原理

制动时，踩下制动踏板，踏板力推动控制阀推杆和控制阀柱塞向前移动，在消除柱塞与橡胶反作用盘之间的间隙后，再继续推动制动主缸推杆2，主缸内的制动液压油以一定压力流入制动轮缸。与此同时，在阀门弹簧16的作用下，真空阀也随之向前移动，直到靠压在膜片座8的阀座上，，从而使通道A与B隔绝。进而空气阀离开真空阀而开启，空气经过滤环、空气阀的开口和通道B充入伺服气室后腔。伺服气室前、后腔压差而产生推力，此推理通过膜片座8、橡胶反作用盘7推动制动主缸推杆1向前移动，此时制动主缸推杆上的作用力（即为踏板力）和伺服气室反作用盘推力的总和，使制动主缸输出压力成倍增高。

解除制动时，控制阀推杆弹簧15使控制阀推杆和空气阀向右移动，真空阀离开膜片座8上阀座，真空阀开启。伺服气室前、后腔相通，均为真空状态。膜片座和膜片在复位弹簧作用下复位，制动主缸解除制动。

任务2　盘式制动器的拆装与检查（表10.1）

表10.1　盘式制动器的拆装与检查

步骤	拆装与检查内容及注意事项	图　示
1	观察刹车警报灯是否常亮	
2	目测刹车摩擦片厚度	
3	拧松汽车轮胎紧固螺栓	

（续）

步骤	拆装与检查内容及注意事项	图　示
4	将车辆举升至轮胎离地约 30cm，取下轮胎	
5	将车辆举升至制动盘与胸口平齐位置	
6	将盘式制动器偏转后，拆下制动钳导向固定螺栓	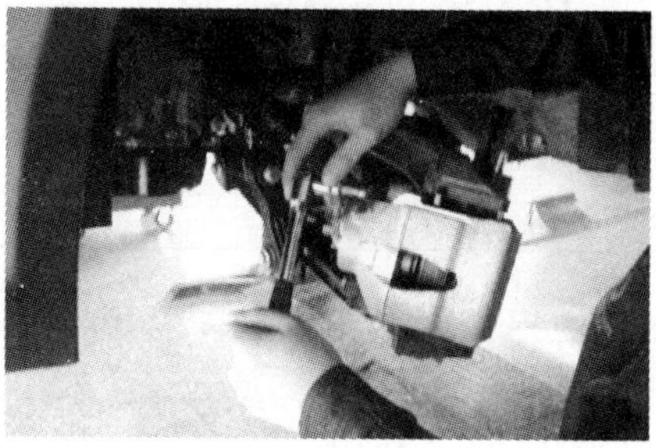
7	将制动分泵活塞复位后，拆下制动钳和制动摩擦片	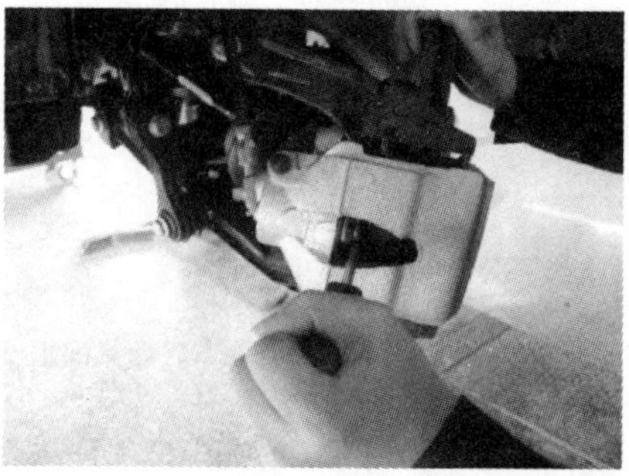

（续）

步骤	拆装与检查内容及注意事项	图　示
8	取下摩擦片放零件车上，观察摩擦片表面有无死灰和开裂现象	
9	用游标卡尺测量摩擦片厚度，参照《维修手册》，若小于或接近极限厚度，应更换摩擦片	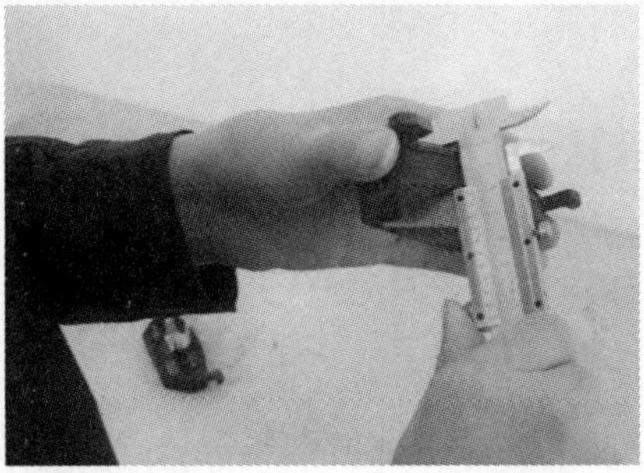
10	观察制动盘磨损情况	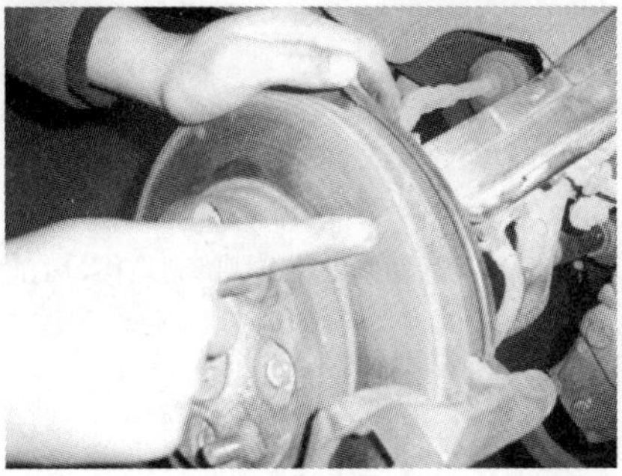
11	将内外摩擦片装入制动钳中，并将制动钳安装到制动钳支架上	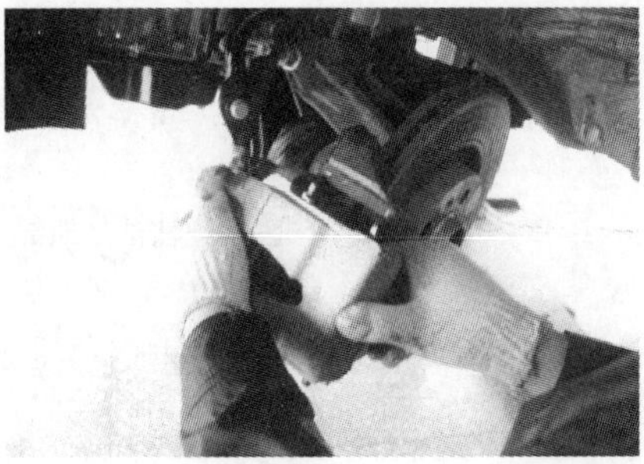

（续）

步骤	拆装与检查内容及注意事项	图　示
12	安装紧固制动钳导向固定螺栓，然后将车辆降到离地 30cm 的位置	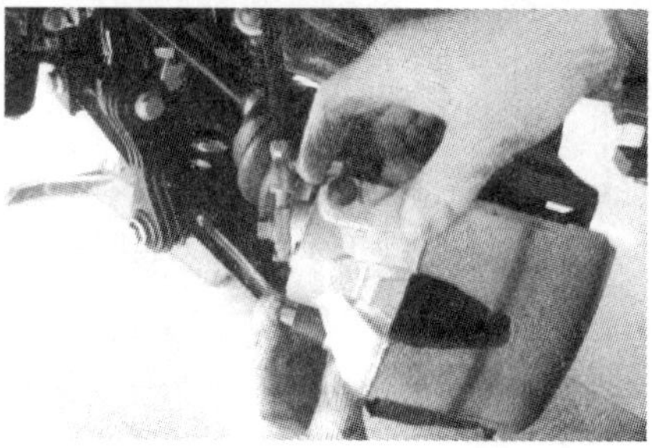
13	安装轮胎，用棘轮扳手拧紧轮胎螺栓	
14	将车辆降到地面，用扭力扳手将轮胎螺栓紧固到 110N · m	
15	清理工具、清洁场地	

项目 11　鼓式制动器的拆装与检查

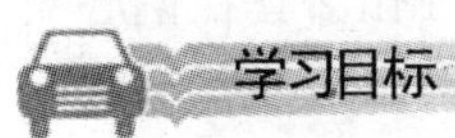

1. 了解液压、气压制动系统的结构及工作原理；
2. 掌握鼓式制动器的结构及工作原理；
3. 掌握鼓式制动器的拆装与检查的方法。

1. 鼓式制动器的结构原理；
2. 鼓式制动器的拆装与检查的方法。

任务 1　鼓式制动器的认知

1. 鼓式制动器概述

鼓式制动器也叫块式制动器，是靠制动块在制动轮上压紧来实现刹车的。鼓式制动是早期设计的制动系统，其刹车鼓的设计在 1902 年就已经使用在马车上了，直到 1920 年左右才开始在汽车工业广泛应用。鼓式制动器的主流是内张式，它的制动块（刹车蹄）位于制动轮内侧，在刹车的时候制动块向外张开，摩擦制动轮的内侧，达到刹车的目的。近 30 年中，鼓式制动器在轿车领域上已经逐步退出让位给盘式制动器。但由于成本比较低，仍然在一些经济类轿车中使用，主要用于制动负荷比较小的后轮和驻车制动。

2. 鼓式制动器的分类

1）按促动装置

鼓式制动器根据制动蹄张开装置（也称促动装置）形式的不同，可分为轮缸式制动器和凸轮式制动器，如图 11.1 所示。轮缸式制动器以液压制动轮缸作为制动蹄促动装置，多为液压制动系统所采用；凸轮式制动器以凸轮作为促动装置，多为气压制动系统所采用。

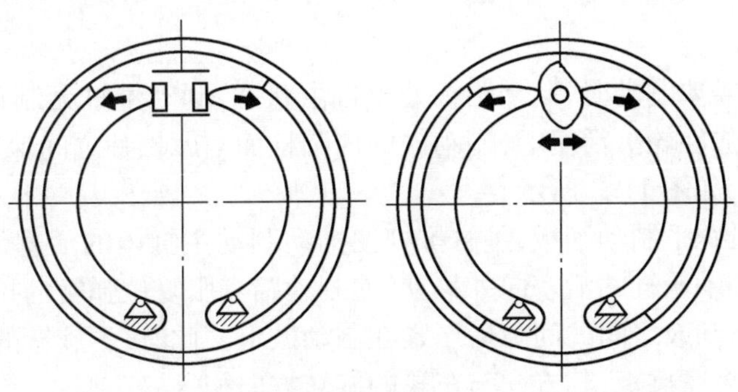

图 11.1　鼓式制动器

2）按制动蹄受力

根据制动时两制动蹄对制动鼓径向力的平衡状况，鼓式车轮制动器又分为非平衡式、平衡式（单向助势、双向助势）和自动增力式三种。

3）鼓式车轮制动器的结构

非平衡式鼓式车轮制动器（也称为领从蹄式制动器）的结构如图 11.2 所示。制动鼓与轮毂连接随着车轮旋转。制动底板用螺栓固定在后桥壳的凸缘上（前桥在转向节凸缘上）不能转动；其上部装有制动轮缸或凸轮，下端装有两个偏心支承销。制动蹄下端圆孔活套在偏心支承销，上端嵌入制动轮缸活塞凹槽中或顶靠在凸轮上；两制动蹄通过复位弹簧紧压住轮缸活塞或凸轮；制动鼓与轮毂连接随着车轮同步旋转。

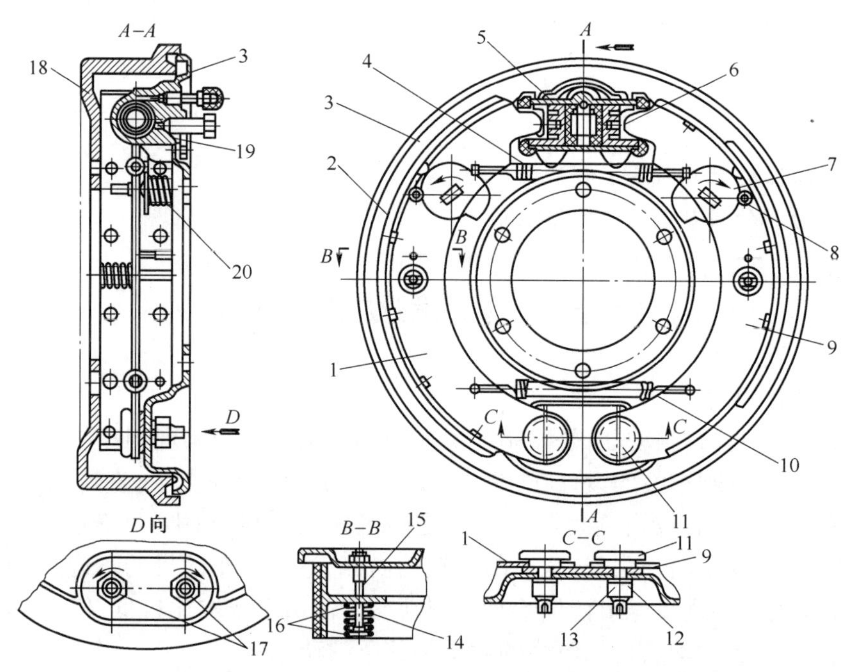

图 11.2　简单非平衡式鼓式车轮制动器结构示意图

1—前制动蹄；2—摩擦片；3—制动底板；4、10—复位弹簧；5—轮缸活塞；6—活塞顶块；7—调整凸轮；8—锁销；9—后制动蹄；11—支承销；12—弹簧垫圈；13—螺母；14—限位弹簧；15—制动蹄限位杆；16—弹簧座；17—标记；18—制动鼓；19—制动轮缸；20—凸轮压簧。

3. 工作原理

1）制动过程

汽车行驶中不需要制动时，制动踏板处于自由状态，制动主缸无制动液输出，制动蹄在复位弹簧的作用下压靠在轮缸活塞上，制动鼓的内圆柱面与摩擦片之间保留一定间隙，制动鼓可以随车轮一起旋转，如图 11.3 所示。

制动时，驾驶员踩下制动踏板，主缸推杆便推动制动主缸内的活塞前移，迫使制动液经管路进入制动轮缸，推动轮缸的活塞向外移动，使制动蹄克服复位弹簧的拉力绕支承销转动而张开，消除制动蹄与制动鼓之间的间隙后压紧在制动鼓上。此时，不旋转的制动蹄摩擦片对旋转的制动鼓就产生一个摩擦矩，其方向与车轮的旋转方向相反。

放松制动踏板，在复位弹簧的作用下，制动蹄与制动鼓的间隙又得以恢复，从而解除制动。

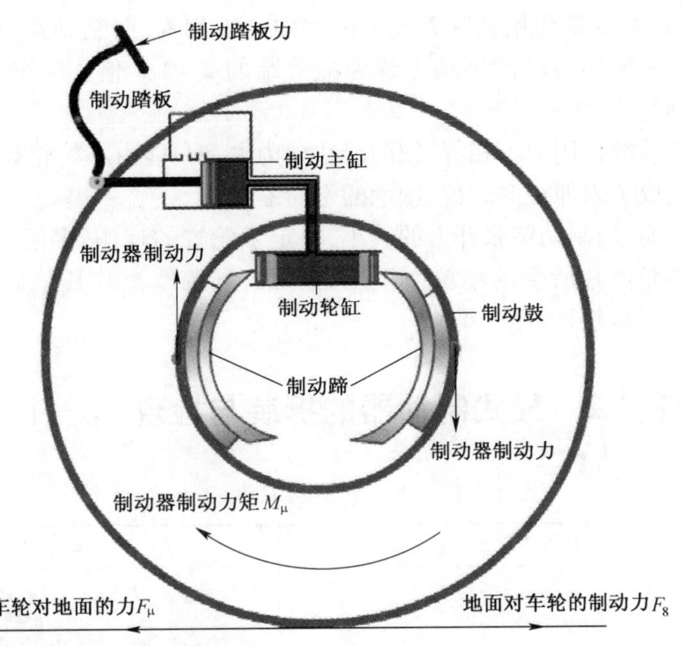

图 11.3　非平衡式鼓式车轮制动器工作原理图

2）制动蹄的增势和减势

如图 11.4 所示,汽车前进时制动鼓的旋转方向如箭头所示。在制动过程中,两制动蹄在相等的促动力 F_S作用下,分别绕各自的支承点向外偏转紧压在制动鼓上。同时旋转的制动鼓对两蹄分别作用着法向反力 F_{N1}和 F_{N2},以及相应的切向反力 F_{T1}和 F_{T2},F_{T1}作用的结果使得制动蹄 1 在制动鼓上压得更紧,则 F_{N1}变得更大,这种情况称为助势作用,相应的制动蹄被称为领蹄或助势蹄;与此相反,F_{T2}作用的结果则使得制动蹄 2 有放松制动鼓趋势,即 F_{N2}和 F_{T2}有减小的趋势。这种情况称为减势作用,相应的制动蹄被称为从蹄或减势蹄。

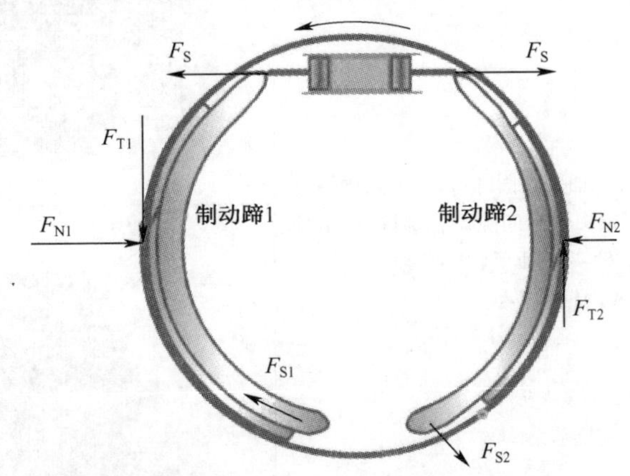

图 11.4　简单非平衡式鼓式车轮制动器的制动蹄受力分析

1—领蹄；2—从蹄；3、4—支承点；5—制动鼓；6—制动轮缸。

通过以上的分析,我们会得出这样的结论:虽然制动蹄 1、2 所受的促动力相等,但由于

F_{T1}和F_{T2}的作用方向相反，使得两制动蹄所受到的法向反力F_{N1}和F_{N2}不相等，且$F_{N1}>F_{N2}$，相应的$F_{T1}>F_{T2}$。所以制动蹄作用到制动鼓上的法向力不相等；两制动蹄对制动鼓所施加的制动力矩也不相等。一般助势蹄的制动力约为减势蹄的2～2.5倍。倒车时，两蹄受力情况互换，但制动效果相同。

制动蹄对制动鼓的作用力不相等，则两蹄法向力之和只能由车轮轮毂轴承的反力来平衡，这样对轮毂轴承造成了附加径向载荷，轴承的寿命缩短。

该制动器结构简单，制动蹄张开力的大小，决定于轮缸的液压，多用于轻型汽车的后轮制动。为了使前后蹄摩擦片所受的单位面积压力一致，前蹄摩擦片长于后蹄（宽度相等，包角大），使两片的寿命尽量接近，便于维修。

任务2　鼓式制动器的拆装与检查（表11.1）

表11.1　鼓式制动器的拆装与检查

步骤	拆装与检查内容及注意事项	图　示
1	拆下后桥半轴螺栓，从半轴导管中抽出半轴	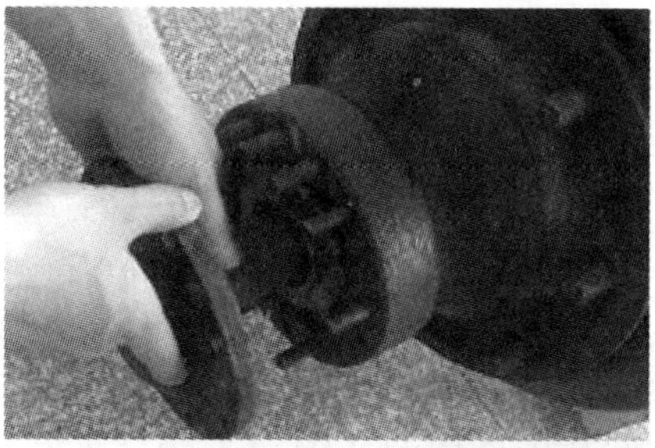
2	用专用工具拆下轴头紧固螺母，取下紧固螺母保险垫圈，拆下轴头轴承间隙调整螺母，取下轴头外轴承。取下轴头外轴承后应在轴承上做上标记，以免和轴头内轴承弄混	 

（续）

步骤	拆装与检查内容及注意事项	图　示
3	取下制动鼓，由于气压制动器的制动鼓很重，应小心从制动器上小心抬下，且手不应碰到制动鼓的内壁，以免弄脏制动鼓内壁	
4	用十字起和自制工具将制动蹄复位弹簧拆下	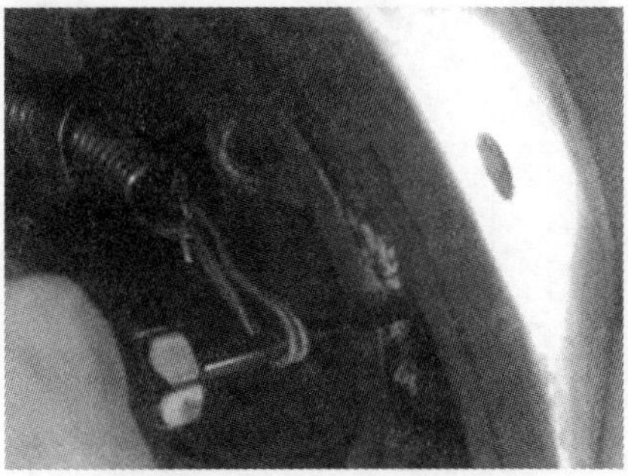
5	拆下制动支撑销紧固螺母、锁销，再将制动蹄和制动支撑销一起拆下。拆卸制动蹄后应在两块蹄片上分别坐上装配标记	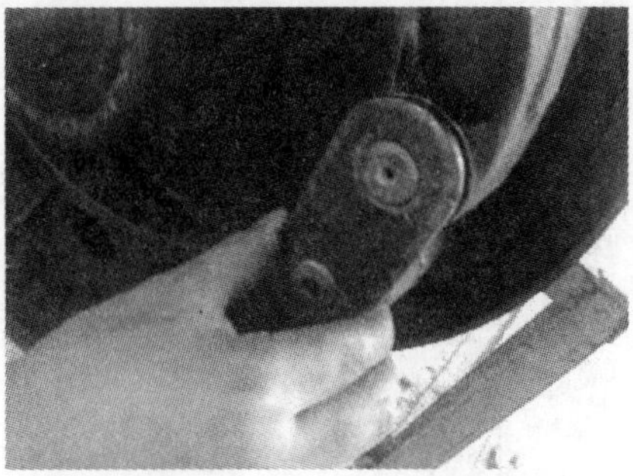
6	拆下制动调整臂锁销，从制动凸轮轴上去下制动调整臂	

（续）

步骤	拆装与检查内容及注意事项	图　示
7	取出制动凸轮轴，拧松制动凸轮轴内外支架紧固螺母，拆卸气压制动凸轮轴内外支架。拆卸时应先拆下制动凸轮轴再拆卸制动凸轮轴的内外支架	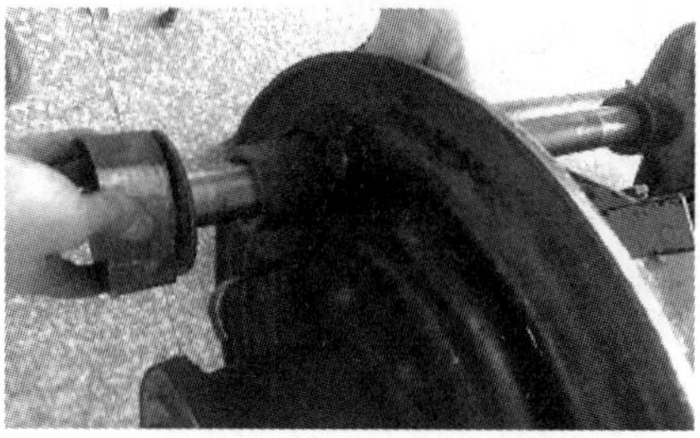
8	拆卸并分解气压制动分泵	
9	长期使用，使制动鼓磨损，造成制动鼓失圆、工作面出现沟槽等，且在汽车制动时，发生跑偏、响声或抖动现象。检查制动鼓的工作表面是否平整光滑与摩擦片贴合，符合技术标准	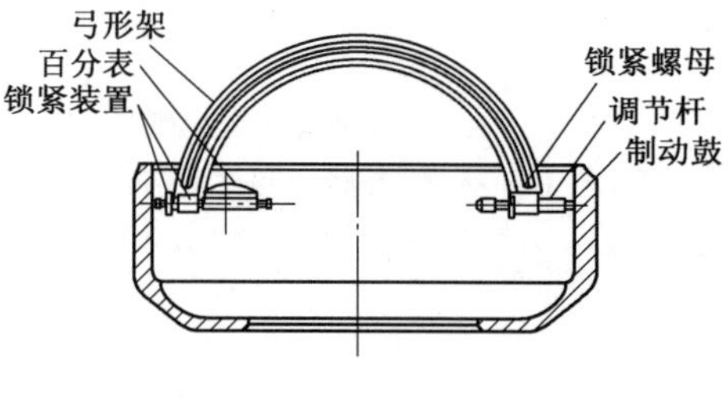 弓形架 百分表 锁紧装置 锁紧螺母 调节杆 制动鼓
10	观察并敲击检查，制动蹄及其摩擦片应无裂纹，用游标卡尺深度尺测量摩擦片铆钉头距摩擦片表面应不小于 0.80mm，衬片厚度应不小于 9mm，否则，换总成。若摩擦片油污较轻，需清洁后方可使用	

（续）

步骤	拆装与检查内容及注意事项	图　示
11	装配制动分泵	
12	装配制动凸轮轴内支架，装入内支架紧固螺栓，拧紧紧固螺栓，注意制动凸轮轴内支架的油嘴要朝里，内支架紧固螺栓上的放松钢绳应朝里，这样才能有效地放松螺栓	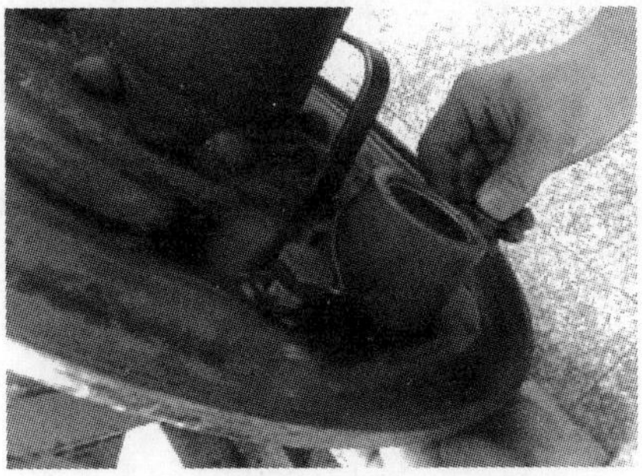
13	装配制动凸轮轴外支架，装入外支架紧固螺栓，拧紧紧固螺栓（3 颗），装入制动凸轮轴	
14	装配制动凸轮轴调整臂，将制动调整臂锁销装入。注意装配制动凸轮轴内外支架和制动凸轮轴时，应注意紧固螺栓不应紧死，应在调整完制动间隙之后再将紧固螺栓紧死	

（续）

步骤	拆装与检查内容及注意事项	图　示
	将制动蹄片和制动支撑销装，装上制动支撑销的锁销，拧上制动支撑销紧固螺母	
	装入轴头内轴承，将制动蹄片上的油污用砂纸打干净。注意装配制动支撑销时将大头朝里，支撑销的紧固螺母不要拧死，这样便于制动鼓的装配和装配后调整制动间隙	
15	装上制动鼓、轴头外轴承以及油封。注意轴头轴承间隙调整螺母拧紧后应回 90°，以保证内外挡轴承之间有足够的游动间隙	
	装入保险垫圈和外所紧螺母，轴头紧固螺母要用装用工具加适当的扭矩拧紧。注意装保险垫圈时要将其上凸出的一块对准半轴套管上的保险槽，同时保险垫圈上的孔要对准内紧固螺母上的定位销	

（续）

<table>
<tr><th>步骤</th><th>拆装与检查内容及注意事项</th><th>图　示</th></tr>
<tr><td>16</td><td>将半轴装入半轴导管内，按规定扭矩拧紧半轴螺栓</td><td></td></tr>
<tr><td rowspan="3">17</td><td>逆时针拧紧制动调整臂蜗杆轴螺母，使制动凸轮轴架死凸轮轴端制动蹄</td><td></td></tr>
<tr><td>紧固制动凸轮轴内外支架紧固螺母（5 颗）</td><td>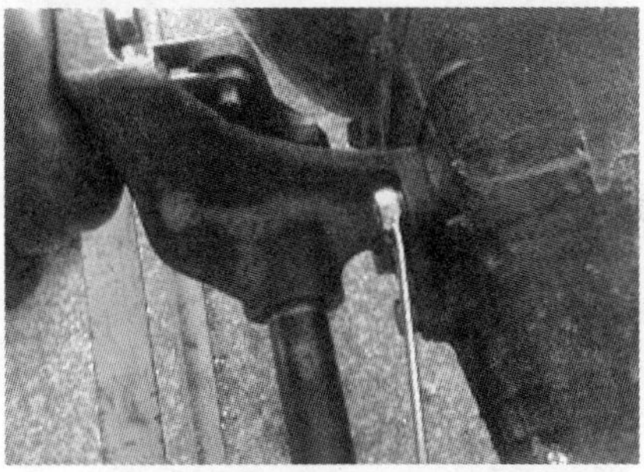</td></tr>
<tr><td>用活动扳手扳动制动支撑销，找到支撑销的上下止点并划上记号，找到上下止点的 1/2 处并画线，用活动扳手将制动支撑销调整到 1/2 处，拧紧制动支撑销紧固螺母。注意制动支撑销的 1/2 处一定要找准，否则将使制动支撑销端的制动摩擦片间隙过小</td><td></td></tr>
</table>

（续）

步骤	拆装与检查内容及注意事项	图　示
17	制动调整臂蜗杆轴螺母顺时针方向松开3个90°，使制动凸轮轴端的制动蹄获得足够的制动间隙，这时用手转动制动鼓应能自由转动且与摩擦片无碰撞现象，允许有轻微的摩擦沙沙声。注意一定要回满3个90°，否则将造成制动凸轮轴端的制动蹄的制动间隙过小	
	用塞尺分别检查制动凸轮轴端和制动支撑销端的制动蹄片的制动间隙。注意制动凸轮轴端制动蹄的标准间隙应为0.40～0.55mm，制动支撑销端制动蹄的标准间隙为0.25～0.40mm，检查上下两蹄片两端的间隙，如果所有的间隙符合要求，则间隙调整合适，否则需重新调整	

项目 12　驻车制动器的检查与调整

学习目标

1. 了解驻车制动系统的作用与组成；
2. 掌握驻车制动器的工作原理；
3. 掌握驻车制动器各部件的结构；
4. 了解电子驻车制动器的基本功能；
5. 掌握电子手刹的结构及工作原理；
6. 能够正确检查和调整驻车制动器。

知识要点

1. 驻车制动器的工作原理；
2. 电子手刹的结构原理；
3. 正确检查调整驻车制动器。

任务 1　驻车制动器的认知

1. 驻车制动器的组成与功用

如图 12.1 所示为驻车制动器的组成。乘用车的驻车制动与行车制动常共用一套制动器，称为车轮驻车制动器。驻车制动器又称手制动器，其作用是使汽车停放可靠，便于在坡路上起步，并可在行车制动器失效后应急制动或配合行车制动器进行紧急制动。多数驻车制动器安装在变速器或分动器之后，也有少数汽车装在后驱动桥输入轴前端，称为中央驻车制动器。

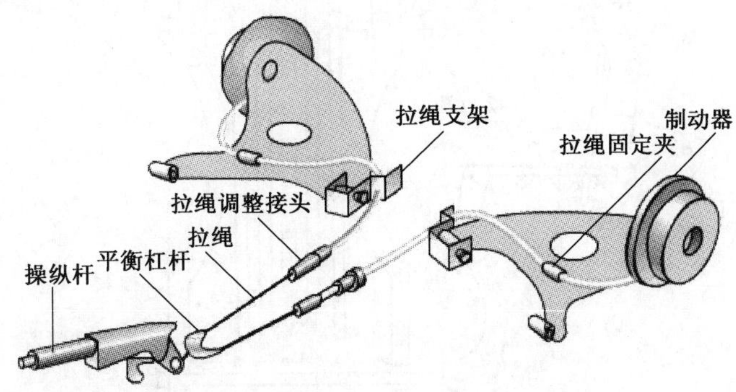

图 12.1　驻车制动器的组成

2. 驻车制动器的类型与工作原理

1）驻车制动器的类型

驻车制动器按作用分有中央制动器（图 12.2）和复合制动器（图 12.3）两种类型。传动机构有机械式、液力式和气压式。

图 12.2　中央制动器

图 12.3　复合制动器

多数汽车的驻车制动器安装在变速器或分动器之后，也有少数装在主减速器主动轴的前端。因为其基本处在汽车中央的位置，所以这类制动装置又称中央制动装置。中央制动器多采用蹄鼓式制动器，它可采用高制动效能的自动增力式制动器，其外廓尺寸小，易于调整，防泥沙性能好，停车后没有制动热负荷，因而得到广泛应用。

有的汽车由于底盘结构空间的限制或前轮驱动的原因，在后轮制动器中加装必要的机构，使之兼做驻车制动器，即为复合驻车制动装置，但是传动机构是相互独立的。复合制动装置有强力弹簧式和车轮制动式两种。目前重型载货汽车普遍采用中央制动器，而轿车则较多采用复合驻车制动装置。

2）驻车制动器的工作原理

乘用车常采用驻车制动与行车制动共用一套制动器，称为车轮驻车制动器。图 12.4 所示为蹄盘式驻车制动器示意图。制动蹄支架用螺栓固定在变速器壳体后壁。制动盘与变速器第二轴的花键凸缘连接，制动蹄支架用螺钉固定于变速器壳体的后壁上，传动拉杆用销轴与固定

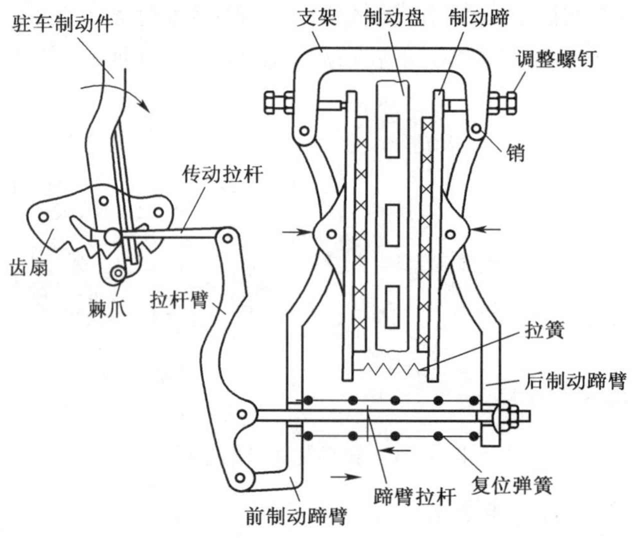

图 12.4　蹄盘式驻车制动器及其传动机构示意图（解放 CA1092 型汽车）

于变速器壳上的齿扇板铰接,下端有棘爪,利用棘爪拉杆和手柄上的弹簧,能将制动器锁止在某一位置。

不制动时,驻车制动杆处于最前位置。在复位弹簧及拉簧的作用下,两制动蹄摩擦片与制动盘之间保持一定间隙,制动器无制动作用。

制动时,驻车制动杆上端后扳,传动拉杆带动拉杆臂逆时针摆动,推动前制动蹄臂和制动蹄后移,同时,通过拉杆拉动后制动蹄臂,压缩复位弹簧,后制动蹄前移,两制动蹄即夹紧制动盘,产生制动作用。这时,棘爪将手制动杆锁止在制动位置。

解除制动时,按下制动杆上端的拉杆按钮,使下端棘爪脱出,然后将制动杆推向前端位置,前后蹄在复位弹簧作用下复位,制动解除。

3. 电子驻车系统

控制单元控制的电子驻车制动系统简称为 EPB 系统。EPB 系统去掉了普通机械式驻车制动系统的手柄或是踏板等机械装置,通过一个 EPB 开关对驻车制动器进行控制,该系统不仅实现了驻车制动的电子化控制,同时 EPB 控制单元通过数据总线与 ESP 系统链接,可以实现车辆的自动停止固定功能和动态的应急制动。

现代车辆上装配的电子驻车制动系统有两种形式,一种是通过驻车制动执行电动机驱动制动拉线使驻车制动系统工作的鼓式电子驻车制动系统。另外一种是将驻车制动执行电动机安装于后轮两侧的制动卡钳上,由驻车制动执行电动机控制制动卡钳的活塞。

1) 基本功能

(1) 静态驻车制动。

车辆在停止时,按下 EPB 开关(无论点火开关是 ON 或 OFF,以及行车制动的状态),EPB 系统工作制动锁止车辆。释放驻车制动时,点火开关处于 ON 位置(发动机工作或熄火均可),踩下行车制动踏板,拉起 EPB 开关,EPB 系统停止制动锁止。当然如果车辆的发动机盖和后备厢盖以及 4 个车门都是 OFF 状态时,变速器杆从 P 位移到 R 位或 D 位时,EPB 系统也会自动释放。

(2) 动态应急制动。

车辆在行驶过程中,驾驶员按下 EPB 开关,EPB 控制单元收到开关信号后通过数据总线要求 ESP 系统控制行车制动,如果行车制动系统或是 ESP 系统故障,由 EPB 控制单元直接控制驻车制动系统工作(仅限于后轮)来应对这种紧急情况。EPB 系统的动态制动控制是持续进行的,直到松开 EPB 开关为止。在动态制动工作期间,驻车制动警告灯将会一直闪烁。

(3) 自动车辆固定功能。

自动车辆固定(AVH)功能也称制动力自动保持,由 ESP 系统实现该功能的控制。主要是为了应对车辆由于路面交通信号使车辆在 D 挡停止时对车轮进行液压制动的控制。也同时是为了保证车辆在上坡起步时车辆不会后移,在部分欧洲车上该功能可以通过操作显示器的菜单或是使用诊断仪激活或是取消该功能。

(4) 制动间隙自动调整。

对于以鼓式制动为主的电子驻车制动系统,当制动蹄因磨损而导致制动间隙过大时,EPB 控制单元在每次执行驻车制动操作时会通过执行电动机内的拉力传感器感知这一变化,然后执行电动机就会适时地收紧制动拉线,从而自动调整间隙。而对于以盘式制动为主的电子驻车制动系统则是通过每次执行驻车制动操作时执行电动机内的霍尔传感器测量到的执行电动机旋转的圈数来感知制动间隙的改变,然后利用电动机齿轮箱的工作推动螺杆来自动调整间隙。

(5) 应急释放功能。

当 EPB 系统出现机械故障或是因为电压不足导致系统不能够释放制动器时,可以使用车辆上配备的专用工具插入到执行电动机上预留的应急释放孔内,通过放置或拉动的方式松开制动蹄片或制动卡钳,以解除后轮的驻车制动功能。

2) 电子手刹的结构及工作原理

下面以整合卡钳式电子手刹系统为例介绍 EPB 系统的结构及工作原理。整合卡钳式电子手刹摒弃了钢索牵引式手刹的钢索,采用了导线进行信号传递,因而有利于车辆组装及手刹系统简化。但整合卡钳式电子手刹需要专用的制动卡钳和相关的驻车制动执行机构,因而成本较高。

如图 12.5 所示为大众迈腾的卡钳式电子手刹驱动部件结构图。由电动机、传动带、减速机构、心轴螺杆以及制动活塞组成。整个电子手刹系统的执行部件均位于后轮制动卡钳上,信号通过导线传导。

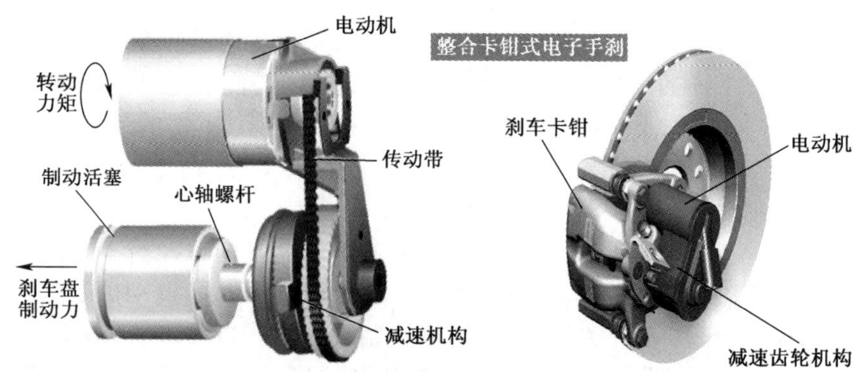

图 12.5 大众迈腾的卡钳式电子手刹驱动部件

当驾驶员按下电子手刹按钮时,电子手刹控制模块接收来自按钮的信号。如当前车辆的行驶状态符合电脑中所预设的条件,控制模块则会向执行机构的电动机施加 12V 电压让其转动。电动机释放的扭矩通过减速机构传递到心轴螺杆,心轴螺杆通过螺栓螺母机构推动制动活塞轴向运动实现对后轮的制动。

3) 电子手刹的工作模式

(1) 手动驻车制动模式。

该工作模式通过驾驶员操作电子驻车制动拉杆进行锁止与释放驻车制动拉索的操作。

当驾驶员抬起电子驻车控制拉杆时,如果自动模式没有激活,且车辆行驶速度小于 10km/h。ESP 动态稳定性控制系统根据车辆停放的坡度向电子驻车制动控制 ECU 发出锁止信号:坡度大于等于 10%,则发出 136N 的锁止信号;坡度小于 10%,则发出 104N 的锁止信号。车辆此时处于驻车状态。

当驾驶员放下电子驻车控制拉杆,且踩下制动踏板或者加速踏板时,ESP 动态稳定性控制系统根据车辆停放的坡度向电子驻车制动控制 ECU 发出释放指令。

如要牵引车辆,为保证车辆的位置,驾驶员可以通过连续抬拉杆(5s)进行最大力度的锁止。达到最大锁止状态时,会出现特殊的报警声和信息提示。

（2）自动驻车制动模式。

驾驶员没有在多功能显示屏上取消自动驻车功能时，自动驻车制动处于激活状态。当车辆行驶速度小于0.7km/h且5s内无再次起动趋势时，ESP动态稳定性控制系统根据车辆停放的坡度向电子驻车制动控制ECU发出锁止信号：坡度大于等于10%，则发出136N的锁止信号；坡度小于10%，则发出104N的锁止信号。车辆此时处于驻车状态。

当车辆要起步，驾驶员踩下离合器踏板或挂入自动变速器挡位（前进挡或倒挡），或者踩下加速踏板时，ESP动态稳定性控制系统根据车辆停放的坡度向电子驻车制动控制ECU发出释放指令。

（3）电子驻车制动工作监控策略。

发动机停机车辆停驻后，驾驶员离开车辆。此时，车载计算机进入休眠模式，电子驻车制动仍可在一段时间内运行ESP动态稳定性控制系统功能，具体依据断电时车辆所处的坡度而定：坡度大于6%，功能维持30min；坡度小于6%，功能维持10min；如果检测到力值下降高于20N，电子驻车制动计算机对制动钳实施附加力，以保证达到ESP动态稳定性控制系统计算机的要求。

ESP计算机通过轮速传感器信号检测轮胎的转动并确定车辆的移动速度。如果仅检测到前面轮胎的旋转，电子驻车制动不会实施任何功能。如果检测到车辆移动，ESP计算机向电子驻车制动系统发出指令重新按照最大力锁紧。

（4）紧急制动（动态）模式。

车速超过10km/h时，可以激活动态制动。当主制动装置（脚制动）出现故障时，如果车速大于10km/h，驾驶员按压电子驻车控制拉杆，可以通过ESP动态稳定性控制系统的功能使车辆四轮制动，且驾驶员请求的制动力与按压在电子驻车控制拉杆的时间成比例。如果制动液压管路出现故障，ESP动态稳定性控制系统无法工作，驾驶员拉起电子驻车控制拉杆，电子驻车制动系统将继续工作，制动两个后轮。

任务2　驻车制动器检查与调整（表12.1）

表12.1　驻车制动器检查与调整

步骤	检查与调整内容及注意事项	图　示
1	用手拉起驻车制动杠杆	

（续）

步骤	检查与调整内容及注意事项	图　示
2	松开驻车制动器锁,并将驻车制动杠杆放回到关闭位置	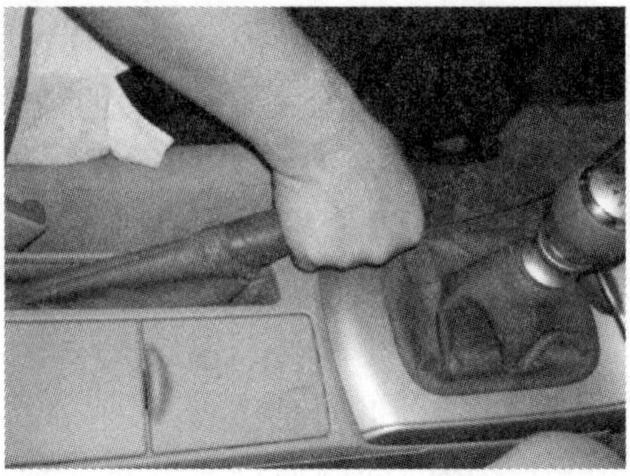
3	缓慢将驻车制动杠杆向上拉到底,并计算咔嗒声的次数	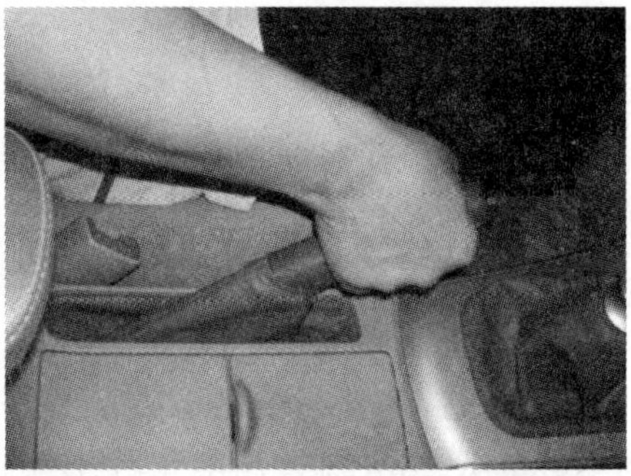
4	拆下仪表板左右装饰板(卡子)。拆卸时注意卡子方向,不可使用蛮力硬拉,或者用锤子、起子等工具大力拆卸,防止卡子折断	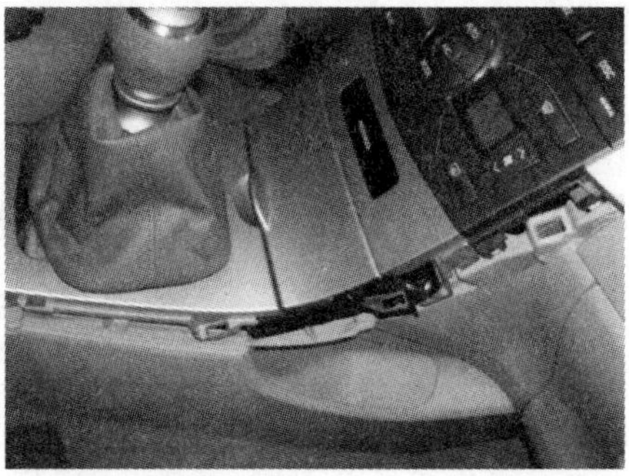
5	拆下仪表盒总成(2颗梅花螺丝钉、卡子)	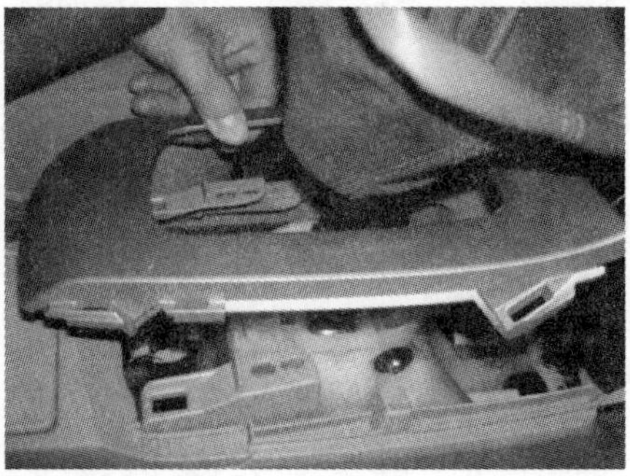

（续）

步骤	检查与调整内容及注意事项	图　　示
6	拆下换挡杆把手分总成（逆时针旋转）	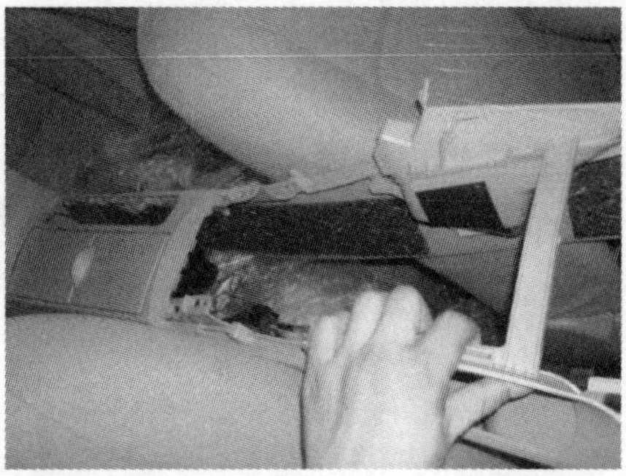
7	取下地板控制台毡垫拆下后拆下地板控制台总成（4 颗 10#螺栓、2 颗梅花螺丝钉、卡子）	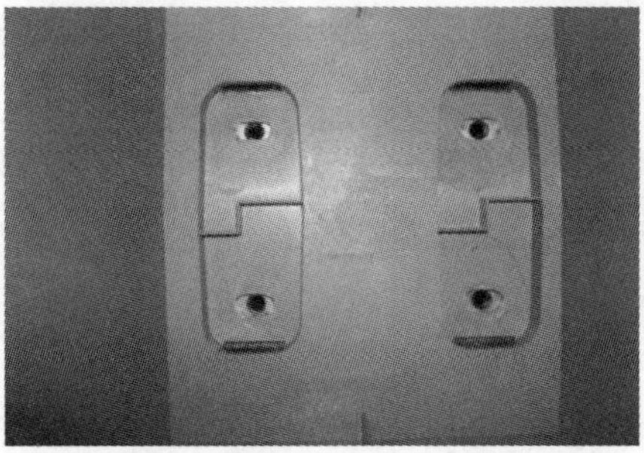
8	松开锁紧螺母（10#开口、梅花扳手配合，开口扳手固定调整螺母，梅花扳手松开锁紧螺母）	
9	旋转调整螺母使驻车制动杠杆行程修正至规定范围内（驻车制动杠杆行程：200N 时为 6~9 个槽口）（需多次试验）	

（续）

步骤	检查与调整内容及注意事项	图　示
10	旋紧锁紧螺母（方法同松开锁紧螺母）扭矩：6.0N·m	
11	操作驻车制动杠杆3~4次，并检查驻车制动杠杆行程	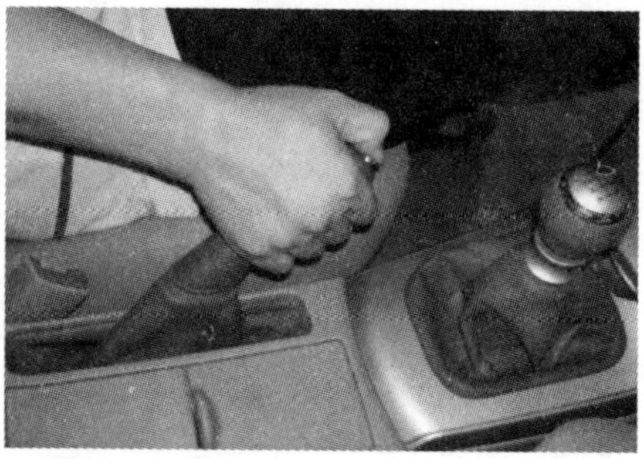
12	松开驻车制动杆，检查并确认后盘式制动器制动缸操作杆和挡块之间的间隙在规定范围内（间隙：0.5mm或更小）	
13	检查驻车制动是否卡滞	

（续）

步骤	检查与调整内容及注意事项	图　示
14	清洁工具及场地	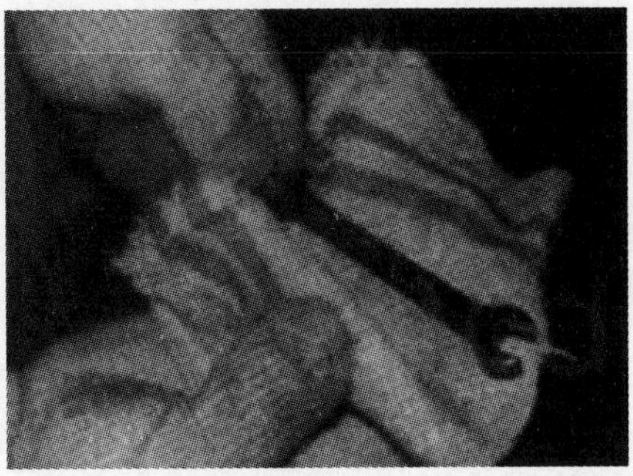

项目 13　ABS 轮速传感器的检查与更换

学习目标

1. 了解 ABS 制动系统的类型和特点;
2. 掌握 ABS 的基本组成和工作原理;
3. 掌握 ABS 组要组成构件的工作原理;
4. 能正确使用设备检测轮速传感器故障;
5. 学会 ABS 轮速传感器的检查与更换。

知识要点

1. ABS 的组成与工作原理;
2. 轮速传感器的检查与更换。

任务 1　ABS 的认知

1. 概述

防抱死制动系统(Anti-lock Braking System,ABS)的作用是保证汽车在任何路面上进行紧急制动时,自动控制和调节车轮制动力,防止车轮完全抱死,从而得到最佳的制动效果。

1) 普通制动系统工作阶段

普通制动系统工作时,基本上分三个阶段:第一阶段车轮作单纯的滚动,路面印痕与胎面花纹基本一致,如图 13.1 所示。第二阶段车轮处于边滚动边滑动的状态,路面印痕可以辨认出轮胎花纹,但花纹逐渐模糊,如图 13.2 所示。第三阶段车轮被制动器抱死在路面上拖滑,路面印痕不能辨认出轮胎花纹,如图 13.3 所示。

图 13.1　纯滚动　　　　图 13.2　边滚边滑

2) 附着系数 ϕ 与滑移率 S 的关系

附着系数 ϕ 与滑移率 S 的关系如图 13.4 所示。附着系数 ϕ 是附着力与车轮法向(与路面垂直的方向)压力的比值。它可以看成是轮胎和路面之间的静摩擦系数。这个系数越大,可利用的附着力就越大,汽车就越不容易打滑。

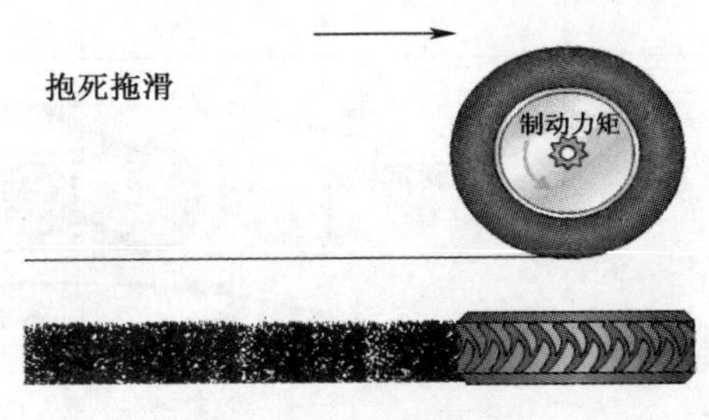

图 13.3　抱死拖滑

一般用滑移率 S 表示车轮运动过程中的滑动成分所占的比例。

$$S = (v - r \cdot \omega)/v \times 100\%$$

式中：S 为滑移率；v 为车速；ω 为车轮转速；r 为车轮半径。

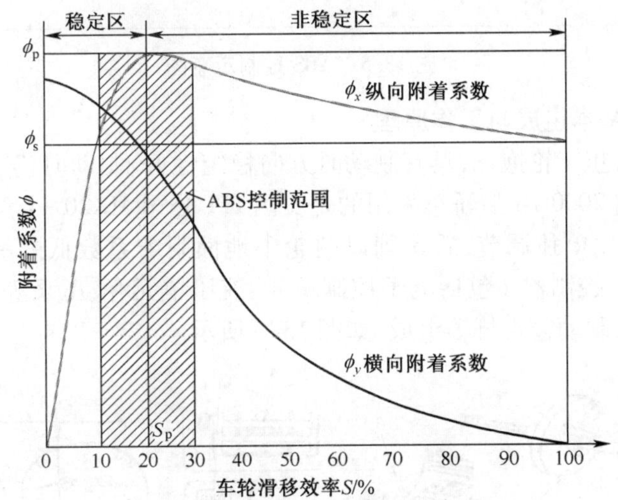

干燥硬实路面附着系数与滑移率的关系

图 13.4　附着系数 ϕ 与滑移率 S 的关系

$S<20\%$ 为制动稳定区域；$S>20\%$ 为制动非稳定区域

车轮抱死拖滑时，制动力降低，而且无法控制汽车的行驶方向，出现不稳定的状态。实践证明，滑移率在 20%时，具有最大的附着系数，可获得最佳制动效果。因而防抱死制动系统能够在汽车制动时将滑移率控制在最有利的 20%范围内，从而避免制动过程中的侧滑，跑偏和丧失转向能力，提高了汽车的操纵性能和稳定性能。同时还能得到最大制动力，缩短制动距离，提高制动性能，如图 13.5 所示。

遇到紧急状况，驾驶员只要尽可能地用力踩下刹车踏板即可，其他的事情交给 ABS 来处理，因此驾驶者可以专心地处理紧急状况。

2. ABS 系统的分类

(1) ABS 系统从目前看可分为：波许(Bosch) ABS 系统、坦孚(Teves) ABS 系统、达科(Delco) ABS 系统和本迪克斯(Bendix) ABS 系统，这 4 种系统都是目前广泛应用的系统。

(2) 按控制通道和传感器数目分类：四通道式、三通道式、二通道式、一通道式。

(3) 按照制动压力调节器的动力来源分为液压式和气压式。

(4) 按照制动压力调节器调压方式分为流通式和变容式。

(5) 按制动压力调节器与制动总泵结构关系分为整体式和分离式。

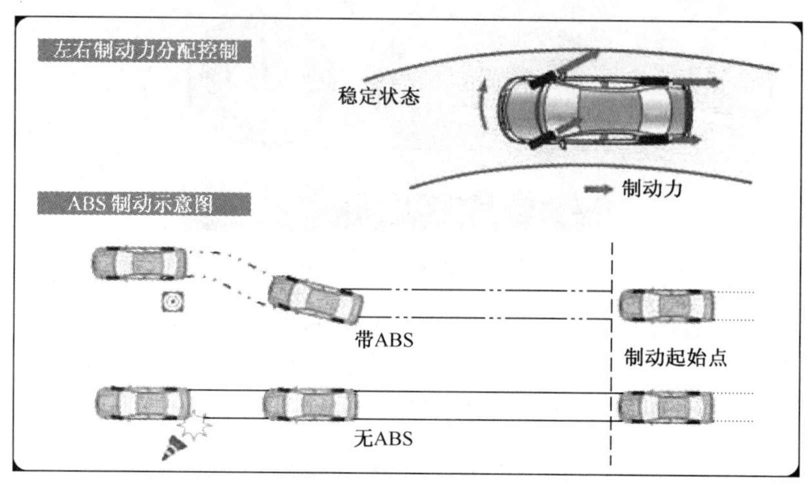

图 13.5　ABS 控制示意图

3. ABS 系统的基本组成与工作原理

ABS 系统能够防止车轮抱死，具有制动时方向稳定性好、制动时仍有转向能力、缩短制动距离等优点。桑塔纳 2000Gsi 型轿车采用的是美国 ITT 公司 MK20-Ⅰ型 ABS 系统，是三通道的 ABS 调节回路，前轮单独调节，后轮则以两轮中地面附着系数低的一侧为依据统一调节。ABS 系统主要由 ABS 控制器（包括电子控制单元、液压单元、液压泵等）、四个车轮转速传感器、ABS 故障警告灯、制动警告灯等组成，如图 13.6 所示。

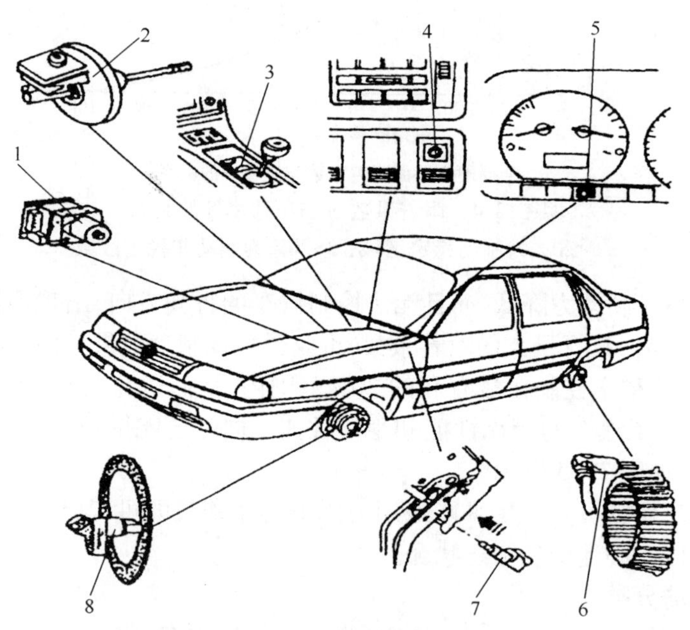

图 13.6　ABS 系统组件在车上的安装位置

1—ABS 控制器；2—制动主缸和真空助力器；3—自诊断插口；4—ABS 警告灯；5—制动警告灯；6—后轮转速传感器；7—制动灯开关；8—前轮转速传感器。

ABS 系统的基本工作原理是：汽车在制动过程中，车轮转速传感器不断把各个车轮的转速信号及时输送给 ABS ECU，ABS ECU 根据设定的控制逻辑对 4 个转速传感器输入的信号进行处理，计算汽车的参考车速、各车轮速度和减速度，确定各车轮的滑移率。如果某个车轮的滑移率超过设定值,ABS ECU 就发出指令控制液压控制单元,使该车轮制动轮缸中的制动压力减小;如果某个车轮的滑移率还没达到设定值,ABS ECU 就控制液压单元,使该车轮的制动压力增大;如果某个车轮的滑移率接近于设定值时,ABS ECU 就控制液压控制单元,使该车轮制动压力保持一定。从而使各个车轮的滑移率保持在理想的范围之内,防止 4 个车轮完全抱死。

在制动过程中,如果车轮没有抱死趋势,ABS 系统将不参与制动压力控制,此时制动过程与常规制动系统相同。如果 ABS 出现故障,ECU 将不再对液压单元进行控制,并将仪表板上的 ABS 故障警告灯点亮,向驾驶员发出警告信号,此时 ABS 不起作用,制动过程将与没有 ABS 的常规制动系统的工作相同。

4. ABS 系统主要部件结构与工作原理

1) ECU

ECU 是 ABS 系统的控制中心,它实际上是一个微型计算机,所以又常称为 ABS(ECU)电脑。ABS ECU 由输入电路、数字控制器、输出电路和警告电路组成。主要任务是连续监测接受 4 个车轮转速传感器送来的脉冲信号,并进行测量比较、分析放大和判别处理,计算出车轮转速、车轮减速度以及制动滑移率,再进行逻辑比较分析 4 个车轮的制动情况,一旦判断出车轮将要抱死,它立刻进入防抱死控制状态,通过电子控制单元向液压单元发出指令,以控制制动轮缸油路上电磁阀的通断和液压泵的工作来调节制动压力,防止车轮抱死。

ABS ECU 还不断地对自身工作进行监控。由于 ABS ECU 中有两个完全相同的微处理器,它们按照同样的程序对输入信号进行处理,并将其产生的中间结果与最终结果进行比较,一旦发现结果不一致,即判定自身存在故障,它会自动关闭 ABS 系统。此外 ABS ECU 还不断监视 ABS 系统中其他部件的工作情况,一旦 ABS 系统出现故障,如车轮速度信号消失,液压压力降低等,ECU 会发出指令而关闭 ABS 系统,并使常规制动系统工作,同时将故障信息存储记忆,并将仪表板上的 ABS 故障灯点亮,向驾驶员发出警示信号,此时应及时检查修理。

当点火开关接通时,ECU 就开始进行自检程序,对系统进行自检,此时 ABS 故障灯点亮。如果自检以后发现 ABS 系统存在影响其正常工作的故障,它将关闭 ABS 系统,恢复常规制动系统,仪表板上 ABS 故障灯一直点亮,警告驾驶员 ABS 系统存在故障。自检结束后,ABS 故障灯就熄灭,表明系统工作正常。由于自检过程大约需要 2s,因此在正常情况下,当点火开关接通时,ABS 故障灯点亮 2s,然后再自动熄灭,是正常的。反之如果点火开关接通时,ABS 故障灯不亮,说明 ABS 故障灯或其线路存在故障,应对其进行检修。

2) 液压控制单元和液压泵

液压控制单元装在制动主缸与制动轮缸之间,采用整体式结构,如图 13.7 所示。主要任务是转换执行 ABS ECU 的指令,自动调节制动器中的液压压力。

低压储液罐与电动液压泵合为一体装于液压控制单元上。低压储油罐的作用是用于暂时存储从轮缸中流出的制动液,以缓和制动液从制动轮缸中流出时产生的脉动。电动液压泵的作用是将在制动压力阶段流入低压储液罐中的制动液及时送至制动主缸,同时在施加压力阶段,从低压储液罐中吸取剩余制动力,泵入制动循环系统,给液压系统以压力支持,增加制动效能。电动液压泵的运转是由电子控制单元控制的。

液压控制单元阀体内包括 8 个电磁阀,每个回路各一对,其中一个是常开进油阀,一个是常闭出油阀。它在制动主缸、制动轮缸和回油路之间建立联系,实现压力升高、压力保持和压力降低的功能,防止车轮抱死,其工作原理如下:

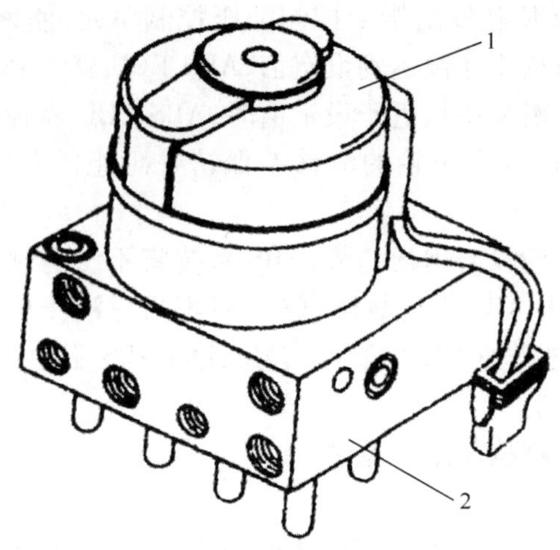

图 13.7　液压控制单元结构

1—带低压储液罐的电动液压泵；2—液压单元。

（1）开始制动阶段（系统油压建立）。开始制动时，驾驶员踩制动踏板，制动压力由制动主缸产生，经常开的不带电压的进油阀作用到车轮制动轮缸上，此时，不带电压的出油阀依然关闭，ABS 系统没有参与控制，整个过程和常规液压制动系统相同，制动压力不断上升，如图 13.8所示。

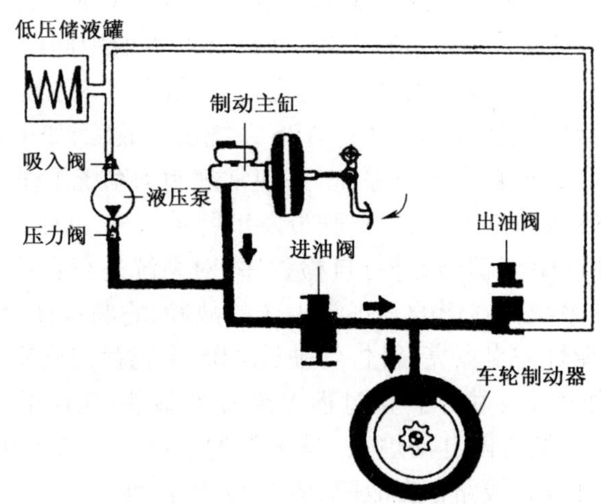

图 13.8　系统油压的建立

（2）油压保持。当驾驶员继续踩制动踏板，油压继续升高到车轮出现抱死趋势时，ABS 电子控制单元发出指令使进油阀通电并关闭阀门，出油阀依然不带电压仍保持关闭，系统油压保持不变，如图 13.9 所示。

（3）油压降低。若制动压力保持不变，车轮有抱死趋势时，ABS ECU 给出油阀通电打开出油阀，系统油压通过低压储液罐降低油压，此时进油阀继续通电保持关闭状态，有抱死趋势的车轮被释放，车轮转速开始上升。与此同时，电动液压泵开始起动，将制动液由低压储液罐送至制动主缸，如图 13.10 所示。

（4）油压增加。为了使制动最优化，当车轮转速增加到一定值后，ECU 给出油阀断电，关闭此阀门，进油阀同样也不带电而打开，电动液压泵继续工作从低压储液罐中吸取制动液泵入液压制动系统，如图 13.11 所示。随着制动压力的增加，车轮转速又降低。这样反复循环地控

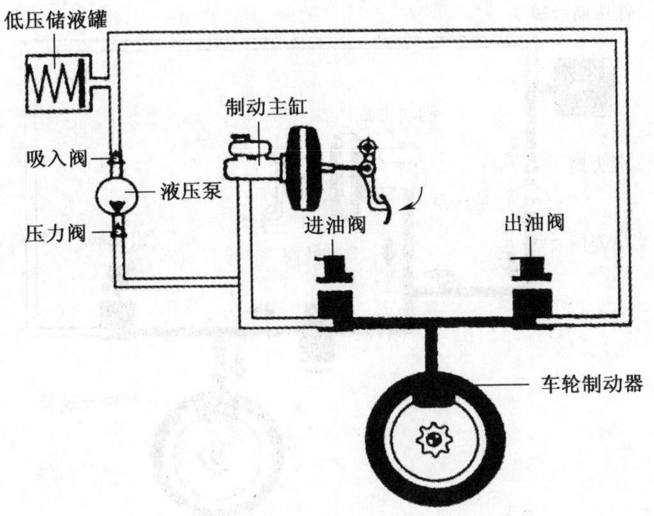

图 13.9　油压保持

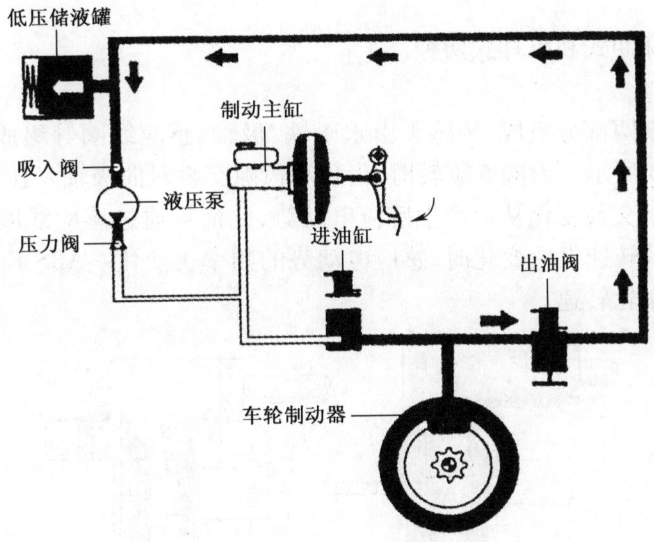

图 13.10　油压降低

制(工作频率为 5~6 次/s),将车轮的滑移率始终控制在 20%左右。

如果 ABS 系统出现故障,进油阀始终常开,出油阀始终常闭,使常规液压制动系统继续工作而 ABS 系统不工作,直到 ABS 系统故障排除为止。

3）故障警告灯

ABS 系统在仪表板及仪表板附加部件上装有两个故障警告灯,一个是 ABS 警告灯,另一个是制动装置警告灯。

两个故障警告灯正常点亮的情况是:当点火开关打开起动至自检结束(大约 2s);在拉紧驻车制动装置时警告灯点亮。如果上述情况灯不亮,说明故障警告灯本身或线路有故障。

如果 ABS 故障灯常亮,说明 ABS 系统出现故障;如果制动装置警告灯常亮,说明制动液缺乏。

4）车轮速度传感器

其作用是接受车速传感器输送的车速信号,并将车速信号转换成电信号传送到 ECU。车

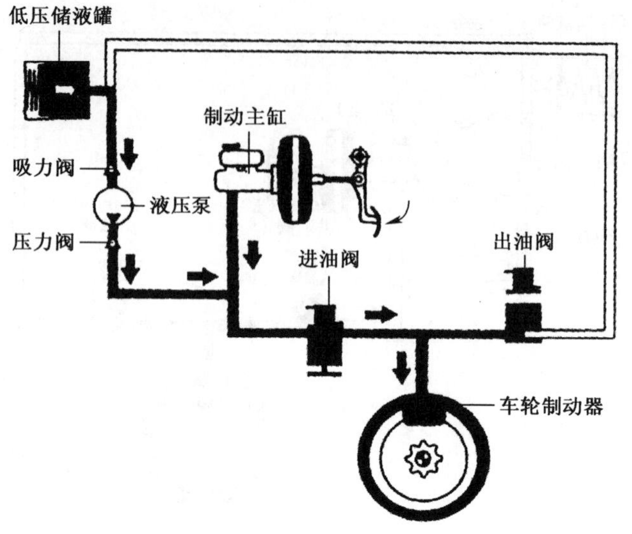

图 13.11　油压增加

轮转速传感器有磁脉冲式和霍耳式两种。

(1) 磁脉冲式。

由传感头和齿圈两部分组成,传感头由永磁铁、极轴、感应线圈等组成,如图 13.12 所示。工作原理如图 13.13 所示。齿圈 6 旋转时,齿顶和齿隙交替对向极轴。在齿圈旋转过程中,感应线圈内部的磁通量交替变化从而产生感应电动势,此信号通过感应线圈末端的电缆 1 输入 ABS ECU。当齿圈的转速发生变化时,感应电动势的频率也变化。ABS ECU 通过检测感应电动势的频率来检测车轮转速。

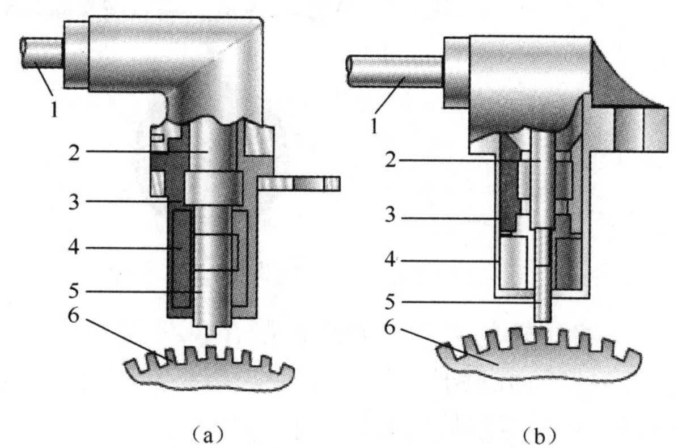

图 13.12　磁脉冲式车轮转速传感器

(a)凿式极轴;(b)柱式极轴。

1—电缆;2—永磁体;3—外壳;4—感应线圈;5—极轴;6—齿圈。

(2) 霍耳式。

由传感头和齿圈组成,传感头由永磁体、霍耳元件、电子电路等组成,如图 13.14 所示。

永磁体磁力线通过霍尔元件通向齿圈,当齿隙正对霍耳元件中心时,穿过霍耳元件的磁力线分散,磁场较弱;当齿顶正对霍耳元件中心时,磁力线集中,磁场较强。齿圈转动时,磁场强弱发生交替变化,从而引起霍耳电压的变化。

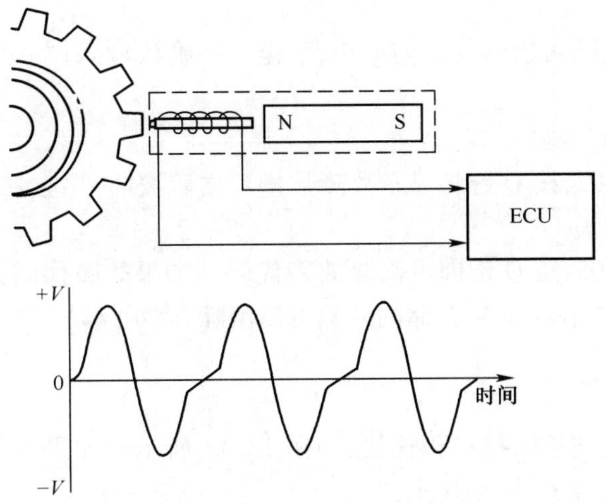

图 13.13　工作原理

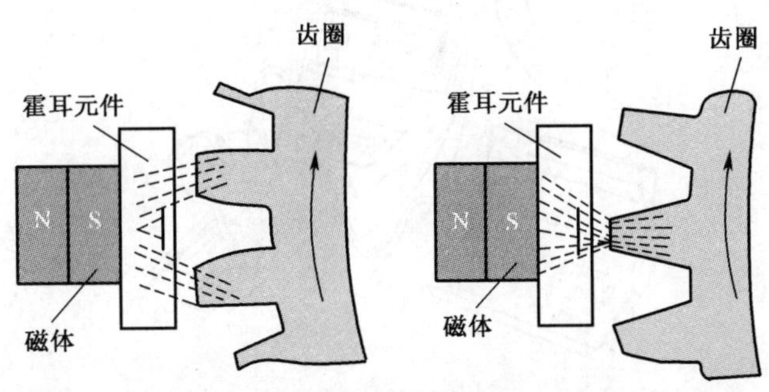

图 13.14　霍耳式车轮转速传感器

其优点是输出信号幅值不受转速影响，频率响应高，抗电磁干扰能力强。

任务 2　ABS 轮速传感器的检查与更换

1. 用 V. A. G1552 检测轮速传感器故障

1）V. A. G1552 故障阅读仪操作方法及功能简介

ABS 系统故障诊断可使用 V. A. G1552 故障诊断仪来操作。

V. A. G1552 操作方法如下：

（1）在断电情况下，将 V. A. G1552 故障诊断仪与诊断插座连接后，打开点火开关。

（2）键入“03”后按“Q”键，即进入 ABS 工作环境。

（3）键入所需的功能代码。

（4）键入“06”后按“Q”键，退出。

（5）在断电后，拆下 V. A. G. 1552 故障诊断仪。

功能简介如下：

功能 01 ——状态信息显示；功能 02 ——故障查询；功能 03 ——液压控制单元诊断；功能 04 ——加液排气；功能 05 ——清除故障代码；功能 06 ——结束，退出；功能 07 ——控制器编码；功能 08 ——测量数据显示（如轮速信号等）。

功能键如下：

C 键——取消，更改输入数据及当前菜单；Q 键——确认输入；“→”键——下一步；HELP 键——帮助信息。

2）查询和清除故障代码

在功能选择处输入 02，按 Q 键将显示故障数量。之后按“→”键，将依次显示每一故障的故障代码和内容。

在功能选择处输入 05，按 Q 键即可清除故障代码。如果故障代码无法清除，表示这个故障代码代表的故障一直存在。如果存储的故障可以消除，表示这是一个偶发性故障，须在实车行驶时才能重新检测到。

查询故障代码：

（1）将 V. A. G1552 与诊断接口相连接，如图 13.15 所示。如果屏幕上无显示，则应检查自诊断的插口，打开点火开关，屏幕显示：

图 13.15　V. A. G1552 与诊断接口的连接

Test of vehicle systems　　HELP Insert address word XX
汽车系统测试　　帮助 输入地址指令 XX

（2）输入地址码 03“制动电子系统”。屏幕显示：

Test of vehicle systems　　Q 03 Brake electronics
汽车系统测试　　确认 03-制动电子系统

（3）按 Q 键确认。屏幕显示：

3A0 907 379 ABS ITT AE 20 GI VOD Coding 04505　　WCS XXXXX
3A0 907 379 ABS ITT AE 20 GI VOD 编码 04505　　WCS XXXXX

其中：3A0 907 379 ABS 为控制单元零件号；ITT AE 20 GI 为公司 ABS 产品型号；VOD 为

软件版本;Coding 04505 为控制单元编码号;WCS XXXXX 为维修站代码。

(4) 按"→"键,屏幕显示:

Test of vehicle systems　　HELP Select function XX
汽车系统测试　　帮助 选择功能 XX

(5) 输入功能代码"02"(查询故障代码功能)。屏幕显示:

Test of vehicle systems　　Q 02-Interrogate fault memory
汽车系统测试　　确认 02-查询故障代码

(6) 按 Q 键确认。然后在显示器上出现所存储的故障数量,或者"未发现故障"。

X　Faults recognized
发现 X 个故障
No　faults recognized
未发现故障

(7) 按"→"键,所显示的故障依次显示出来。故障显示完毕后,按"→"键返回初始位置。

清除故障代码和结束输出:

(1) 查询故障代码后,屏幕显示:

Test of vehicle systems　　HELP Select function XX
汽车系统测试　　帮助 选择功能 XX

(2) 输入功能码"05"(清除故障代码功能)。屏幕显示:

Test of vehicle systems　　Q 05-Erase fault memory
汽车系统测试　　确认 05-清除故障代码

(3) 按 Q 键确认,屏幕显示:

Test of vehicle systems　　HELP Fault memory is erased!
汽车系统测试　　帮助 故障存储已被清除

(4) 按"→"键,如果在屏幕上出现显示"Attention! Fault memory has not been interrogated"

（注意:故障存储未被查询）,则检测过程有缺陷,应遵循正确的检测过程,即先查询再清除故障代码。屏幕显示:

Test of vehicle systems	HELP
Select function XX	
汽车系统测试	帮助
选择功能 XX	

（5）输入 06“结束输出”功能。屏幕显示:

Test of vehicle systems	Q
06-end output	
汽车系统测试	确认
06-结束输出	

（6）按 Q 键确认。屏幕显示:

Test of vehicle systems	HELP
Enter address XX	
汽车系统测试	帮助
输入地址指令 XX	

关闭点火开关,拔下 V. A. G1552 故障阅读仪的插头。打开点火开关后,ABS 的警告灯 K47 和制动系警告灯 K118 亮约 2s 后必须熄灭。

3）读取轮速传感器测量数据块

功能 08“读取测量数据块”中,01 和 02“显示组”可用于检测转速传感器工作情况,03“显示组”可用于检测制动灯开关的功能。

（1）连接 V. A. G1552,输入地址码 03“制动电子系统”,并按 Q 键确认,屏幕显示:

Test of vehicle systems	HELP
Select function XX	
汽车系统测试	帮助
选择功能 XX	

（2）输入 08“读取测量数据块”功能,按 Q 键确认。屏幕显示:

Read measuring Value block	Q
Enter display group number XX	
读取测量数据块	确认
输入显示组号 XX	

（3）输入显示组“01”,按 Q 键确认。屏幕显示(汽车静止时):

Read measuring Value block 1			→
0km/h	0km/h	0km/h	0km/h

读取测量数据块 1 →
0km/h 0km/h 0km/h 0km/h

(4) 为了检查转速传感器工作情况,必须用举升机升起车辆,使四个离地,另一修理工用手转动车轮。屏幕显示(用手转动车轮时):

Read measuring Value block 1 →
1 2 3 4
读取测量数据块 1 →
1 2 3 4

其中:显示区域 1、2、3 和 4 分别是用手转动左前轮、右前轮、左后轮和右后轮的速度,单位是 km/h,范围为 0~255。

(5) 按"↑"键,进入下一个显示组。屏幕显示(汽车静止时):

Read measuring Value block 2 →
255km/h 255km/h 255km/h 255km/h
读取测量数据块 2 →
255km/h 255km/h 255km/h 255km/h

(6) 放下汽车,缓慢行驶。屏幕显示(缓慢行驶时):

Read measuring Value block 2 →
3km/h 6km/h 2km/h 1km/h
读取测量数据块 2 →
3km/h 6km/h 2km/h 1km/h

其中:区域 1 和 2 的数据偏差<6km/h 为正常,区域 3 和 4 的数据偏差<2km/h 为正常。

(7) 按"↑"键,屏幕显示:

Read measuring value block 3
0
读取测量数据块 3
0

2. ABS 轮速传感器的拆检步骤(表 13.1)

表 13.1 ABS 轮速传感器的拆检步骤

步骤	拆检内容及注意事项	图 示
1	将车辆停放在举升机的中央位置,拉紧驻车制动装置,并将变速器置于空挡,再将转向盘套、换挡手柄套、座椅套、地板垫进行安装,铺设	

（续）

步骤	拆检内容及注意事项	图　示
2	解码仪与诊断接口相连接，如果屏幕上无显示，则应检查自诊断的插口，打开点火开关，读取故障码	
3	将举升机上的车辆举升到离地适当的高度	
4	拔下轮速传感器导线插头，从减振器卡箍内脱出传感器线束。注意：拔插轮速传感器导线插头时应关闭点火开关，防止损坏电控单元；拔轮速传感器导线插头时严禁使用一字起等类似工具进行撬动，防止损坏插头和电器元件	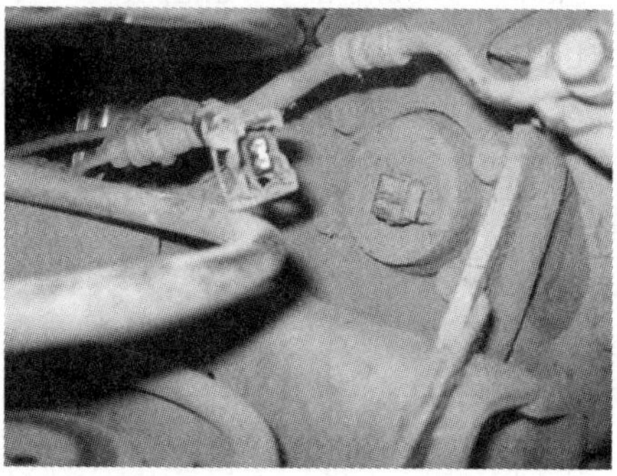
5	测量轮速传感器电源端子对地电压，标准值为5V，测量轮速传感器信号端子对地电压，标准值应在0.5～1.05V之间	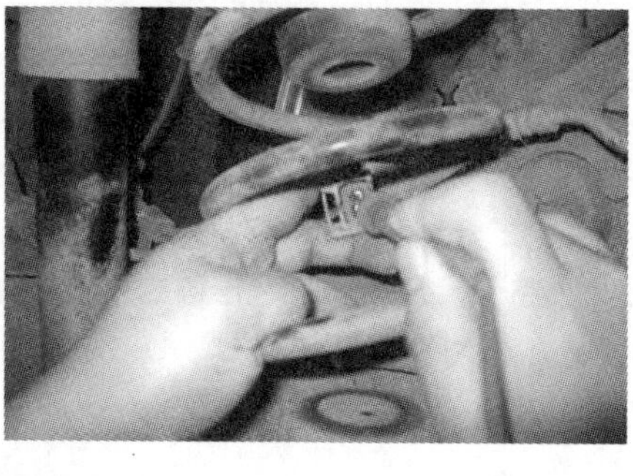

（续）

步骤	拆检内容及注意事项	图　示
6	用万用表测量轮速传感器的感应线圈的电阻值。注意：电阻值应为 1.0 ~ 1.3kΩ，如测量值不在规定范围内，更换轮速传感器	
7	用内六角扳手拧松轮速传感器的固定螺栓，取出固定螺栓后，用手转动拔出轮速传感器，并将工具以及轮速传感器放好。注意：轮速传感器应放好，否则会损坏轮速传感器	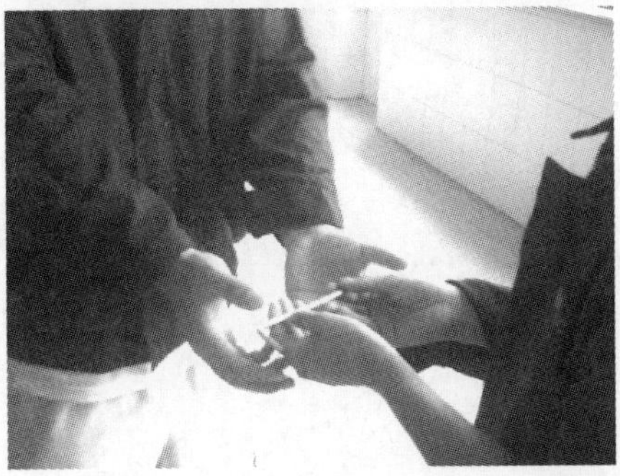
8	将轮速传感器的传感头用棉布擦干净，以防止传感头脏污会影响轮速传感器的感应灵敏度和输出电压信号失准	
9	将轮速传感器插入转向节上的轮速传感器孔中，用手旋入轮速传感器固定螺栓，用内六角扳手拧紧螺栓，（力矩为 10N · m），最后将传感器插头插到插座上	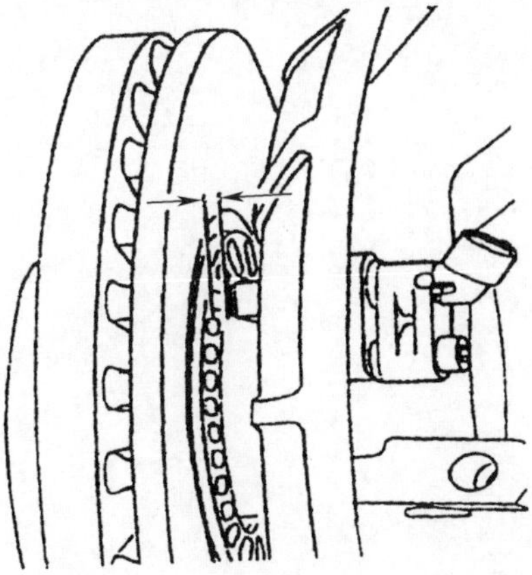

（续）

步骤	拆检内容及注意事项	图　示
10	放下举升机,清理工具、仪器,清洁场地	

项目 14　轮胎的拆装

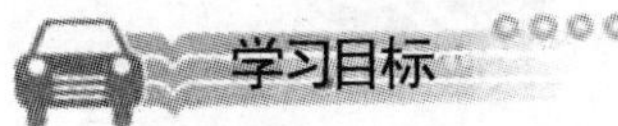

1. 掌握轮胎的功用；
2. 掌握轮胎的分类方法及各类型轮胎的优缺点；
3. 了解充气轮胎的构造；
4. 掌握轮胎规格的表示方法；
5. 理解轮胎的载荷等级与速度等级；
6. 掌握轮胎的拆卸、检查与安装方法。

知识要点

1. 轮胎的功用；
2. 轮胎的分类方法及各类型轮胎的优缺点；
3. 轮胎规格的表示方法；
4. 轮胎的拆卸、检查与安装方法。

任务 1　轮胎的认知

1. 轮胎的功用与分类

1）轮胎的功用

轮胎安装在轮辋上，其主要作用是支承汽车的总质量；传递驱动力和制动力；吸收和缓和汽车行驶时所受到的部分冲击和振动；以保证汽车有良好的乘坐舒适性和行驶平顺性，保证轮胎与路面的良好附着，以提高汽车的动力性、制动性和通过性。

2）轮胎的分类

（1）现代汽车几乎全部采用充气轮胎。按照结构不同，充气轮胎可分为有内胎轮胎和无内胎轮胎两种。

（2）充气轮胎根据工作气压的大小可分为高压胎（0.5~0.7MPa）、低压胎（0.2~0.5MPa）和超低压胎（0.2MPa 以下）。高压胎的滚动阻力小，节省燃料。低压胎胎面较宽，与地面接触面积大附着性好，弹性好，减振性能强，壁薄散热性好，因而广泛用于轿车。超低压胎断面宽度大，在松软路面上具有良好的通过能力，多用于越野汽车及部分高级轿车。

（3）为使轮胎与路面之间有良好的附着性能，轮胎胎面上制有各种凹凸花纹。根据花纹的不同，轮胎可分为普通花纹轮胎、越野花纹轮胎和混合花纹轮胎，如图 14.1 所示。

普通花纹轮胎的花纹沟槽细而浅，花纹块的接地面积大，适用于较好路面。它有纵向花纹和横向花纹两种。横向花纹轮胎耐磨性好，不易夹石子；但散热性能差，工作噪声较大，不宜高速行驶。纵向花纹的轮胎滚动阻力小，噪声小，防侧滑和散热性好，高速行驶性能好；但甩石性

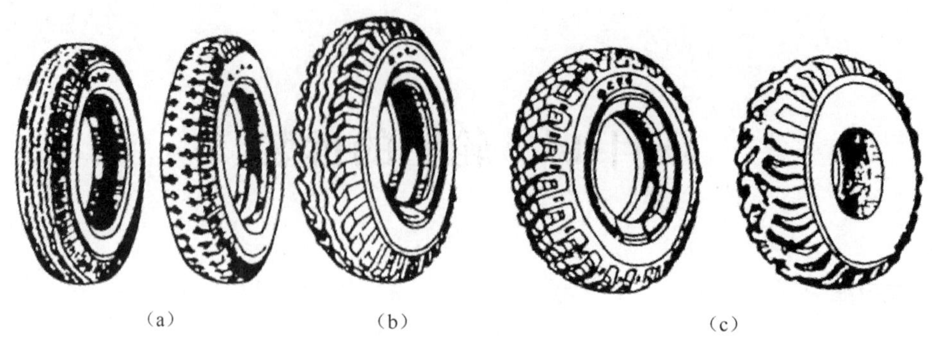

图 14.1 轮胎花纹

(a)普通花纹(纵向花纹与横向花纹);(b)混合花纹;(c)越野花纹(马牙型花纹与人字形花纹)。

和排水性差。

越野花纹轮胎的花纹沟槽深而宽,花纹块接地面积较小,防滑性能好。在安装“人”字形花纹轮胎时,应注意要将“人”字尖端指向汽车前进方向,以提高排泥性能。

混合花纹轮胎的特点介于普通花纹和越野花纹之间,胎冠中部花纹多为菱形或纵向锯齿形,两边为横向大块越野花纹。其缺点是耐磨性能较差,行车噪声大以及胎面磨损不均匀等。

(4)充气轮胎按胎体中帘线排列的方向不同,还可分为普通斜线轮胎和子午线轮胎。

2. 充气轮胎的构造

1)有内胎轮胎

有内胎轮胎由外胎、内胎和垫带等组成,如图 14.2 所示。外胎是一个具有一定弹性的高强度外壳,用耐磨橡胶制成,用于保护内胎不受外力损害,外胎直接与地面接触。内胎是一个环形的橡胶管,上面装有气门嘴,以便充气或排气。为在充气状态下内胎不产生褶皱,其尺寸稍小于外胎内部尺寸。垫带是一个环形的橡胶带,安装在内胎和轮辋之间,防止内胎被轮辋及外胎的胎圈擦伤。

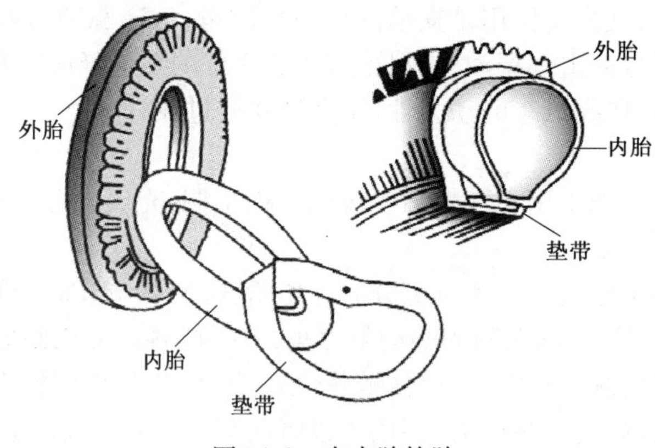

图 14.2 有内胎轮胎

2)外胎的结构

按照帘布层帘线排列方式的不同,外胎可以分为普通斜线轮胎和子午线轮胎,如图 14.3 所示。

普通斜线轮胎的外胎由胎面、帘布层、缓冲层和胎圈等组成,如图 14.4 所示。

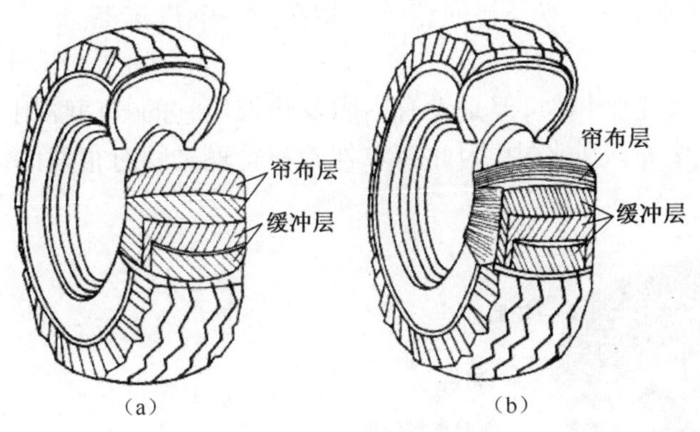

图 14.3　外胎的结构

(a)普通斜线轮胎;(b)子午线轮胎。

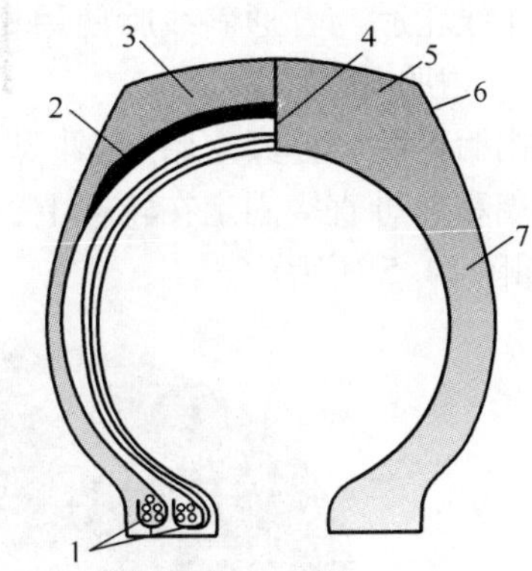

图 14.4　外胎的结构

1—胎圈;2—缓冲层;3—胎面;4—帘布层;
5—胎冠;6—胎肩;7—胎侧。

(1) 胎面是轮胎的外表面,包括胎冠、胎肩和胎侧三部分。胎冠与地面接触,直接承受冲击与磨损,并保护胎体免受机械损伤,产生附着力,使车辆行驶和制动。胎肩是较厚的胎冠与较薄的胎侧间的过渡部分,一般也制有花纹,以利于防滑和散热。胎侧是贴在帘棉层侧壁的薄橡胶层,用以保护帘布层,避免受潮湿和机械损伤。

(2) 帘布层是外胎的骨架,也称胎体,主要用于承受载荷,保持外胎的形状和尺寸,并使其具有足够的强度。帘布层通常由成双数的多层帘布用橡胶贴合而成,相邻层的帘线按一定的角度交叉排列,帘线与轮胎横断面的交角通常为 50°。为使负荷均匀分布,帘布层数多为偶数。帘布层数越多,轮胎的强度越大,但弹性下降。

帘线可以是棉线、人造丝、尼龙和钢丝。现在多采用聚酰胺纤维和金属丝做帘布线,使帘布线数减少到 4 层甚至两层。这样减少了橡胶消耗和提高了轮胎质量,又降低了滚动阻力,延长了轮胎的使用寿命。

(3) 缓冲层夹在胎面和帘布层之间,由两层或数层较稀疏的帘布和橡胶制成,弹性较大。其作用是加强胎面与帘布层之间的结合,防止汽车紧急制动时胎面与帘布层脱离,并缓和汽车行驶时所受到的路面冲击。

(4) 胎圈由钢丝圈、帘布层包边和胎圈包布组成,有很大的刚度和强度,可以使外胎牢固地安装在轮辋上。

如图 14.3(b)所示,帘布层帘线排列方向与轮胎子午断面一致(即与胎面中心线成 90°角,类似于地球仪上的子午线)。帘线这样排列能使其强度被充分利用,故它的帘布层数比普通轮胎可减少一半,因而胎体较柔软,而缓冲层层数较多,提高了胎面的刚度和强度。

与普通斜线轮胎相比,子午线轮胎有如下的优点:

(1) 由于有刚性缓冲层,轮胎在路面上滚动时周向变形小,滑移小;轮胎接触地面的面积大,单位压力小,胎面耐磨性好,使用寿命延长约 50%。

(2) 由于帘布层少,轮胎质量轻,行驶温度低,散热快,滚动阻力减少 25%~30%,油耗下降 6%~8%。

(3) 充分利用帘线强度,承载能力提高约 14%。

此外,子午线轮胎还具有附着性能、缓冲性能好,不易被尖锐物穿刺等优点。其缺点是胎侧易裂口,由于侧面变形大使汽车侧向稳定性稍差,制造技术要求高,成本也高。由于子午线轮胎具有很多优点,故近年来得到了广泛使用。

子午线轮胎与普通斜线胎使用相同的轮辋，但不能与普通轮胎混装在同一辆汽车上。

3）无内胎轮胎

无内胎轮胎俗称真空胎，在外观上与普通轮胎相似，但是没有内胎及垫带。它的气门嘴用橡胶垫圈和螺母直接固定在轮辋上，空气直接充入外胎中，因此要求外胎和轮辋之间有很好的密封，如图 14.5 所示。

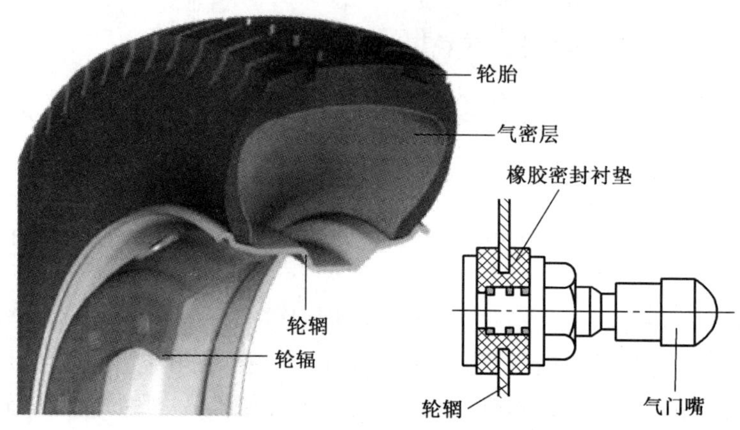

图 14.5　无内胎轮胎

无内胎轮胎的内壁有一层硫化橡胶密封层，厚度约为 2~3mm，有的在该层下面还有一层自黏层，能自行将刺穿的孔黏合。在胎圈外侧也有一层橡胶密封层，用以加强胎圈与轮辋之间的气密性。轮辋底部倾斜且漆面均匀。无内胎轮胎一旦被刺破，穿孔不会扩大，故漏气缓慢，胎压不会急剧下降，仍能继续行驶一定距离，可消除爆胎的危险。由于无内胎，摩擦生热少、散热快，适用于高速行驶；此外，结构简单，质量较轻，维修也方便。

但密封层和自黏层易漏气，途中修理也较困难。无内胎轮胎必须配用深槽轮辋，形状误差要求较高，表面粗糙度要小，故目前在乘用车上应用较多。

3. 轮胎规格的表示方法

制造轮胎时，通常都将轮胎规格标注在侧壁上以方便选用。

一般用轮胎的外径 D、轮辋的直径 d、断面宽度 B 和断面高度 H 的公称尺寸来表示轮胎的基本尺寸，如图 14.6 所示。

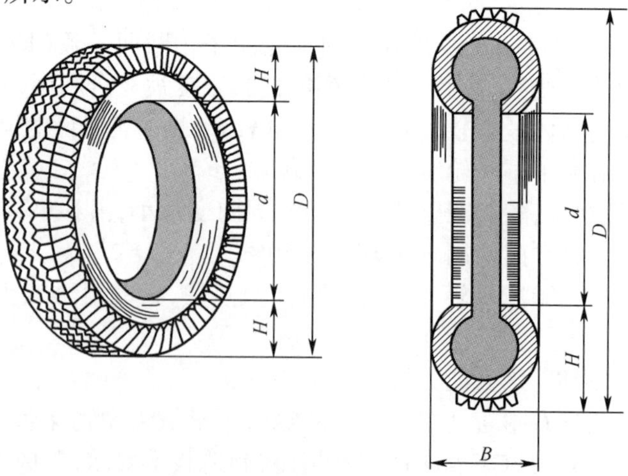

图 14.6　轮胎的尺寸标注

高压胎一般用 $D\times B$ 表示,其单位均为 in(英寸),"×"表示高压胎。因为轮胎断面宽度 B 约等于断面高度 H,故安装外胎轮辋应选直径 $d=D-2B$(图 14.6)。例如,轮胎规格 34×7 表示为该轮胎外径为 34in,断面宽度为 7in 的高压胎,可选用直径 d 为 20in 的轮辋。

低压胎一般用 $B—d$ 表示。B 为轮胎断面宽度,d 为轮辋直径,单位均为 in,"—"表示低压胎。超低压胎的规格表示方法与低压胎表示方法相同。

子午线轮胎一般标注有 Z 字母,但有的用英文缩写字母 R 表示。子午线轮胎的宽度用 mm 表示,车轮轮辋用 in 表示,轮胎强度用字母或数字表示,扁平轮胎还表示扁平率(高宽比)。例如,上海桑塔纳 2000 乘用车装用的子午线内胎轮胎,规格为 185/70R14 或 195/60R14 85H。

(1) 195 表示轮胎宽度为 195mm,货车子午线轮胎的宽度一般用 in 为单位。

(2) 60 表示扁平比为 60%,扁平比为轮胎高度 H 与宽度 B 之比,有 60、65、70、75、80 五个级别。

(3) R 表示子午线轮胎,即 Radial 的第一个字母。

(4) 14 表示轮胎内径为 14in。

(5) 85 表示荷重等级,即最大载荷质量。荷重等级为 85 的轮胎的最大载荷质量为 515kg。

(6) H 表示速度等级,表明轮胎能行驶的最高车速。

常见的荷重等级及对应的最大载荷质量见表 14.1,常见的速度等级及对应的最高车速见表 14.2。

表 14.1 荷重等级及对应的最大载荷质量

荷重等级	最大载荷质量/kg	荷重等级	最大载荷质量/kg
71	345	99	775
72	355	100	800
73	365	101	825
74	375	102	250
75	387	103	875
76	400	104	900
77	412	105	925
78	425	106	950
79	437	107	975
80	450	108	1000
81	462	109	1030
82	475	110	1060
83	487	111	1095
84	500	112	1129
85	515	113	1164
86	530	114	1200
87	545	115	1237
88	560	116	1275
89	580	117	1315
90	600	118	1355
91	615	119	1397
92	630	120	1440
93	650	121	1485
94	670	122	1531
95	690	126	1578
96	710	124	1627
97	730	125	1677
98	750		

表 14.2　速度等级及对应的最高车速

速度等级	最高车速/(km/h)	速度等级	最高车速/(km/h)
L	120	T	190
M	130	U	200
N	140	H	210
P	150	V	240
Q	160	Z	240 以上
R	170	W	270 以下
S	180	Y	300 以下

另外,在轮胎规格前加 P 表示乘用车轮胎;在胎侧标有 REINFORCED 表示经强化处理,RADIAL 表示子午线胎,TUBELESS(或 TL)表示无内胎(真空胎),M+S(Mud and Snow)表示适于泥地和雪地,"→"表示轮胎旋向,不可装反。

目前,轮胎的发展方向是子午线化、无内胎化和扁平化趋于一体,以适应现代汽车安全、舒适、高速和节能的需要。

任务 2　轮胎的拆卸、检查与安装

1. 轮胎的拆卸(表 14.3)

表 14.3　轮胎的拆卸

序号	拆卸具体内容及注意事项	图　示
1	拧松轮胎螺栓,车辆必须拉起手刹,安装车轮垫块。采用对角的顺序将轮胎螺栓拧松大约半圈即可	
2	采用对角的顺序用棘轮扳手拧下轮胎螺母后,拆下轮胎并放置于轮胎架上	

（续）

序号	拆卸具体内容及注意事项	图　示
3	用气门芯扳手旋下气门芯，排放轮胎中空气	
4	用扒胎机压板将轮胎两侧胎圈压出，每隔120°压一次，压板放置位置应以压板离轮辋一指的距离为最佳	
5	卡爪放到最大位置后将轮胎平放其上，踩下卡紧踏板，卡爪夹紧车轮，卡紧后来回摇晃车轮，检查是否夹牢	
6	将摆臂放置到合适位置，压下六方柱，使分离铲边缘刚好压在轮辋边上，锁紧六方柱	

（续）

序号	拆卸具体内容及注意事项	图　示
7	用撬棍撬起胎圈，将胎圈置于分离铲圆头面上。注意在撬起胎圈前应用撬棍压下胎圈，检查胎圈是否全部从钢圈上压出	
8	不要松开撬棍，用毛刷将肥皂水均匀刷在胎圈上	
9	不要松开撬棍，用脚控制踏板控制转动轮盘，用分离铲将胎圈铲出	
10	将轮胎整体朝上抬，用撬棍撬起胎圈置于分离铲圆头上，涂抹肥皂水后，转动转盘，将下胎圈铲出	

2. 轮胎的检查与安装(表 14.4)

表 14.4　轮胎的检查与安装

序号	检查与安装具体内容及注意事项	图　示
1	取下轮胎后,仔细检查轮胎内部是否破损或有异物扎入。如有异物扎入,取出后并进行修补	
2	用干净的抹布将胎圈擦净,仔细检查胎圈是否有破损、老化现象	
3	松开夹紧卡爪,将车轮从扒胎机上取下,用干净的抹布将轮辋擦净,仔细检查轮辋是否有变形,裂纹和锈蚀	
4	检查确定轮辋无变形、裂纹和锈蚀等情况后将卡爪打开并将车轮平放到卡爪上,操纵脚控制踏板,夹紧车轮	

（续）

序号	检查与安装具体内容及注意事项	图　示
5	用毛刷将肥皂水均匀涂抹到两侧胎圈上后，将轮胎平放到车轮上	
6	将摆臂置于合适位置后，放下六方柱之后锁紧，注意分离铲的边缘应刚好置于轮辋边上	
7	将胎圈斜置于分离铲上，使下胎圈一端置于分离铲平头上，另一端置于分离铲的圆头下，转动转盘，将下胎圈压入	
8	胎圈斜置于分离铲上，使上胎圈一端置于分离铲平头上，另一端置于分离铲的圆头下，转动转盘，将上胎圈压入	

（续）

序号	检查与安装具体内容及注意事项	图　示
9	将装好轮胎的车轮从扒胎机上取下，用气门芯扳手将气门芯拧入	
10	用胎压表，将轮胎气压充至 2. 4bar，在充气过程中会出现“啪啪”两声，这是胎圈进入轮辋槽的正常响声	
11	将轮胎充气到规定气压后，将肥皂水刷到气门芯口，检查气门芯是否漏气	
12	将轮胎充气到规定气压后，将肥皂水刷到胎圈上，检查胎圈与轮辋边缘接触处是否有漏气	

（续）

序号	检查与安装具体内容及注意事项	图　示
13	将涂抹在胎圈、轮辋和气门嘴上的肥皂水擦干净。以防肥皂水会产生腐蚀现象	
14	用手将轮胎螺栓装上后，用棘轮扳手按对角顺序将轮胎螺栓拧紧	
15	将举升机降下，到轮胎着地后，以 110N · m 的扭矩将轮胎螺栓拧紧	

项目15　车轮动平衡的检测

学习目标

1. 掌握车轮的功用；
2. 掌握车轮的构造形式；
3. 了解轮辋规格的表示方法；
4. 掌握车轮动不平衡的原因；
5. 掌握车轮动平衡的检验与调整方法。

知识要点

1. 车轮的功用；
2. 车轮的构造形式；
3. 车轮动不平衡的原因；
4. 车轮动平衡的检验与调整方法。

任务1　车轮及车轮动平衡的认知

汽车车轮总成如图15.1所示。车轮与轮胎是汽车的行走部件，安装在车架上，可以绕车轴转动并沿地面滚动。轮胎及车轮连接车轴，接触地面。轮胎及车轮将汽车发出的作用力传给地面，同时将地面的反作用力传回汽车。

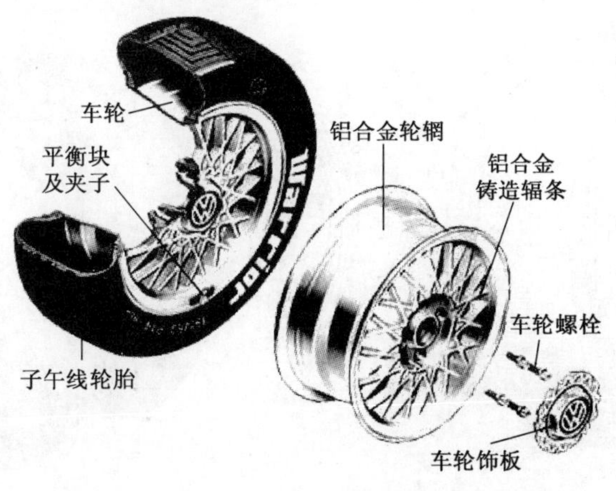

图15.1　汽车车轮总成（桑塔纳2000）

车轮与轮胎是汽车行驶系统中的重要部件，汽车通过车轮轮胎与地面接触实现行驶或停车。其基本功用如下：

（1）支承整车的质量，使汽车能够承载；

(2) 缓和由路面传来的冲击力,改善承载条件;

(3) 传递驱动力、制动力和转向力,使驾驶人员能够对汽车的运动进行操纵控制;

(4) 减小行驶阻力和能量的消耗,提高运输效率;

(5) 有效提高通过性。

1. 车轮

1) 车轮的功用

车轮是介于轮胎和车桥之间承受负荷的旋转组件,其功用是安装轮胎、连接半轴或转向节,并承受汽车质量和半轴或转向节传来的力矩。

车轮一般是由轮毂、轮辋和轮辐组成,如图 15.2 所示。轮毂通过圆锥滚子轴承装在车桥或转向节轴径上,用于连接车轮与车桥。轮辋用于安装和固定轮胎。轮辐用于将轮毂和轮辋连接起来,并通过螺栓与轮毂连接起来。

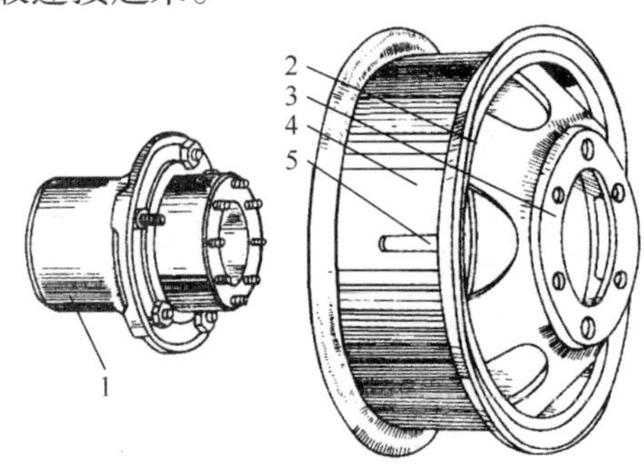

图 15.2 车轮的组成

1—轮毂;2—挡圈;3—轮辐(辐板式);4—轮辋;5—气门嘴出口。

2) 车轮的构造形式

按照轮盘的结构形式,车轮可分为辐板式和辐条式两种。

目前,普通乘用车和轻、中型货车普遍采用辐板式车轮,这种车轮如图 15.2 所示,由挡圈、轮辋、辐板和气门嘴伸出孔组成。车轮中用以连接轮毂和轮辋的钢质圆盘称为辐板,大多是冲压制成的,少数是和轮毂铸成一体,后者主要用于重型汽车。图 15.3 所示为货车辐板式车轮。

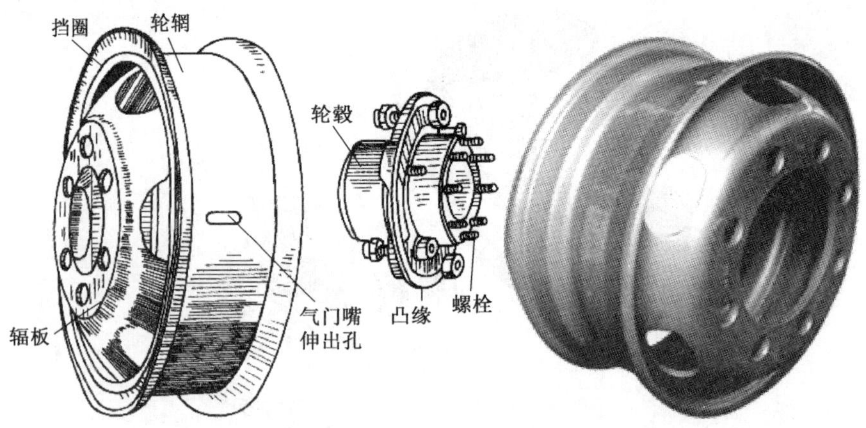

图 15.3 货车辐板式车轮

辐板与轮辋通过焊接或铆接的方式固定成为一个整体,辐板通过螺栓安装在轮毂上,辐板上的孔可以减轻质量,有利于制动鼓的散热,方便于接近气门嘴,同时可作为安装时的把手处。螺栓孔两端都做成球面或锥面凹坑,相应的紧固母的端部也制有凸起,以便于安装时对正中心,也有利于互换。另外,由于货车后轴载荷大,后桥一般使用双式后轮,即在同一轮毂上背靠背安装两个辐板式车轮,如图 15.4 所示。

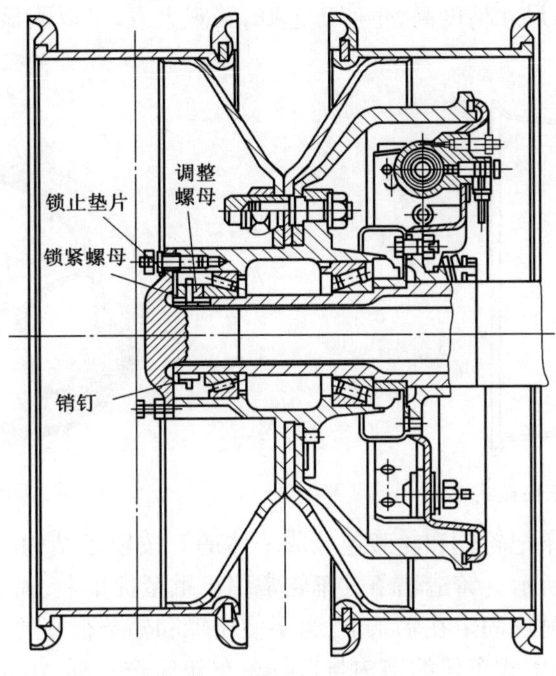

图 15.4　货车双式车轮

在同一轮毂上安装了两套辐板和轮辋,为了便于互换,辐板的螺栓孔两端面都做成锥形(图 15.5(a))。内轮的辐板 3 靠在轮毂 4 凸缘的外端面上,用具有锥形端面的特制螺母 1 固定在螺栓 5 上。螺母 1 还具有外螺纹。外轮的辐板 2 紧靠着内轮辐板,并用锁紧螺母 6 来固定。采用这种双螺母固定形式时,为了防止汽车在行驶中固定辐板的螺母自行松脱,汽车车轮上的辐板固定螺栓 5 一般采用旋向不同的螺纹,左侧用左旋螺纹,右侧用右旋螺纹。一些载货汽车上,后桥双式车轮采用了单螺母的固定形式(图 15.5(b)),由于在该结构中采用了球面弹簧垫圈 7,可以防止螺母 1 的自行松脱,故汽车左右车轮上固定辐板的螺栓 5 均可用右旋螺纹,从而减少了零件品种。

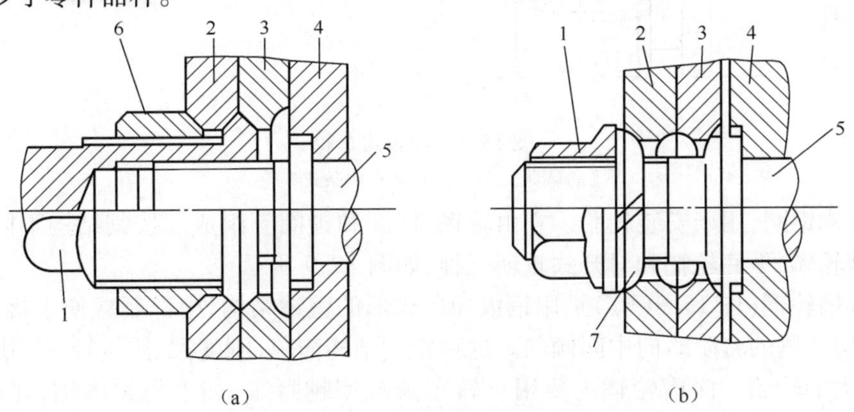

图 15.5　双式车路辐板的固定

(a)双螺母固定形式;(b)单螺母固定形式。

1—螺母;2—外轮辐板;3—内轮辐板;4—轮毂;5—螺栓;6—锁紧螺母;7—球面弹簧垫圈。

普通乘用车的辐板所用板料较薄,常冲压成起伏多变的形状,以提高其刚度,如图 15.6 所示。目前广泛采用的轿车车轮为铝合金车轮,如图 15.7 所示。且多为整体式的,即轮辋和轮辐铸成一体。它质量轻,尺寸精度高,生产工艺好,美观大方,可以明显改善车轮的空气动力学特性,降低汽车油耗。

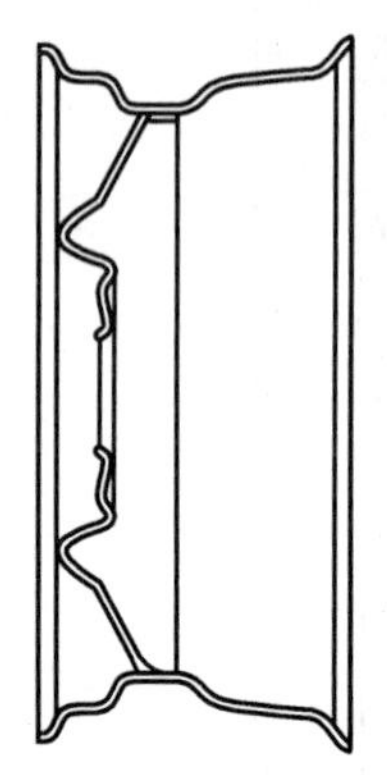

图 15.6　乘用车辐板式车轮

图 15.7　乘用车铝合金车轮

辐条式车轮是用辐条把轮辋和轮毂连接成一体的。按辐条结构的不同,辐条有铸造辐条和钢丝辐条,如图 15.8 所示。铸造辐条式车轮常用于重型货车上,辐条与轮毂铸成一体,轮辋是用螺栓和特殊形状的衬块固定在辐条上,为了使轮辋和辐条很好的对中,在轮辋和辐条上都加工出配合锥面;钢丝辐条式车轮的结构与自行车车轮完全一样,由于其价格昂贵、维修安装不便,故仅用于赛车和某些高级轿车上。

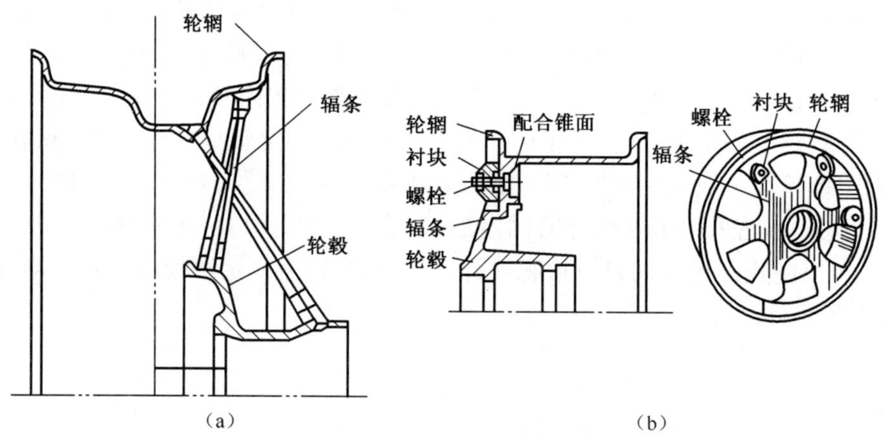

图 15.8　辐条式车轮

(a)辐条式车轮;(b)铸造辐条式车轮。

轮辋也称钢圈,用于安装轮胎。它由轮辋、挡圈和锁圈等组成。按其结构不同,常见结构形式有深槽轮辋、平底轮辋和对开式轮辋三种,如图 15.9 所示。

(1)深槽轮辋(图 15.9(a))是用钢板冲压成形的整体结构,中部制成便于拆装轮胎用的深凹槽,凹槽两侧的台阶略向中间倾斜。这种轮辋结构简单、刚度大、质量轻,适用于安装尺寸小、弹性较大的轮胎。深槽轮辋主要用于轿车及轻型越野车,如上海桑塔纳、北京吉普切诺基等。

(2)平底轮辋(图 15.9(b))底部呈平环状,它的一边有凸缘,而另一边是可拆卸的挡圈做凸缘,开口锁圈具有弹性,它嵌入轮辋与挡圈之间的环槽内可以限制挡圈脱出。这种轮辋适于

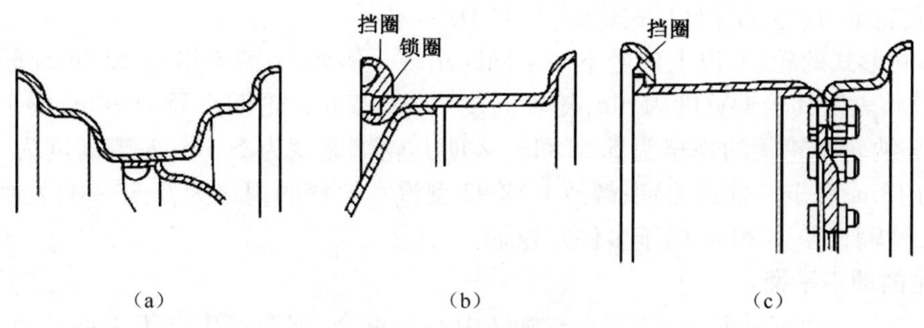

图 15.9　轮辋的形式

(a)深槽轮辋;(b)平底轮辋;(c)对开式轮辋。

装尺寸较大而弹性较小的轮胎,如东风 EQ1090E 和解放 CA1091 型汽车。

(3) 对开式轮辋(图 15.9(c))由内外两部分组成,其内外轮辋的宽度可以相等,也可以不相等,二者用螺栓连成一体。拆装轮胎时拆卸螺栓上的螺母即可。图中所示挡圈是可拆的。有的无挡圈,而由与内轮辋制成一体的轮缘代替挡圈的作用,内轮辋与辐板焊接在一起。这种轮辋主要用于载重量较大的重型货车和大型客车。

近几年来,为了适应提高轮胎负荷能力的需要,国内外均朝宽轮辋的方向发展,如美国的货车已全部采用宽轮辋,欧洲各国也在积极普及宽轮辋,我国也在进行由窄轮辋向宽轮辋的过渡。试验表明,采用宽轮辋可以提高轮胎的使用寿命,并可改善汽车的通过性和行驶稳定性。

轮辋和轮胎装配,原则上每种轮胎只配用一种标准轮辋,如果轮辋与轮胎配合不当,会造成轮胎过早损坏。不得已也可配用与标准轮辋相近似的允许轮辋。

我国汽车轮辋规格用一组数字、字母和符号组合表示,各部分的含义及具体内容如下:

数值	字母	×或-	数值	(字母)	GB/T 2933—1995
轮辋名义宽度代号	轮辋高度代号	轮辋结构形式代号	轮辋名义直径代号	轮辋轮廓类型代号	国标号

(1) 轮辋名义宽度代号:以数值表示,一般取小数点后两位,单位为 in(当以 mm 表示时,要求轮胎与轮辋的单位一致)。

(2) 轮辋高度代号:用一个或几个拉丁字母表示,如 C、D、E、F、J、K、L、V 等。常用代号及相应高度值见表 15.1。

表 15.1　轮辋的高度代号及高度值　(单位:mm)

C	D	E	F	G	H	J	K
15.88	17.45	19.81	22.23	27.94	33.73	17.27	19.26
L	P	R	S	T	V	W	
21.59	25.40	28.58	33.33	38.10	44.45	50.80	

(3) 轮辋结构形式代号:用符号“×”表示一件式轮辋;用“—”表示多件式轮辋。一件式轮辋是指轮辋为整体式的,只有一件,而多件式轮辋由轮辋体、挡圈、锁圈等多个部件组成。

(4) 轮辋名义直径代号:以数字表示,单位为 in(当以 mm 表示时,要求轮胎与轮辋的单位一致)。

(5) 轮辋轮廓类型代号:用几个字母表示。目前轮辋轮廓类型有 7 种:深槽轮辋,代号 DC;深槽宽轮辋,代号 WDC;半深槽轮辋,代号 SDC;平底轮辋,代号 FB;平底宽轮辋,代号

WFB;全斜底轮辋,代号 TB;对开式轮辋,代号 DT。

对于不同形式的轮辋,以上代号不一定同时出现。例如,上海桑塔纳 2000GSi 轿车轮辋的规格为 6J×14,表明其轮辋宽度为 6in,轮辋高度为 17.27mm,轮辋直径为 14in,属于一件式轮辋;上海桑塔纳轿车轮辋的规格为 5.5J×13,表明其轮辋宽度为 5.5in,轮辋高度为 17.27mm,轮辋直径为 13in,属于一件式轮辋;解放 CA1092 型汽车轮辋的规格为 6.5—20,表明该轮辋宽度为 6.5in,轮辋直径为 20in,属于多件式轮辋。

2. 车轮的动不平衡

汽车车轮是高速旋转元件,如质心与旋转中心不重合,则会产生静不平衡。静不平衡时,不平衡质量会在车轮旋转时产生离心力,离心力大小与不平衡质量、不平衡点与车轮旋转中心之间的距离、车轮转速有关。

由于车轮具有一定的宽度,因此当车轮质量分布相对于车轮纵向中心面不对称时。会造成车轮的动不平衡。车轮动不平衡时,虽然不平衡质量产生的离心力可以互相抵消,但力矩却不为零。

1)车轮动不平衡的原因

(1)质量分布均匀,如轮胎产品质量欠佳,翻新胎、补胎、胎面磨损不匀及在外胎与内胎之间垫带等。

(2)轮辋、制动鼓变形。

(3)轮毂和轮辋加工质量不佳,如中心不准、轮胎螺栓孔分布不均、螺性质量不佳等。

(4)安装位置不正确,如内胎充气嘴位置不符合安装要求。

2)车轮动平衡的检验

车轮动不平衡对汽车和行驶危害很大,必须对车轮的动不平衡进行检测,并进行调平衡工作。由于动平衡的车轮一定处于静平衡状态,因此,只要检测了动平衡,就没有必要检测静平衡。轮胎动平衡采用动平衡机进行检测。

任务 2　车轮动平衡的检测

1. 前期准备(表 15.2)

表 15.2　前期准备

序号	前期准备具体内容及注意事项	图　示
1	拆卸车轮上原有的动平衡块。使用平衡锤时应注意平衡锤平的一面与平衡块平的一面对准,平衡锤的另一面对准平衡块上的拆卸孔,再向车轮中心的方向用力拆下平衡块	

（续）

序号	前期准备具体内容及注意事项	图　示
2	捏住标准夹具上锁紧螺母手柄，将其去下，选取合适的轮毂垫块，将车轮装到转轴上后用轮毂垫块卡好，最后旋紧锁紧螺母并检查车轮是否装夹牢固	  
3	用胎压表检查轮胎气压，通常标准值为2.4bar，不符合要求是用胎压表充气到规定值；检查轮胎是否有严重裂纹、胎面是否有异常磨损、轮胎花纹深度是否符合使用要求等，将轮胎花纹中的石子等异物用起子撬出	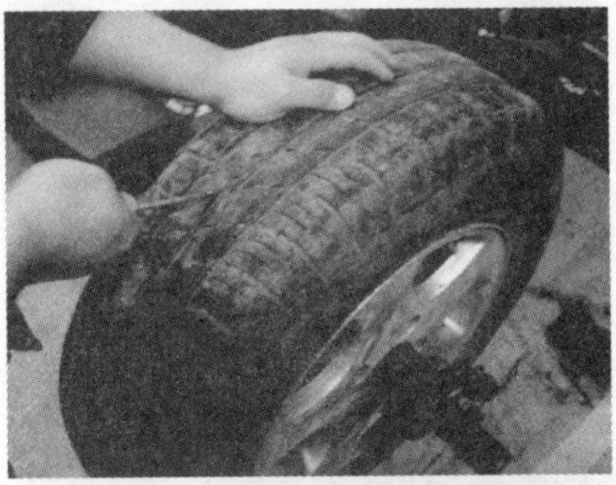 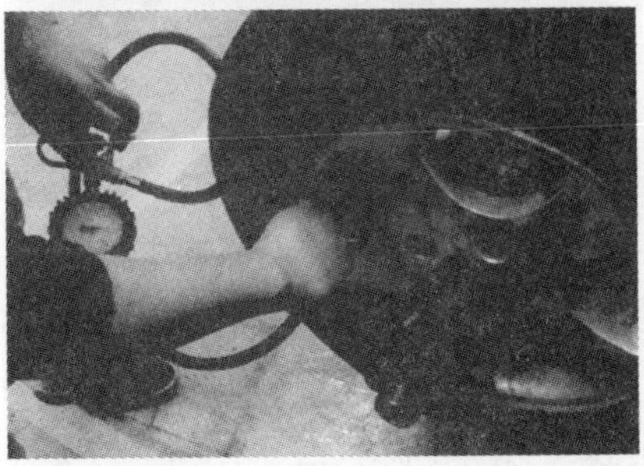

2. 动平衡的检验与调整(表 15.3)

表 15.3 动平衡的检验与调整

序号	拆装具体内容及注意事项	图 示
1	打开主电源开关,屏幕上显示初始画面,按下动平衡机到钢圈距离功能键键显示出工作画面,拉出电子尺到钢圈内圈位置,测出动平衡机到钢圈距离	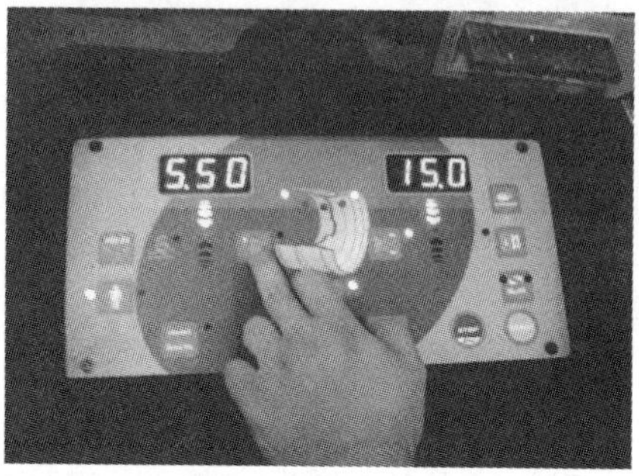 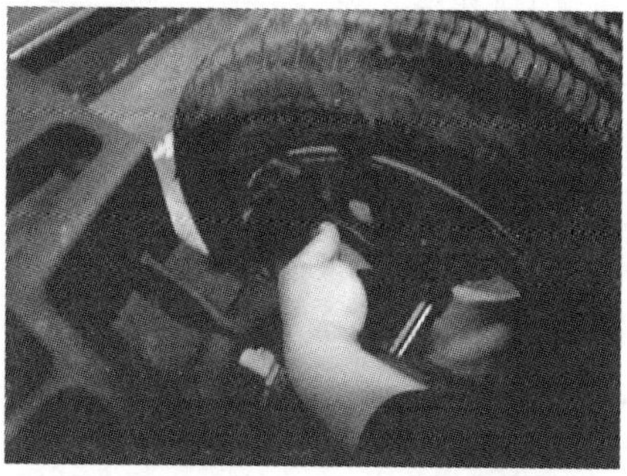
2	用钢圈宽度测量尺测量钢圈宽度,按下轮毂宽度扭,默认数值和实测数值不同时,按下方的加/减键调整即可	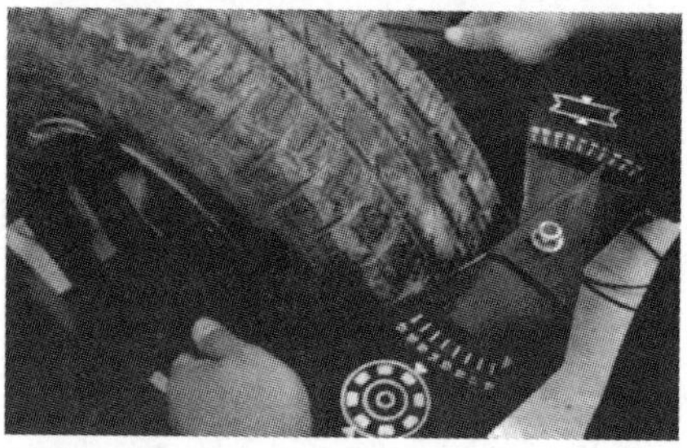 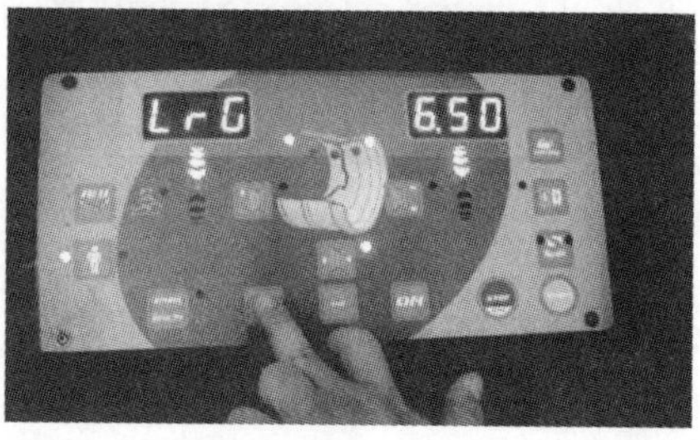

（续）

序号	拆装具体内容及注意事项	图　　示
3	从胎侧读取钢圈直径信息，在主机上按下钢圈直径键，默认数值和实测数值不同时，按下方的加/减键调整即可	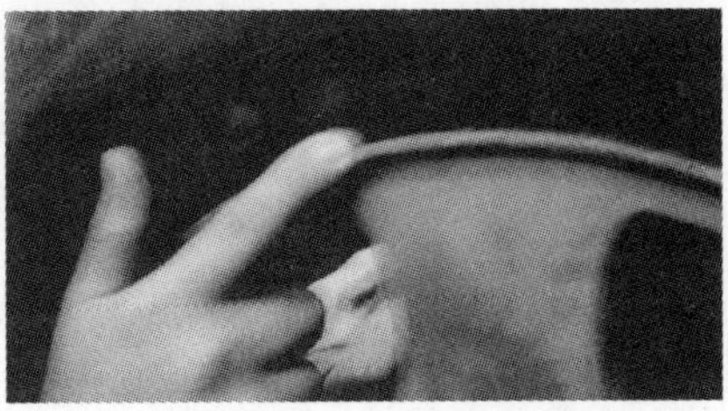 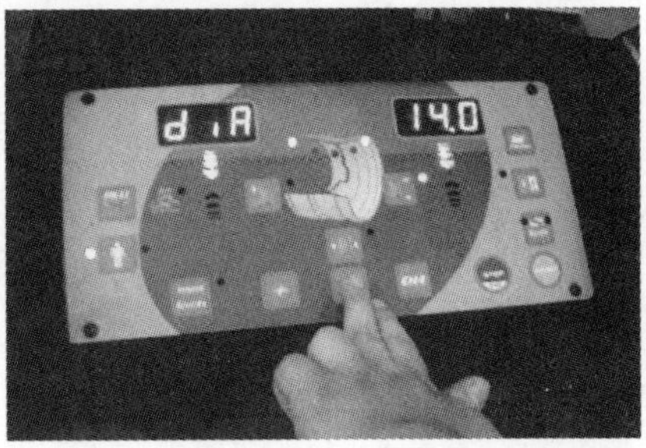
4	盖好车轮护罩，动平衡机自动启动开始旋转，旋转过程中对车轮动不平衡量进行测量，当动平衡机停止转动时，动不平衡量将在主机上显示出来	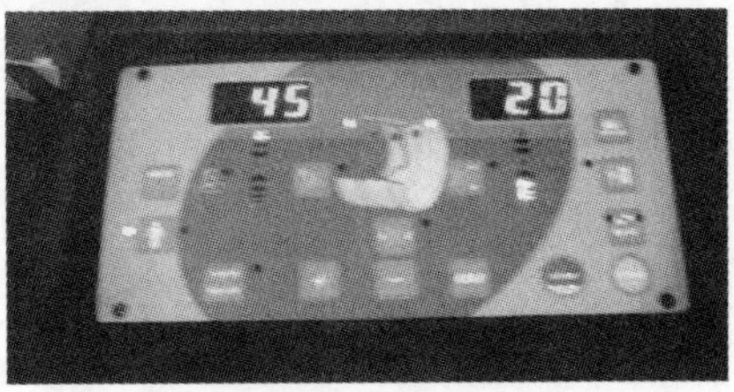 

（续）

序号	拆装具体内容及注意事项	图　示
5	打开车轮护罩，转动车轮，直到动平衡机上的指示灯变成绿色，此时转轴12点钟方向为动不平衡量所在位置	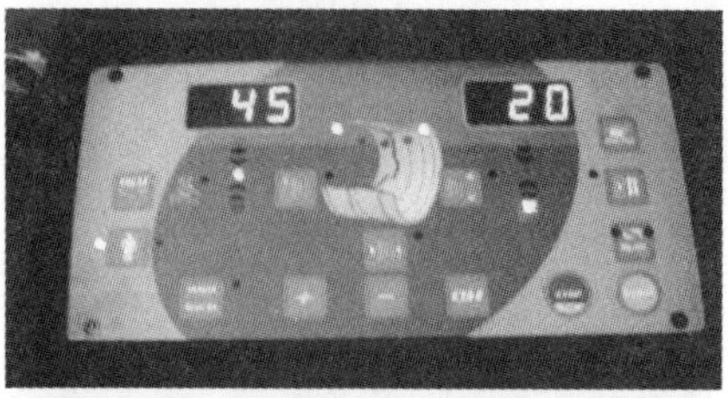 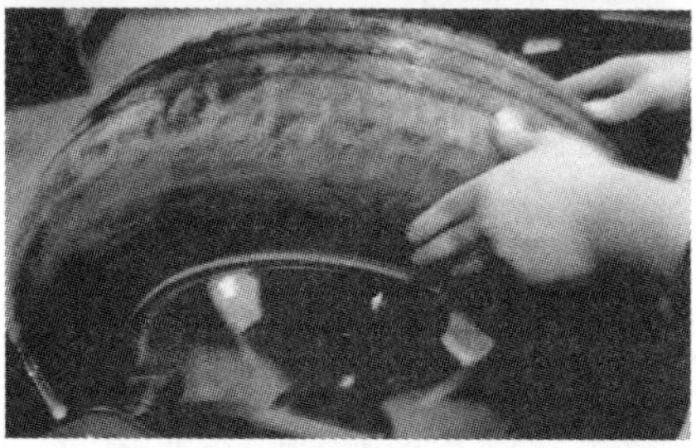
6	选择合适的平衡块小心的敲到钢圈上，内边用合适的平衡块粘贴上	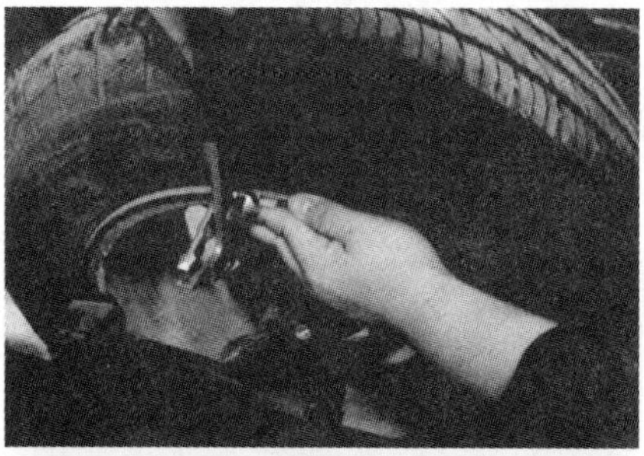 
7	盖好车轮护罩，重新起动动平衡机，进行动平衡复检，直至动不平衡量<5g，机器显示合格为止	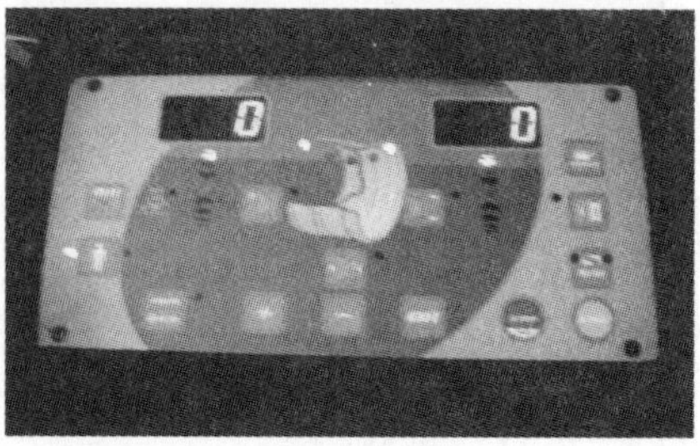

（续）

序号	拆装具体内容及注意事项	图　示
8	取下车轮，关闭电源，测试调整结束，最后进行5s工作	

项目 16　悬架的检查与更换

学习目标

1. 掌握悬架的基本组成与类型；
2. 掌握悬架各部件的组成构造与工作原理；
3. 掌握独立悬架和非独立悬架的组成与优缺点；
4. 了解空气弹簧和油气弹簧非独立悬架组成与工作原理；
5. 掌握双叉臂独立悬架与麦弗逊式独立悬架组成与工作原理；
6. 了解和向稳定杆的作用；
7. 掌握减振器的检查与更换方法。

知识要点

1. 悬架的基本组成与类型；
2. 悬架各部件的组成构造与工作原理；
3. 双叉臂独立悬架与麦弗逊式独立悬架组成与工作原理；
4. 减振器的检查与更换方法。

任务 1　悬架的认知

悬架是车架(或承载式车身)与车桥(或车轮)之间的一切传力连接装置的总称。其功用是弹性连接车桥与车架或车身;并用它来吸收和缓和行驶中因路面不平引起的车轮跳动而传给车架的冲击和振动;传递路面作用于车轮的支持力、驱动力、制动力和侧向力及其产生的力矩。保证汽车的正常行驶。

1. 悬架的基本组成与类型

1）悬架的基本组成

现代汽车的悬架虽有不同的结构形式,但一般都由弹性元件、减振器、导向机构等组成,乘用车一般还有横向稳定器,如图 16.1 所示。

弹性元件使车架(或车身)与车桥(或车轮)之间做弹性连接,可以缓和由于不平路面带来的冲击,并承受和传递垂直载荷,尤其是在坏路面上高速行驶时。但弹性系统在受到冲击后将产生振动。

由于持续的振动易使乘坐人员感到不舒适和疲劳,因此悬架还应当具有减振作用,使振动迅速衰减,为此,在许多结构形式的汽车悬架中都设有专门的减振器。

导向机构包括纵向推力杆和横向推力杆,用于传递纵向载荷和横向载荷,并保证车轮相对于车架(或车身)的运动关系,保证汽车的操纵稳定性。

横向稳定器可以防止车身在转向等情况下发生过大的横向倾斜。

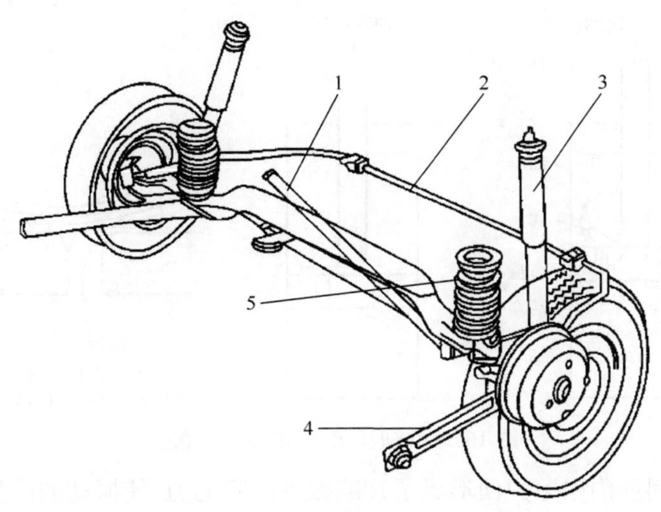

图 16.1　汽车悬架组成示意图

1—横向推力杆；2—横向稳定器；3—减振器；4—纵向推力杆；5—弹性元件(螺旋弹簧)。

2）悬架的类型

根据汽车导向装置的不同，悬架又可分为独立悬架和非独立悬架，如图 16.2 所示。

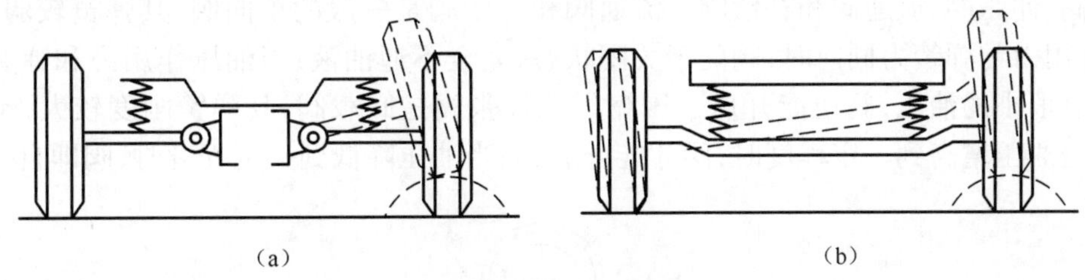

图 16.2　悬架示意图

(a)独立悬架；(b)非独立悬架。

非独立悬架的特点是两侧车轮安装于一整体式车桥上，车轮连同车桥一起通过弹性元件悬挂在车架或车身上。当一侧车轮受到冲击时会直接影响到另一侧车轮。非独立悬架由于簧载质量比较大，特别是汽车高速行驶、悬架受到较大的冲击载荷时，汽车平顺性较差。

独立悬架的两侧车轮分别独立地与车架或车身弹性地连接，当一侧车轮受到冲击时，基本不会直接影响到另一侧车轮。独立悬架所采用的车桥是断开式的，这样可使发动机降低安装位置，有利于降低汽车重心，并使结构紧凑。独立悬架允许前轮有较大的跳动空间，这样便于选择较软的弹性元件使平顺性得到改善。同时，独立悬架簧载质量小，可提高汽车车轮的附着性能。

3）减振器

为了使汽车在行驶中所受到的由冲击力引起的车架和车身的振动迅速衰减，以改善汽车的行驶平顺性，增强车轮与路面附着性能，减少汽车因惯性力引起的车身倾角变化，提高汽车操纵性和稳定性，在大多数的汽车的悬架系统中都有与弹性组件并联安装的减振器。此外，减振器能够降低车身部分载荷，延长汽车使用寿命。

目前，汽车中广泛使用液压减振器，其基本原理是利用液体流动的摩擦阻力来消耗冲击振动的能量，如图 16.3 所示。

当车架与车桥作往复相对运动时，减振器中的油液反复经过活塞上的阀孔，由于阀孔的节

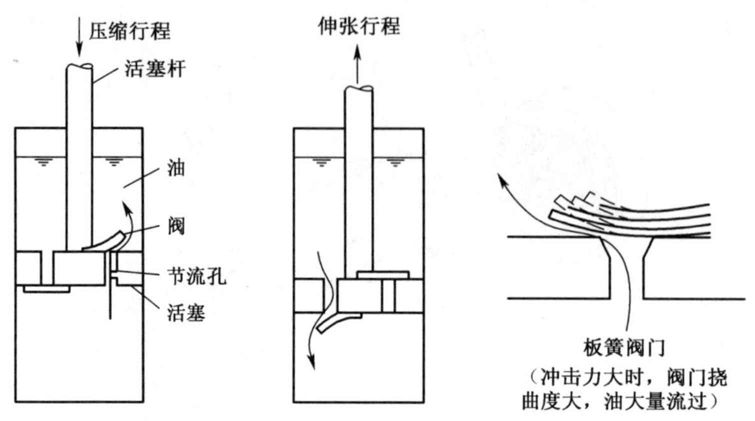

图 16.3　减振器的工作原理示意图

流作用及油液分子间的内摩擦力便形成了衰减振动的阻尼力，使振动的能量转变为热能，并由油液和减振器壳体吸收，然后散到大气中。

在压缩和伸张两行程内均能起减振作用的减振器称为双向作用式减振器。若只在伸张行程内起作用的减振器称为单向作用式减振器。目前汽车上广泛采用双向作用筒式减振器。

双向作用筒式减振器（又称双筒式减振器）的基本组成如图 16.4 所示。一般都具有四个阀：压缩阀、伸张阀、流通阀和补偿阀。流通阀和补偿阀是一般的单向阀，其弹簧较弱，当阀上的油压作用力与弹簧力同向时，阀处于关闭状态，完全不通油液；当油压作用力和弹簧力反向时，只要有很小的油压，阀便能开启。压缩阀和伸张阀是卸载阀，其弹簧刚度较大，预紧力较大，只有当油压增高到一定程度时，阀才能开启；而当油压降低到一定程度时，阀即自行关闭。

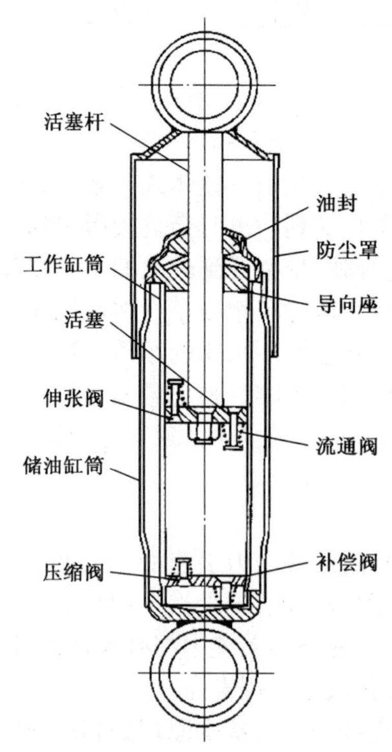

图 16.4　双向作用筒式减振器示意图

双向作用筒式减振器的工作过程分为压缩和伸张两个行程：

（1）压缩行程。当车桥移近车架（或车身）时，减振器受压缩，其活塞下移，使减振器下方腔室容积减小，油压升高，具有一定压力的油液顶开流通阀进入活塞上方腔室。由于活塞杆占去上腔室的部分容积，使上腔室增加的容积小于下腔室减小的容积，因此还有一部分油液未能进入上腔室而只能压开压缩阀，流回储油缸筒。油液流经上述阀孔时，受到一定的节流阻力，为克服这种阻力而消耗了振动能量，使振动衰减。

（2）伸张行程。车桥相对远离车架（或车身）时，减振器受拉伸，其活塞上移，使减振器上腔室油压升高。上腔室的油液便推开伸张阀流入下腔室。同样由于活塞杆的存在，上腔室减小的容积小于下腔室增加的容积，因而从上腔室流出来油液不足以充满下腔室所增加的容积，使下腔室产生一定的真空度，这时储油缸筒中的油液在真空度作用下推开补偿阀流进下腔室进行补充。这时，这些阀的节流作用即可造成对悬架伸张运动的阻尼力。

4）弹性元件

为了缓和冲击，在汽车行驶系中，除弹性的充气轮胎外，在悬架中还必须装有弹性元件。汽车悬架的弹性元件常见的有螺旋弹簧、扭杆弹簧、气体弹簧和橡胶弹簧等。

（1）螺旋弹簧。

螺旋弹簧广泛应用于独立悬架，有些轿车的后轮非独立悬架也采用螺旋弹簧做弹性元件。由于螺旋弹簧只能承受垂直载荷，且变形时不产生摩擦力，所以悬架中必须装有减振器和导向机构。螺旋弹簧如图 16.5 所示，由特殊的弹簧钢棒卷制而成，可以制成圆柱形或圆锥形，也可以制成等螺距或不等螺距。圆柱形等螺距螺旋弹簧的刚度是不变的，圆锥形或不等螺距螺旋弹簧的刚度是可变的。

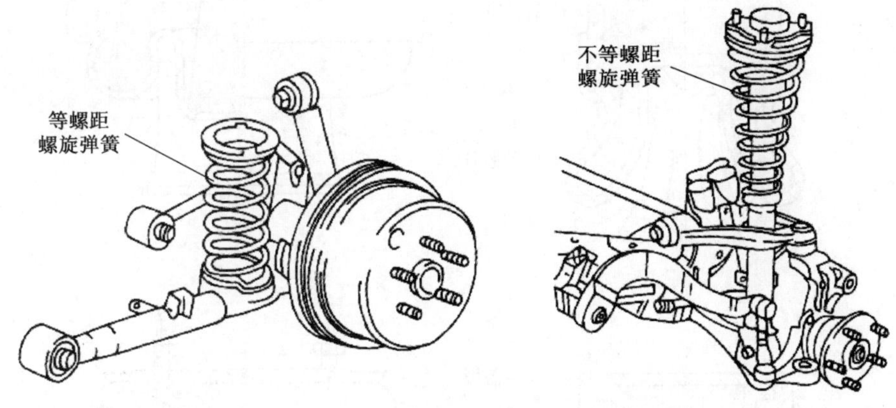

图 16.5　螺旋弹簧

与钢板弹簧相比，螺旋弹簧不需润滑，不忌泥污，质量较轻，安装时所占纵向空间较小。但螺旋弹簧只能承受垂直载荷。因此，在螺旋弹簧悬架中必须装设导向机构，以承受并传递除垂直力以外的各种力和力矩。另外，螺旋弹簧变形时，不产生摩擦力，因而没有衰减振动作用，所以在其悬架中，还必须加装减振器。

（2）扭杆弹簧。

扭杆弹簧是由弹簧钢制成的杆件，是具有扭转弹性的弹簧钢制成的杆，如图 16.6 所示。扭杆的断面通常为圆形，少数为矩形或管形，其两端制成花键、方形、六角形等形状，以便一端固定在车架上，另一端固定在悬架的摆臂上。摆臂与车轮相连，当车轮跳动时，摆臂绕扭杆轴线摆动，使扭杆产生扭转弹性变形，以保证车轮与车架的弹性联系。

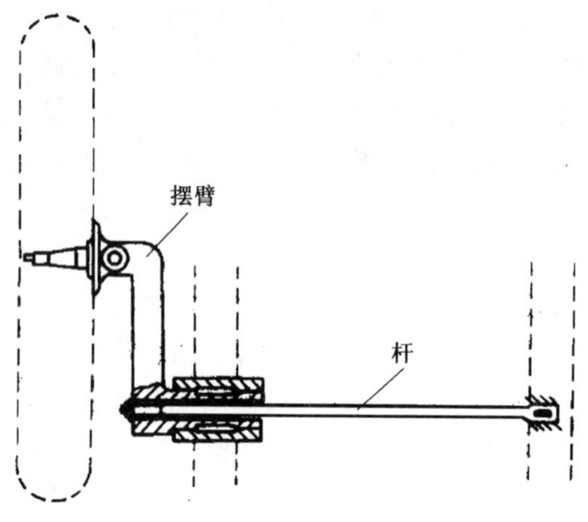

图 16.6　扭杆弹簧

（3）气体弹簧。

气体弹簧是在密封的容器中充入压缩空气和油液，利用气体的可压缩性实现其弹簧作用的，这种弹簧的弹性是可变的。

气体弹簧分为空气弹簧（图 16.7）和油气弹簧（图 16.8）两种。空气弹簧又有膜式和囊式两种形式。

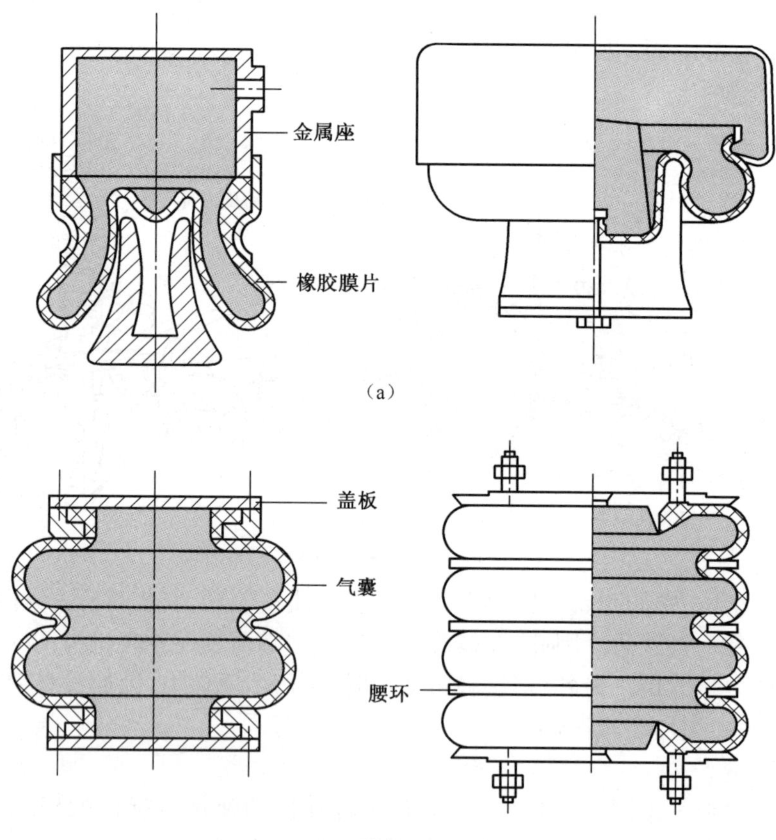

图 16.7　空气弹簧

(a)膜式空气弹簧；(b)囊式空气弹簧。

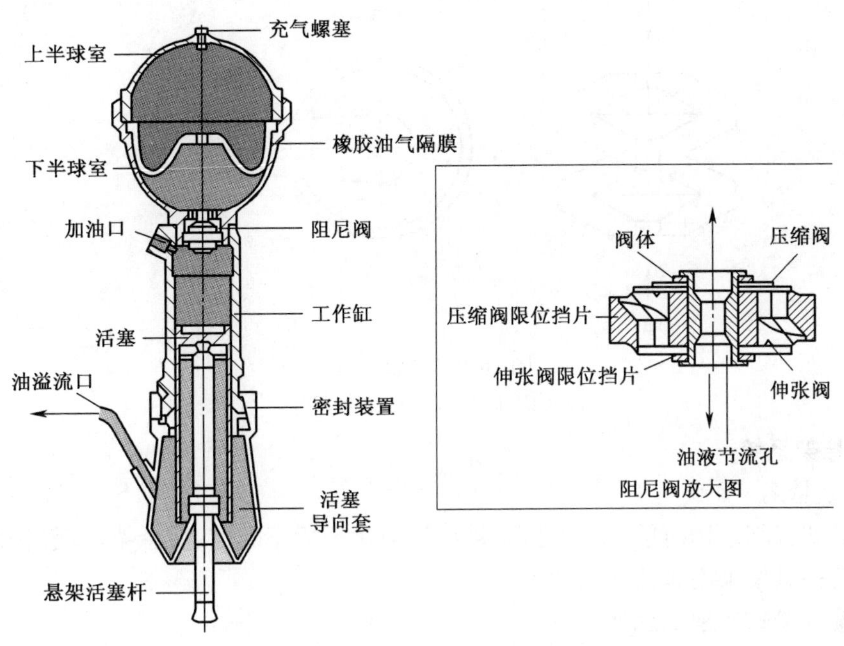

图 16.8 油气弹簧

油气弹簧的结构、原理如图 16.8 所示。油气弹簧的球形室固定在工作缸上，室的内腔用橡胶油气隔膜隔开，充入高压氮气的一侧为气室，与工作缸相通并充满油液的一侧为油室。工作缸内装有活塞、阻尼阀及其阀座。在此，油气隔膜的作用是把作为弹性介质的高压氮气和工作液分开，以免工作液乳化，同时也便于充气和保养。

当载荷增加且车架与车桥之间距离缩短时，活塞上移，使工作缸内容积减小，油压升高，油液顶开阻尼阀进入球形室，推动隔膜向气室方向移动，使气室容积减少，氮气压力升高，油气弹簧的刚度增大。

当载荷减小时，在高压氮气的作用下隔膜向油室方向移动，室内油液经阻尼阀流回工作缸，推动活塞下移，这时气室容积增大，氮气压力下降，弹簧刚度减小。当氮气压力通过油液传递作用在活塞上的力与载荷平衡时，活塞便停止移动。随着载荷的变化，气室内氮气也随之变化，相应地活塞处于工作缸中不同位置。可见，油气弹簧具有变刚度的特性。

由于油液流经阻尼阀时会产生阻尼力，因此油气弹簧还能起减振器的作用。

油气弹簧只能承受垂直载荷。为了传递横向力、纵向力及其力矩，悬架中必须装有横向推力杆和纵向推力杆等导向装置。

油气弹簧能使汽车在空载或满载的情况下，都具有很好的行驶平顺性，而且其体积小、质量轻。但油气弹簧对气体和油液的密封要求很高，维护也较麻烦。油气弹簧比较适用于重型汽车。

(4) 橡胶弹簧。

橡胶弹簧利用橡胶本身的弹性来起到弹性元件的作用。它可以承受压缩载荷与扭转载荷(图 16.9)。其优点是单位质量的储能量较金属弹簧多，隔声性能好，橡胶弹簧多用作悬架的副簧和缓冲块。在有些汽车的悬架中也有用它做主簧的。

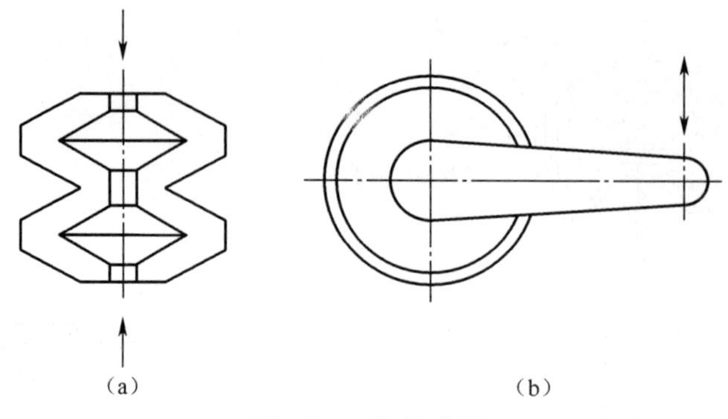

图 16.9　橡胶弹簧

(a)受压缩载荷;(b)受扭转载荷。

2. 典型悬架系统

1）非独立悬架

非独立悬架因其结构简单,工作可靠,被广泛应用于货车的前、后悬架。现代乘用车中,很少车用或仅后桥悬架采用非独立悬架。

（1）螺旋弹簧式非独立悬架。

螺旋弹簧式非独立悬架结构如图 16.10 所示,其一般只用作乘用车的后悬架。螺旋弹簧的上端装在车架上的特制支座上,而下端则固定在后桥壳的座上,由于螺旋弹簧只能承受垂直载荷,所以必须设置纵横导向杆件来承受纵向力和横向力。纵向推力杆的中部与后桥焊接为一体,前端通过带橡胶的支承座与车身做铰链连接,后端与轮毂相连接。纵向推力杆用以传递纵向力及其力矩。整个后桥、纵向推力杆及车轮可以绕支承座的铰支点连线相对于车身作上、下纵向摆动。螺旋弹簧的上端装在弹簧上座中,下端则支承在减振器外壳上的弹簧下座上,它只承受垂直力。减振器的上端与弹簧上座一起装在车身底部的悬架支座中,下端则与纵向推力杆相连接。采用此结构,当两侧车轮上的螺旋弹簧因路面不平而产生不同的变形量时,后桥会发生相应的扭转变形,从而起到横向稳定器的作用。

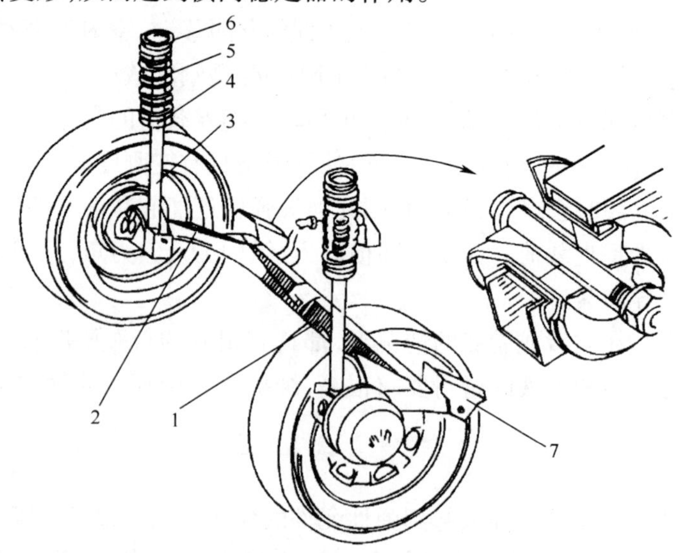

图 16.10　螺旋弹簧式非独立悬架结构示意图

1—后桥;2—纵向推力杆;3—减振器;4—弹簧下座;5—螺旋弹簧;6—弹簧上座;7—支承座。

(2) 空气弹簧非独立悬架。

汽车在行驶时由于载荷和路面的变化,要求悬架刚度随着变化。当空车时车身被抬高,满载时车身则被压得很低,会出现撞击缓冲块的情况。因而对于不同类型汽车提出不同的要求,矿山及大型客车要求其空车与满载时的车身高度变化不大;对于轿车要求在好路上降低车身高度,提高车速行驶;在坏路上提高车身,可以增大通过能力。因而要求车身高度随使用要求可以调节。空气弹簧非独立悬架可以满足要求。

如图 16.11 所示。囊式空气弹簧的上下端分别固定在车架和车桥上。经压气机产生的压缩空气经油水分离器和压力调节器进入储气筒。压力调节器可使储气筒中的压缩空气保持一定压力。储气罐通过管路与个空气弹簧相通。储气罐和空气弹簧中的空气压力由车身高度调节阀控制,空气弹簧只承受垂直载荷,因而必加设减振器,其纵向力和横向力及其力矩由悬架中的纵向推力杆和横向推力杆来传递。

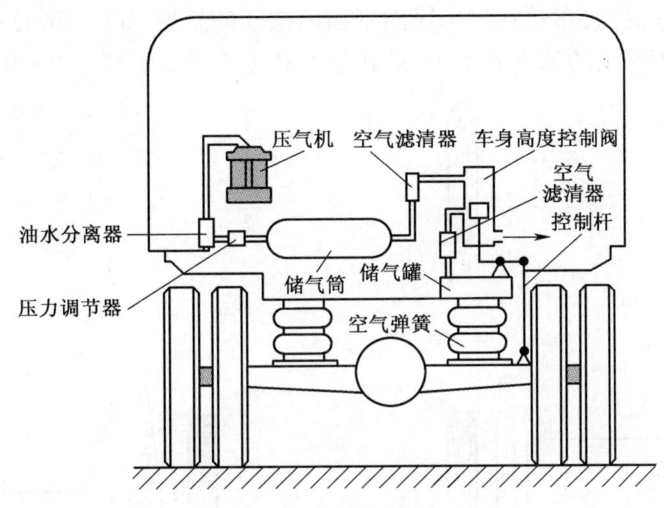

图 16.11　空气弹簧非独立悬架

采用空气弹簧悬架时,容易实现车身高度的自动调节。在装有压气机的汽车上,一般用随载荷的不同而改变空气弹簧内的空气压力的方法来达到这个目的。

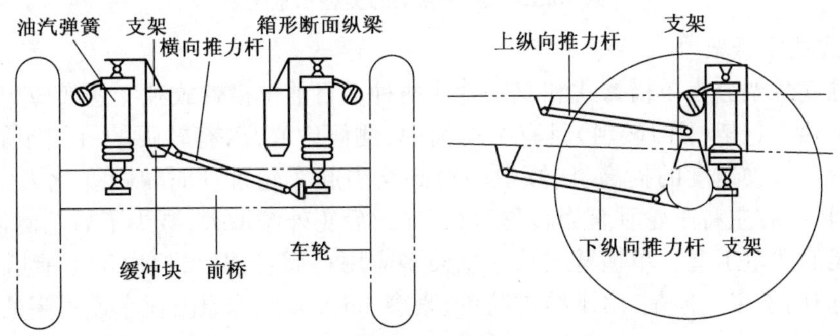

图 16.12　某矿用自卸卡车前轮油气悬架示意图

(3) 油气弹簧非独立悬架。

如图 16.12 所示,油气弹簧固定在前桥上的支架和纵梁上的支架上,上下两纵向椎力杆构成平行四边形,既可传递纵向力和力矩,又可保证车轮上下跳动时主销后倾角不变,有利于汽车操纵的稳定性。横向推力杆装在左侧纵梁与前桥右侧的支架上传递侧向力。在两纵梁下面装有缓冲块，以避免在很大的冲击载荷下前桥直接碰撞车架。适用在大型自卸汽车上。

2）独立悬架

为了满足汽车行驶平顺行和操纵稳定性的要求，独立悬架被广泛应用。由于独立能使两侧车轮各自独立地与车架或车身弹性连接，因而具有以下优点：

（1）在悬架弹性组件一定的变形范围内，两侧车轮可以单独运动互不影响，有助于消除转向轮不断偏摆。

（2）减小汽车了非承载质量，有利于汽车的平顺性。

（3）采用断开式车桥，可以降低发动机位置，降低整车重心，提高了汽车的行驶稳定性。

（4）车轮运动空间较大，可以降低悬架刚度，改善平顺性。

独立悬架的结构类型很多，一般可按车轮的运动方式分为三类，如图 16.13 所示。

（1）横臂式独立悬架：车轮在汽车横向平面内摆动的悬架，如图 16.13(a)所示。

（2）纵臂式独立悬架：车轮在汽车纵向平面内摆动的悬架，如图 16.13(b)所示。

（3）车轮沿主销移动的独立悬架：有烛式悬架和麦弗逊式悬架，如图 16.13(c)、(d)所示。

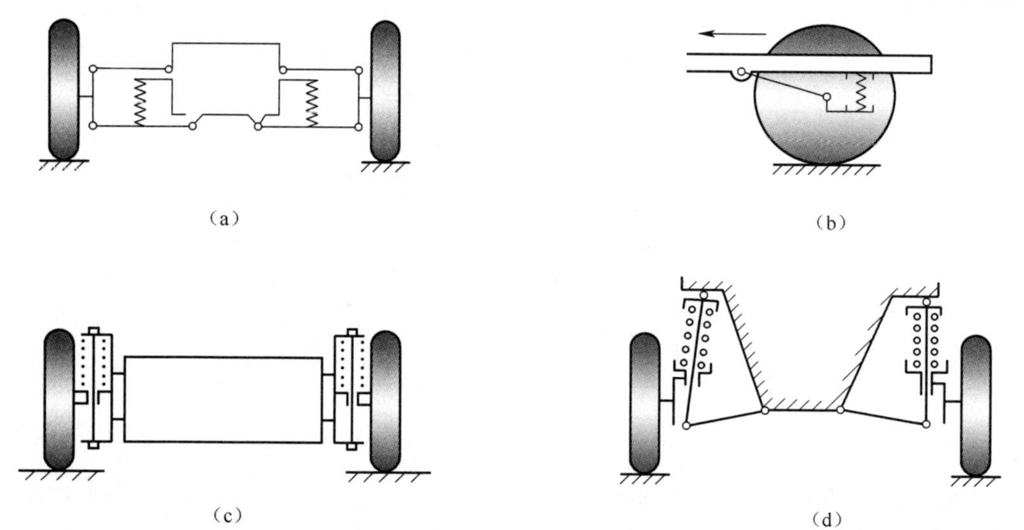

图 16.13　独立悬架的类型示意图

① 横臂式独立悬架。

横臂式独立悬架分为单横臂式和双横臂式两种。目前单横臂式独立悬架应用较少。

单横臂式独立悬架(图 16.14)具有结构简单，侧倾中心高，有较强的抗侧倾能力的优点。但随着现代汽车行驶速度的提高，侧倾中心过高会引起车轮跳动时轮距变化大，轮胎磨损加剧，而且在急转弯时左右车轮垂直力转移过大，导致后轮外倾增大，减少了后轮侧偏刚度，从而产生高速甩尾的严重工况。单横臂式独立悬架多应用在后悬架上，但由于不能适应高速行驶的要求，目前应用不多。但是，由于结构简单、紧凑、布置方便等原因在车速不高的重型越野汽车上也有采用的。

双横臂式独立悬架的两个摆臂长度可以相等，也可以不等，如图 16.15 所示。摆臂等长的独立悬架，当车轮上下跳动时，车轮平面没有倾斜，但轮距却发生了较大的变化，这将增加车轮侧向滑移的可能性。摆臂不等长（上短下长）的独立悬架中，如两臂长度选择适当，让车轮在上下运动时能自动改变外倾角并且减小轮距变化减小轮胎磨损，并且能自适应路面，轮胎接地面积大，贴地性好。目前乘用车的轮胎可容许轮距的改变在每个车轮上达到 4~5mm，而不致

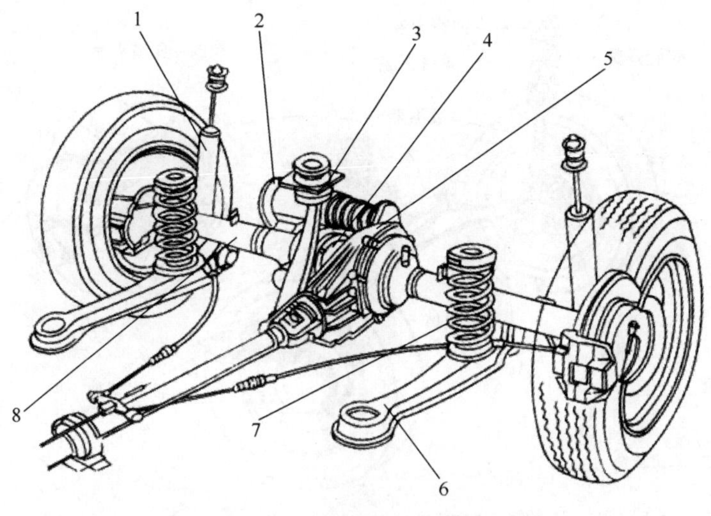

图 16.14 单横臂式独立悬架示意图

1—减振器；2—油气弹簧元件；3—中间支承；4—单铰链；5—主减速器壳；6—纵向推力杆；7—螺旋弹簧；8—半轴套管。

沿路面滑移，因此，不等长的双横臂式独立悬架在中高级乘用车前轮上的应用较为广泛。

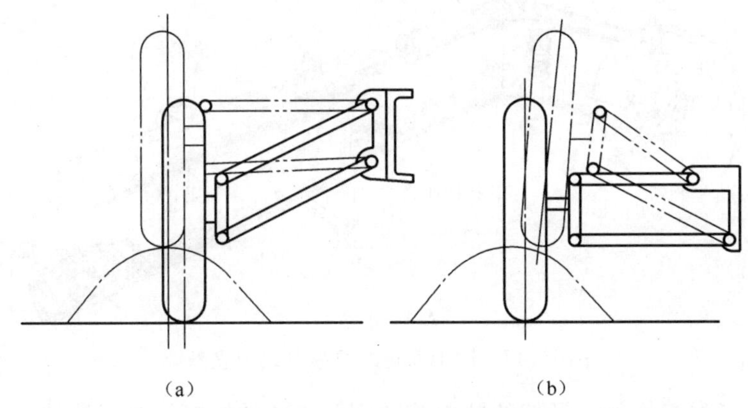

图 16.15 双横臂式独立悬架示意图

(a)摆臂等长的独立悬架；(b)摆臂不等长的独立悬架。

② 纵臂式独立悬架。

纵臂式独立悬架可分为单纵臂式独立悬架和双纵臂式独立悬架。

转向轮采用单纵臂式独立悬架时，车轮上下跳动将使主销后倾角产生很大变化。因此，单纵臂式独立悬架一般多用于不转向的后轮。

桑塔纳和捷达轿车的后悬架结构相同，也属于单纵臂式独立悬架。它有一根整体的 V 形断面横梁，在其两端焊接着变截面的管状纵臂，从而形成了一个整体构架——后轴体。纵臂前端通过橡胶-金属支承与车身作铰接式连接。纵臂后端与轮毂、减振器相连。汽车行驶时，车轮连同后轴体相对车身以橡胶-金属支承为支点作上下摆动，相当于单纵臂式独立悬架。当两侧悬架变形不等时，后轴体的 V 形断面横梁发生扭转变形，由于该横梁有较大的弹性，可起横向稳定器的作用。它不像普通带有整体轴的非独立悬架那样，一侧车轮的跳动会直接影响另一侧车轮。因此，该悬架又称纵臂扭转梁式独立悬架，如图 16.16 所示。

双纵臂式独立悬架的两个纵臂长度一般做成相等，形成平行四连杆机构，如图 16.17 所示。这样，在车轮上下跳动时，主销的后倾角保持不变，故这种形式的悬架适用于转向轮。

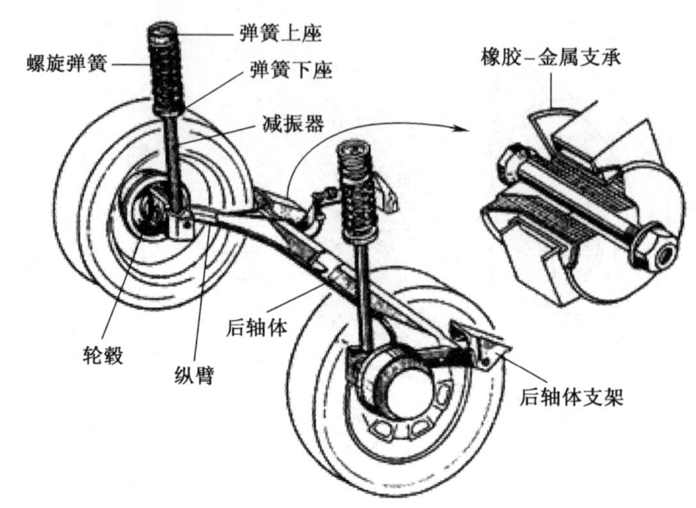

图 16.16　纵臂扭转梁式独立悬架(桑塔纳捷达乘用车后悬架)

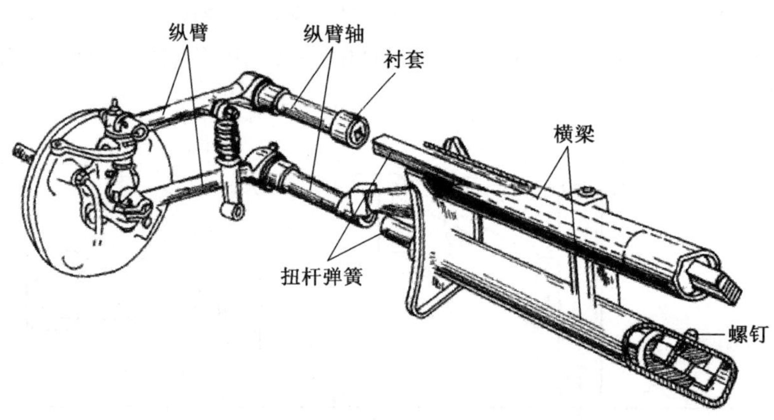

图 16.17　用于前轮的双纵臂式独立悬架

双纵臂式扭杆弹簧前独立悬架的转向节和两个等长的纵臂铰链式连接。在车架的两根管式横梁内部都装有若干层矩形断面的薄弹簧钢片叠成的扭杆弹簧。两根扭杆弹簧的内端用螺钉固定在横梁的中部,而外端则插入摆臂轴的矩形孔内。摆臂轴用衬套支承在管式横梁内。摆臂轴和纵臂为刚性连接。另一侧车轮的悬架与之完全相同而且对称。

③ 车轮沿主销移动的独立悬架。

车轮沿主销移动的独立悬架可以分为两种形式:一种是车轮沿固定不动的主销移动的烛式独立悬架;另一种是车轮沿摆动的主销轴线移动的麦弗逊式独立悬架。

如图 16.18 所示为烛式独立悬架,烛式悬架的结构特点是车轮沿着刚性地固定在车架上的主销轴线上下移动。烛式悬架的优点是:当悬架变形时,主销的定位角不会发生变化,仅是轮距、轴距稍有变化,因此特别有利于汽车的转向操纵稳定和行驶稳定。但烛式悬架有一个大缺点:就是汽车行驶时的侧向力会全部由套在主销套筒的主销承受,致使套筒与主销间的摩擦阻力加大,磨损也较严重。烛式悬架现已应用不多。

麦弗逊式悬架一个最大的设计特点就是结构简单,是目前前置前驱动轿车和某些轻型客车应用比较普遍的悬架结构形式,其结构如图 16.19 所示。由减振器、螺旋弹簧、横摆臂、横向稳定器等组成。结构简单能带来两个直接好处那就是:悬挂质量轻和占用空间小。汽车悬挂

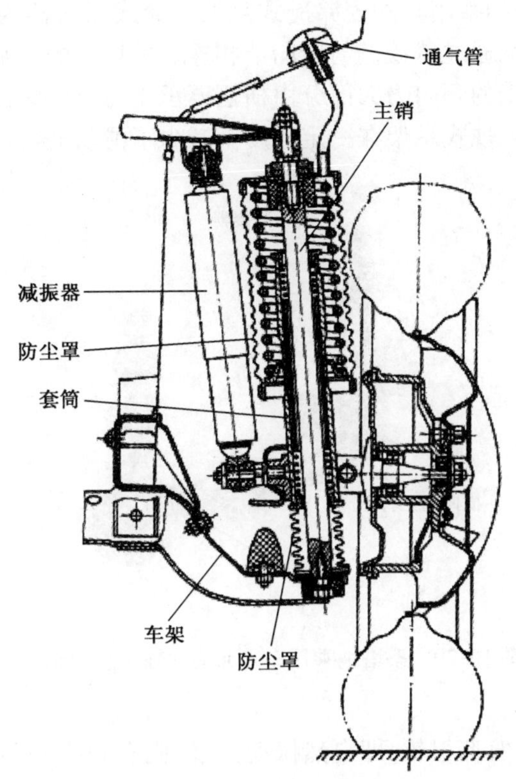

图 16.18 烛式独立悬架

属于运动部件，运动部件越轻，悬挂响应速度和回弹速度就会越快，所以悬挂的减振能力也就越强；而且悬挂质量减轻也意味着弹簧下质量减轻，那么在车身质量一定的情况下，舒适性也越好。占用空间小带来的直接好处就是设计师能在发动机舱布置下更大的发动机，而且发动机放置方式也能随心所欲，让各种发动机的匹配更灵活。减振器与套在它外面的螺旋弹簧合为一体，构成悬架的弹性支柱，支柱上端与车身挠性连接，支柱的下端与转向节刚性连接。横摆臂的外端通过球头销与转向节的下部连接，内端与车身铰接。

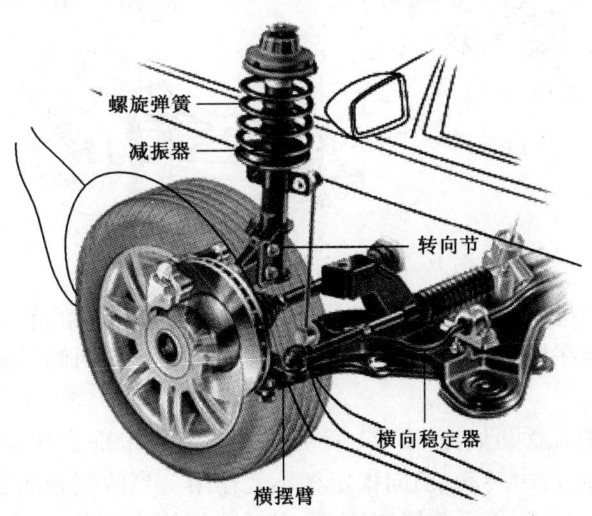

图 16.19 麦弗逊式独立悬架的结构示意图

图 16.20 所示为桑塔纳乘用车的麦弗逊式悬架。筒式减振器为滑动立柱,横摆臂的内端通过铰链与车身相连,外端通过球铰链与转向节相连。减振器的上端与车身相连,减振器的下端与转向节相连,车轮所受的侧向力大部分由横摆臂承受,其余部分由减振器活塞和活塞杆承受。因此,这种结构形式较烛式悬架在一定程度上减少了滑动磨损。

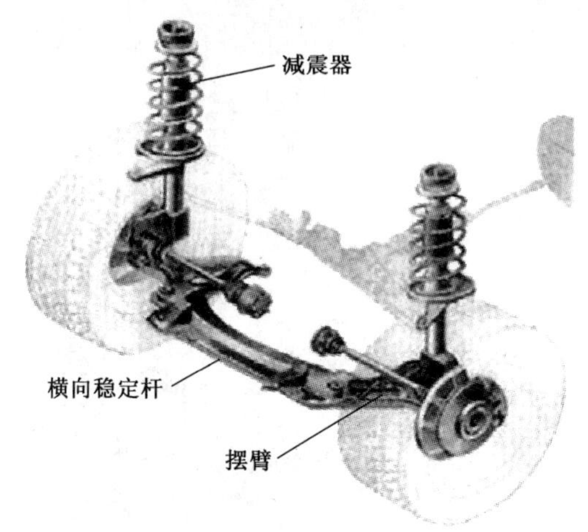

图 16.20 桑塔纳乘用车麦弗逊式独立悬架结构图

④ 横向稳定器。

现代乘用车的悬架一般都很软,即自然振动频率(固有频率)很低。这样在汽车高速行驶中转向时,车身会产生很大的横向倾斜和横向角振动。为减少这种横向倾斜,常在悬架中加设横向稳定器。应用得最多的是杆式横向稳定器,如图 16.21 所示。

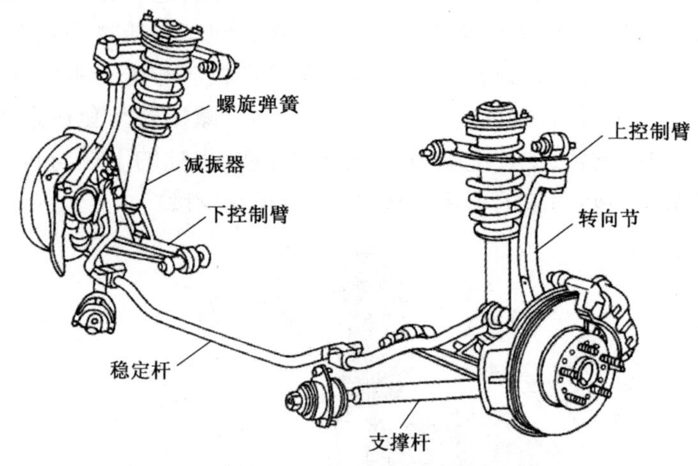

图 16.21 横向稳定器结构示意图

弹簧钢制成的横向稳定杆呈扁平的 U 形,横向地安装在汽车的前端或后端。稳定杆中部自由地支承在两个固定在桥壳上的橡胶套筒内。横向稳定杆的两侧纵向部分的末端与下臂上的弹簧支座相连。

横向稳定杆的原理示意图如图 16.22 所示。当车身只作垂直移动而两侧悬架变形相等时,横向稳定杆在套筒内自由转动,横向稳定杆不起作用。当两侧悬架变形不等而车身相对于路面横向倾斜时,车架的一侧移近弹簧支座,稳定杆的该侧末端就相对于车架向上移,而车架的另一侧远离弹簧支座,相应的稳定杆的末端则相对于车架向下移,然而在车身和车架倾斜时，横向稳定杆的中部对于车架并无相对运动。这样在车身倾斜时，稳定杆两边的纵向部分向不同方向偏转，于是稳定杆便被扭转。弹性的稳定杆所产生的扭转的内力矩就妨碍了悬架弹簧的变形，因而减小了车身的横向倾斜和横向角振动。

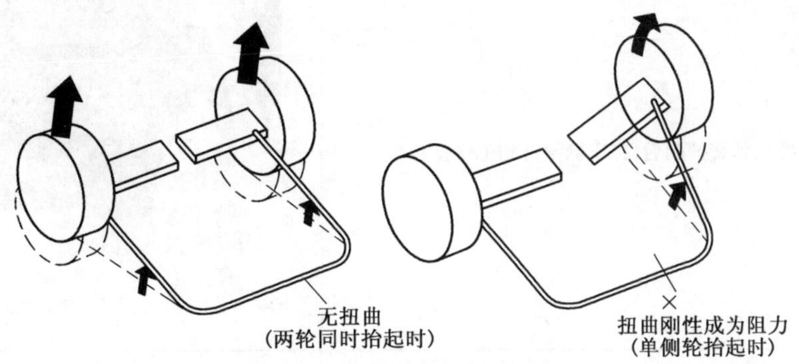

图 16.22 横向稳定杆工作示意图

任务 2 减振器的检查与更换(表 16.1)

表 16.1 减振器的检查与更换

序号	检查与更换具体内容及注意事项	图 示
1	按照车轮拆卸要求拆下轮胎： ①车辆必须拉起手刹，安装车轮垫块。采用对角的顺序将轮胎螺栓拧松大约一圈即可。 ②用举升机将车辆托举到轮胎离地，采用对角的顺序用棘轮扳手拧下轮胎螺母后，拆下轮胎并放置于轮胎架上。 注意：举升之前一定要反复检查举升点	
2	打开并支起引擎盖，用内六角扳手和梅花扳手拆下螺旋弹簧护圈锁紧螺母	

（续）

序号	检查与更换具体内容及注意事项	图　示
3	取下螺旋弹簧护圈后，将车辆举升到工作位置	
4	用棘轮扳手和梅花扳手松下横拉杆和转向节臂连接螺栓，松下横拉杆	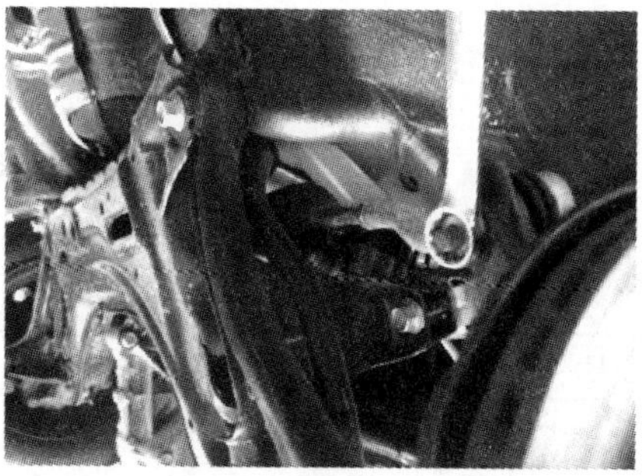
5	用棘轮扳手和梅花扳手松下纵向推力杆与减振器连接螺栓，松下纵向推力杆	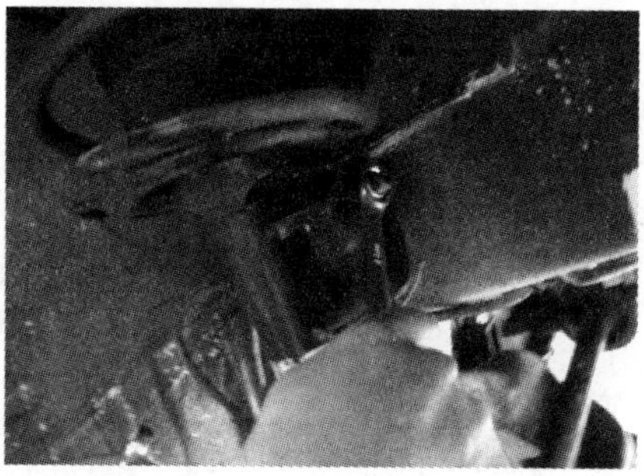
6	先拆下制动软管夹固定螺母，用棘轮扳手和梅花扳手松下转向节与减振器的连接螺母，松开转向节	

（续）

序号	检查与更换具体内容及注意事项	图　示
7	小心拆下轮速传感器固定螺栓，拆下轮速传感器和其连接线	
8	松开下摆臂和转向节连接螺栓螺母，用专用工具将连接螺栓压出来后拆下下摆臂。严禁敲击连接螺栓，否则将损坏螺栓	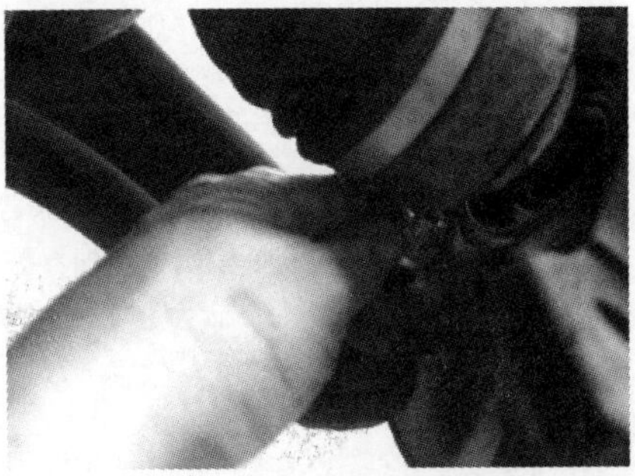
9	用撬杠将下摆臂往下压，将传动半轴从制动盘中取出，拆下制动盘和转向节总成	
10	将制动盘和转向节总成取下后，小心地取出减振器和弹性元件总成	

（续）

序号	检查与更换具体内容及注意事项	图　示
11	拆下减振器和螺旋弹簧总成后，检查螺旋弹簧是否有裂纹、锈蚀，减振器是否有破损	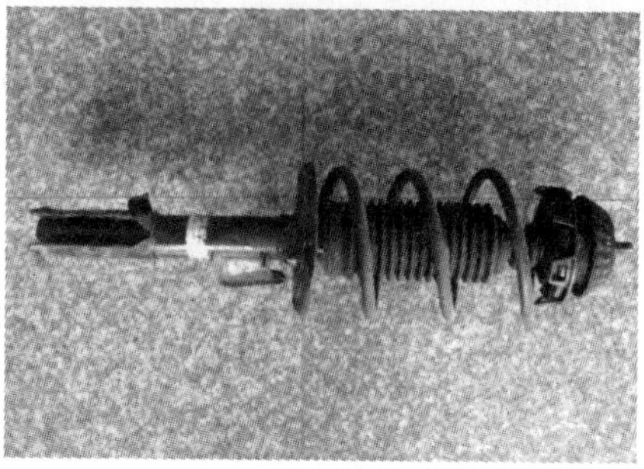
12	用手拉开减振器护套，检查减振器里是否出现漏油，检查减振器内部有无损伤，减振器护套有无破损	
13	用撬杠压下下摆臂后，将传动半轴装入制动盘中，注意装好后检查传动半轴另一端是否完全在半轴齿轮内，如不在必须重装	
14	将下摆臂和转向节连接螺栓装上后，以 65N · m 的扭矩拧紧螺栓	

（续）

序号	检查与更换具体内容及注意事项	图　示
15	将减振器和螺旋弹总成小心装入，装上螺旋弹簧保护套螺母，稍微拧紧即可	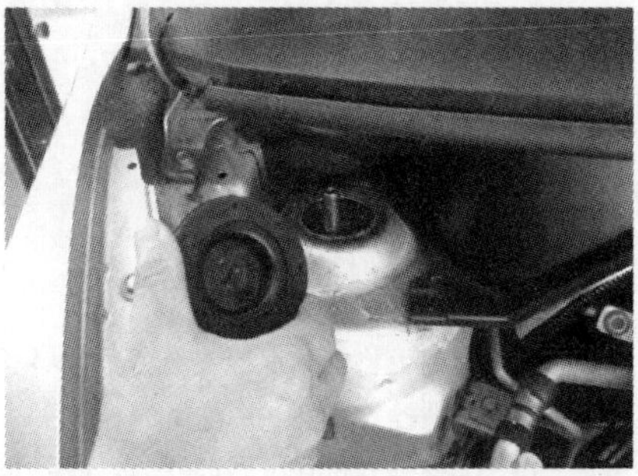
16	将减振器和螺旋弹总成小心装入，装上转向节与减振器连接螺栓，并以 50N · m 的扭矩拧紧，最后以 50N · m 的扭矩将螺旋弹簧保护套螺母拧紧	
27	装上纵向推力杆螺栓后以 30N · m 的扭矩拧紧。然后将制动软管固定夹和轮速传感器装上，并以 15N · m 的扭矩固定轮速传感器螺栓	
18	装上轮毂轴承螺母后，用棘轮扳手将其拧紧即可	

（续）

<table>
<tr><th>序号</th><th>检查与更换具体内容及注意事项</th><th>图　示</th></tr>
<tr><td rowspan="2">19</td><td rowspan="2">按照要求装配车轮：
①用手将轮胎螺栓装上后，用棘轮扳手按对角顺序将轮胎螺栓拧紧。
②将举升机降下，到轮胎着地后，以 110N · m 的扭矩将轮胎螺栓拧紧</td><td></td></tr>
<tr><td></td></tr>
</table>

项目 17　动力转向液的检查与更换

学习目标

1. 了解动力转向系统的组成结构和工作原理；
2. 掌握动力转向液的作用；
3. 了解动力转向液的使用注意事项；
4. 掌握动力转向液的检查与更换方法；
5. 掌握动力转向系统的空气的排除方法。

知识要点

1. 动力转向系统的组成结构和工作原理；
2. 动力转向液的作用；
3. 力转向液的检查与更换方法；
4. 动力转向系统的空气的排除方法。

任务 1　动力转向液的认知

1. 动力转向系统

汽车转向系统的作用是将驾驶员施予转向盘的力通过转向器、横直拉杆、转向节等传到转向轮，使转向轮发生偏转，从而使汽车沿着驾驶者希望的方向行驶。按转向能源的不同分为机械转向系统和动力转向系统。现在的汽车大部分采用的是动力转向系统，动力转向装置的动力源分别来自压缩空气、电力和液压。由于液压动力转向装置工作压力较高，外廓尺寸较小以及油路对路面有吸振作用，已被广泛地使用。

液压动力转向装置的组成如图 17.1 所示。液压助力转向系统的基本工作原理是：转动方向盘时，控制阀将转动相应的角度，由油泵输送的转向液将被相应地导向左室或右室，由于动力油缸的活塞被连接到转向齿条，该齿条在施加到活塞的液压压力的作用下向左或者向右移动，由此可以减少转动方向盘所需的力。汽车的动力转向系统中汽车的动力转向液起着动力传递介质重要作用。

2. 动力转向液

1）动力转向液的作用

动力转向液是汽车助力转向泵里面用的一种特殊液体，通过液压作用，可以使方向盘变得非常轻巧，与自动变速器油液、制动油液以及减振油液类似。

2）动力转向液使用注意事项

（1）液品质应符合规定。液压动力转向系统所使用的油液牌号应符合原厂的要求，油液应具有良好的黏温特性、耐磨性、抗氧化性、润滑性，无杂质和沉淀物。无原厂规定油液牌号

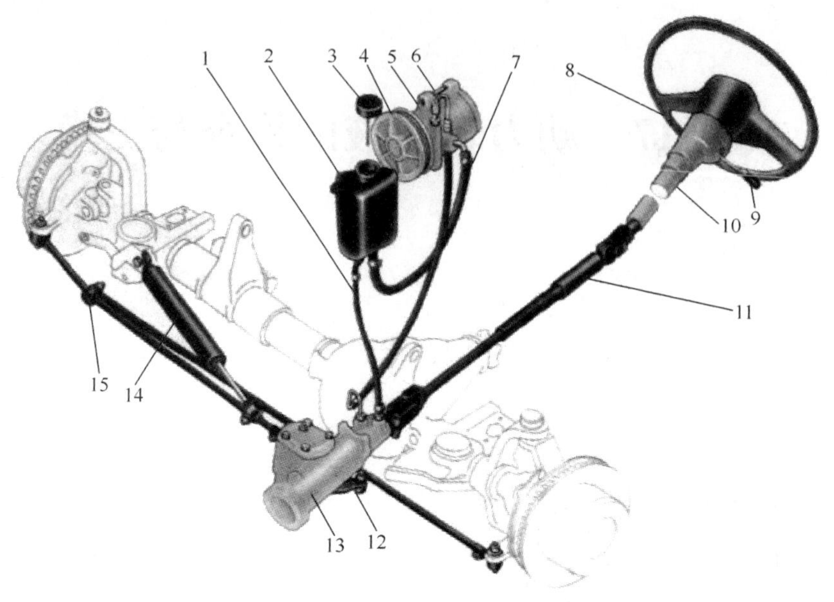

图 17.1 动力转向系统的组成

1—动力转向回油管总成;2—动力转向液油罐总成;3—动力转向液油罐盖;4—动力转向泵皮带轮;5—动力转向泵;6—动力转向压力管总成;7—油罐到泵的油管总成;8—转向盘总成;9—综合开关操纵杆总成;10—转向管柱总成;11—动力转向中间轴总成;12—转向摇臂;13—动力转向器总成;14—转向减振器;15—转向拉杆和横拉杆总成。

的,可用 13 号机械油或 8 号液力传动油代替,但两种油液不能混用。

(2) 切勿将动力转向油和制动液等混淆,否则会导致系统失灵。但进口汽车的动力转向油和自动变速器油可以通用。动力转向油也称动力传输液。现常用牌号为美国 GM 公司产动力传输液或国产 8 号动力传输液。

(3) 转向时不可将方向"打死",特别是在原地转向时,要留有一定的余量,保证液压转向系统处于正常工作状态。

(4) 动力转向油时传递动力的液压油,同时也是转系统系统的润滑剂,因此液位过低或储液罐内无液压油切勿行驶,若行驶不但会严重损坏转向油泵及其他零部件,还可能导致转向系统失灵。

(5) 定期检查转向油罐的液面高度。结合维护周期,检查转向油罐液面高度是否在规定刻线上,不足时应添加。添加油液要经过滤清,品种要相同。

(6) 按时换油。因为液压动力转向系统的油液是在高温高压下工作,容易变质,所以即使油液看起来比较干净,也要定期更换,一般 2~3 年更换 1 次,或按原厂规定更换。换油时,将前轴顶起,发动机以怠速运转,卸下转向器下部的放油螺塞,左右打方向盘至极限位置数次,待油液排完时立即停熄发动机并旋上放油螺塞。

(7) 排气。在转向系统加油或转向系统混入空气时,需将空气排出,方法是先将油液注到油罐规定的液面高度,启动发动机,在怠速状态下左右打转向盘到极限位置(在极限位置停留不得超过 10s,以防油泵发热),反复几次。同时松开系统中的放气螺钉,继续注油至充满整个系统直至放气口没有气泡冒出,油罐内油面不再下降为止,然后扭紧放气螺钉。

任务2　动力转向液的检查与更换

1. 动力转向液的检查(表17.1)

表17.1　动力转向液的检查

序号	检查具体内容及注意事项	图　示
1	首先要将汽车停放在平坦的硬质路面上	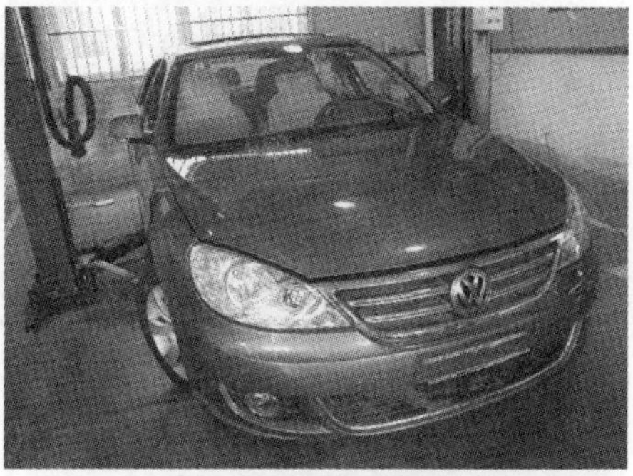
2	打开发动机盖,安装车辆翼子板布和前栅格布,安装方向盘套、座椅套和地板垫	
3	检查动力转向液是否泄漏;液体管路是否有裂纹和其他损坏	
4	检查皮带有无裂纹和损坏,检查皮带松紧度	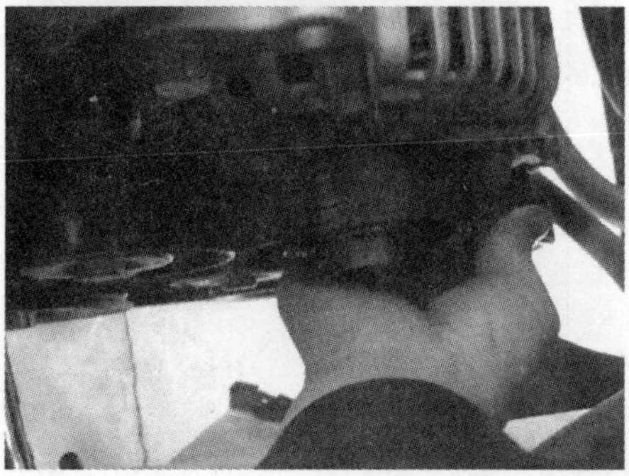

（续）

序号	检查具体内容及注意事项	图　示
5	旋出助力转向液标尺，先用布擦干净后再次放入储液管中，然后再垂直将助力转向液标尺拿出后，观察标尺上液位位置，应在最高与最低范围之间	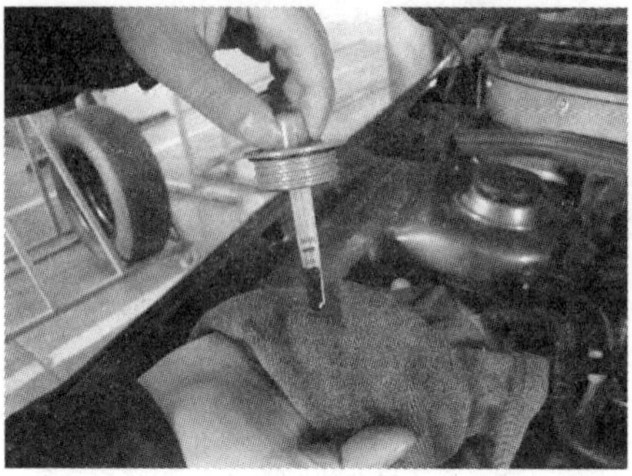
6	起动发动机，使发动机怠速运转	
7	分别向左右转动转向盘数次，使动力转向油温度上升到80℃左右	
8	观察动力转向液储液罐的动力转向油有无泡沫盒乳化现象	

（续）

序号	检查具体内容及注意事项	图　示
9	将动力转向液滴在干净的抹布上，检查油液质量	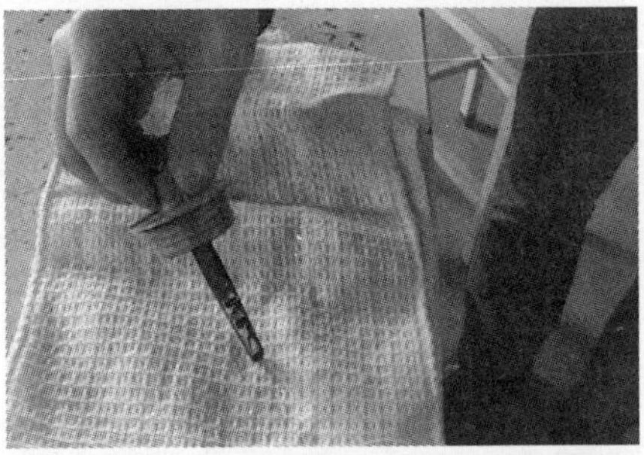
10	检查助力转向液储液罐中的油位，如有缺少，按需要添加	

2. 动力转向液的更换（表 17.2）

表 17.2　动力转向液的更换

序号	更换具体内容及注意事项	图　示
1	用鲤鱼钳夹住回油管上的卡箍，拆下动力转向液储液罐上的回油管	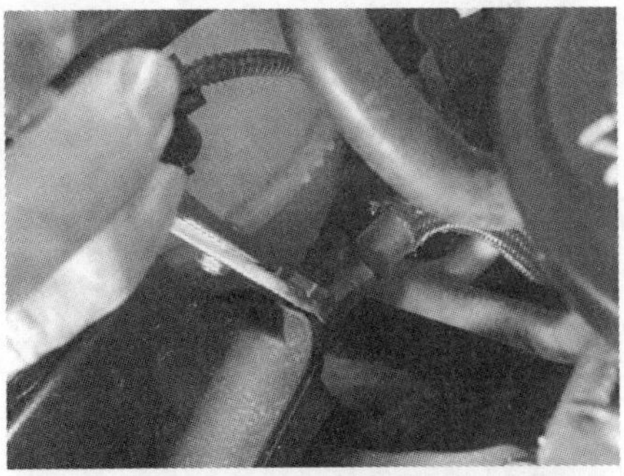
2	用动力转向液收集器，将动力转向液储液罐和油管中排放出来的油液收集起来	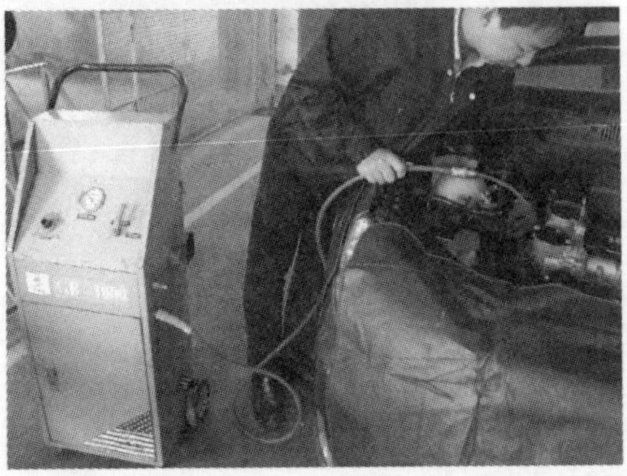

（续）

序号	更换具体内容及注意事项	图　示
3	起动发动机，以怠速运转	
4	向左右转动转向盘，待油管内的残余油液排净后，并关闭发动机	
5	将回油管接头接回到储液罐上，然后按油品要求加入符合要求的液压油	
6	将汽车举升，车轮离地，车辆举升后将举升机锁止	

（续）

序号	更换具体内容及注意事项	图　示
7	不起动发动机，转动方向盘，从左极限位置转到右极限位置，来回转动 3~5 次	
8	起动发动机，使之怠速运转，并重复上述转动方向盘的过程 3~5 次	
9	将轿车前部放下，在发动机怠速运转的状态下，来回再转动方向盘 5~8 次，使油温升高。然后，将方向盘置于中间位置，检查并记录储油罐内油面高度	
10	转向盘在中间位置时，观察储液罐中的动力转向液的高度	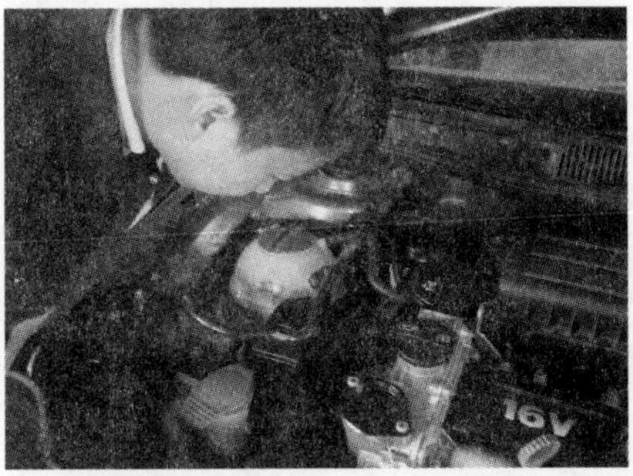

（续）

序号	更换具体内容及注意事项	图　示
11	将点火开关关闭，使发动机熄火，待其停止转动 3～5min 后，再查看储油罐内油液面高度，并与上述的液面高度进行比较，若两次无差值或差值小于 5.0mm，而且油液中无气泡或乳化现象，说明系统内空气排净。否则，仍需重复 9～11 三个步骤，直至排净空气为止。最后视需要添加动力转向液	

项目 18　动力转向系统的检查

1. 掌握汽车转向系统的功用和组成；
2. 了解汽车转向系统的类型；
3. 掌握液压动力转向系统的组成与工作原理；
4. 了解常流式动力转向器的工作原理；
5. 了解常压式动力转向器的工作原理；
6. 了解转向系油罐、转向系液压泵、流量控制阀和安全阀、转向动力缸的构造与工作原理；
7. 掌握桑塔纳 2000 乘用车动力转向系结构；
8. 掌握转向盘与转向柱的拆装与检修方法；
9. 掌握转向器的拆装与检修方法；
10. 掌握动力转向系统的检查方法。

知识要点

1. 汽车转向系统的功用和组成；
2. 液压动力转向系统的组成与工作原理；
3. 桑塔纳 2000 乘用车动力转向系统结构；
4. 转向盘与转向柱的拆装与检修方法；
5. 转向器的拆装与检修方法；
6. 动力转向系统的检查方法。

任务 1　动力转向系统的认知

1. 汽车转向系统概述

1）汽车转向系统的功用和组成

汽车转向系统的功用是为偏转前轮，在有些情况下还偏转后轮，即驾驶员通过一套专设机构，使汽车转向桥上的车坤相对于汽车纵轴线偏转一定角度，使得汽车在换车道、急转弯或躲避路面障碍时，车轮能连续地改变行驶方向。

转向系统有转向传动机构、机械转向器和转向操纵机构三个主要部分组成，如图 18.1 所示。转向传动机构的功用是将机械转向器输出轴的运动传递给转向臂。转向臂偏转车轮而改变汽车的行驶方向。机械转向器的功用是将转向盘的回转运动转换为转向传动机构的往复运动。转向操纵机构的功用是产生转动转向器所必需的操纵力。

2）汽车转向系统的分类

按照使用的能源不同，汽车转向系统可分为机械转向系统和动力转向系统。

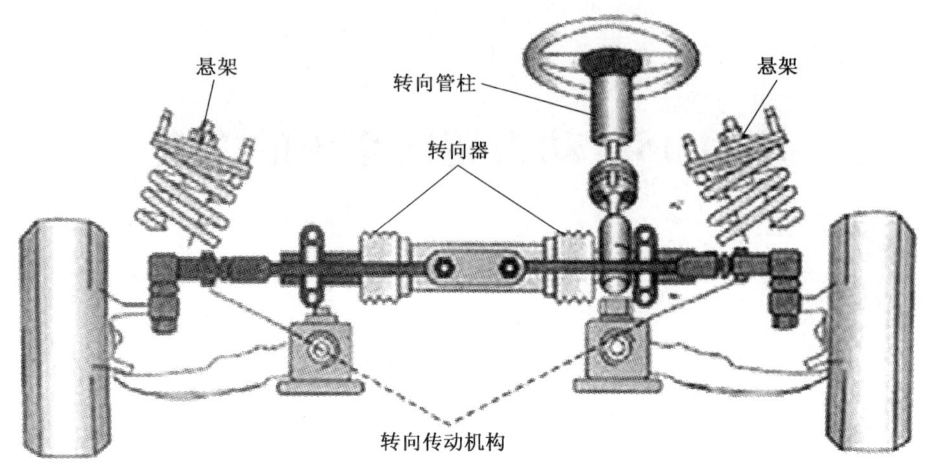

图 18.1　转向系统组成

（1）机械转向系统。

机械转向系统以驾驶员的体力作转向动力源，如图 18.2 所示。需要转向时，驾驶员对转向盘 1 施加一个转向力矩。该力矩通过转向轴 2 输入转向器 8。从转向盘到转向传动轴这一系列部件和零件即属于转向操纵机构。作为减速传动装置的转向器中有 1、2 级减速传动副。经转向器放大后的力和减速后的运动传到转向横拉杆 6，再传给固定于转向节 3 上的转向节臂 5，使转向节和它所支承的转向轮偏转，从而改变了汽车的行驶方向。这里，转向横拉杆和转向节臂属于转向传动机构。

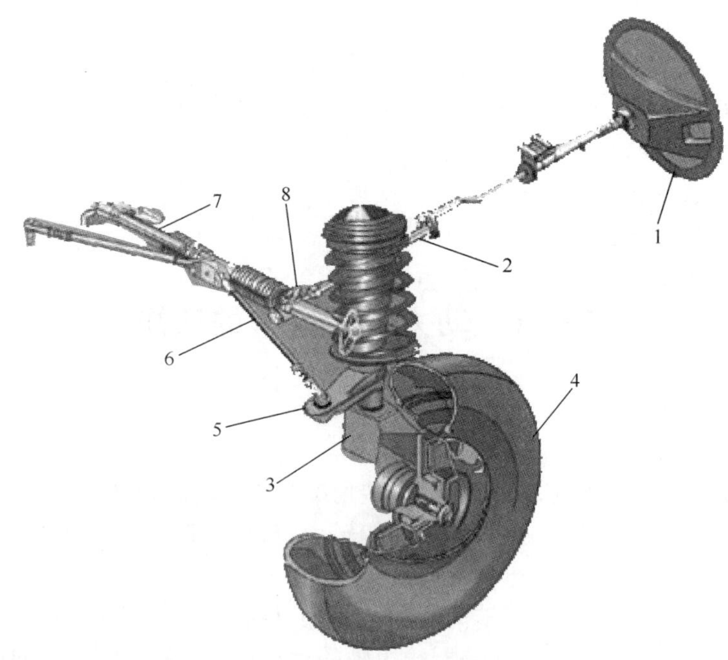

图 18.2　机械转向系统示意图

1—转向盘；2—安全转向轴；3—转向节；4—转向轮；5—转向节臂；
6—转向横拉杆；7—转向减振器；8—机械转向器。

由于汽车转向时，完全由驾驶员的操纵力来实现的，操纵较费力，劳动强度较大，但其具有结构简单、工作可靠、路感性好、维护方便等优点,多应用于中小型货车或轿车上。

(2)动力转向系统。

动力转向系统是兼用驾驶员体力和发动机(或电动机)的动力为转向能源的转向系统,它是在机械转向系统的基础上加设一套转向助力装置而形成的。

图 18.3 所示为一种液压式动力转向系统示意图。其中属于转向加力装置的部件是:转向油泵 5、转向油管 4、转向油罐 6 以及位于整体式转向器 10 内部的转向控制阀及转向动力缸等。当驾驶员转动转向盘 1 时,转向摇臂 9 摆动,通过转向直拉杆 11、横拉杆 8、转向节臂 7,使转向轮偏转,从而改变汽车的行驶方向。

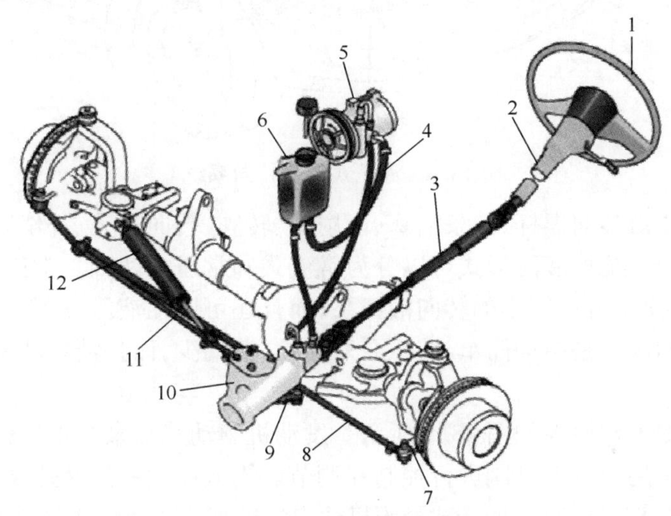

图 18.3 动力转向系统示意图

1—方向盘;2—转向轴;3—转向中间轴;4—转向油管;5—转向油泵;6—转向油罐;7—转向节臂;8—转向横拉杆;9—转向摇臂;10—整体式转向器;11—转向直拉杆;12—转向减振器。

与此同时,转向器输入轴还带动转向器内部的转向控制阀转动,使转向动力缸产生液压作用力,帮助驾驶员转向操纵。这样,为了克服地面作用于转向轮上的转向阻力矩,驾驶员需要加于转向盘上的转向力矩,比用机械转向系统时所需的转向力矩小得多。

重型汽车或装有超低压胎的轿车转向时阻力较大,为了减轻驾驶员的疲劳程度,改善转向系统的技术性能,采用动力转向装置。采用动力转向的汽车转向时,所需的能量在正常情况下,只有小部分是驾驶员提供的体能,而大部分是发动机驱动转向油泵旋转,将发动机输出的部分机械能转化为压力能,并在驾驶员控制下,对转向传动装置或转动器中某一传动件施加不同方向的随动渐进压力,从而实现转向。

2. 液压式动力转向系统

液压动力转向系统工作灵敏度高,结构紧凑、外廓尺寸较小,工作时无噪声,工作滞后时间短,而且能吸收来自不平路面的冲击。因此,液压式动力转向系统在各类汽车上得到了广泛的应用。液压式动力转向系统按液流形式可以分为常流式和常压式;按转向控制阀的运动方式又可以分为滑阀式和转阀式。

1)液压动力转向系统的组成与工作原理

如图 18.4 所示的液压式动力转向系统由动力转向装置和转向传动机构两大部分组成。其中动力转向装置包括转向盘、转向柱、动力转向器、转向油泵、流量控制阀、安全阀、储液罐及油管组成。

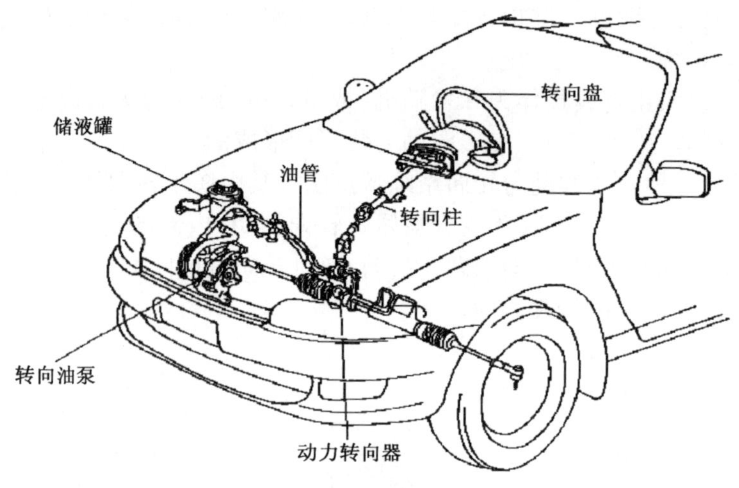

图 18.4　液压式动力转向系统

动力转向器主要由转向螺杆、齿条活塞、齿扇轴、转阀、转向器壳、补偿装置等部件组成。

液压式动力转向系统按液流形式可以分为常流式和常压式两种。常压式的优点是有储能器积蓄液压能,可以使用流量较小的转向液压泵,而且还可以在液压泵不工作时保持一定转向助力能力。常流式的优点是结构简单,液压泵寿命长,泄漏少,而且消耗功率也比较多,已被广泛应用。

动力转向系统的工作原理如图 18.5 所示。发动机驱动叶片泵产生液压,液压油的流量及压力则由装在叶片泵的流量控制阀进行控制和调节。当液压油液经叶片泵传送到转向齿轮机构中小齿轮旁的回转式导阀机构,回转式导阀机构内的导阀调节液压并改变其流向后,流入动力缸,推动齿条做直线运动。从动力缸流回的液压油流至储液罐,经过回流后,再次输送到叶片泵。

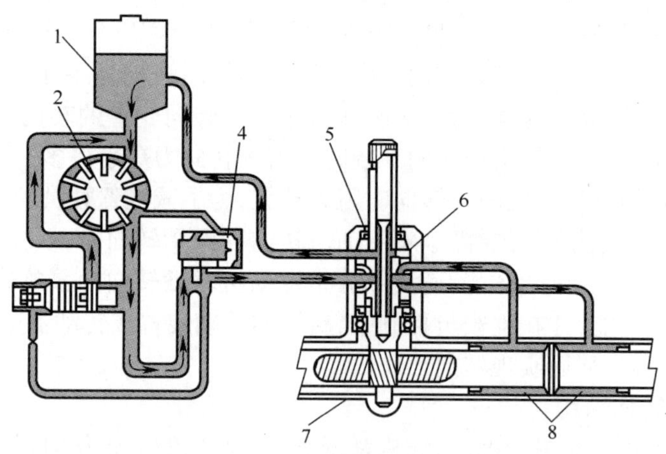

图 18.5　动力转向系统工作原理

1—储液罐;2—叶片泵;3—流量控制阀;4—辅助阀;5—回转式导阀机构;6—导阀;7—齿轮齿条式转向器;8—动力缸。

2）常流式动力转向器的工作原理

液压式动力转向系统按转向控制阀的运动方式又可以分为滑阀式和转阀式。

(1) 常流滑阀式转向器的工作原理。

液压常流滑阀式动力转向装置的基本组成主要包括转向储油罐、转向油泵、转向控制阀、转向动力缸等。

阀体沿轴向移动来控制油液流量的转向控制阀称为滑动式转向控制阀,如图 18.6 所示。汽车直线行驶时,滑阀 1 在复位弹簧 3 的作用下保持在中间位置。转向控制阀内各环槽相通,保持开启,自转向油泵 15 输送出来的油液进入阀体环槽 A 之后,经环槽 B 和 C 分别流入转向动力缸 8 的 R 腔和 L 腔,同时又经环槽 D 和 E 进入回油管道流回转向油罐 14。这时,滑阀与阀体各环槽槽肩之间的间隙大小相等,油路畅通,转向动力缸 8 因左右腔油压相等而不起作用。因转向控制阀的节流阻力很小,故液压泵输出压力也很低,液压泵实际处于空转。

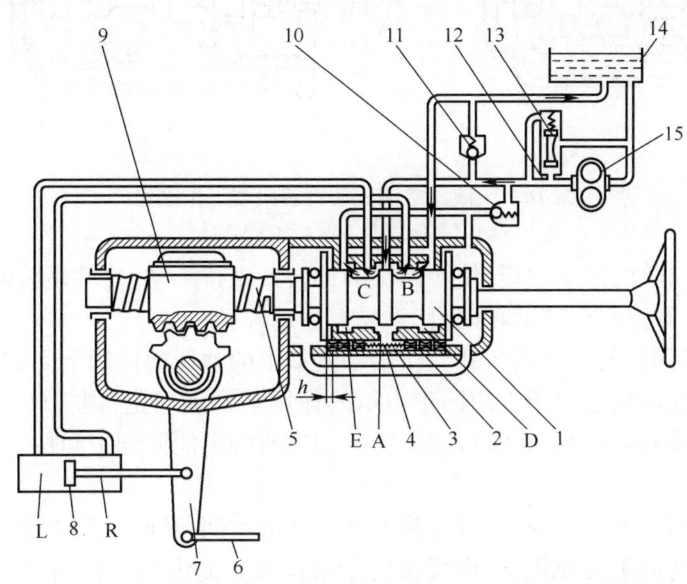

图 18.6 滑动式转向控制阀结构示意图

1—滑阀;2—反作用柱塞;3—滑阀复位弹簧;4—阀体;5—转向螺杆;6—转向直拉杆;7—转向摇臂;8—转向动力缸;9—转向螺母;10—单向阀;11—安全阀;12—节流孔;13—溢流阀;14—转向储油罐;15—转向油泵。

当驾驶员转动转向盘向右转向(如图 18.7(a))时,驾驶员通过转向盘使转向螺杆 5 向右转动(顺时针)。开始时,转向螺母暂时不动,具有左旋螺纹的转向螺杆 5 在转向螺母 9 的推动下向右轴向移动,带动滑阀 1 压缩复位弹簧 3 向右移动,消除左端间隙 h。此时环槽 C 与 E 之间、A 与 B 之间的油路通道被滑阀和阀体相应的槽肩封闭,而环槽 A 与 C 之间的油路通道增大,油泵送来的油液自 A 经 C 流入动力缸的 L 腔,L 腔成为高压油区。R 腔油液经环槽 B、D 及回油管流回转向储油罐 14,转向动力缸 8 的活塞右移,使转向摇臂 7 逆时针转动,从而起加力作用。

当驾驶员转动转向盘左转向(如图 18.7(b))时,逆时针转动转向盘,转向螺杆 5 便随之转动,同样由于转向螺母 9 因车轮转向阻力作用不能立即做轴向移动,而使螺杆带动滑阀向左做轴向移动,致使滑阀进油口与通向动力缸右腔的油道 B 相通。关闭进油口与通向动力缸左腔的油道 A,接通 A 与回油口。此时,从液压泵输出的高压油进入动力缸右腔,推动活塞左移,使之对转向起助力作用,而动力缸左腔的油液则通过 A 口流回油罐。

只要转向盘和转向螺杆 5 继续转动,加力作用就一直存在。当转向盘转过一定角度保持不动时,转向螺杆 5 作用于转向螺母 9 的力消失,但动力缸活塞仍继续右移,转向摇臂 7 继续逆时针方向转动,其上端拨动转向螺母,带动转向螺杆 5 及滑阀一起向左移动,直到滑阀 1 恢复到中间稍偏右的位置。此时 L 腔的油压仍高于 R 腔的油压。此压力差在动力缸活塞上的

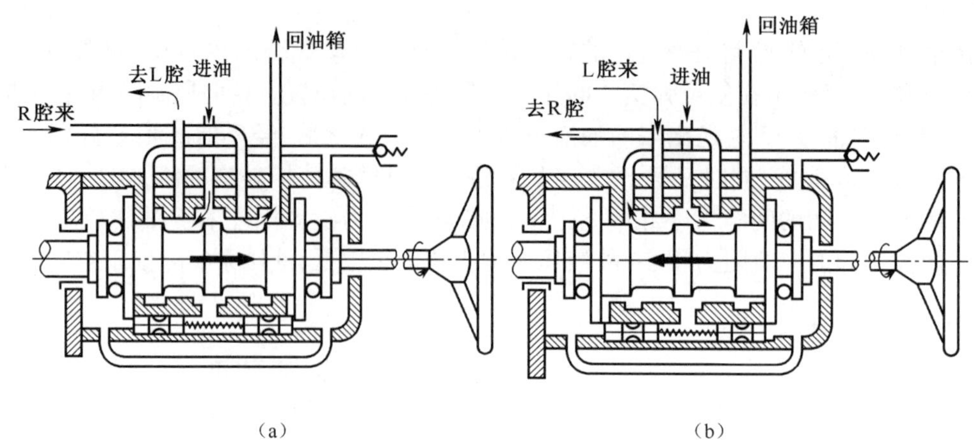

图 18.7　液压常流式动力转向器工作原理

(a)方向盘右转;(b)方向盘左转。

作用力用来克服转向轮的回正力矩,使转向轮的偏转角维持不动,这就是转向的维持过程。如转向轮进一步偏转,则需继续转动转向盘,重复上述过程。

松开转向盘,滑阀在复位弹簧 3 和反作用柱塞 2 上的油压的作用下回到中间位置,动力缸停止工作。转向轮在前轮定位产生的回正力矩的作用下自动回正,通过转向螺母 9 带动转向螺杆 5 反向转动,使转向盘回到直线行驶位置。如果滑阀不能回到中间位置,汽车将在行驶中跑偏。

在对装的反作用柱塞 2 的内端,复位弹簧 3 所在的空间,转向过程中总是与动力缸高压油腔相通。此油压与转向阻力成正比,作用在反作用柱塞 2 的内端。转向时,要使滑阀移动,驾驶员作用在转向盘上的力,不仅要克服转向器内的摩擦阻力和复位弹簧的张力,还要克服作用在反作用柱塞 2 上的油液压力。所以,转向阻力增大,油液压力也增大,驾驶员作用于转向盘上的力也必须增大,使驾驶员感觉到转向阻力的变化情况。这种作用就是“路感”。

在转向过程中,动力缸中的油压随转向阻力而变化,两者相互平衡。如果油压过高,克服了转向阻力还有剩余时,车轮将会加速转向。一旦车轮偏转角超过转向盘给定的转向角时,则由转向螺母带动螺杆做轴向移动。螺杆移动的方向与转向开始时移动的方向相反,从而改变控制阀油路,减小了动力缸中油压,以保证转向车轮偏转与转向盘的转动相适应。

液压常流滑阀式动力转向系统,结构复杂、体积大,所以大多应用于大型货车、客车和工程机械上。而小型汽车上主要应用的是液压常流转阀式动力转向装置。

(2)常流转阀式动力转向装置的工作原理。

阀体绕其圆心转动来控制油液流量的转向控制阀称为回转式转向控制阀,主要由阀体、阀套、阀芯及扭杆等组成,如图 18.8 所示。阀套 4 制成圆筒形,外表面切有 3 条较宽深的、3 条较浅窄的环形槽。宽深的槽时油槽,其底部有与内壁相通的空。窄浅的槽用于安装密封圈。阀套与转向齿轮制成一体。

阀芯 5 也呈圆筒形,其外表面与阀套滑动配合,二者可以相对转动。阀芯与阀套配合间隙很小,配合精度很高,组成偶件不可单独更换。阀芯外表面也切成阀套相对应的 8 条不贯通的纵向槽,并形成 8 条台肩,相间的 4 条台肩开有径向贯通油孔。阀芯通过销 2、7 与扭杆和转向轴相连,因而转向轴可通过扭杆带动转向齿轮转动。

扭杆弹簧安装在阀芯的孔上,转向时由于转向阻力矩可使扭杆弹簧产生弹性变形。

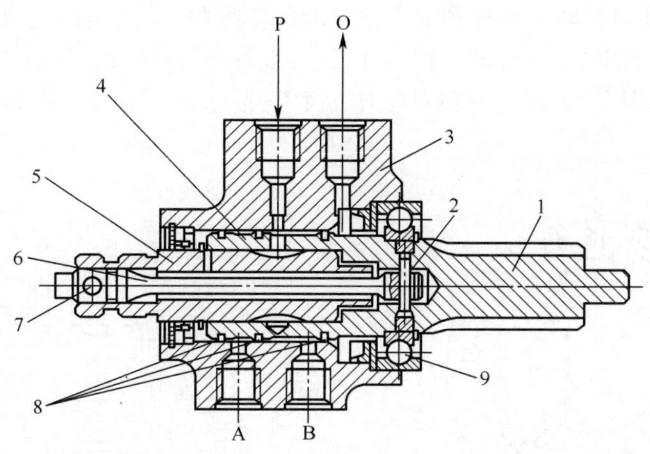

图 18.8　回转式转向控制阀结构示意图

1—转向齿轮；2、7—销；3—阀体；4—阀套；5—阀芯；6—扭杆；8—密封圈；9—轴承；
P—转阀进油口；A、B—通动力缸左、右腔通道；O—转阀出油口。

液压常流转阀式动力转向装置的基本组成如图 18.9 所示，也是由转向油泵、转向动力缸、转向控制阀等组成。

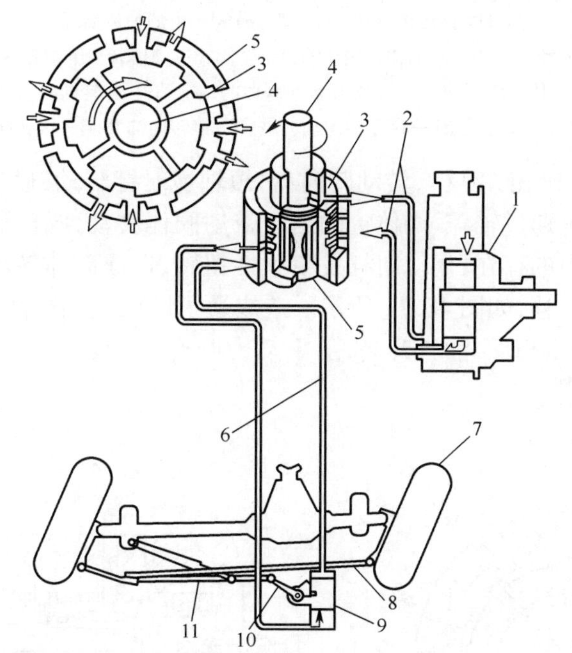

图 18.9　液压常流转阀式动力转向器工作原理

1—转向油泵；2—油管；3—阀体；4—转向齿轮轴；5—阀芯；6—油管；7—车轮；
8—转向拉杆；9—转向动力缸；10—转向摇臂；11—转向横拉杆。

当汽车直线行驶时，转阀处于中间位置，如图 18.10 所示。工作油液从转向器壳体的进油孔 B 流到阀体的中间油环槽中，经过其槽底的通孔进入阀体和阀芯之间，此时阀芯处于中间位置。进入的油液分别通过阀体和阀芯纵槽和槽肩形成的两边相等的间隙，再通过阀芯的纵槽以及阀体的径向孔流向阀体外圆上、下油环槽，通过壳体油道流到动力缸的左转向动力腔 L 和右转向动力腔 R。流入阀体内腔的油液在通过阀芯纵槽流向阀体上油环槽的同时，通过阀芯槽肩上的径向油孔流到转向螺杆和输入轴之间的空隙中，从回油口经油管回到油罐中去，形成常流式油液循环。此时，上下腔油压相等且很小，齿条-活塞既没有受到转向螺杆的轴向推力，也没有受到上、下腔因压力差造成的轴向推力。齿条-活塞处于中间位置，动力转向器不工作。

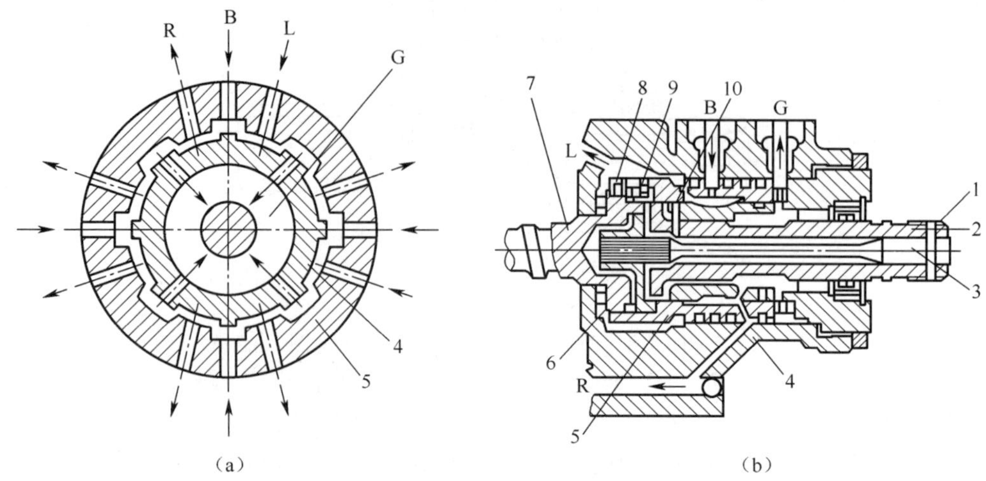

图 18.10　汽车直线行驶时转阀的工作情况

(a)转阀与阀体的相对位置；(b)转阀中的油流情况。

1—短轴与扭杆的锁定销；2—短轴；3—扭杆轴；4—转阀；5—阀体；6—下端轴盖；7—转向螺杆；8—转向螺杆与阀体的锁定销；9—下端轴盖与阀体的锁定销；10—转向阀与短轴的锁定销；R—接右转向动力缸；L—接左转向动力缸；B—接转向油泵；G—接转向油罐。

左转向时（右转向与此正相反），转动转向盘，短轴逆时针转动，通过下端轴销带动阀芯同步转动，同时弹性扭杆也通过轴盖、阀体上的销子带动阀体转动，阀体通过缺口和销子带动螺杆旋转，但由于转向阻力的存在，促使扭杆发生弹性扭转，造成阀体转动角度小于阀芯的转动角度，两者产生相对角位移，如图 18.11 所示。造成通下腔的进油缝隙减小（或关闭），回油缝隙增大，油压降低；上腔正相反，油压升高，上下动力腔产生油压差，齿条-活塞在油压差的作用下移动，产生助力作用。

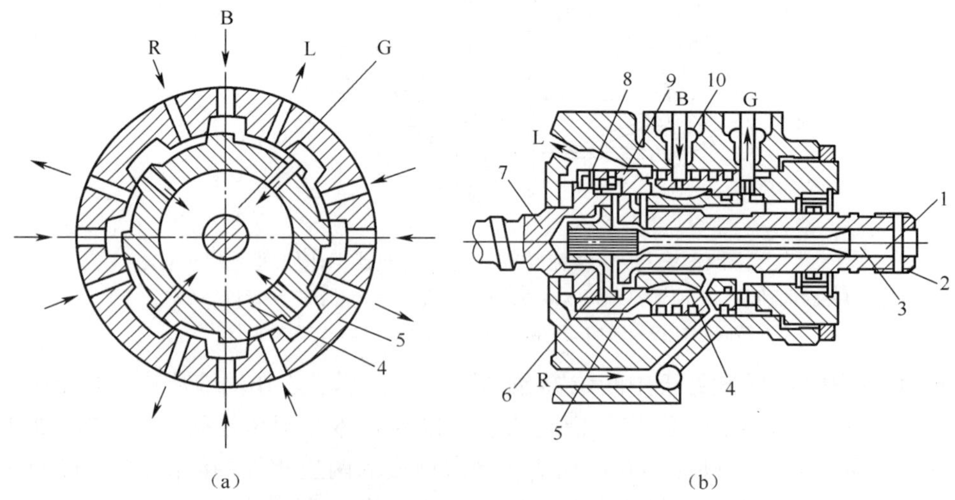

图 18.11　汽车左转向行驶时转阀的工作情况（图注同图 18.10）

(a)转阀与阀体的相对位置；(b)转阀中的油流情况。

右转弯与左转弯基本相似，如图 18.12 所示。不同的是由于转向方向相反，造成的阀体和转阀的角位移相反，齿条-活塞下腔压力升高而上腔油压降低，产生右转向助力。

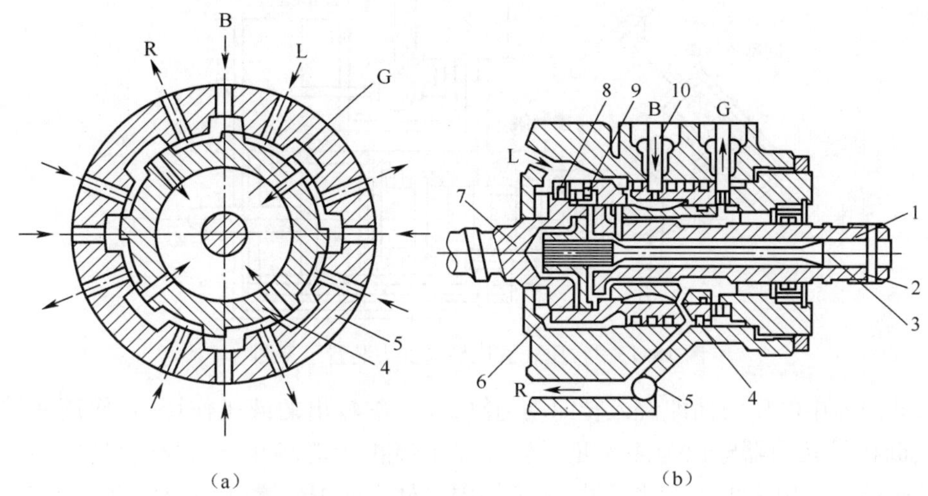

图 18.12　汽车左转向行驶时转阀的工作情况（图注同图 18.10）

（a）转阀与阀体的相对位置；（b）转阀中的油流情况。

当转向盘转动后停在某一位置，阀体随转向螺杆在液力和扭杆弹力的作用下，沿转向盘转动方向旋转一个角度，使之与滑阀的相对角位移量减小，上下动力缸油压差减小，但仍有一定的助力作用。使助力转矩与车轮的回正力矩相平衡，车轮维持在某一转角位置上。

在转向过程中，若转向盘转动的速度快，阀体与阀芯的相对角位移量也大，上下动力腔的油压差也相应加大，前轮偏转的速度也加快；转向盘转动得慢，前轮偏转的也慢；转向盘转到某一位置上不动，前轮也偏转到某一位置上不变，具有随动作用。此即“快转快助，大转大助，不转不助”原理。

转向后需回正时，驾驶员放松转向盘，阀芯在弹性扭杆作用下回到中间位置，失去了助力作用，转向轮在回正力矩的作用下自动回位。若驾驶员同时回转转向盘时，转向助力器助力，帮助车轮回正。

当汽车直线行驶偶遇外界阻力使转向轮发生偏转时，阻力矩通过转向传动机构、转向螺杆、螺杆与阀体的锁定销作用在阀体上，使之与阀芯之间产生相对角位移，动力缸上、下腔油压不等，产生与转向轮转向相反的助力作用。转向轮迅速回正，保证了汽车直线行驶的稳定性。

当液压动力转向装置失效后，失去方向控制是非常危险的，所以一旦液压动力转向装置失效，该动力转向器将变成机械转向器。此时转动转向盘，直接带动转向齿轮，以保证汽车转向，动力传递路线与机械转向系完全一致。不过这时转向盘自由行程加大，转向沉重。

与滑阀式动力转向器相比，转阀式动力转向器的主要优点是灵敏度高，因而适用于高速行驶的轿车。

3）常压式动力转向器的工作原理

常压式动力转向器如图 18.13 所示。在汽车直线行驶时，转向盘保持中立位置，转向控制阀经常处于关闭位置，液压泵输出的压力油充入储能器。当储能器压力增长到规定值后，液压泵即自动卸荷空转，从而使储能器压力得以限制在规定值以下。当转动转向盘时，机械转向器即通过转向摇臂等杆件使转向控制阀转入开启位置。

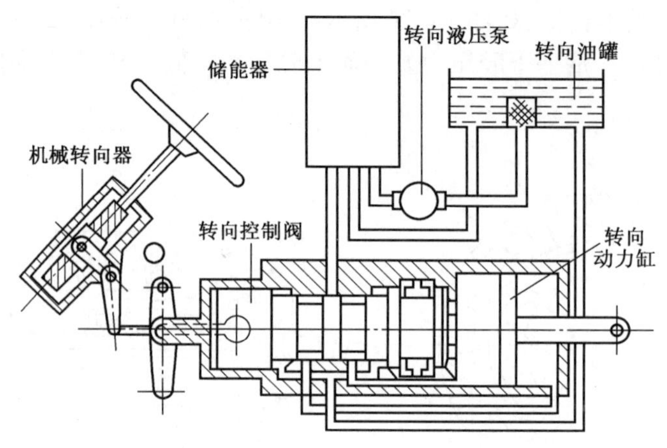

图 18.13　常压式液压转向加力装置示意图

此时,储能器中的压力油即流入转向动力缸,动力缸输出的液压作用力,作用在转向传动机构上,以助机械转向器输出力之不足。转向盘一停止转动,转向控制阀便随之回到关闭位置,于是转向助力作用终止。由此可见,无论转向盘处于何种位置时,也无论转向盘是否转动,该系统工作管路中始终保持高压。

3. 动力转向系统其他部件结构与工作原理

1)转向系统油罐

转向系统油罐的作用是存储、滤清并冷却液压转向助力装置的工作油液,其结构如图 18.14 所示。

中心油管接头座与转向控制阀的回油管连接,另外两个油管接头分别与液压泵的进油管和半整体式动力转向器的漏泄回油管连接。由转向控制阀和动力缸流回来的油液通过中心油管的径向油孔流入滤芯内部空腔,经滤清后进入储油室,准备供入液压泵。滤芯弹簧的预紧力不大,所以当滤芯堵塞而回油压力过高时,滤芯在液压力作用下,让油液不经过滤清便进入储液室,以免液压泵供油不足。

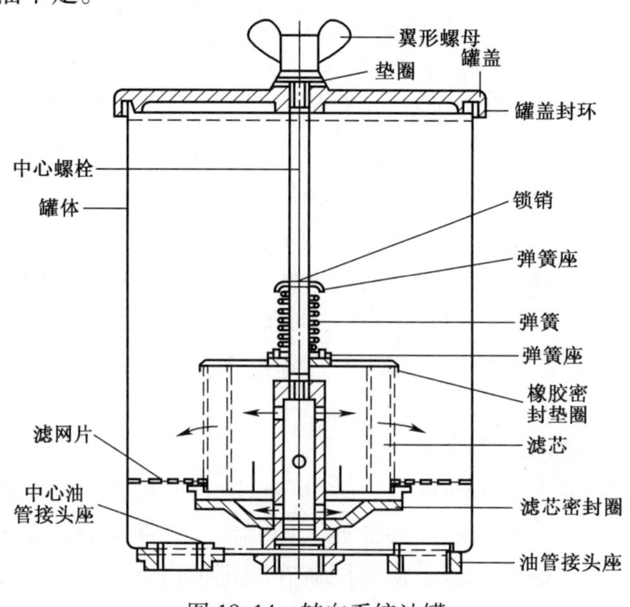

图 18.14　转向系统油罐

2）转向系统液压泵

转向油泵是液压式动力转向装置的能源，其功用是将发动机的机械能变为驱动转向动力缸工作的液压能，再由转向动力缸输出的转向力，驱动转向车轮转向。其结构类型有多种，常见的有液压齿轮泵和叶片泵等。

（1）液压齿轮泵。

液压齿轮泵结构如图 18.15 所示。图中液压泵顶部右孔为进油口，左孔为出油孔。主动齿轮轴 14 和从动齿轮轴 13 的轴颈借轴套支承在泵体 10 和泵盖 18 上。左侧二轴套 11 为轴向位置固定，右侧二轴套 12 和 15 则可以轴向浮动，称为浮动轴套。

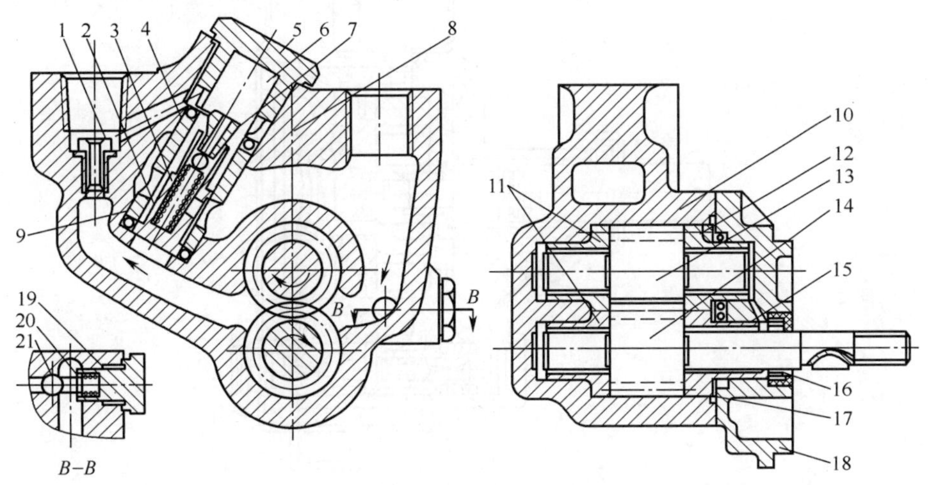

图 18.15 转向系液压外啮合齿轮泵结构示意图

1—节流孔；2—流量控制阀柱塞；3—安全阀弹簧；4—安全阀弹簧座；5、19—螺塞；6—安全阀球阀门；7—安全阀座；8—流量控制阀弹簧；9—流量控制阀阀体；10—泵体；11—轴套；12、15—浮动轴套；13—从动齿轮轴；14—主动齿轮轴；16—油封；17—弹簧片；18—泵盖；20—单向阀弹簧；21—单向阀球阀门。

浮动轴套的作用是补偿液压齿轮泵的轴向间隙，提高液压泵的容积效率。其作用原理是：在浮动轴套凸缘面与泵盖 18 之间有一封闭空间，经泵体上小油孔与泵腔中压力较高的区域相通，其中还装有弹簧片 17。液压泵不工作时，浮动轴套在弹簧片的作用下压靠在齿轮的端面上。液压泵开始工作后，泵腔内油压使浮动轴套向外移动，形成轴向间隙。但此时浮动轴套凸缘背面也受到液压力的作用。因为在设计上保证了浮动轴套背压和弹簧力之和大于其正面液压作用力，所以，当液压泵压力使轴向间隙增大时，浮动轴套在背压和弹簧力作用下内移，对轴向间隙增量加以补偿。液压泵压力越高，补偿作用越强。

（2）叶片泵。

叶片泵具有结构紧凑、质量轻、性能稳定、转速范围大、效率高、可靠耐用、维修方便等特点，因此动力转向系广泛采用叶片泵来保证动力转向系统工作压力。这种液压泵有两种结构形式：一种是潜没式；另一种时非潜没式。潜没式液压泵与储油罐是一体的，即液压泵潜没在储油罐的油液中。非潜没式液压泵的储油罐与液压泵分开安装，用油管相连接。

图 18.16 所示为一种潜没式双作用叶片泵结构。转子 14 通过化简安装在液压泵驱动轴 1 上。驱动轴的外端装有带轮，由发动机通过带驱动液压泵工作。转子 14 上均匀地开有十个径向叶片槽，矩形叶片 4 能在槽内径向滑动。当转子高速旋转时，由于离心力的作用，叶片的顶端会紧贴在定子 6 的内表面上。为使叶片紧压在定子内表面上，在转子叶片槽内设有台肩，

使叶片位于槽内时，其根部始终留有一个小油腔，配油盘朝向转子的侧面上的腰形通孔和腰形槽与各个小油腔相通。从而使压油腔内的高压油经上述空和槽始终充满叶片槽的底部。

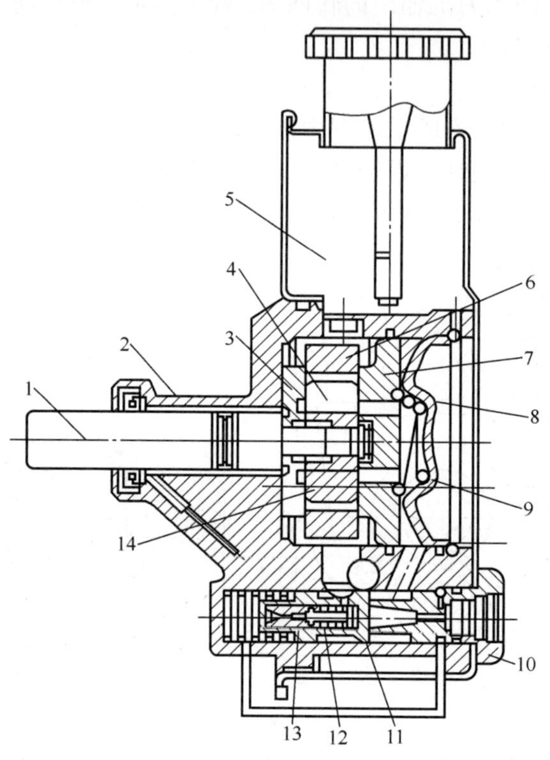

图 18.16　潜没式双作用叶片泵

1—驱动轴；2—壳体；3—前配油盘；4—叶片；5—储油罐；6—定子；7—后配油盘；8—后盖；9—弹簧；10—管接头；11—柱塞；12—阀杆；13—钢球；14—转子。

在转子与定子的两个侧面各有一个配油盘 3 和 7，转子的宽度稍小于定子的宽度，以免转子卡死。两个配油盘和定子一起装在壳体内，不能相对移动或滑动。配油盘和转子相对的端面上各开有对称布置的腰形槽，与进油口相连的两腰形槽为吸油口，与出油口相连的两腰形槽为压油口。定子的内侧端面轮廓近似于椭圆形，由两个不等半径的圆弧和过渡曲线组成，这样使得转子、定子、叶片和配油盘之间形成若干个封闭的工作腔，其容积随转子由小变大，由大变小，如此往复变化。

双作用叶片泵的工作原理如图 18.17 所示。当发动机带动油泵逆时针旋转时，叶片在离心力的作用下紧贴在定子的内表面上，工作容积开始由小变大，从吸油口吸进油液，而后工作容积由大变小，压缩油液，经压油口向外供油。再转 180°，又完成一次吸压油过程。

由于转子每旋转一周，每个工作腔都各自吸、压油两次，故将这种行驶的叶片泵称为双作用叶片泵。双作用叶片泵有两个吸油区和两个排油区，并且各自的中心角时对称的，所以作用在转子上的作用力时互相平衡的，因此，这种液压泵也称为卸荷式叶片泵。

为了使转子受到的径向油压力完全平衡，工作油腔数(即叶片数)应当为偶数。

转子、叶片、驱动轴以及前、后配油盘之间的相对滑动表面，主要靠配合间隙泄漏的油液进行润滑。但如果泄漏量过多，则会降低液压泵容积效率。为了控制配油盘轴向间隙油液的泄漏量。提高容积效率，液压泵采用了浮动式配油盘结构，如图 18.16 所示。在壳体后盖 8 与后

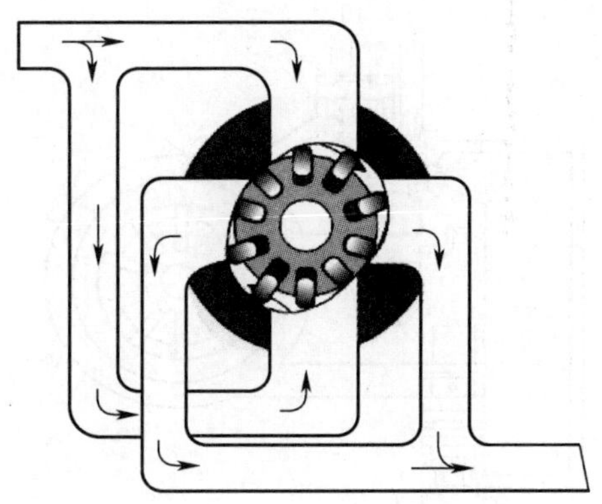

图 18.17　双作用叶片泵工作原理

1—进油口;2—叶片;3—定子;4—排油口;5—转子。

配油盘 7 之间的压油腔内装有一个压紧弹簧 9,在液压泵空载时,两配油盘仅靠压紧弹簧的张力被压紧在定子及转子的端面上。当液压泵有负荷时,它们之间的压紧力除靠压紧弹簧的作用外,还有后配油盘后面压油腔压力油的作用。此时压紧力的大小主要取决于液压泵的负荷,即液压泵负荷越大,油压越高,配油盘的压紧力就越大,油液的泄漏量减少,提高了液压泵的容积效率。反之,液压泵负荷减小,油压降低,压紧力减小,转子端面与配油盘之间的磨损也会随之减小,从而提高了液压泵的使用寿命。

3）流量控制阀和安全阀

液压泵的流量与液压泵的转速成正比。如果液压泵在设计时保证在发动机怠速运转时,其流量已足够转向所需的动力缸活塞最大移动速度,则在发动机转速较高时,液压泵流量将过大,从而导致液压泵消耗功率过多和油温过高。因此,在动力转向系必须设置流量控制阀以限制液压泵的最大流量。流量控制阀一般组装在液压泵的内部(图 18.15)。

安装在齿轮泵内的流量控制阀工作原理如下:流量控制阀装在液压泵进油口和出油口之间,与液压泵齿轮并联。流量控制阀阀体 9 内的柱塞 2 在弹簧 8 的作用下处于下极限位置。柱塞下方通液压泵出油腔,上方通液压泵出油口。在出油腔和出油口之间有量孔(节流孔)1,当油液自出油腔以一定速度流过量孔时,由于量孔的节流作用,量孔外侧出油口压力低于内侧出油腔压力。液压泵流量越大,节流作用越强,量孔内外压差越大。当液压泵流量增大到规定值,使柱塞 2 两端压差足以克服弹簧 8 的预紧力,并进一步压缩弹簧,将柱塞向上推到柱塞下密封环高于径向油孔的下边缘时,呀呀泵出油腔与进油腔相通,出油腔的一部分油液经流量控制阀流入进油腔,经量孔输出流量减小。当流量减小到不足以平衡弹簧力时,柱塞便在弹簧力作用下,重新切断进油腔与出油腔的通路。这样,液压泵的流量便被控制的 9.5~16.0L/min。

液压泵输出压力取决于液压系统的负荷。如果转向阻力矩过大,动力缸和液压泵均将超载而导致零件损坏。因此在动力转向系统中还必须装设用以限制系统最高压力的安全阀。一般安全阀也组装在液压泵内流量控制阀中。

流量控制阀阀体 9 通螺纹固定在流量控制阀螺塞 5 上端。柱塞内腔与液压泵进油腔相通,球阀上方油腔经泵体内油道与量孔外的出油口相通。当液压泵输出压力升高到规定值时,球阀开启,将出油口与进油腔接通,使出油口压力降低。

安装在叶片泵内的流量控制阀工作原理(图 18.18):当发动机转速很低时,从出油口流出的液压油经过油路 A、固定量孔和可变量孔流向动力缸。流量控制阀使回油口关闭。

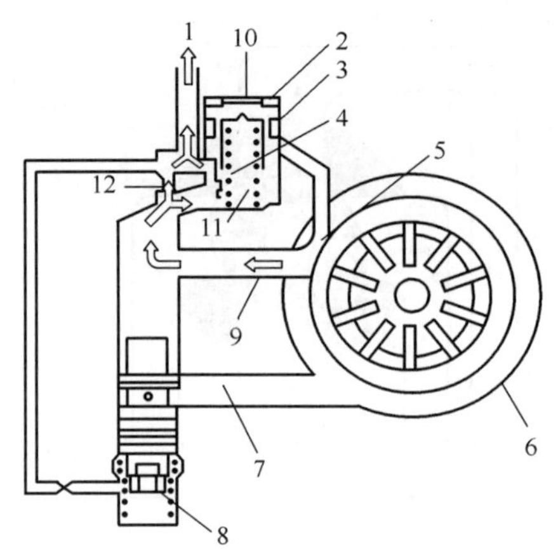

图 18.18　低速运转时流量控制阀工作原理

1—连接转向齿轮机构；2—辅助阀；3—弹簧；4—可变量孔（全开）；5—出油口；6—叶片泵；
7—回油口（闭合）；8—流量控制阀；9—油路 A；10—辅助阀顶部；11—辅助阀底部；12—固定量孔。

出油口排出的液压油压力作用在辅助阀的顶部，而流过油路 A 的液体压力作用辅助阀的底部，液压油流过油路 A 时产生的阻力在其两端引起压差，作用在辅助阀上。但由于这个压差大小，不能克服弹簧力使辅助阀向下运动，因而当发动机转速很低时，可变量孔全开。随发动机转速提高，流过固定量孔和可变量孔的液压油增加，在量孔两端形成压差。当流过固定量孔和可变量孔的液压油压力传递到流量控制阀底部时，在流量控制阀顶部和底部形成压差，此压差推动流量控制阀向下运动，从而开启回油口，从出油口排出的部分液压油回流至液压泵进油口，从而使流量恒定。此时，辅助阀不移动，且可变量孔仍保持全开，如图 18.19 所示。

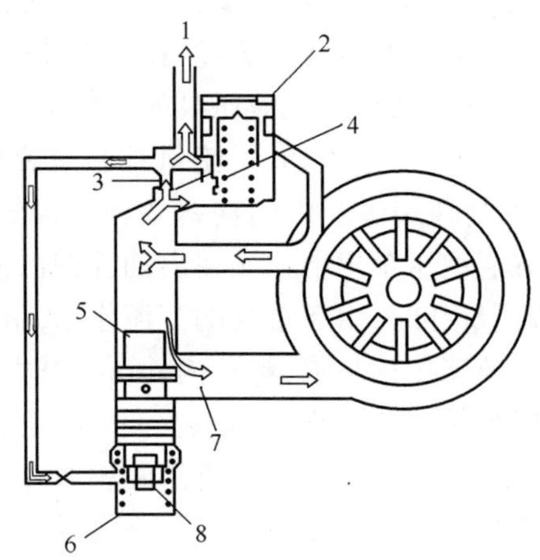

图 18.19　中速时流量控制阀工作原理

1—连接转向齿轮机构；2—固定量孔；3—弹簧；4—可变量孔（全开）；5—辅助阀顶部；
6—辅助阀底部；7—回油口；8—流量控制阀。

随着发动机转速的进一步提高，流过油路 A 的液压油流量以及作用于辅助阀上的压差增大，辅助阀克服弹簧力向下移动，可变量孔开始闭合以调节流量，因而随发动机转速提高，流向动力缸的液压油流量减小。同时，流量控制阀仍使用回油口开启以调节流量。

当发动机转速再继续提高时，作用于辅助大上压差也继续增大，辅助阀继续向下移动，直至可变量孔完全闭合，从而进一步调节流量，因此可对从液压泵流向动力缸的液缸流量进行调节并维持在一恒定流量，以满足发动机怠速的需要。流量控制阀则继续控制流向回油口的液压缸流量，如图 18.20 所示。

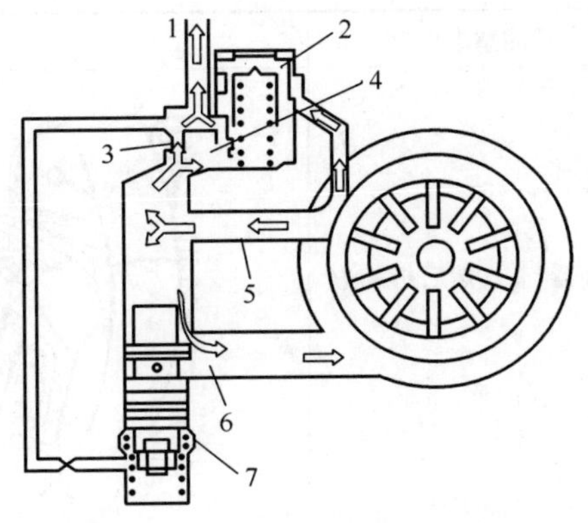

图 18.20　高速时流量控制阀工作原理

1—连接转向齿轮机构；2—辅助阀；3—固定量孔；4—可变量孔；5—油路 A；6—回油口；7—流量控制阀。

4）转向动力缸

转向动力缸的构造如图 18.21 所示，连接叉 1 与转向摇臂相连，后盖 5 与固定在车架内的支座以球铰链连接。前后腔通油口 A 和 B 分别与转向控制阀相应的通油口联通。随着转向控制阀位置的不同，动力缸两腔可以交替称为低压腔和高压腔，也可以都称为低压腔。

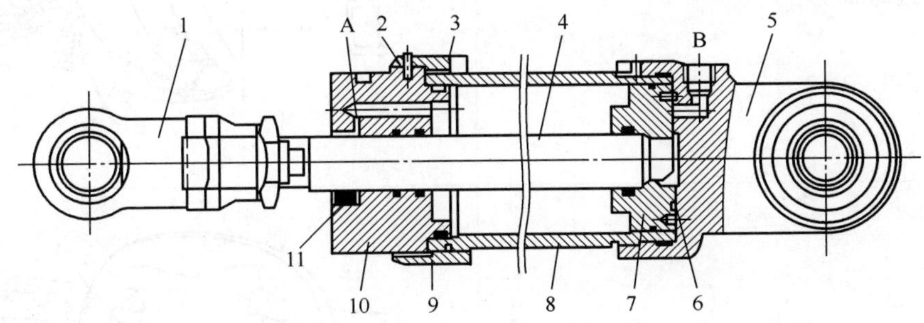

图 18.21　转向动力缸

1—连接叉；2—锁销；3—固定环；4—活塞杆；5—后盖；6—紧定柄；7—活塞；8—缸体；9—密封套；10—导向座；11—密封圈。

任务 2　动力转向系统的拆装

1. 转向盘和转向柱的拆装与检修(表 18.1)

表 18.1　转向盘和转向柱的拆装与检修

序号	拆装与检修具体内容及注意事项	图　示
1	分离蓄电池负极线束，并至少等待 30s；转动方向盘，使前轮朝向正前方，拧松位于方向盘两侧的固定螺栓	

（续）

序号	拆装与检修具体内容及注意事项	图　示
2	分离安全气囊模块连接器(A)，然后拆卸方向盘的安全气囊模块(B)	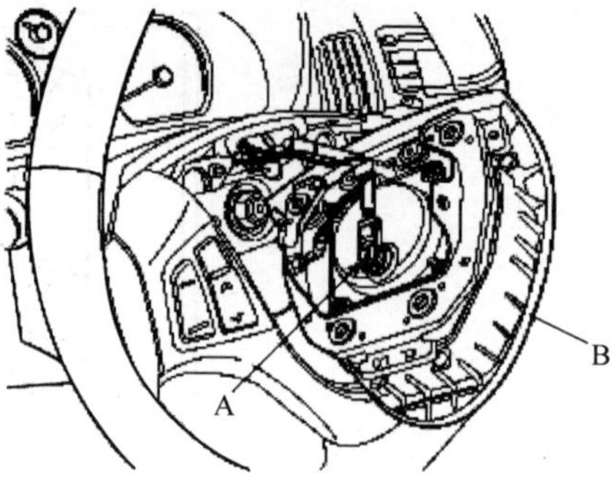
3	分离遥控开关连接器(A)并拆卸方向盘锁止螺母(B)和衬垫	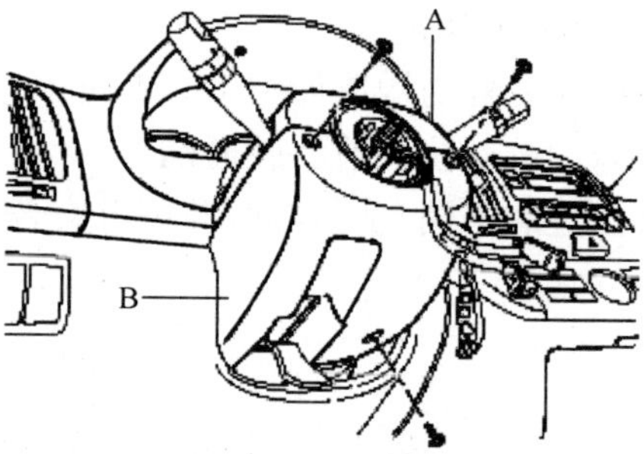
4	分离锁止弹簧下部的连接器，并拆卸转向柱轴的锁止弹簧(A)，按箭头显示拆卸转向柱的组合开关(B)	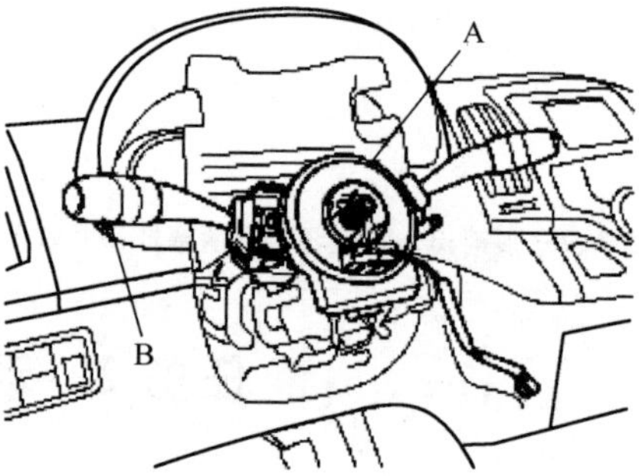
5	拆卸下侧板(A)和防撞垫(B)	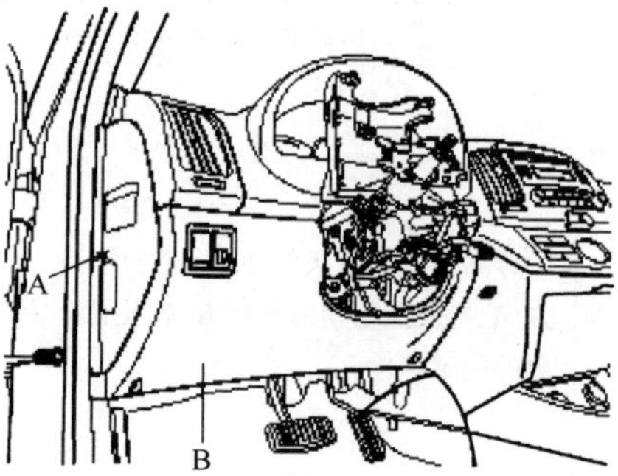

（续）

序号	拆装与检修具体内容及注意事项	图　示
6	拆卸加固板（A）	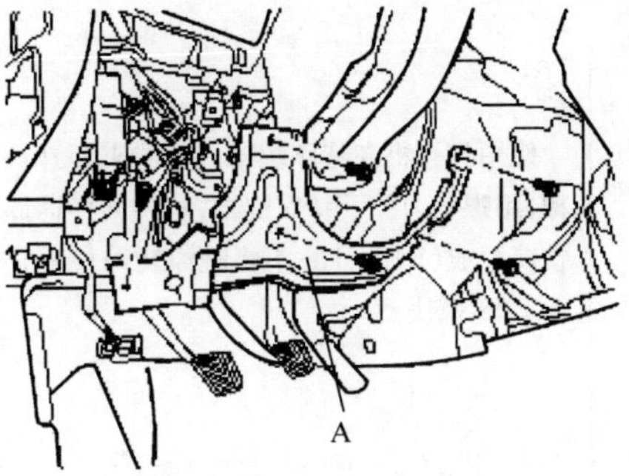 A
7	拧下螺栓（A），分离转向器的小齿轮的万向节总成（B）	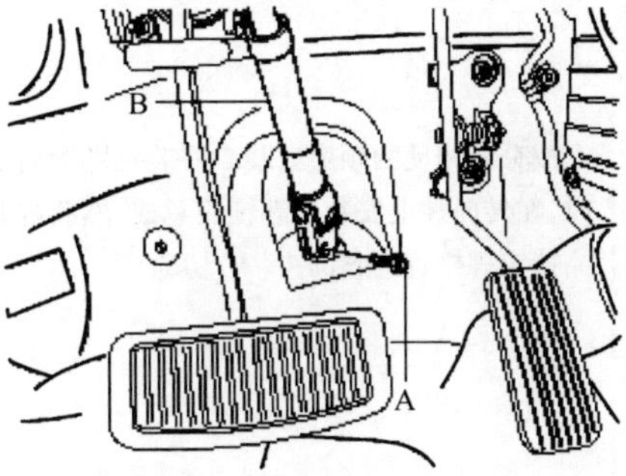 B A
8	分离所有连接转向柱和EPS模块总成的连接器，拧下固定螺栓和螺母拆卸转向柱和EPS模块总成（A）	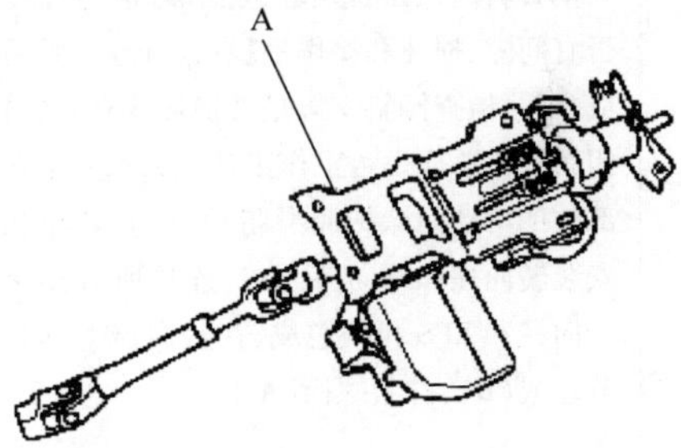 A
9	拧下螺栓（A）然后分离转向柱总成万向节总成（B）	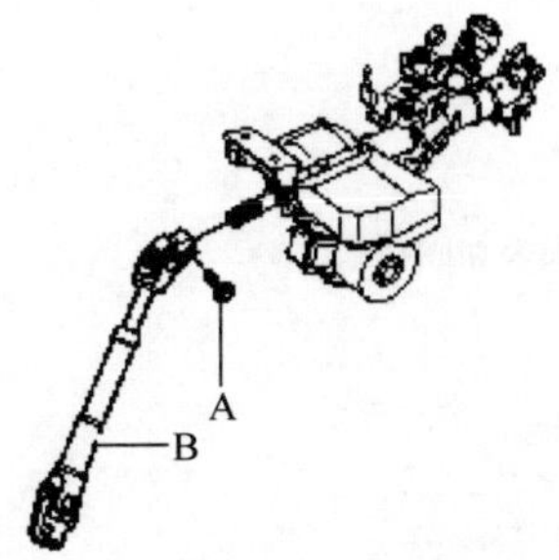 A B

（续）

序号	拆装与检修具体内容及注意事项	图　示
10	使用打孔机在特殊螺栓(A)的头部开一个凹槽，用螺丝刀拧下特殊螺栓，从转向柱拆卸钥匙锁筒总成(B)。注意不要碰撞转向柱固定支架和EPS模块	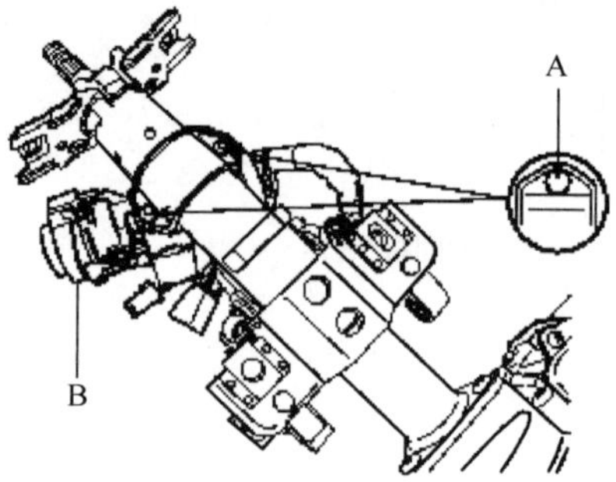
11	按分解相反的顺序安装。安装钥匙锁筒总成时，在转向柱上安装钥匙锁筒总成，然后拧紧新品特定螺栓直到它的头(A)切断	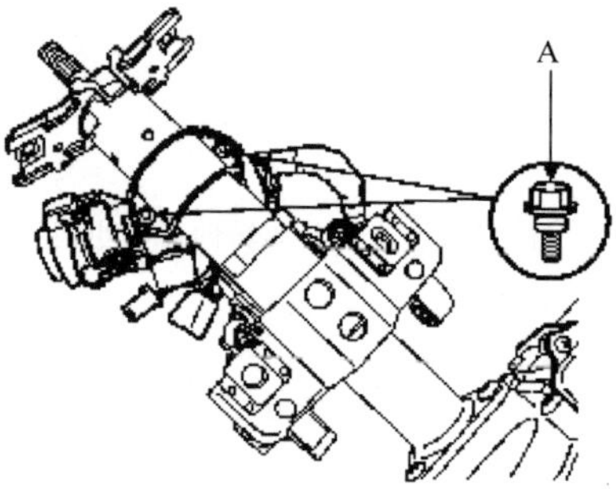
12	检查转向柱是否损坏或变形；检查连接处是否有间隙、损坏和操作平稳；检查球头是否损坏或磨损；检查倾斜支架是否损坏或有裂纹；检查钥匙锁筒总成是否工作正常。如无异常在每一部件的滑动面涂抹润滑脂后，拧紧螺栓和螺母安装转向柱和万向节总成，连接所有连接器至转向柱和EPS模块总成，在转向器上连接万向节总成(B)，拧紧螺栓(A)	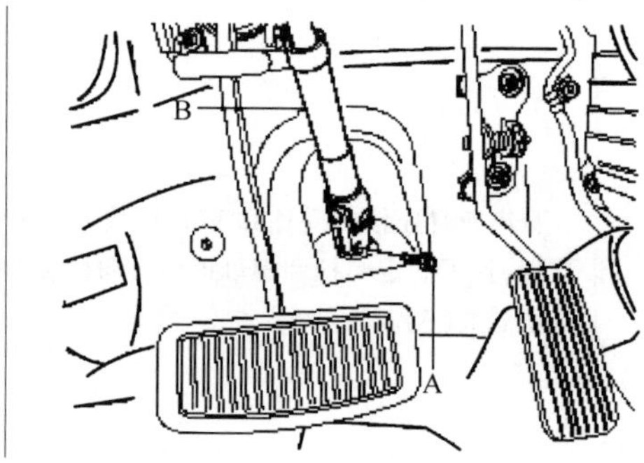
13	安装加固板(A)	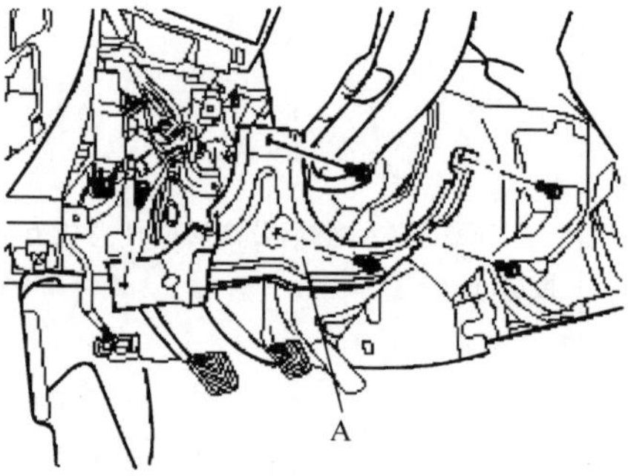

（续）

序号	拆装与检修具体内容及注意事项	图　示
14	安装下防撞垫(A)和侧板	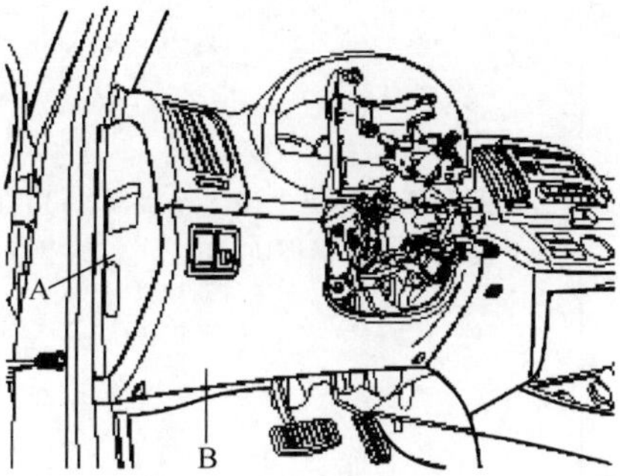 A B
15	在转向柱上安装组合开关(B),在转向柱总成上安装锁止弹簧(B),然后连接连接器(A)	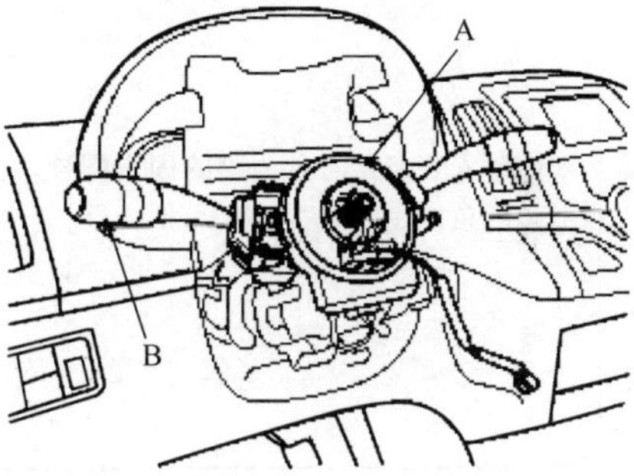 A B
16	安装转向柱上盖(A)和下盖(B)	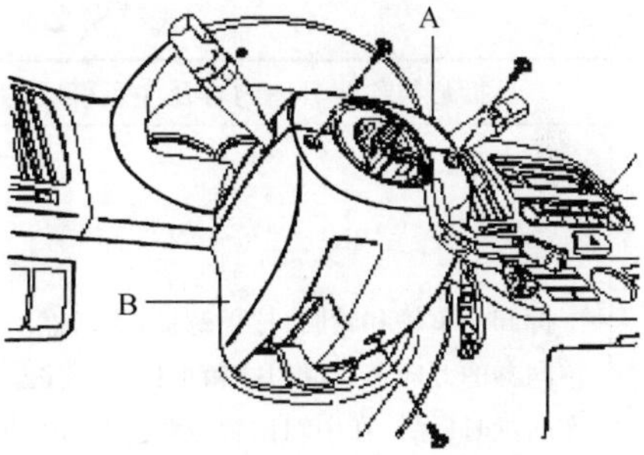 A B
17	连接遥控开关连接器(A),在转向柱轴上安装方向盘,将衬垫和锁止螺母(B)一起拧紧。规定扭矩为 40 ~ 50N · m	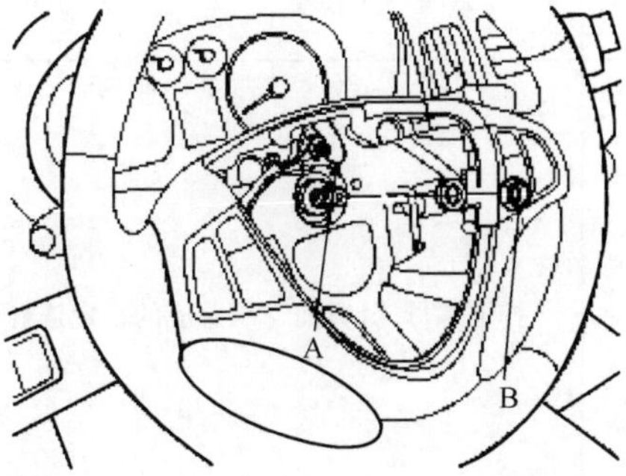 A B

（续）

序号	拆装与检修具体内容及注意事项	图　示
18	在安全气囊模块上连接连接器(A)，在方向盘上安装安全气囊模块(B)	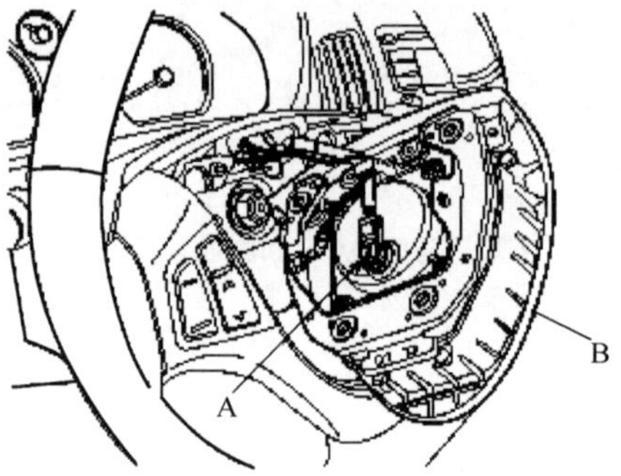 A B
19	拧紧安装在方向盘两侧的固定螺栓，连接蓄电池的负极线束	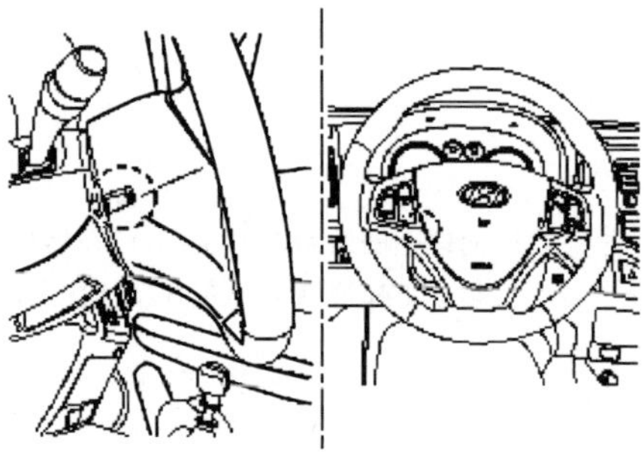

2. 转向器的拆装与检修(表 18.2)

表 18.2　转向器的拆装与检修

序号	拆装与检修具体内容及注意事项	图　示
1	拆卸前车轮和轮胎，拧下螺栓(A)，然后分离转向器的万向节总成(B)和小齿轮。注意操作方向盘时，保持在中间位置，避免损坏时钟弹簧内部导线	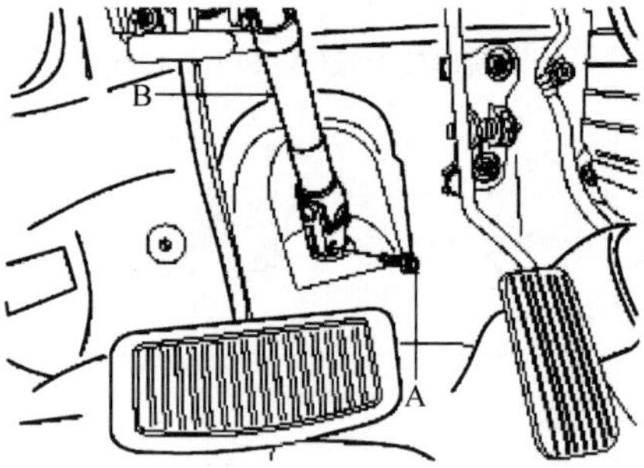 B A
2	拧下螺母，分离前支承总成的稳定连杆(A)	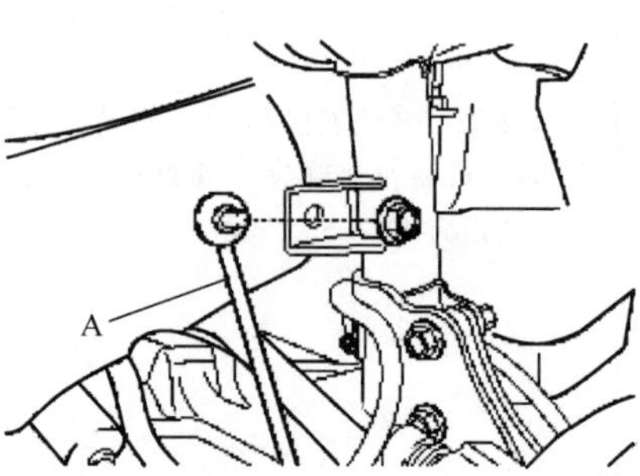 A

（续）

序号	拆装与检修具体内容及注意事项	图　示
3	拆卸开口销和槽顶螺母，然后使用 SST（09568 - 34000）分离横拉杆末端（A）和转向节	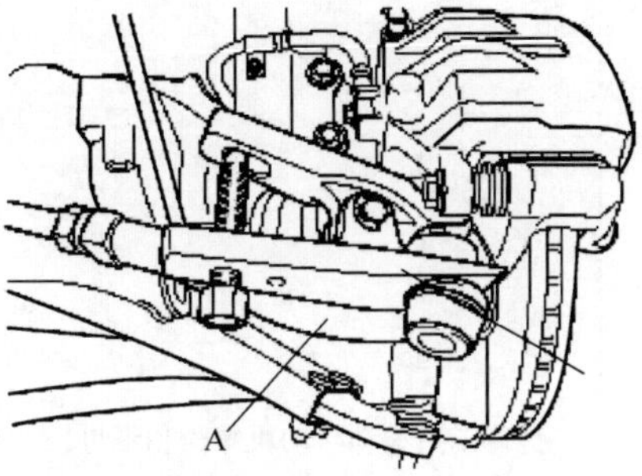 A
4	拧下固定螺栓（A），分离前拉臂和转向节	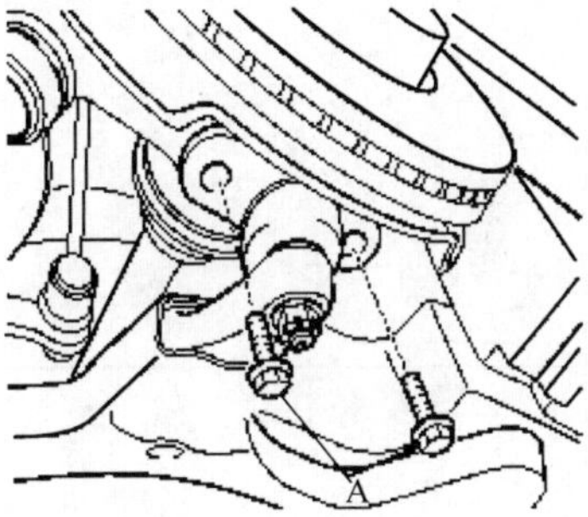 A
5	拆卸消声器橡胶吊架（A）	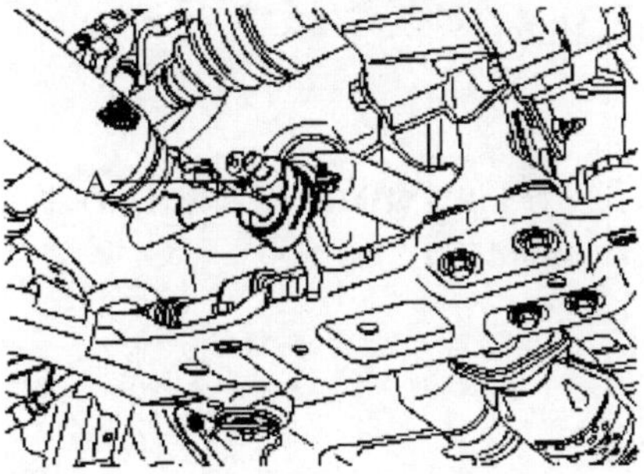 A
6	拧下线束保护装置螺栓（A）	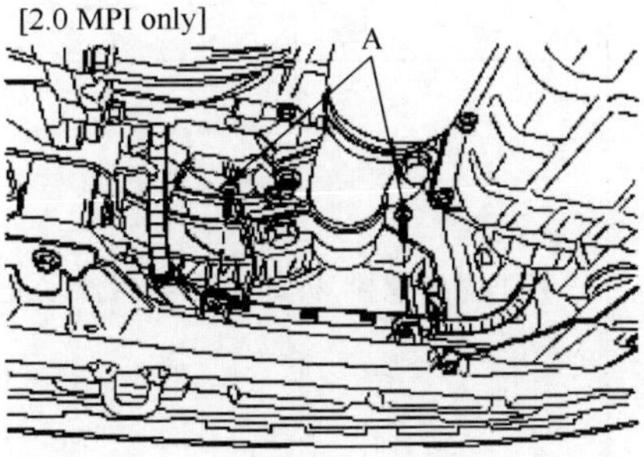 [2.0 MPI only] A

（续）

序号	拆装与检修具体内容及注意事项	图　示
7	拆卸前后滚动止动块螺栓和螺母(A、B)	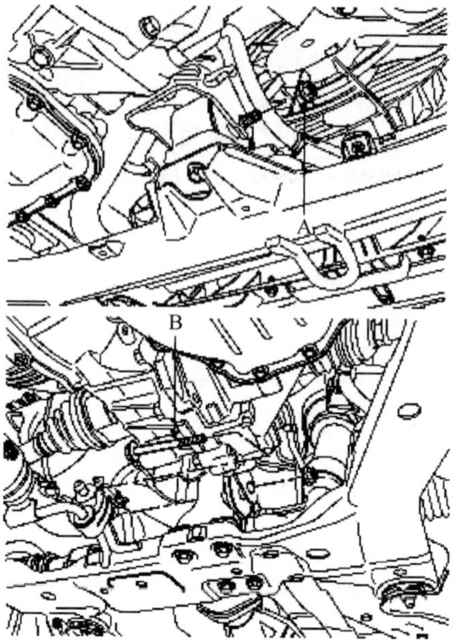 A B
8	拧下固定螺栓(A、C)和螺母(B),拆卸副车架和副车架支柱	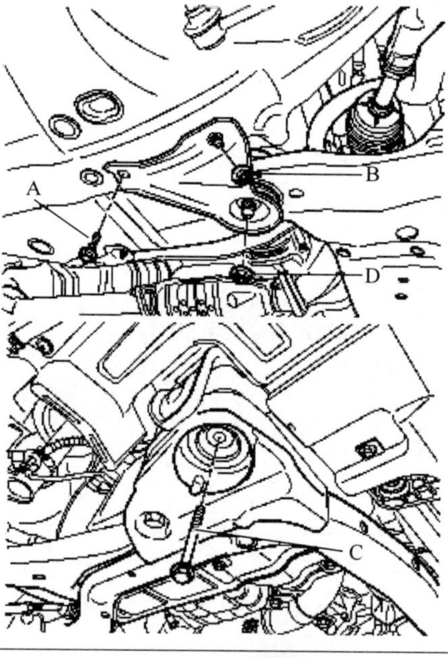 A B D C
9	拧下固定螺栓,拆卸副车架后滚动止动块(A)	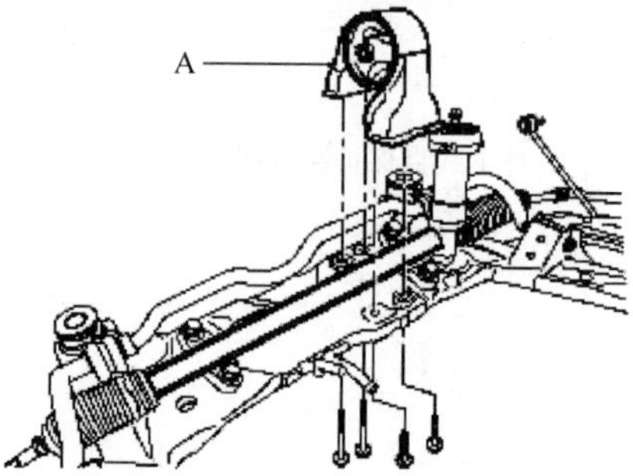 A

（续）

序号	拆装与检修具体内容及注意事项	图　示
10	拧下固定螺栓,拆卸副车架的转向器(A)	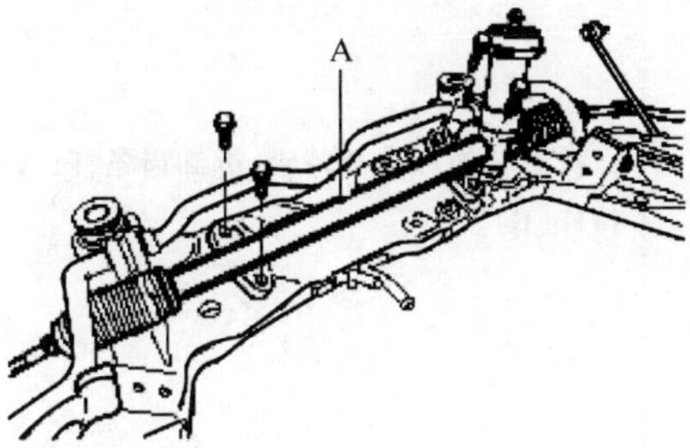
11	拆卸小齿轮壳的防尘衬垫和盖(A)	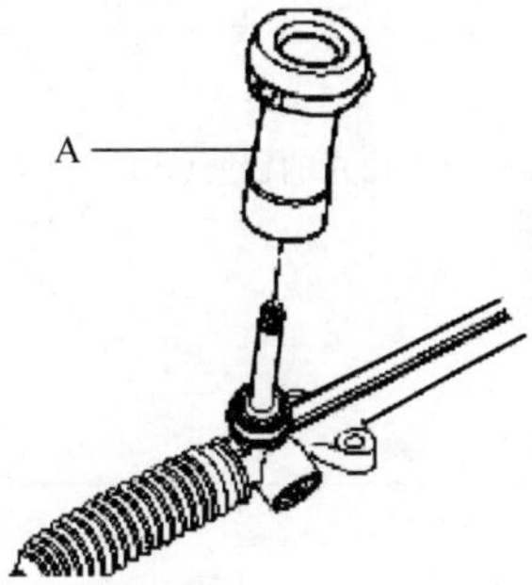
12	拧下锁止螺母,然后拆卸横拉杆末端(B)和锁止螺母(A)	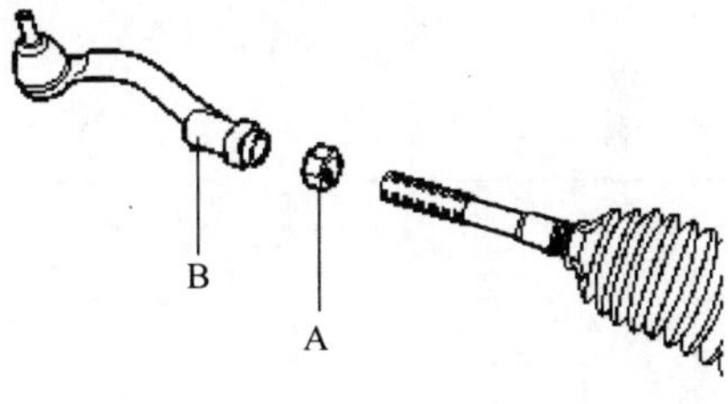
13	拆卸波纹管夹(A)和箍带(B),然后分离横拉杆末端的波纹管(C)	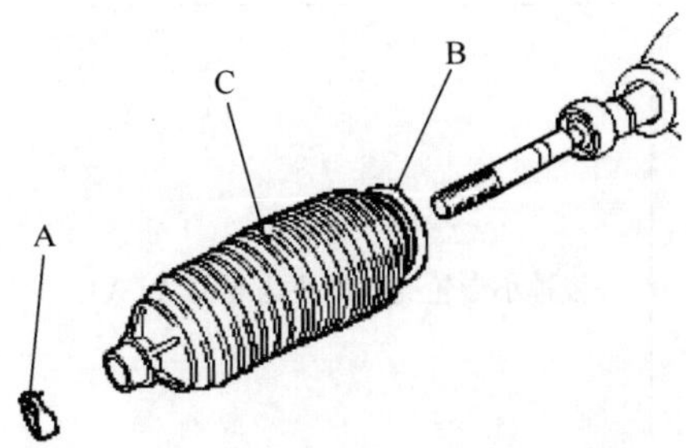

（续）

序号	拆装与检修具体内容及注意事项	图　示
14	拧下横拉杆内部球头，拆卸齿条杆（A）的横拉杆（B）	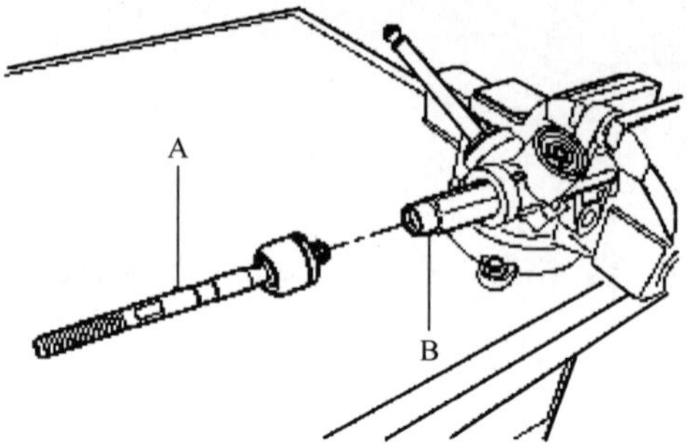 A B
15	拆卸小齿轮壳的柱塞（A）	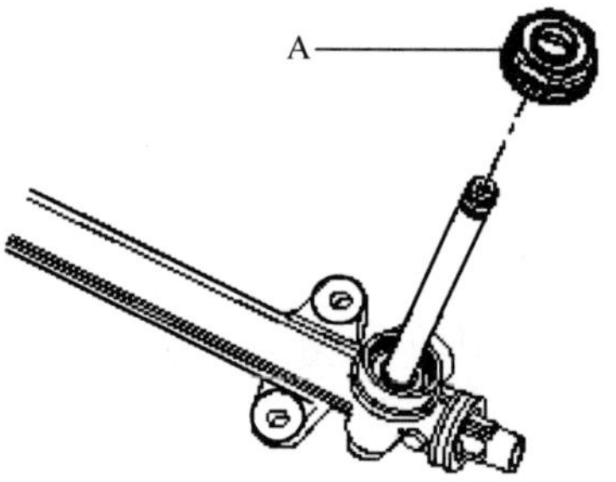 A
16	拆卸柱塞（A）的油封（B）	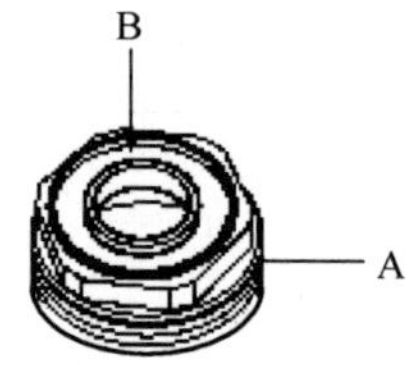 B A
17	拆卸支承轭总成（A）的 O 形环（B）	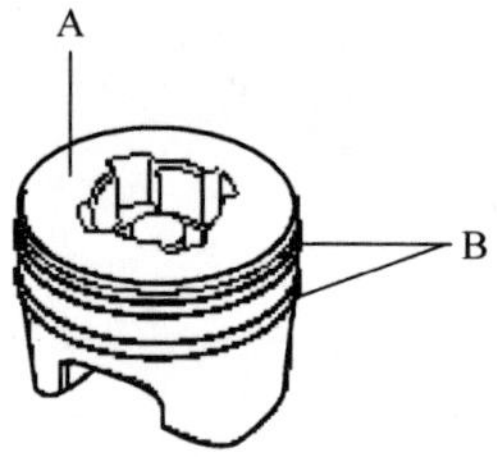 A B
18	拔掉小齿轮壳外的小齿轮总成（A）	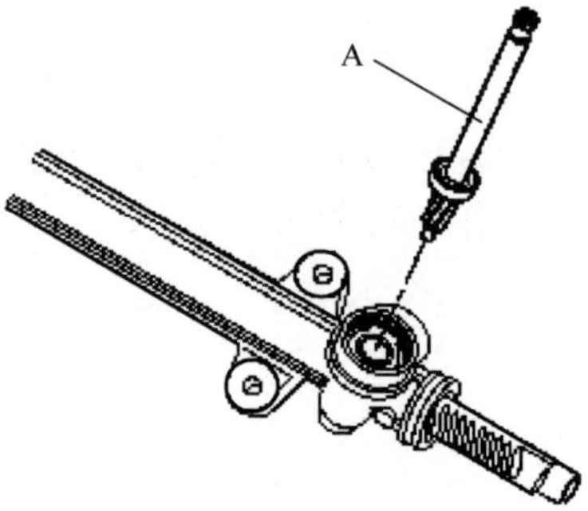 A

（续）

序号	拆装与检修具体内容及注意事项	图　示
19	拔掉齿条壳外的齿条杆（A）	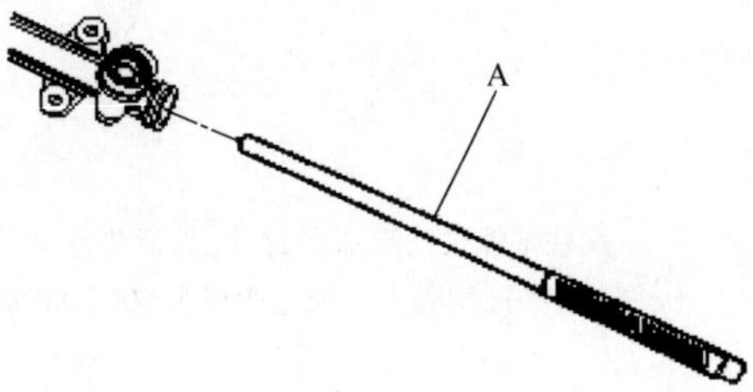 A
20	检查齿条杆、齿条齿轮是否损坏或弯曲和变形；检查小齿轮轮齿是否磨损，表面连接油封是否损坏，油封是否损坏；检查齿条壳内部是否损坏；检查波纹管是否磨损。在齿条、齿轮轮齿上涂抹润滑脂，然后将齿条杆（A）插入齿条壳，再将小齿轮总成（A）插入小齿轮壳内	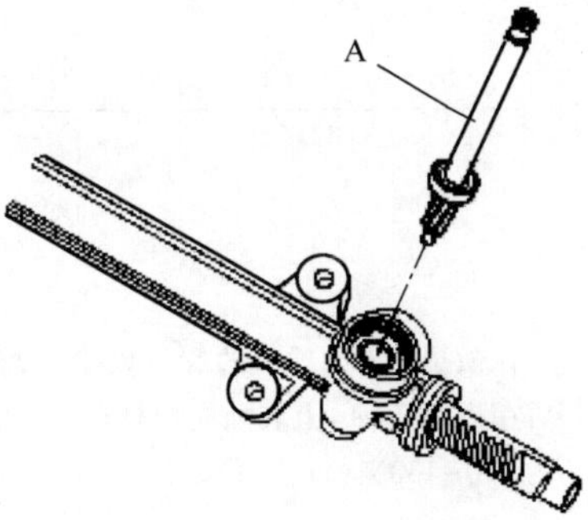 A
21	用塑料小锤轻叩小齿轮总成的顶部，彻底地安装下齿轮总成	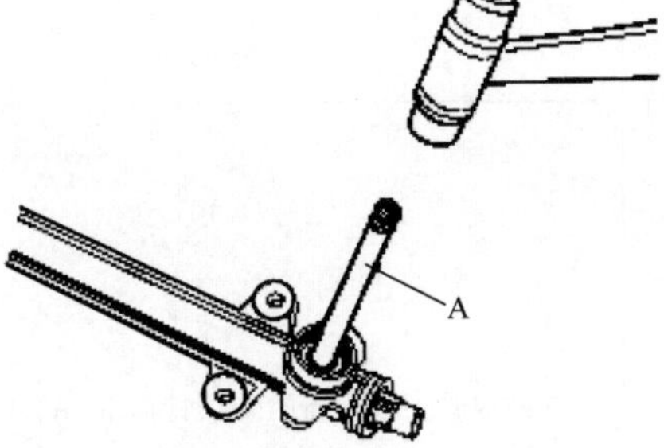 A
22	在支承轭（A）上装配新O形环（B）	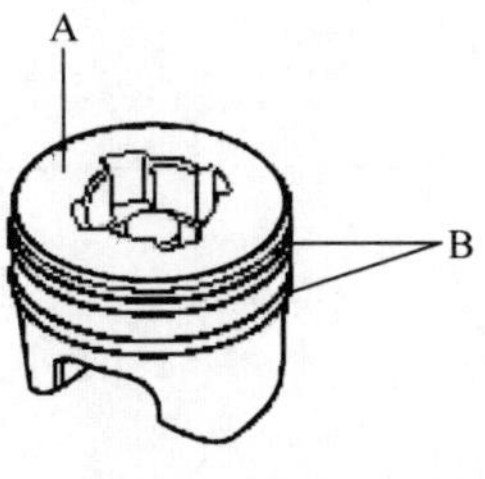 A B
23	把支承轭总成（C）插入壳内，在新油封（B）的边缘涂抹润滑脂，然后把它安装到小齿轮柱塞（A）上	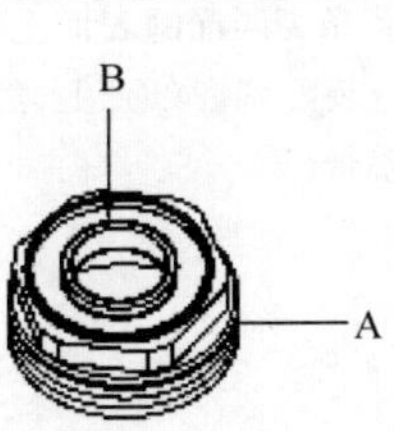 B A

（续）

序号	拆装与检修具体内容及注意事项	图　示
24	在柱塞螺纹处涂抹密封胶，然后把小齿轮柱塞（A）装配到壳上。规定扭矩为 60 ~ 80N · m	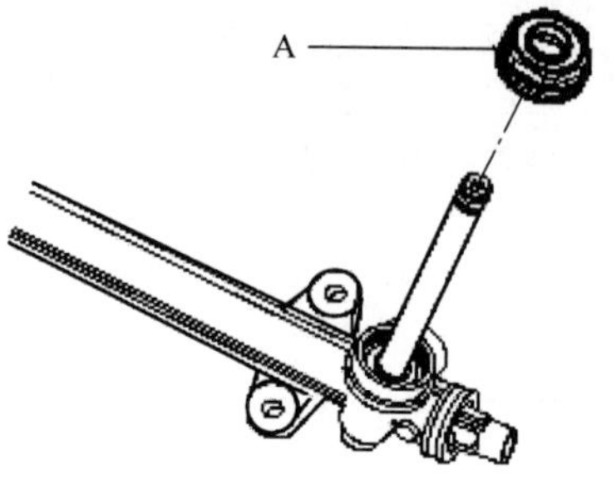 A
25	在横拉杆内侧球头的螺纹处涂抹密封胶，然后在齿条杆（A）上装配横拉杆（A）。规定扭矩为 110~130N · m	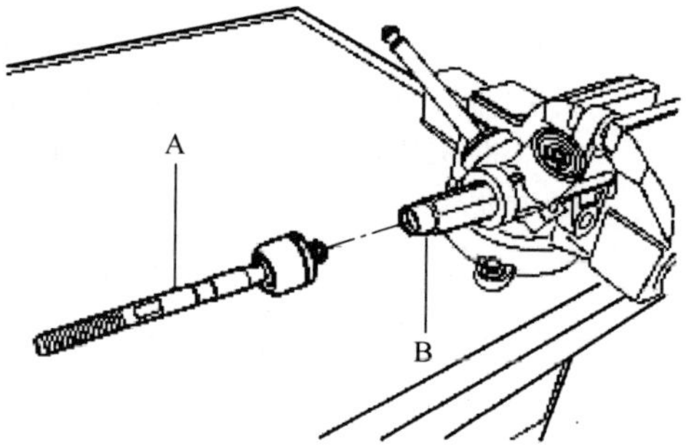 A B
26	在螺纹管上装配新的螺纹管箍带（A）	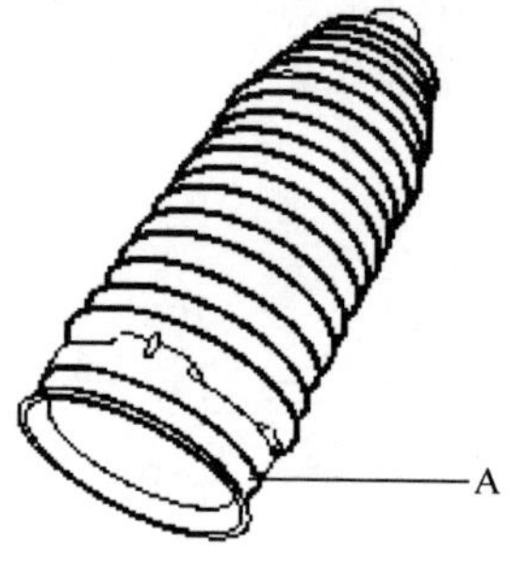 A
27	在横拉杆的小齿轮（D）上涂抹润滑脂，在螺纹管与齿条壳匹配的表面上涂抹密封胶，把螺纹管（C）装配到齿条壳上，然后拧紧螺纹管夹（A）和箍带（B）	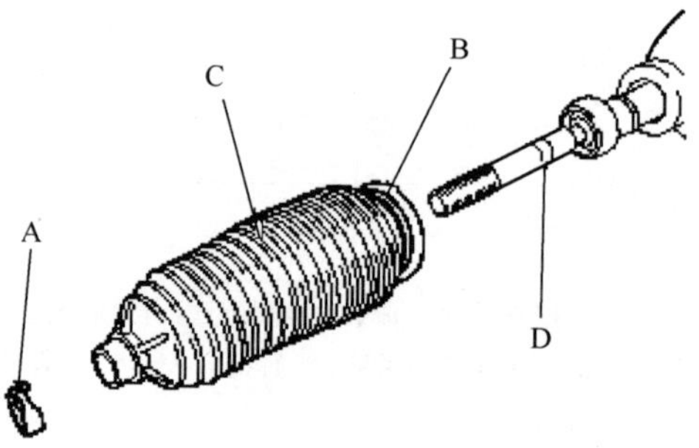 C B A D

序号	拆装与检修具体内容及注意事项	图　示
28	在横拉杆上装配锁止螺母(A)和横拉杆末端(B)	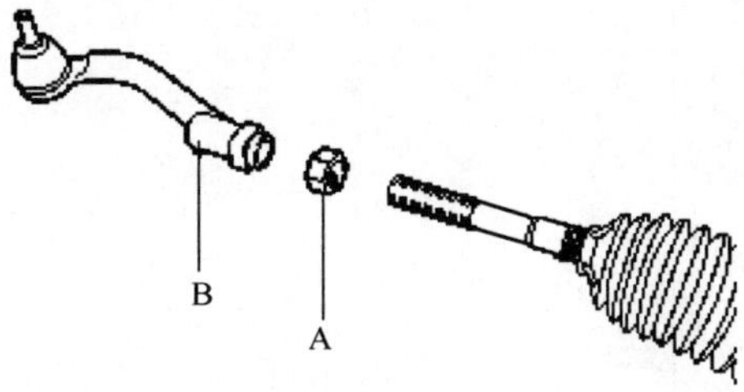
29	拧紧固定螺栓,在副车架上安装转向器(A)。规定扭矩为 60~80N·m	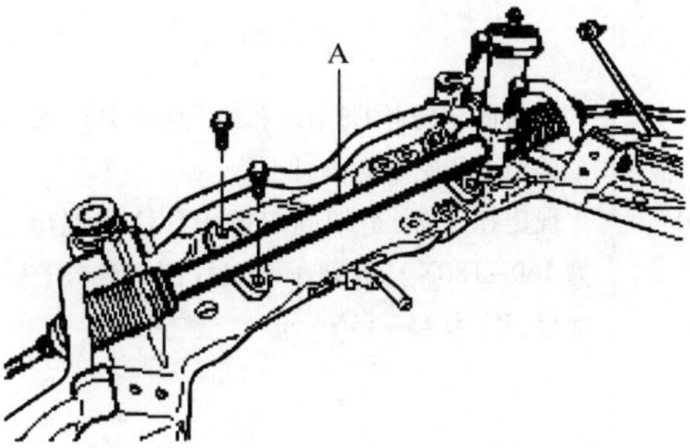
30	拧紧固定螺栓,在副车架上安装后滚子支架(A)。规定扭矩为 50~65N·m	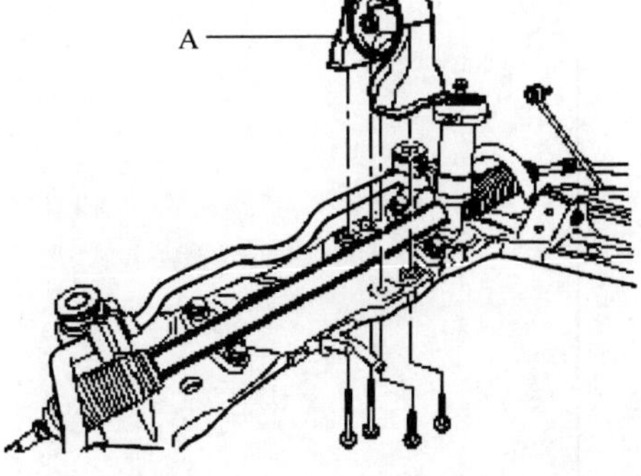

（续）

序号	拆装与检修具体内容及注意事项	图　示
31	拧紧固定螺栓（A、C）和螺母（B、D），安装副车架（E）和副车架支柱 规定扭矩：副车架固定螺栓（C）和螺母（D）为 160～180N·m；副车架支柱固定螺栓（A）和螺母（B）为 45～55N·m	 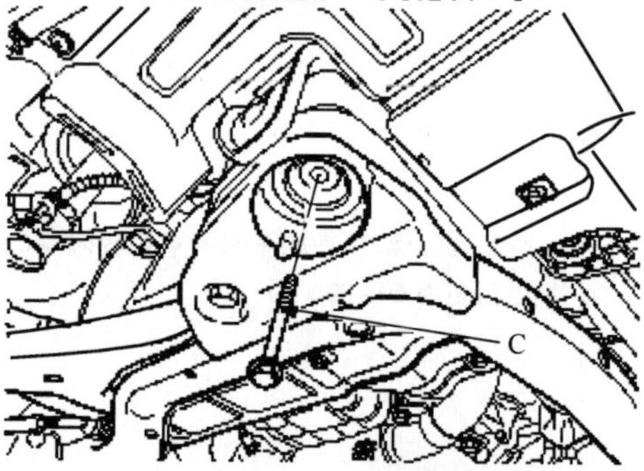 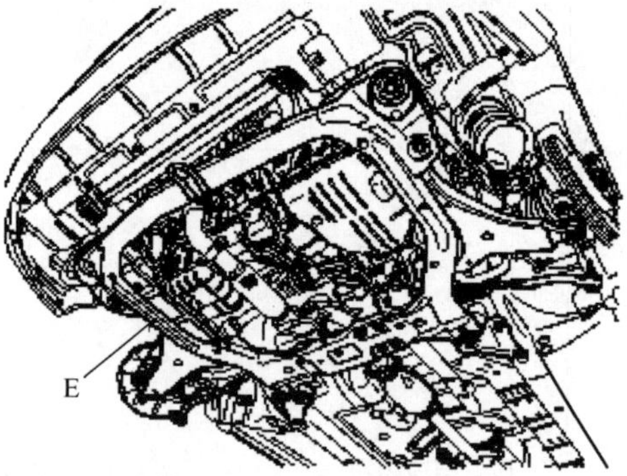

（续）

序号	拆装与检修具体内容及注意事项	图　示
32	拧紧前和后滚动止动块螺栓和螺母（A、B）。规定扭矩为50~65N·m	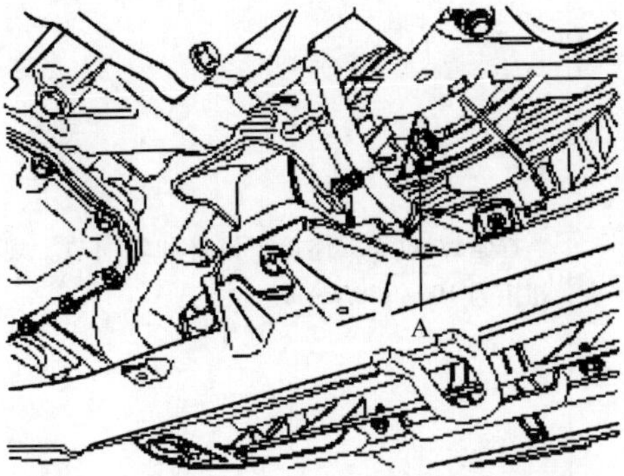 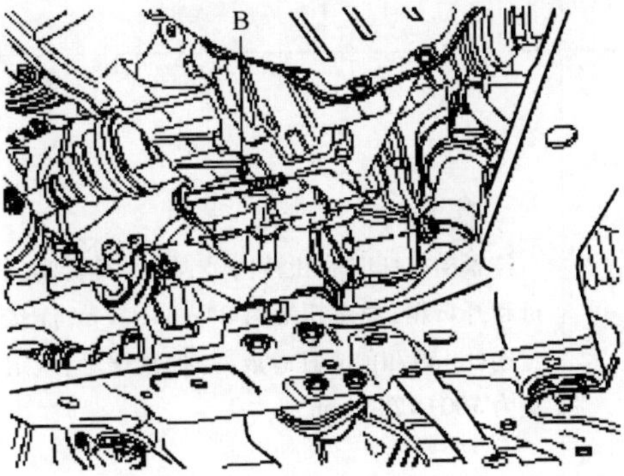
33	拧紧螺栓（A），在副车架上安装线束保护装置	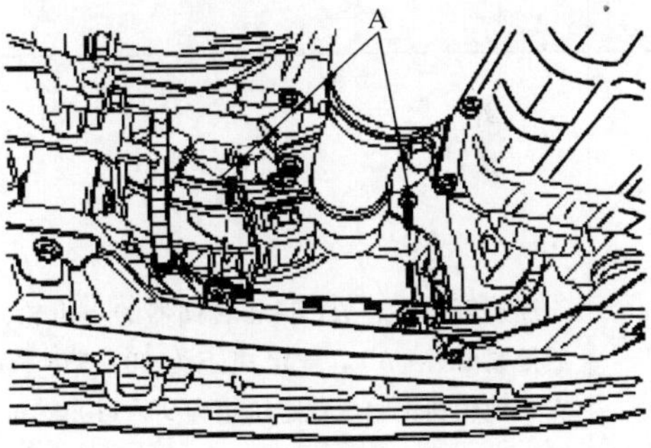
34	安装消声器橡胶吊架（A）	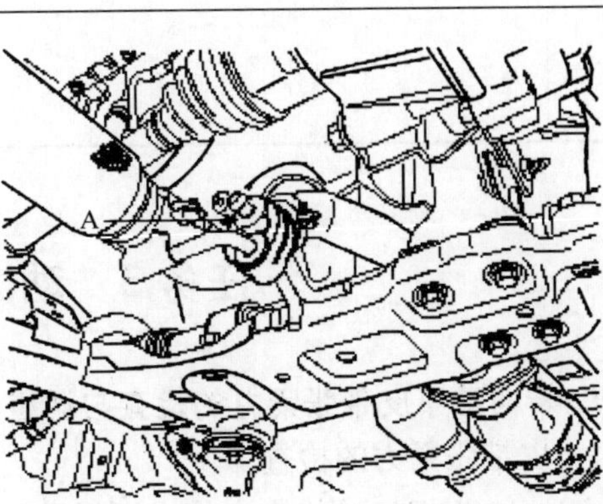

（续）

序号	拆装与检修具体内容及注意事项	图　示
35	拧紧螺栓（A），连接下拉臂和转向节。规定扭矩为 100~120N·m	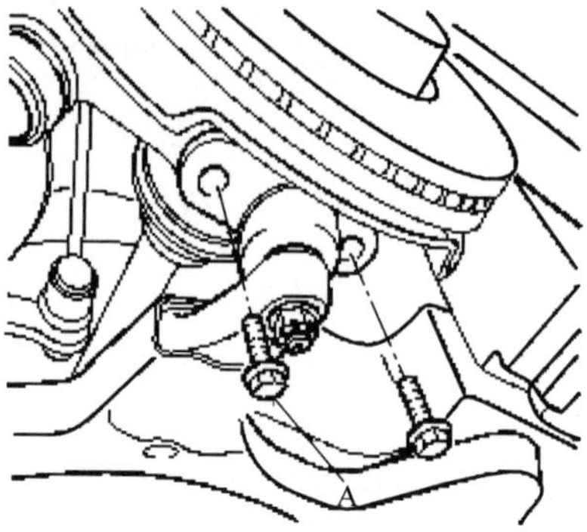 A
36	拧紧横拉杆末端和转向节，然后安装槽顶螺母和开口销，规定扭矩为 24~34N·m；连接稳定连杆（A）和前支柱总成，并拧紧螺母，规定扭矩为 100~120N·m	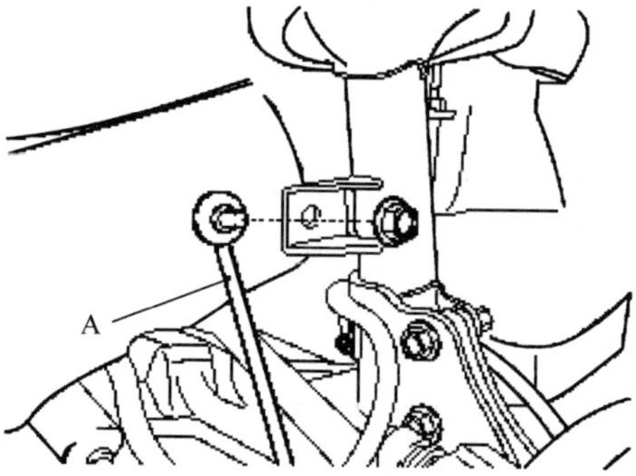 A
37	连接万向节总成（B）和转向器的小齿轮，然后拧紧螺栓（A）。规定扭矩为 30~35N·m。安装前轮和轮胎。规定扭矩为 90~110N·m	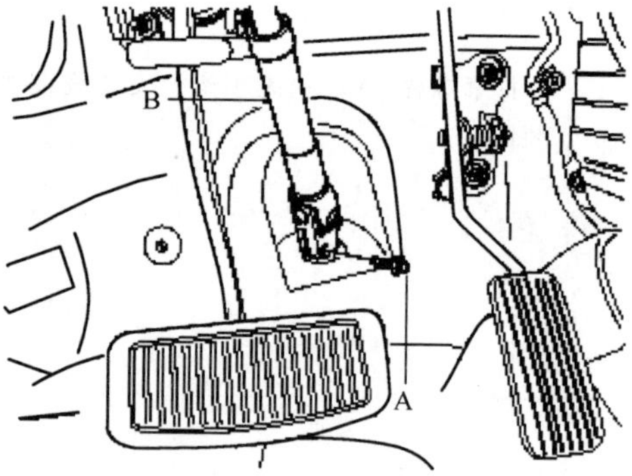 B A

任务3　动力转向系统的检查

1. 转向油泵皮带张紧力的检查与调整

1）皮带张紧力的检查

方法一：根据经验将汽车停在干燥路面上，运转发动机使油液上升到正常温度，左右转动转向盘,此时驱动皮带负荷最大,若皮带打滑,说明皮带张紧度不够或油泵内有机械损伤。

方法二:关闭发动机,用手以约 100N 的力从皮带的中间位置按下,皮带应有约 10mm 挠度为合适,否则必须调整。

方法三:有条件时可使用如图 18.22 所示的皮带紧度测量仪。将测量仪安装在驱动皮带上,然后测量皮带产生标准变形量时所需力的大小。各种尺寸的皮带的张紧度要求见表 18.3。

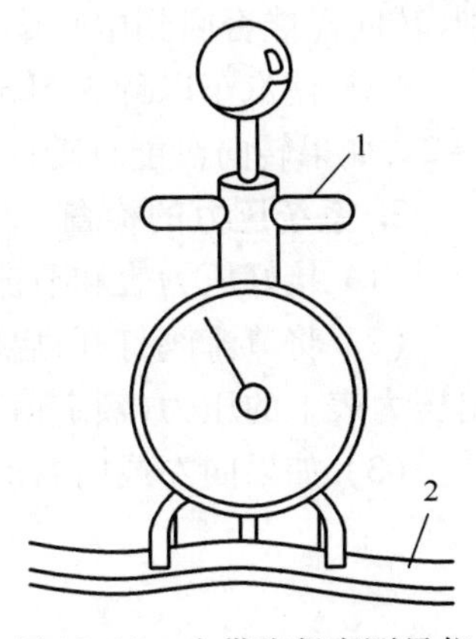

图 18.22 皮带张紧度测量仪

1—测量仪;2—皮带。

2) 皮带张紧力的调整(以桑塔纳 2000 型为例)

(1)松开转向油泵支架上的固定螺栓,如图 18.23 所示。

(2) 松开张紧螺栓的螺母,如图 18.24 所示。

(3) 通过张紧螺栓把皮带绷紧,如图 18.25 所示。当用手以约 100N 的力从皮带的中间位置按压,皮带约有 10mm 挠度为合适。

表 18.3 各种尺寸的皮带的张紧度

皮带种类	皮带宽度/mm		
	8.0	9.5	12.0
新皮带/N	≤350	≤620	≤750
旧皮带/N	≤200	≤300	≤400
带齿皮带/N	≤250		

(4) 拧紧张紧螺栓的螺母。拧紧转向油泵支架上的固定螺栓。

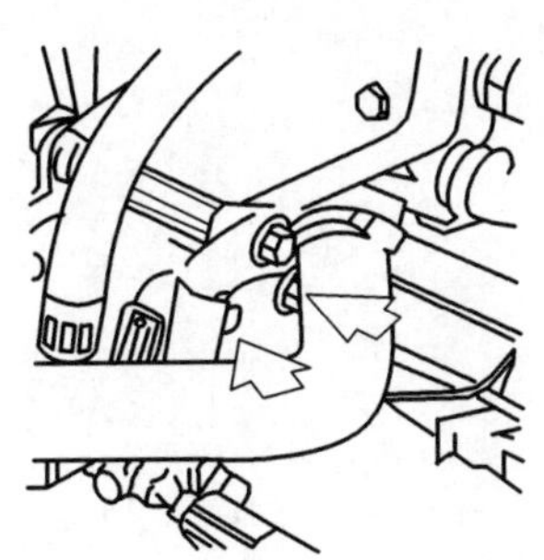
图 18.23 松开后固定螺栓

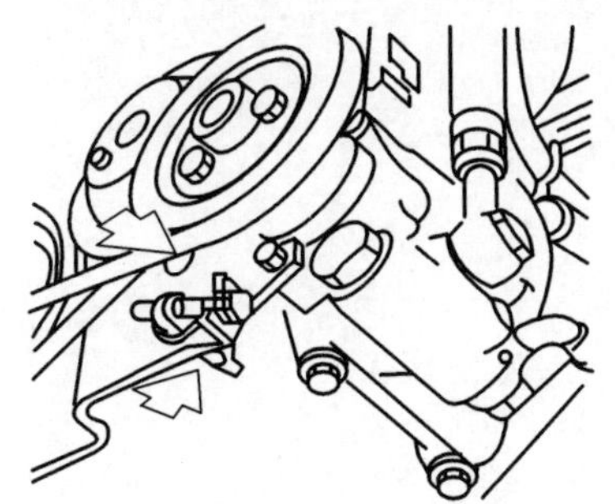
图 18.24 松开张紧螺栓的螺母

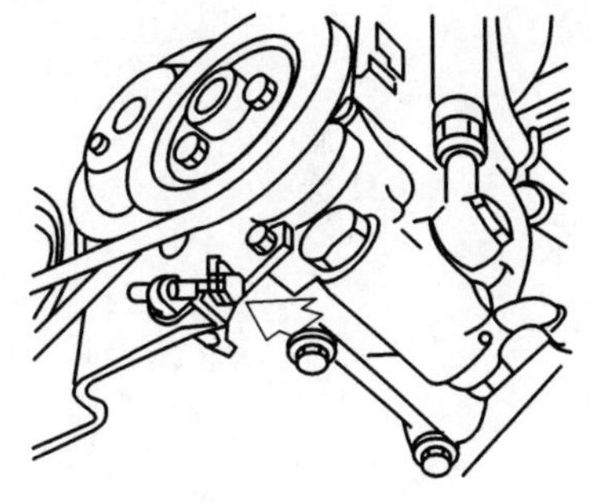
图 18.25 张紧皮带

2. 转向盘的检查

1) 检查转向操纵力

(1) 检查转向操纵力时,将汽车停放在水平干燥的路面上,油液温度达到 40~80℃,轮胎气压正常,并使前轮处于直线行驶位置。

(2) 发动机怠速运转,将一弹簧秤钩在转向盘边缘上,拉动转向盘,检查转向盘左右转动一圈所需拉力变化。一般来说,如果转向操纵力超过 44.5N,说明动力转向工作不正常,应检查有无皮带打滑或损坏、转向油泵输出油压或油量是否低于标准、油液中是否渗入空气、油管是否有压瘪或弯曲变形等故障。

2) 转向盘回位检查

(1) 以缓慢和迅速两种方式转动转向盘,检查两种情况下的转向盘操纵力有无明显的差别，转向盘能否回到中间位置。

（2）使汽车以约 3.5km/h 的速度行驶，将转向盘顺时针或逆时针转动 90°，然后放松开 1~2s，如果转向盘能自动回转 70°以上，说明工作正常，否则应查明故障原因并予以排除。

3. 系统压力的检查

（1）接好压力表和节流阀，如图 18.26 所示。

（2）将节流阀打开，启动发动机并以怠速运转，使转向盘向左、右旋转到极限位置，同时读出压力表上的压力，额定值为 6.8~8.2MPa。

（3）如果向左或向右的额定值达不到要求，就要修理转向器或更换总成。

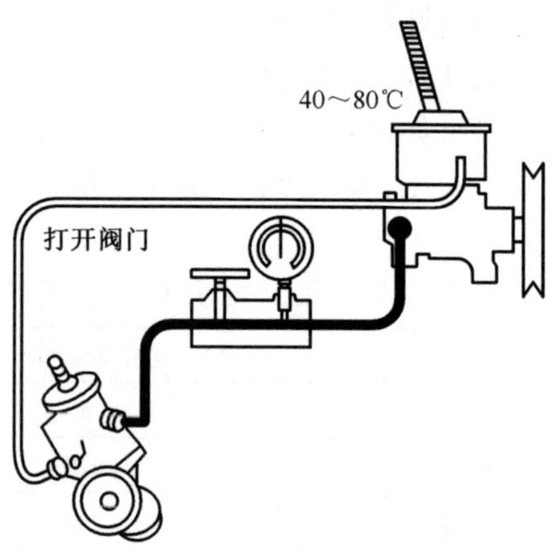

图 18.26　系统压力的检查

参 考 文 献

[1] 陈家瑞．汽车构造(下册)[M]．北京:机械工业出版社,2009.
[2] 刘东亚,王清娟．汽车底盘构造与维修[M]．北京:北京大学出版社,2009.
[3] 从树林．汽车底盘构造与维修[M]．北京:人民交通出版社,2011.
[4] 贝绍轶．汽车底盘控制系统实训教程[M]．重庆:重庆大学出版社,2010.
[5] 周志伟,韩彦明．汽车自动变速器构造与维修[M]．北京:人民交通出版社,2011.
[6] 陈社会,秦来,季亮亮．汽车底盘理实一体化教材[M]．北京:人民交通出版社,2011.
[7] 柏令勇．汽车底盘构造与拆装[M]．北京:人民交通出版社,2011.
[8] 刘军,李红梅．汽车底盘实训实习指导与维修案例分析[M]．天津:天津大学出版社,2013.
[9] 李家本．汽车底盘构造与维修实训[M]．北京:中央广播电视大学出版社,2010.
[10] 颜华平．汽车底盘常见维修项目一体化教材[M]．北京:人民交通出版社,2012.
[11] 吴文琳．汽车底盘构造手册[M]．北京:化学工业出版社,2007.
[12] 朱则刚,肖永清．汽车底盘快修实例[M]．上海:上海科学技术文献出版社,2007.